SV

Für Rochana und Arko

In Erinnerung an die Menschen und anderen Lebewesen, die 2019/2020 bei den Feuerstürmen in Australien und 2020 während des Zyklons »Amphan« im Golf von Bengalen umgekommen sind

Die Originalausgabe erschien 2021 unter dem Titel
The Climate of History in a Planetary Age
bei The University of Chicago Press.

Klimaneutral
Druckprodukt
ClimatePartner.com/14438-2110-1001

2. Auflage 2022

Erste Auflage 2022
Deutsche Erstausgabe

Umschlaggestaltung: Brian Barth
Umschlagfoto: NASA Goddard
Satz: Satz-Offizin Hümmer GmbH, Waldbüttelbrunn
Druck: GGP Media GmbH, Pößneck
Printed in Germany
ISBN 978-3-518-58779-9

www.suhrkamp.de

DIPESH CHAKRABARTY

Das Klima der Geschichte im planetarischen Zeitalter

Aus dem Englischen
von Christine Pries

Suhrkamp

INHALT

Einleitung:

Erste Hinweise auf das Planetarische

Mich bringen diese Wirren weder zum Lachen noch zum Weinen, sondern spornen mich eher an, zu philosophieren und die menschliche Natur besser zu beobachten. Denn ich glaube nicht das Recht zu haben, die Natur zu verspotten oder gar zu beklagen, wenn ich bedenke, daß die Menschen wie alles übrige Seiende nur einen Teil der Natur bilden, und daß ich nicht weiß, wie jeder einzelne Teil der Natur mit dem Ganzen, zu dem er gehört, harmoniert und mit den anderen Teilen zusammenhängt.
Baruch Spinoza an Heinrich Oldenburg (1665)[1]

Wenn Hegel, der nach eigenem Bekunden ein Bewunderer von Spinoza war, noch leben würde und die Tiefen unserer Wahrnehmung der Gegenwart ausloten könnte, würde er etwas beobachten, das unmerklich, aber unaufhaltsam ins historische Alltagsbewusstsein derjenigen eingesickert ist, die täglich eine Nachrichtendosis zu sich nehmen: ein Gewahrwerden des Planeten und seiner geobiologischen Geschichte. Dies geschieht nicht überall mit der gleichen Geschwindigkeit, denn zweifellos ist und bleibt die globale Welt uneinheitlich. Die derzeitige Pandemie, die Zunahme autoritärer, rassistischer und fremdenfeindlicher Regime auf dem ganzen Globus sowie Diskussionen über erneuerbare Energien, fossile Brennstoffe, Klimawandel, Überschwemmungen, Extremwetterlagen, Wasserknappheit, Rückgang der Biodiversität, das Anthropozän und so weiter – all dies signalisiert uns, wenn auch verschwommen, dass mit unserem Planeten etwas nicht stimmt und dass dies mit menschlichem Handeln zu tun haben könnte. Bisher sind geologische Ereignisse und die Geschehnisse, die der Geschichte des Lebens zugrunde liegen, Expert:innen und Spezialist:innen vorbehalten gewesen. Doch mittlerweile, so schemenhaft das auch empfunden wird, ist der Planet neben den uns schon vertrauteren Befürchtungen in Bezug auf den Kapitalismus, auf Ungerechtigkeit und Ungleichheit mehr und mehr zu einer Angelegenheit umfassender und tiefer menschlicher Sorge geworden. In jüngster Zeit hat die COVID-19-Pandemie auf tragische Weise illustriert, wie sich ausweitende und beschleunigende Globalisierungsprozesse Veränderungen der sehr viel längerfristigen Geschichte des Lebens auf diesem Planeten lostreten können.[2] In diesem Buch geht es um diese gerade entstehende Objektkategorie menschlicher Sorge, den Planeten, und darum, welche Auswirkungen sie auf die uns vertrauten Globalisierungsgeschichten hat. Diese begriffliche Verschiebung ist während meiner Lebenszeit erfolgt, und ich hoffe, man wird mir vergeben, dass ich mit einigen autobiografischen Anmerkungen beginne.

Wie für viele andere Inder meiner Generation war für jemanden, der in den 1960er Jahren im von Ungleichheit geprägten, ungestümen, linksgerichteten Kalkutta heranwuchs, eine egalitäre und gerechte Gesellschaftsordnung etwas Schätzens- und Wünschenswertes. Akademisch schlug sich meine jugendliche Begeisterung später in meinen frühen Untersuchungen zur Geschichte der Arbeit und meiner Beteiligung an dem indischen Projekt der *Subaltern Studies* nieder, das die Anerkennung der Handlungsmacht (*agency*) sozial niedrigstehender, »subalterner« Menschen bei der Erschaffung ihrer eigenen Geschichte zum Ziel hatte. Außerdem wurde unser Denken tief beeinflusst vom weltweiten Aufstieg der Postcolonial, Gender, Cultural, Minority und Indigenous Studies sowie weiterer Wissenschaften, die der australische Gelehrte Kenneth Ruthven in den früher 1990er Jahren unter der Rubrik »neue Geisteswissenschaften« zusammengefasst hat.[3]

In den Fängen des tiefgreifenden historischen Wandels, den wirbelnde Globalisierungsströme im Leben gewöhnlicher Mittelschichtsinder wie mir ausgelöst hatten, arbeitete ich zu dieser Zeit als Historiker und Gesellschaftstheoretiker an der University of Melbourne. Selbst nachdem ich 1995 an die University of Chicago gewechselt war, ließen die Fragen mich nicht los, die für die Kämpfe der einfachen Bevölkerung in meiner Jugend kennzeichnend gewesen waren: die Fragen nach Rechten, nach der Moderne, der Freiheit und nach einem Wechsel in eine vernünftigere und demokratischere Welt, als ich sie kennengelernt hatte. Mein Buch *Provincializing Europe. Postcolonial Thought and Historical Difference* (2000) war ein Produkt jener Jahre, in dem ich versuchte, anhand eines postkolonialen Rahmens ein Verständnis davon zu entwickeln, was antikoloniale und sich modernisierende Eliten in den früheren Kolonien mit ihrer Arbeit erreicht haben und erreichen konnten, die sich in einigen Fällen an der Grenze des geistigen Erbes eines imperialen Europas entlang bewegte, das sie gar nicht umhin konnten anzutreten. Dies war mein Diskussionsbeitrag zur Geschichte des Globus, den europäische Imperien, antikoloniale Modernisierer und das globale Kapital gemeinsam gestaltet hatten, und dieses Thema dominierte die Geschichtswissenschaft und andere Deutungsfächer in den letzten Jahrzehnten des 20. Jahrhunderts bis ins 21. Jahrhundert hinein.[4]

Zu Beginn dieses Jahrhunderts geschah etwas, das mich zur Verlagerung meiner eigenen Perspektive zwang. Im Jahr 2003 forderte ein verheerender Buschbrand im australischen Capital Territory mehrere Menschenleben sowie das Leben vieler nichtmenschlicher Wesen, Hunderte Häuser brannten aus, alle Wälder und Parks in der Umgebung der berühmten »Buschhauptstadt« des Landes, Canberra, wurden zerstört. Dies waren Orte, die ich liebgewonnen hatte, als ich dort an meiner Doktorarbeit schrieb. Das von diesen tragischen Verlusten verursachte Gefühl der Trauer machte mich neugierig auf die Geschichte dieser speziellen Brände, und als ich anfing, mich über ihre Ursachen zu informieren, erreichte die Nachricht von einem anthropogenen Klimawandel schnell die humanozentrische Gedankenwelt, die ich bis dahin bewohnt hatte: Wissenschaftlichen Behauptungen zufolge waren die Abermillionen Menschen durch ihre Anzahl und aufgrund ihrer Technologien zu einer geophysischen Kraft geworden, die imstande wäre, das Klimasystem des Planeten *insgesamt* auf furchterregende Weise zu verändern. Außerdem erfuhr ich von der wachsenden wissenschaftlichen Literatur über die Anthropozän-Hypothese, das heißt die Annahme, dass die Einwirkung des Menschen auf den Planeten so groß sei, dass sie eine Abänderung der geologischen Chronologie der Erdgeschichte verlange, um deutlich zu machen, dass der Planet die Grenzen des (etwa 11700 Jahre alten) Holozäns überschritten habe und in ein neues Zeitalter eingetreten sei, das einen neuen Namen verdiene: das Anthropozän.[5]

Faktisch hatte die Gestalt des Menschen im Laufe meiner Lebenszeit eine Dopplung erfahren. Es gab (und gibt immer noch) den Menschen der humanistischen Geschichtsschreibung, der die Fähigkeit besitzt, gemeinsam mit anderen Menschen für Gleichheit und Fairness zu kämpfen und sich gleichzeitig um die Umwelt und bestimmte Formen nichtmenschlichen Lebens zu kümmern. Und dann war da noch jener andere Mensch, der Mensch als geologischer Handlungsträger (*agent*), dessen Geschichte sich nicht im Rahmen eines rein humanozentrischen Standpunkts erzählen ließ (den die meisten Kapitalismus- und Globalisierungsnarrative einnehmen). Die Verwendungsweise des Wortes *Handlungsmacht* in dem Ausdruck »geologische Handlungsmacht« wich stark von dem Begriff der »Handlungsmacht« ab, den meine Historikerhelden in den 1960er Jahren – E.P. Thompson zum Beispiel oder unser Lehrer Ranajit Guha – geprägt und zelebriert hatten. Diese Handlungsmacht war nicht autonom und selbstbewusst, wie in Thompsons oder Guhas Sozialgeschichten, sondern eine unpersönliche, unbewusste geophysische Kraft, die Folge kollektiven menschlichen Handelns.

Die Vorstellung von einem anthropogenen und planetarischen Klimawandel wird in der akademischen Welt heutzutage kaum noch in Frage gestellt, aber über die Idee des Anthropozäns hat es sowohl unter Natur- als auch unter Geisteswissenschaftler:innen viele Debatten gegeben.[6] Außerdem ist der Ausdruck aufgrund dieser Diskussionen in den Geisteswissenschaften der Gegenwart zu einer populären und – wie häufig in solchen Diskussionen – vieldeutigen Kategorie geworden. Doch unabhängig davon, ob die Geolog:innen sich eines Tages bereiterklären werden, das Etikett »Anthropozän« formal anzuerkennen, machen die Daten, welche die von der Internationalen Kommission für Stratigraphie in London eingesetzte Anthropozän-Arbeitsgruppe in den letzten Jahren gesammelt und analysiert hat, eines klar: Wir leben nicht nur in einem globalen Zeitalter, sondern am Scheitelpunkt vom Globalen und von etwas, das man als »das Planetarische« bezeichnen kann.[7] Unser Denken über die letzten Jahrhunderte menschlicher Vergangenheit und über die noch vor uns liegende Zukunft der Menschheit muss sich in beide Richtungen orientieren: Wir müssen uns dem zuwenden, was gemeinhin Globus oder Erdball genannt wird, und wir müssen uns um die neue historisch-philosophische Entität kümmern, die man als Planeten bezeichnet. Diese deckt sich nicht mit den Kategorien des Globus, der Erde oder der Welt, die wir bisher zur Organisation der modernen Geschichte herangezogen haben. Die Intensivierung der kapitalistischen Globalisierung und die daraus folgenden globalen Erwärmungskrisen haben gemeinsam mit all den Diskussionen, die mit der Untersuchung dieser Phänomene einhergegangen sind, dafür gesorgt, dass der Planet – oder besser gesagt das Erdsystem, wie ich es hier verstehe – noch über den geistigen Horizont der Geisteswissenschaftler:innen hinaus in unserem Gesichtskreis aufgetaucht ist.

Der Globus, behaupte ich, ist eine humanozentrische Konstruktion; der Planet bzw. das Erdsystem dezentriert den Menschen. Die Doppelgestalt des Menschen verlangt mithin, dass wir darüber nachdenken, wie verschiedene Lebensformen – unsere eigene und die anderer Wesen – in historische Prozesse verwickelt sein können, in denen Globus und Planet sowohl als Entitätsprojektionen als auch als theoretische Kategorien zusammenkommen, sodass der begrenzte Zeitmaßstab, mit dessen Hilfe moderne Menschen und humanistische Historiker:innen die Geschichte betrachten, sich mit den unmenschlich weit ausholenden Zeitmaßstäben der Tiefenhistorie vermischt.

Kapital, Technologie und das Planetarische

Zwischen Globus und Planet – als den Kategorien, die für die beiden Narrative von der Globalisierung und von der globalen Erwärmung stehen – besteht eine Verbindung. Sie sind durch die Erscheinungsformen von modernem Kapitalismus (im weiten Sinne des Wortes) und Technologie miteinander verbunden, die beide globale Reichweite besitzen. Schließlich sind die Treibhausgasemissionen fast ausschließlich aufgrund des Strebens nach industriellen und postindustriellen Modernisierungs- und Wohlstandsformen angestiegen. Wie sehr sie einander auch kritisiert haben mögen, hat keine Nation dieses Entwicklungsmodell je verschmäht. Wie der Historiker John McNeill dargelegt hat, ist das 20. Jahrhundert infolge der Ausweitung der Industrialisierung zu »einer Zeit außergewöhnlichen Wandels« in der menschlichen Geschichte geworden. »Die Menschenpopulation stieg von 1,5 auf sechs Milliarden, die Weltwirtschaft wuchs um das 15-Fache, der Energieverbrauch nahm um das 13- bis 14-Fache zu, der Wasserverbrauch um das Neunfache und die Bewässerungsgebiete um das Fünffache.«[8] Angesichts dieses globalen Strebens nach

Industrie und Entwicklung versteht man gut, warum die Verfechter:innen von Klimagerechtigkeit die globale Erwärmung als Folge einer uneinheitlichen, sich nach Klasse, Geschlecht und Rasse richtenden kapitalistischen Entwicklung ansehen und sogar das Thema eines planetarischen Klimawandels argwöhnisch als einen Versuch betrachten, den weniger entwickelten Nationen den »Kohle-Anteil« zu verwehren, den sie zur Industrialisierung benötigen würden.

Doch die Geschichte des Kapitalismus, wie sie bisher erzählt worden ist, reicht in meinen Augen allein nicht aus, um der heutigen Situation der Menschheit einen Sinn abzugewinnen. Das hat damit zu tun, dass uns langsam dämmert, dass viele der heutigen »Natur«-Katastrophen Folgen von Veränderungen sind, die menschliche sozioökonomische Institutionen und Technologien in Prozessen hervorrufen, die von Erdsystemforscher:innen als planetarisch angesehen werden. Bisher sind diese Prozesse größtenteils unabhängig vom menschlichen Tun abgelaufen, sie waren aber trotzdem zentral für das Gedeihen der Menschheit und anderer Lebensformen. Je mehr wir unsere gerade entstehende planetarische Handlungsmacht anerkennen, desto deutlicher wird, dass wir jetzt über Aspekte des Planeten nachdenken müssen, die Menschen normalerweise einfach nur für selbstverständlich halten, wenn sie ihren Alltagsgeschäften nachgehen. Nehmen wir zum Beispiel die Atmosphäre und ihren Sauerstoffanteil. Die Atmosphäre ist für unser Leben genauso grundlegend wie der bloße Atmungsvorgang. Doch welche Geschichte hat diese Atmosphäre? Müssen wir heute über diese Geschichte nachdenken, wenn wir an die Zukunft der Menschheit denken? Das müssen wir. In den letzten 375 Millionen Jahren – also seit der Entwicklung großer Wälder – ist die Sauerstoffkonzentration auf dem Planeten durch bestimmte Prozesse auf einem Niveau gehalten worden, das dafür gesorgt hat, dass Tiere nicht aufgrund von Sauerstoffmangel erstickt und Wälder nicht verbrannt sind, weil zu viel davon vorhanden war. Verschiedene dynamische Prozesse halten die Atmosphäre in ihrem derzeitigen Gleichgewicht. Da Sauerstoff ein reaktives Gas ist, muss der Luft ständig neuer Sauerstoff zugeführt werden. Ein Teil dieses Sauerstoffs stammt von so winzigen Meeresbewohnern wie dem Plankton. Wenn dieses Plankton durch menschliches Handeln, das die Meere in Mitleidenschaft zieht, vernichtet wird, würden wir dadurch eine wesentliche Sauerstoffquelle vernichten. Kurz gesagt, haben die Menschen die Fähigkeit erlangt, in planetarische Prozesse einzugreifen, sie sind aber nicht unbedingt – zumindest noch nicht – in der Lage, sie wieder in Ordnung zu bringen.

Da unser Gestaltungsvermögen des Planeten weitestgehend technologischer Natur ist, macht Technologie auch einen intrinsischen Bestandteil dieser sich gerade entfaltenden Geschichte über Menschen aus. Zur Wesensbestimmung des globalen Systems menschlicher Technologie hat der Geologe Peter Haff vor kurzem den Begriff der »Technosphäre« eingeführt:

> Der technologische Wildwuchs auf dem ganzen Globus definiert die Technosphäre – die großformatigen, vernetzten Technologien, die zusammen der raschen Extraktion großer Mengen von freier Energie aus der Erde und der sich anschließenden Stromerzeugung ebenso zugrunde liegen und sie möglich machen, wie der nahezu unmittelbaren Kommunikation über weite Strecken, dem schnellen Energie- und Massentransport über weite Strecken, der Existenz moderner Regierungs- und anderer bürokratischer Apparate, den hochverdichteten Industrie- und Herstellungsabläufen, darunter die regionale, kontinentale und globale Verteilung von Nahrungsmitteln und anderen Waren, sowie den unzähligen zusätzlichen ›künstlichen‹ oder ›nichtnatürlichen‹ Prozessen, ohne welche die moderne Zivilisation und ihre gegenwärtig 7×10^9 menschlichen Komponenten nicht existieren könnten.[9]

Laut Haffs Argumentation ist die Menschenpopulation in ihrem derzeitigen Umfang »zutiefst auf die Existenz der Technosphäre angewiesen«, ohne die sie »schnell auf ihren steinzeitlichen Grundwert von nicht mehr als zehn Millionen [...] Personen zurückgehen würde«.[10] Mit Haff könnte man also sagen, dass Technologie zu einer Bedingung von Biologie, zur Bedingung für die Existenz einer so großen Zahl von Menschen auf dem Planeten geworden ist.[11]

Haffs Annahme einer Technosphäre versetzt uns in die Lage zu sehen, wie »entfesselt«, mit Carl Schmitt gesprochen, Technologie heute geworden ist – und wie die Menschen dank technologischer Macht die »Erde« bereits in ein Raumschiff für sich und für andere Lebensformen verwandelt haben, deren eigene Existenz auf das menschliche Gedeihen angewiesen ist. In seinem »Gespräch über den neuen Raum« von 1955 legte Schmitt einem fiktiven Charakter, Herrn Altmann (einem Althistoriker), eine grundlegende Unterscheidung zwischen einem Leben an Land und dem Leben auf einem Schiff auf See in den Mund. »Kern einer terranen Existenz«, behauptete er, seien »Haus und Eigentum, Ehe, Familie und Erbrecht« an der Seite von gezähmten und anderen Tieren. Die in dieser Art von Leben überhaupt vorhandene Technik werde durch all das gehemmt, was ein solches Leben mit sich bringe. Per se sei Technologie in solch einem Leben niemals federführend. Im Zuge der Eroberung der Meere wird nun aber das Schiff zur Verkörperung dessen, was Schmitt als »entfesselte Technik« bezeichnet hat. Im Unterschied zum Haus der terranen Existenz bilde das Schiff, das »schon in sich selbst viel mehr und viel intensiver ein technisches Mittel ist als das Haus«, den Kern der »maritimen Existenz«. Auf einem Schiff (heute an Bord eines Flugzeuges) ist das Leben entscheidend auf das einwandfreie Funktionieren von Technologie angewiesen.[12] Wenn die Technologie versagt, steht das Leben vor einer Katastrophe. Wenn Haffs Argumentation stimmt, dass die Technosphäre heute zur Grundbedingung des Überlebens von sieben (bald neun) Milliarden Menschen geworden ist, könnte man sagen, dass wir die »Erde« bereits zu so etwas wie Schmitts Schiff gemacht haben, insofern ihr Vermögen, die vielen Milliarden

Menschen zu versorgen, mittlerweile von der Existenz der Technosphäre selbst abhängt. In einem späteren Aufsatz, in dem er unterscheidet zwischen einem »sozialen Anthropozän« – das »sich mit den Bedingungen, Zielsetzungen und Geschichten der Völker der Welt befasst, auch mit der Rolle der Politik« – und einem »geologischen Anthropozän«, wiederholt Haff mehrfach, wie wichtig es für die Menschen sei, »anzuerkennen, dass die Technosphäre Handlungsmacht besitzt, diese Handlungsmacht sich aber nicht mit unserer eigenen deckt«.[13]

»Durch Minen, Bohrlöcher und andere unterirdische Konstruktionen« reicht die Technosphäre tief in die »Gesteinsmasse unter der Erde« und in die »Meereswelt« hinein – nicht nur durch Schiffe und Unterseeboote, sondern auch durch »Ölplattformen und Pipelines, Molen, Docks [und] Aquakulturanlagen«.[14] Auf dem Festland umfasst sie unsere »Häuser, Fabriken und Bauernhöfe« zusammen mit »Computersystemen, Smartphones und CDs« sowie »dem Abfall in Mülldeponien und Abraumhalden«. Die »Größenordnung« der Technosphäre »ist schwindelerregend: Mit etwa 30 Trillionen Tonnen steht sie für eine Masse von mehr als 50 Kilo pro Quadratmeter der Erdoberfläche.« »Man kann sagen«, stellt der Geologe Mark Williams fest, »dass die Technosphäre auf der Biosphäre Knospen getrieben hat und mittlerweile zumindest zum Teil zu ihren Parasiten gehört.« Und im Vergleich zur Biosphäre »recycelt sie ihre eigenen Materialien erstaunlich schlecht, wie unsere wachsenden Mülldeponien zeigen«.[15]

Genauso eindrucksvoll sind die Zahlen, die die Rolle anschaulich machen, die Menschen bei der Umgestaltung der Landschaft des Planeten nicht nur auf seiner Oberfläche, sondern bis hinunter in die Kontinentalplatten gespielt haben. Die Menschen haben die Landfläche und den Meeresboden des Planeten transformiert. »Spätestens Ende des 20. Jahrhunderts wurden jährlich auf einem Areal von etwa 15 Millionen Quadratkilometern Schleppnetze in der Tiefseefischerei eingesetzt. Dies schließt mittlerweile einen Großteil der Kontinentalplatten der Welt und bedeutende Bereiche der oberen Kontinentalhänge sowie die Oberseiten der Tiefseeberge ein.«[16] Einer Schätzung von 1994 zufolge »wurden auf Veranlassung des Menschen weltweit jährlich 30 Milliarden Tonnen Erde bewegt«. Eine Schätzung von 2001 nennt eine Zahl von 57 Milliarden Tonnen pro Jahr. Zum Vergleich: Die Sedimentmenge, die jedes Jahr weltweit von den Flüssen in die Ozeane getragen wird, liegt zwischen 8,3 und 51,1 Milliarden Tonnen.[17] Die Menschen, sagen der Geologe Colin Waters und seine Kollegen, »setzen auf diese Weise [Bergbau und Steinbrüche] inzwischen mehr Sedimente in Bewegung als alle natürlichen Prozesse zusammen (26 Gt/j.)«.[18] Diese beträchtliche biologische und geomorphologische Rolle des Menschen lässt sich nicht von der Geschichte trennen, die Kapitalismus und globale Erwärmung verbindet.

Wenn schon all dies und noch viele weitere Faktoren der Einwirkung des Menschen auf den Planeten die Erdsystemforscher:innen darauf schließen lassen, dass der Planet möglicherweise die Grenzen des Holozäns überschritten hat und in ein ganz neues geologisches Zeitalter eingetreten ist, kann man sagen, dass wir Menschen gegenwärtig gleichzeitig in zwei verschiedenen Ausprägungen der Zeit leben, die im Deutschen »Jetztzeit« heißt: In unserer Selbstwahrnehmung hat sich das »Jetzt« der menschlichen Geschichte mit dem langen »Jetzt« der geologischen und biologischen Zeitmaßstäbe vermengt, was in der Menschheitsgeschichte bisher noch nie vorgekommen ist.[19] Zwar sind zweifellos Phänomene im Erdmaßstab – zum Beispiel Erdbeben – über unsere humanistischen Narrative hereingebrochen, aber in den meisten Fällen liefen geologische Ereignisse wie etwa die Auffaltung oder Erosion eines Gebirges so allmählich ab, dass Berge als beständiger, unveränderlicher Hintergrund für menschliche Geschichten galten. In unserer Lebenszeit sind wir uns nun aber bewusst geworden, dass der Hintergrund kein bloßer Hintergrund mehr ist. Wir sind ein Teil von ihm, weil wir als geologische Kraft agieren und zu einem Rückgang der Biodiversität beitragen, der sich in wenigen Jahrhunderten zum sechsten großen Massensterben entwickeln könnte. Unabhängig davon, ob der Begriff je formal anerkannt wird, steht das Anthropozän für das Ausmaß und die Dauer der Veränderungen, die unsere Spezies an der Geologie, Chemie und Biologie der Erde vornimmt.[20]

Wenn wir in einem Zeitalter, in dem durch intensive kapitalistische Globalisierung globale Erwärmung und massenhaftes Aussterben drohen, historisch über die Menschheit nachdenken, müssen wir begriffliche Kategorien miteinander vereinbaren, die wir in der Vergangenheit gewöhnlich getrennt voneinander und als nahezu unverbunden behandelt haben. Wir müssen Tiefenhistorie und überlieferte Geschichtsschreibung miteinander verbinden und die geologische und biologische Zeit der Evolution mit der Zeit der menschlichen Geschichte und Erfahrung ins Gespräch bringen. Das bedeutet, dass man die Geschichte der menschlichen Imperien – von kolonialer, rassistischer und geschlechtsbedingter Unterdrückung – in Verbindung mit der weiter ausholenden Geschichte erzählt, wie es dazu gekommen ist, dass eine bestimmte biologische Spezies, *Homo sapiens*, deren Technosphäre und andere Arten, die sich gleichzeitig mit dem bzw. in Abhängigkeit vom *Homo sapiens* entwickelt haben, die Biosphäre, Lithosphäre und Atmosphäre dieses Planeten dominieren. All dies müssen wir überdies tun, ohne das menschliche Individuum auch nur einen Augenblick aus den Augen zu verlieren, das weiterhin seine oder ihre persönlichen phänomenologischen und alltäglichen Erfahrungen mit Leben und Tod und mit der Welt bewältigen muss – Erfahrungen, für die eine »Welt« selbstverständlich ist, die heute ironischerweise keine einfache Gegebenheit mehr darstellt.[21] Die auf planetarischer Ebene angesiedelte Krise sickert in vermittelter Form in unser Alltagsleben ein und man könnte die These vertreten, dass sie sogar teilweise auf Entscheidungen zurückgeht, die wir in unserem Alltagsleben treffen (wie etwa ob wir fliegen, Fleisch essen oder anders mit Energie aus fossilen Brennstoffen umgehen). Das heißt aber nicht, dass des Menschen phänomenologische Erfahrung der Welt an ein Ende gelangt ist. Wir entfernen uns zwar niemals weit von Tiefenzeit und Tiefenhistorie. Sie verlaufen mitten durch unsere Körper und Leben. Es mag sein, dass die Menschen im Alltagsleben nicht an ihre evolutionären Wesensmerkmale denken, aber die Gestaltung aller menschlichen Artefakte wird zum Beispiel immer auf der Annahme beruhen, dass Menschen binokular sehen und opponierbare Daumen haben. Dass wir große und komplexe Gehirne haben, kann durchaus bedeuten, dass unsere Big History und Deep History neben den Untiefen unserer jüngeren Vergangenheit und durch sie hindurch Bestand hatten und dass unser inneres Zeitgefühl – das zum Beispiel Phänomenolog:innen untersuchen – nicht immer mit der evolutionären oder geologischen Chronologie übereinstimmen wird.[22]

An den Grenzen des Politischen politisch sein

Das Politische, das aus dem Zusammentreffen von menschlichen und nichtmenschlichen Maßstäben hervorgeht, nimmt die Form eines Paradoxons an, das frühere Denkweisen über diese Kategorie und ihre früheren Verwendungsweisen in Frage stellt.[23] In leichter Abwandlung durch meine Carl-Schmitt-Lektüre ist mein Verständnis der Rede vom *Politischen* Hannah Arendts Denken verpflichtet. Die unverbrüchliche Verbindung, die zwischen generationenübergreifender Zeit und Arendts Verständnis des Politischen besteht, vermittelt uns einen Eindruck, warum *jedes* in einer sich über das Leben mehrerer Generationen erstreckenden Zeitspanne auf den Klimawandel reagierende Handeln politisch ist (obwohl keine einzige Lösung jeden zufriedenstellen wird).[24]

Leser:innen von *Vita activa* werden sich erinnern, dass Arendt die menschliche Fähigkeit, sich individuelle Differenzen – *Pluralität*, heißt es bei ihr – zunutze zu machen, um im menschlichen Miteinander Neues oder Neuartiges zu erschaffen, als Quelle des »Handelns« ausgemacht hat. »Handeln« ist grundlegend für ihre Definition des Politischen. Dem Handeln, schrieb Arendt, entspricht die »Grundbedingung […] der Pluralität, nämlich die Tatsache, daß nicht ein Mensch, sondern viele Menschen auf der Erde leben und die Welt bevölkern«.[25] Handeln sei »die politische Tätigkeit par excellence«. Außerdem ist das Handeln an die Grundbedingung der Natalität gebunden – daran, dass wir alle als Neuankömmlinge und einzigartige Individuen auf die Welt kommen. »[D]as Handeln […], soweit es der Gründung und Erhaltung politischer Gemeinwesen dient«, schreibt Arendt, »ist […] an die Grundbedingung der Natalität enger gebunden als Arbeiten und Herstellen. Der Neubeginn, der mit jeder Geburt in die Welt kommt, kann sich in der Welt nur darum zur Geltung bringen, weil dem Neuankömmling die Fähigkeit zukommt, selbst einen neuen Anfang zu machen, d.h. zu handeln.«[26] Die Möglichkeit von Neuheit, das heißt Natalität, »könnte«, fügt Arendt hinzu, »für politisches Denken ein so entscheidendes […] Faktum darstell[en], wie Sterblichkeit seit eh und je […] der Tatbestand war, an dem metaphysisch-philosophisches Denken sich entzündete«.[27] In ihrem späteren Buch *Das Leben des Geistes* kam Arendt auf den Gedanken der Natalität zurück: »Jeder Mensch [anders als Tiere bzw. Gattungswesen, meint Arendt], in der Einzahl geschaffen, ist ein neuer Anfang kraft seiner Geburt.«[28] Und in »Fragment I« von *Was ist Politik?* wird der Punkt noch einmal wiederholt: »*[D]er* Mensch ist a-politisch. Politik entsteht in dem *Zwischen-den*-Menschen, also durchaus *außerhalb des* Menschen. Es gibt daher keine eigentliche politische Substanz. Politik entsteht im Zwischen und etabliert sich als der Bezug.«[29]

Arendts Vorstellungen vom Politischen sind gelegentlich kritisiert worden, weil ihnen scheinbar jedes Interesse an Herrschaftsbeziehungen, Ungerechtigkeit, Ungleichheit und im weiteren Sinne Demokratie abgeht.[30] Man kann ihr Verständnis »des Politischen« aber auf ihre Vorstellungen vom »Handeln« und »Herstellen« beziehen, wodurch ein begrifflicher Raum entsteht, der ein Interesse an genau den Fragen erlaubt, über die Arendt nach Meinung ihrer Kritiker:innen die Nase rümpfte.[31] Die Dreifachunterscheidung zwischen Arbeiten, Herstellen und Handeln, mit der Arendt ihr Buch *Vita activa* eröffnet, ermöglicht uns eine klarere Sicht auf diesen Punkt.[32] »Die Grundbedingung [...] des Arbeitens«, schreibt Arendt, »ist das Leben selbst.« Dabei geht es buchstäblich um Konsumption – um den Stoffwechsel, den wir benötigen, um unsere biologischen Körper am Leben zu erhalten, und um deren schlussendlichen, unvermeidlichen Verfall. Was die Arbeit am Leben erhält – den individuellen Körper –, überdauert die individuelle Lebenszeit nicht. Dagegen hat »Herstellen« mit allen möglichen menschlichen Vorrichtungen zu tun – von Sprache über Institutionen zu menschengemachten Dingen –, die notwendigerweise *generationenübergreifend* sind.[33] »Das Herstellen produziert eine künstliche Welt von Dingen.« Jedes individuelle Leben sei »in dem Maße« »[i]n dieser Dingwelt« »zuhause«, »in dem sie menschliches Leben überdauert«. Das Herstellen bringt mithin die für es selbst konstitutive, generationenübergreifende Zeit hervor. Der Gedanke generationenübergreifender Zeit ist in dem Argument enthalten, dass durch das Herstellen Sachen erzeugt werden, die von Dauer sind, obwohl sich ihre Dauerhaftigkeit und Haltbarkeit durch den Gebrauch »abnutzt«.[34] Die Welt, die uns zeitlich vorausgeht und uns trotzdem dauerhafte Institutionen, Gedanken, Praktiken und Dinge hinterlässt, muss generationenübergreifend ausgerichtet sein. Arendt verbindet dies mit dem Gedanken der Wohnstätte: »[D]ie Welt [ist] eine wirkliche Heimat für sterbliche Menschen nur in dem Maße«, als sie »Sprechen und Handeln […] eine bleibende Stätte sichert.«[35] Damit menschliche Vorrichtungen als eine solche Stätte fungieren können, müssen sie die Logik reiner Konsumption und Nützlichkeit überdauern.[36]

In diesem Sinne ist politisches Handeln etwas, das Menschen dazu verhilft, über die Lebenszeit hinaus auf der Erde zuhause zu sein. Ein konsumgesteuerter Kapitalismus, in dem alle Artefakte in der Gegenwart konsumiert werden sollen, wäre insofern ein antipolitischer Apparat, als er letztendlich der menschlichen Wohnstättenlogik entgegenarbeiten würde, da eine Wohnstätte Artefakte verlangt, welche die Lebenszeit überdauern. Er würde Arendts Kategorie der »Arbeit« als der Tätigkeit ähneln, der alle Tiere nachgehen müssen, um sich Nahrung zu verschaffen, die das biologische Leben in Gang hält. Generationenübergreifende Belange, wie schwierig sie auch dadurch werden, dass die Ungeborenen, weil sie nicht da sind, ihren Ansprüchen gegenüber den Lebenden keinen Nachdruck verleihen können, sind mithin zentral für Arendts Verständnis des Politischen.[37] So gesehen, fallen Fragen der Klimagerechtigkeit – nicht nur zwischen Reichen und Armen, sondern auch zwischen Lebenden und Ungeborenen – mit Sicherheit in die Kategorie des Politischen. Wie Menschen auf erneuerbare Energien umsteigen oder nachhaltige Gesellschaften bilden können und andere Fragen dieser Art wären aus dem gleichen Grund ebenfalls politisch. Es versteht sich von selbst, dass eine solche Rede vom *Politischen* auf *alle* Tätigkeiten – von wissenschaftlichen, technologischen und Geoengineering-Experimenten bis zu politischer Arbeit und Aktivismus über das ganze Spektrum der vorhandenen Ideologien – verweist, die unternommen werden, um die Folgen der globalen Erwärmung zu bewältigen und sich folglich mit der Zukunft, die sie bietet, zu befassen.

Welche Vorstellung sollen wir uns, versehen mit dem Rüstzeug dieses Verständnisses des Politischen (das ich gleich um eine

Schmitt'sche Abwandlung ergänzen werde), von unserer eigenen Zeit machen, wenn wir die postkolonialen, postimperialen und globalen Belange des letzten Jahrhunderts um Fragen des anthropogenen Klimawandels und des Anthropozäns ergänzen wollen? Das Aufkommen dieser Fragen bedeutet mit Sicherheit nicht, dass die Fragen, die allem Anschein nach in der postkolonialen Welt und im Zusammenhang mit der Globalisierung wichtig gewesen sind, sich erledigt haben. Schließlich leben wir immer noch in Zeiten, in denen die Repräsentation der Geschichten von »Menschen ohne Geschichte« weiterhin zu den umstrittenen Fragen gehört, in denen die Frage der Souveränität derer, die ihr Land und ihre Zivilisation durch europäische Besatzungsmächte und Eindringlinge verloren haben, ohne Antwort bleibt (und beunruhigenderweise vielleicht unbeantwortbar ist), in denen Ungleichheiten zwischen den Klassen sich zuspitzen und der Wohlstand sich in den Händen der sogenannten ein Prozent konzentriert und in denen die Zahl der Flüchtlinge oder staatenlosen Menschen auf der Welt weiter steigt, während das globale Kapital nach Technologien strebt, welche die Zukunft der menschlichen Arbeit drastisch verändern und bedrohen. Dieselbe Digitaltechnologie, die für intelligente Maschinen sorgt, nimmt im demokratischen Leben eine janusköpfige Gestalt an: Social Media Apps wie WhatsApp und Facebook können zur Mobilisierung der Bevölkerung beitragen, sind aber nicht notwendigerweise den nuancierten Debatten und Diskussionen zuträglich, die in einer deliberativen Demokratie auch erforderlich sind.

Über das Planetarische und das Anthropozän zu sprechen, heißt nicht, dass man diese Probleme leugnet. Man gibt sie vielmehr sowohl im bildlichen wie auch im eigentlichen Sinne schichtweise wieder. Die geologische Zeit des Anthropozäns und die Zeit unseres Alltagslebens im Schatten des globalen Kapitals sind miteinander verwoben. Die geologische Zeit läuft durch die menschlich-historische Zeit hindurch und geht über sie hinaus. Einige Folgen der Einwirkung des Menschen auf den Planeten – Städte, die zu Hitzeinseln werden, zunehmende Häufigkeit und Stärke von Wirbelstürmen, Übersäuerung der Meere – sind in der historischen Zeit erkennbar. Andere – wie die Auswirkung, den der anthropogene Klimawandel auf die Glazial-Interglazial-Zyklen haben könnte, die mehr als zwei Millionen Jahre für die Geschichte dieses Planeten prägend waren – nicht.

Abbildung 1: Theo, im Alter von zwei Jahren.

Manche Resultate unserer Fähigkeit, Erde von der Stelle zu bewegen, sind sichtbar und oftmals hässlich. Die 31 Hügel, die im indischen Bundesstaat Rajasthan »abhandengekommen« sind – das heißt von verbrecherischen Geschäftsleuten auf der Suche nach »Rohstoffen« illegalerweise dem Erdboden gleichgemacht wurden, um mit dem landesweiten Bauboom Schritt zu halten –, demonstrieren auf hässliche Weise die Fähigkeit des modernen Menschen, mit seinen Maschinen Erde von der Stelle zu bewegen.[38] Doch wenn ich in einem nahegelegenen Park ein Kind ganz unbefangen um einen die Erde bewegenden Schaufelbagger herumlaufen sehe und dann dasselbe Kind beobachte, wie es mit Hilfe einer Miniaturversion derselben Maschine – Anthropozän-Spielzeug! – Sand in einer Sandkiste hin und her schaufelt, wird mir klar, wie sehr unsere geomorphologische Handlungsmacht sich schon »naturalisiert« hat (Abb. 1 und 2). Es steht nicht in Frage, die Zeit des Anthropozäns auf künstliche Weise von der Zeit unserer Menschenleben und -geschichte zu trennen. In vielen Hinsichten ist unsere Handlungsfähigkeit als geophysische Kraft mit einer ganzen Reihe von modernen Vergnügungsformen verbunden.

Abbildung 2: Theo und seine Freunde.

Eher werden viele der Probleme, die wir für Probleme der kapitalistischen Globalisierung halten, sich noch verstärken, wenn die globale Erwärmung zunimmt. Die abnehmende Bewohnbarkeit des Planeten, eine steigende Zahl von Klimaflüchtlingen und »illegalen Einwanderern«, Wasserknappheit, häufige Extremwetterlagen, die Aussicht auf Geoengineering und so weiter sind mit Sicherheit kein gutes Rezept für globalen Frieden.[39] Hinzu kommt, dass unser globales Versagen in Bezug auf die Schaffung eines Steuerungsmechanismus für den planetarischen Klimawandel ebenfalls nahelegt, dass wir es hier nicht mit der Art von »globalem« Problem zu tun haben, für deren Bewältigung unser globaler Steuerungsapparat, die Vereinten Nationen, eingerichtet wurde.

Daran zeigt sich ein interessantes zeitliches Problem. Verhandlungen zwischen Nationen auf UN-Ebene unterstellen gewöhnlich einen offenen, unbefristeten Zeitplan. Wir wissen zum Beispiel nicht, wann der Staat Israel und die palästinensische Bevölkerung Frieden schließen werden oder ob die Menschen in Kaschmir jemals in einem ungeteilten Land leben werden. Derartige Fragen sind Teil eines offenen, unbefristeten Zeitplans. Gleichermaßen wissen wir nicht, wann es den Menschen gelingt, das Zeitalter einer fairen und gerechten Welt einzuläuten. Der Kampf gegen den Kapitalismus unterstellt, dass für unsere historischen Ungerechtigkeitsfragen Zeit in Hülle und Fülle vorhanden ist. Beim Klimaproblem und in der ganzen Diskussion über die »Gefährlichkeit« des Klimawandels sind wir dagegen mit einem begrenzten Zeitplan und Sofortmaßnahmen konfrontiert. Und doch haben mächtige Weltnationen versucht, das Problem mit einem Apparat zu bewältigen, der für Maßnahmen nach einem unbefristeten Zeitplan gedacht gewesen war. Im Anschluss an den Erfolg des Montreal-Protokolls von 1987 haben die UN den anthropogenen Klimawandel als »globales« – und nicht als planetarisches –, durch den UN-Mechanismus zu lösendes Problem behandelt. Aus diesem Grund haben die UN 1988 als eine Art »Weltklimarat« den Zwischenstaatlichen Ausschuss für Klimaveränderung (IPCC, Intergovernmental Panel on Climate Change) ins Leben gerufen. Interessanterweise unterstellen die Maßnahmen, die der IPCC – zum Beispiel im Hinblick auf das globale Kohlenstoffbudget – empfiehlt, nun aber einen endlichen, befristeten Zeitplan, der dann zum Gegenstand globaler Verhandlungen wird. Die Zahl »zwei Grad«, die normalerweise als Schwelle zur »Gefährlichkeit« des Klimawandels gilt, stellt zum Beispiel einen politisch ausgehandelten Kompromiss zwischen den zu einem unbefristeten Handlungszeitplan tendierenden UN und dem begrenzten Zeitplan dar, von dem die Wissenschaftler:innen sprechen. Es ist durchaus möglich, dass der planetarische Klimawandel ein Problem ist, für dessen Bewältigung die UN nicht geeignet sind. Gegenwärtig haben wir allerdings keine bessere demokratische Alternative. Klimawandel und Anthropozän sind mithin zutiefst politische Probleme, die unsere überkommenen politischen Institutionen und unsere Fantasie zugleich herausfordern.[40]

Auch wenn wir uns von Arendts Vorstellungen über das Politische leiten lassen, ist es wichtig, Schmitts Einsicht nicht aus den Augen zu verlieren, dass Menschen zwar zu Rationalität und Kreativität fähig sein mögen, die Menschheit aber nicht als Träger eines einzigen, rationalen Konsenses fungieren könne. »Die politische Welt«, schreibt Schmitt, »ist ein Pluriversum, kein Universum.«[41] Man weiß nicht, wo und wie die Geschichte der Menschheit weitergehen wird. In unseren Zeiten ist es außerdem erforderlich, noch einen weiteren Punkt anzusprechen, mit dem weder Schmitt noch Arendt sich je befasst haben. Für ein umfassendes Verständnis des Politischen sind beide hilfreich, aber leider ist dieses Verständnis nicht umfassend genug, weil es sein Augenmerk ausschließlich auf Menschen richtet. Arendts oder Schmitts Schema zufolge können Tiere und andere nichtmenschliche Wesen nicht Teil des Politischen sein. Die planetarische Umweltkrise fordert uns nun aber dazu auf, unsere Vorstellungen von Politik und Gerechtigkeit auf nichtmenschliche Wesen auszuweiten, und zwar sowohl auf lebendige als auch auf nichtlebendige. Je deutlicher wir dies erkennen, desto stärker realisieren wir, wie unwiderruflich humanozentrisch alle unsere politischen Institutionen und Begriffe sind. Wichtig daran ist, dass Klimawandel und Anthropozän-Hypothese zusammengenommen für den Menschen eine intellektuelle und politische Zwickmühle darstellen und neue Deutungen der Tragweite und der Bedeutungen dessen rechtfertigen, was ich früher einmal »politische Moderne« genannt habe.[42] Deshalb ist die Arbeit von Vordenker:innen wie Bruno Latour, Isabelle Stengers, Donna Haraway, Jane Bennett und anderen, die lange über die Frage der Ausweitung des Politischen über die Menschheit hinaus geforscht haben, relevant und wichtig für dieses Projekt. Ich werde zu diesem Problem Stellung beziehen müssen, ohne auf irgendeine Weise behaupten zu können, es gelöst zu haben.

Mittlerweile sollte deutlich geworden sein, dass es für meine Argumentation keine Rolle spielt, ob Geolog:innen das Etikett Anthropozän eines Tages formal als Namen für unsere derzeitige geologische Epoche anerkennen oder nicht. Wie Zalasiewicz und seine Kollegen meinen, kann der »zukünftige Status« des Ausdrucks »als Begriff« »im Allgemeinen als gesichert betrachtet werden, formal gesehen, ist er aber ungewiss.«[43] Jeremy Davies, Eva Horn, Hannes Bergthaller und andere haben recht, dass der Hauptnutzen der Diskussion über das Anthropozän für Geisteswissenschaftler:innen darin besteht, das Geobiologische in unser Blickfeld gerückt zu haben. Mir war es ein besonderes Anliegen herauszufinden, was der Rückgriff auf die Erforschung des Klimawandels und die Erdsystemwissenschaft für Geisteswissenschaftler:innen bedeuten könnte, die über die historische Zeit, die wir gerade erleben, nachdenken. Ich sollte jedoch klarstellen, dass meine Herangehensweise an die Naturwissenschaft nicht aus den Traditionen heraus erfolgt, die in einigen Zweigen der Wissenschaftsgeschichte entwickelt wurden und häufig, wie Bernard Williams es ausgedrückt hat, von der »bemerkenswerte[n] Annahme« ausgehen, »die Befähigung der Wissenssoziologie zur Aufstellung wahrer Behauptungen über die Naturwissenschaften sei größer als die Befähigung der Naturwissenschaften zur Aufstellung wahrer Behauptungen über die Welt«.[44] Meines Erachtens lässt sich nicht bestreiten, dass das Betreiben von Wissenschaft mit Klassen-, Geschlechter- und Rassenpolitik, Wirtschaftssystemen und wissenschaftlichen Institutionen verwoben ist und bleibt. Deshalb sind Bedenken in Bezug auf die Macht und Autorität, die bestimmte Wissenschaftler:innen tatsächlich in bestimmten historischen Kontexten ausüben können, voll und ganz gerechtfertigt. Ich glaube jedoch nicht, dass eine solche Verstrickung die *Befunde* der naturwissenschaftlichen Fächer noch willkürlicher, falscher oder auch nur politischer macht als die empirischen Behauptungen und Analysen von Kolleg:innen aus der Geschichts- oder Sozialwissenschaft.[45] Die Erwärmung der Atmosphäre und die Wetterkapriolen würde es auch ohne die Naturwissenschaften weiterhin geben, aber wir hätten kein intellektuelles Problem namens »planetarischer Klimawandel«, »globale Erwärmung« oder gar Anthropozän. Damit will ich nicht leugnen, dass wir stellenweise in beide Richtungen praktische Übersetzungen zwischen lokalem Wissen, Sitten, Traditionen, Praktiken und einer Wissenschaft von planetarischer Reichweite vornehmen müssen, sondern schlicht und einfach einräumen, dass wir allein durch »das Lokale« die Rolle niemals verstanden hätten, die spärlich oder überhaupt nicht von Menschen bewohnte Erdteile – wie etwa die Regionen des sibirischen Permafrosts oder die Ozeane selbst – für die Prozesse spielen, die über die Abkühlung oder Erwärmung des ganzen Planeten entscheiden.[46]

Von meinen eigenen Überlegungen zum planetarischen Klimawandel beunruhigt, aber auch angeregt durch die methodologischen Herausforderungen, vor die das Problem der geologischen Handlungsmacht des Menschen meine üblichen humanistisch-historischen Denkgewohnheiten stellte, habe ich 2009 einen Aufsatz veröffentlicht: »Das Klima der Geschichte: Vier Thesen.« Darin habe ich mich gefragt, was die Menschheit in dem besagten Zeitalter des Anthropozäns ausmacht. Wir sind eine gespaltene Menschheit und gleichzeitig dominanter Partner in einem sozioökonomisch-biologischen Technikkomplex, der auch andere Arten umfasst. Dieser Komplex treibt das Artensterben voran und ist deshalb seinerseits ein Teil der Geschichte des Lebens auf diesem Planeten. Dadurch wird auch er zu einem geologischen Handlungsträger. Durch das Zusammenfallen verschiedenartiger Chronologien – der Gattungsgeschichte und geologischer Zeiten seit Menschengedenken – hat sich die *Condition humaine*, das heißt die Lage der Menschheit verändert. Diese veränderte Lage bedeutet nicht, dass die miteinander zusammenhängenden, aber verschiedenen Geschichten der Menschen als einer gespaltenen Menschheit, als Spezies und als geologischem Handlungsträger alle zu einer großen Geogeschichte miteinander verschmolzen sind und eine einzige Geschichte über den Planeten und die Geschichte des Lebens auf ihm jetzt die humanistische Geschichtsschreibung ersetzen kann. Als Menschen, habe ich behauptet, ist es uns nicht möglich, diese anderen Weisen des Menschseins, von denen wir auf abstrakter Ebene kognitiv wissen, in unvermittelter Form zu erleben. Menschen in ihrer sich intern ausdifferenzierenden Pluralität, Menschen als Spezies und Menschen als Verursacher des Anthropozäns stellen drei miteinander verbundene, aber analytisch unterscheidbare Kategorien dar. Ihre Archive sind unterschiedlich aufgebaut und um sie sich uns als historische Handlungsträger vorzustellen, setzen wir auf unterschiedliche Ausbildungsformen, Forschungsmethoden und -instrumente sowie analytische Strategien. Zudem handelt es sich um ganz unterschiedliche Arten von Handlungsträgern.[47]

Diese bewusste Vereinigung von Chronologien, die verschiedene Maßstäbe anlegen, löste in mir ein Gefühl aus, das ich häufig mit einem Sturz verglichen habe. Es war, als wäre ich als humanistischer, politisch an Rechts-, Gerechtigkeits- und Demokratie-Fragen interessierter Historiker in die »Tiefenhistorie«, in den Abgrund tiefer geologischer Zeitlichkeit gestürzt. Dieser Sturz in die »Tiefenhistorie« ist mit einem leichten Schock verbunden, wenn man die Andersartigkeit des Planeten und seiner sehr großformatigen räumlichen und zeitlichen Prozesse erkennt, von denen die Menschen unfreiwillig ein Teil geworden sind. Da ich vom indischen Subkontinent stamme, auf dem Diabetes epidemische Ausmaße angenommen hat, erkläre ich diese Erfahrung manchmal, indem ich eine Analogie zu der Art und Weise ziehe, wie bei einem Inder oder einer Inderin die Wahrnehmung der eigenen Vergangenheit plötzlich, von einem Augenblick auf den anderen eine Erweiterung erfährt, wenn bei ihm oder ihr Diabetes diagnostiziert wird. Man geht mit einem (potenziell) historischen Blick auf die eigene Vergangenheit und einer Biografie zum Arzt, die sich in bestimmte soziale und historische Kontexte einordnen lässt und die sich über zwei bis drei Generationen erstreckt. Doch durch die Diagnose eröffnen sich vollständig neue, unpersönliche und weit zurückliegende Vergangenheiten, die man nicht in dem besitzindividualistischen Sinne sein Eigen nennen kann, den der Politologe C.B. Macpherson so brillant beschrieben hat.[48] Menschen vom Subkontinent wird höchstwahrscheinlich mitgeteilt, dass sie eine genetische Veranlagung für Diabetes besitzen, weil sie (mittlerweile mindestens einige Jahrtausende lang) zu den Reisesser:innen gehören. Wenn sie dann noch Akademiker:innen sind und aus einer Brahmanen-Familie oder oberen Kaste stammen, haben sie mindestens seit ein paar Jahrhunderten einen sesshaften Lebensstil gepflegt, sodass ihnen vielleicht auch erklärt werden würde, dass das Vermögen der menschlichen Muskeln, Zucker zu speichern und freizusetzen, mit der Tatsache zusammenhinge, dass die Menschen den überwiegenden Teil ihrer Geschichte Jäger und Sammler gewesen seien – auf einmal Evolution und Tiefenhistorie![49] Die eigene Erfahrung hat keinen Zugang zu einer dieser längerfristigen Geschichten, aber man wird sich ihrer plötzlich bewusst.

Den vielen zustimmenden Reaktionen, die mein Aufsatz von 2009 erfahren hat, stand freilich auch ein Mahlstrom an Kritik gegenüber. Meine Kritiker:innen behaupteten, mit der Bezugnahme auf den Menschen als »dominanter Spezies« und der Verwendung des schönfärbenden Wortes Anthropozän (statt so etwas wie Kapitalozän) liefe ich Gefahr, den Klimawandel zu »entpolitisieren«, weil so die Aufmerksamkeit von Fragen nach der Verantwortung, der Rolle des Kapitalismus, den Imperien, der Ungleichentwicklung und dem kapitalistischen Akkumulationstrieb abgelenkt werden würde. Sie wiesen zu Recht darauf hin, dass die Reichen in weit größerem Maße für die Klimakrise verantwortlich seien und ihr immer in geringerem Maße zum Opfer fallen würden als die Armen. Auf einzelne Kritikpunkte habe ich an anderer Stelle geantwortet.[50] Ohne noch einmal detailliert darauf einzugehen, möchte ich lediglich sagen, dass ich der jüngsten Einschätzung des Literaturwissenschaftlers Gillen D'Arcy Wood zustimme, dass einige Kritikpunkte am eigentlichen Kern der Sache vorbeigeredet haben.[51]

Es könnte sich allerdings insofern lohnen, über die Tragfähigkeit der Kritik an mir nachzudenken, als sie uns etwas über die jüngere Geschichte der humanwissenschaftlichen Deutungsdisziplinen verrät. Auf dem Gebiet der postkolonialen Geschichtswissenschaft und Theorie wurde relativ zögerlich auf die Erderwärmungskrise reagiert, obwohl die Naturwissenschaften bereits in den späten 1980er Jahren damit Schlagzeilen machten. Nehmen wir das Jahr 1988, als der damalige Leiter des Goddard Space Flight Centers der NASA, James Hansen, vor dem US-amerikanischen Senat aussagte und dort im Wesentlichen drei Feststellungen traf: »Erstens ist die Erde im Jahr 1988 wärmer als jemals zuvor in der Geschichte ihrer instrumentellen Messung. Zweitens ist die globale Erwärmung inzwischen stark genug, dass wir dem Treibhauseffekt mit einem hohen Grad an Zuverlässigkeit einen Kausalzusammenhang zuschreiben können. Und drittens weisen unsere computergestützten Klimasimulationen darauf hin, dass der Treibhauseffekt bereits so groß ist, dass er sich auf die Wahrscheinlichkeit extremer Wetterlagen wie etwa sommerlicher Hitzewellen [auszuwirken] beginnt.«[52] Im selben Jahr wurde der IPCC der Vereinten Nationen ins Leben gerufen.

Man kann sagen, dass postkoloniales Denken und postkoloniale Kritik – als ein Zweig der Geisteswissenschaften, der im späten 20. Jahrhundert großen Einfluss auf kritische Theorie genommen hat – ihre Reise zehn Jahre vor diesen Ereignissen angetreten haben, als nämlich 1978 Edward Saids polemischer Klassiker *Orientalismus* erschien.[53] In den 1980er Jahren und danach haben viele Denkströmungen – Critical Race Theory, feministische Kritik, anti- und postkoloniale Kritik, Cultural Studies, Minority Studies – die Geisteswissenschaften mit vereinten Kräften von dem aristokratischen Sockel gestoßen, in dem Textexegese, Rhetorik, Philologie, Grammatik, Verslehre und so weiter seit Ewigkeiten verankert gewesen waren.[54] Als ein Wissenszweig, in dem es einstmals um Persönlichkeitsbildung und um die Begründung des kulturellen Herrschaftsanspruchs von imperialen und anderen Eliten gegangen war, verwandelten sich die Geisteswissenschaften in diesen Jahrzehnten in einen Wissenszweig, der das untersuchte und gleichzeitig hervorbrachte, was James Scott einmal mit denkwürdigen Worten als »Waffen der Schwachen« bezeichnet hat.[55] Die ab 1982 erscheinende Publikationsreihe *Subaltern Studies* war in hohem Maße auf diese geisteswissenschaftliche Neuorientierung ausgelegt.[56] 1988 erschien Gayatri Chakravorty Spivaks berühmter Essay »Can the Subaltern Speak?«.[57] Und nur wenige Jahre nach dem Erscheinen dieses Essays kuratierten Homi Bhabha, Stuart Hall, Kobena Mercer und andere 1995 zusammen die erste postkoloniale Ausstellung und Tagung über Frantz Fanon, aus der das Buch *The Fact of Blackness* hervorging.[58] Bhabhas eigene klassische Aufsatzsammlung zu Fragen postkolonialer Kritik und postkolonialen Denkens, *Die Verortung der Kultur*, erschien 1994.[59]

Diese neuen Denkrichtungen in den Geisteswissenschaften brachten aufschlussreiche Erkenntnisse hervor, blieben aber, wenn ich das einmal ganz ungeschützt so sagen darf, in Bezug auf die Umwelt blind. Da eine solche Behauptung übertrieben klingen könnte, möchte ich kurz erläutern, was ich meine. Natürlich hatten die Umweltschutzbewegungen in den späten 1960er und in den 1970er Jahren in verschiedenen Teilen der Welt einen rasanten Aufschwung erlebt. In Europa begann der Aufstieg grüner Parteien und Politik. In vielen Fällen führten Umweltschutzbewegungen und ökologisches Denken zu bestimmten Kritikpunkten an den kapitalistischen Wachstumsmodellen (wie man in den Schriften der bekannten indischen Umweltschützerin Vandana Shiva sieht). Die Alarmglocke, die Rachel Carson 1962 in ihrem Buch *Der stumme Frühling* läutete, mündete – in nicht geringem Maße dank des Bildes von der Erde als »Blauer Murmel«, das amerikanische Astronauten 1972 populär machten – in der Vorstellung, dass die Menschen nur über diese »eine Welt« verfügten – über eine Atmosphäre, eine große Menge Meerwasser, ein kugelförmiges Zuhause –, die sowohl zerbrechlich als auch endlich und den Verwüstungen des Rohstoff-Kapitalismus und der postindustriellen Lebensform schutzlos ausgeliefert war. Eine der bekanntesten Äußerungsformen dieser Auffassung von der »Endlichkeit der Erde« war der von Donella und Dennis Meadows und ihren Kolleg:innen verfasste Bericht *Die Grenzen des Wachstums* von 1972, der auch unter dem Namen »Bericht des Club of Rome« bekannt ist.[60]

Doch dieses »Eine-Welt-Denken« verfing nicht recht in den geisteswissenschaftlichen Traditionen, aus denen die postkoloniale Kritik stammte. In den Geisteswissenschaften (zu denen ich auch die deutenden Zweige der Geschichtswissenschaft und der Anthropologie zähle) waren im Wesentlichen keine »Lumper«, sondern »Splitter« der menschlichen Geschichte vertreten, das heißt Gelehrte, nach deren Einschätzung alle Behauptungen eines »Einsseins« der Welt insofern radikal hinterfragt werden mussten, als sie sich gegenüber all dem zu bewähren hatten, was die Menschen realiter spaltete oder entzweite und die Grundlage für verschiedene Unterdrückungsregime bildete: Kolonialherrschaft, Rasse, Klasse, Geschlecht, Sexualität, Ideologien, Interessen und so weiter. Argumentationslinien, die versuchten, die Verschiedenartigkeit der menschlichen Welten auf das Einssein einer endlichen »Erde« herunterzubrechen, standen sie skeptisch gegenüber. Ein solch vereinheitlichender Schritt galt als ideologisch suspekt und schien immer den Interessen der Macht zu gehorchen. Diese Gelehrten glaubten, der Weg, der eines Tages die Emanzipation aller Menschen erlauben werde, ließe sich nur finden, wenn man *zuerst* die Konflikte und Ungerechtigkeiten angehe und durcharbeite, die solche Entzweiungen nach sich zögen. Dass sich ein solcher Gegensatz zwischen Lumpers/Verfechter:innen des Eine-Welt-Denkens und Splitters/Vertreter:innen des Postkolonialismus durch die berechtigten Forderungen zieht, die heute im Namen der Umwelt- oder Klimagerechtigkeit erhoben werden, ist tatsächlich unübersehbar.[61] Der Spaltungsreflex sitzt mittlerweile tief und ist durchaus verständlich:

Schließlich sind Geisteswissenschaftler:innen seit mehr als fünf Jahrzehnten – mit guten Gründen – darin ausgebildet worden, alle Totalitäts- und Universalitätsansprüche mit extremem Argwohn zu betrachten. Ich bin selbst ein Kind dieser Tradition gewesen.

In Anbetracht dieser Spannung zwischen »Splitters« und »Lumpers«, der auch mein eigenes Denken unterworfen war, habe ich die letzten zehn Jahre mit dem Versuch zugebracht, mir einen Weg durch die Implikationen der vier Thesen – und durch die Kontroversen, die sie hervorgerufen haben – zu bahnen, die ich in dem gleichnamigen Aufsatz aufgestellt hatte. Deshalb bleibt der viel diskutierte und kritisierte Aufsatz »Das Klima der Geschichte: Vier Thesen« in überarbeiteter Form und unter dem neuen Namen »Vier Thesen« gleichwohl der unausweichliche Ausgangspunkt dieses Projekts und bietet er sich als erstes Kapitel dieses Buches an. Ich habe dieses Kapitel um einen kurzen Anhang erweitert, um meine Verwendungsweise von Wörtern und Ausdrücken wie *Spezies* und »negative Universalgeschichte« zu verdeutlichen, an denen einige Leser:innen des ursprünglichen, diesem Kapitel zugrunde liegenden Aufsatzes sich gestört hatten.

In methodischer Hinsicht entfaltet dieses Buch seine Argumentation, indem es die Leser:innen auf den Weg mitnimmt, den ich selbst bei seiner Ausarbeitung und Fertigstellung eingeschlagen habe. Ein Schlüsselmoment auf dieser Entdeckungsreise war für mich das Stolpern über die Erkenntnis, dass der Begriff *Globus* im Wort *Globalisierung* nicht deckungsgleich mit dem Begriff *Globus* in dem Ausdruck *globale Erwärmung* ist. Dasselbe Wort hat zwei verschiedene Referenten. Diesen Gedanken habe ich nach und nach zu einer Unterscheidung von Globus und Planet weiterentwickelt. Keine binäre Gegenüberstellung, das sei ausdrücklich unterstrichen, sondern zwei verwandte, analytisch unterschiedliche Begriffe. Je weiter ich mich in die Erdsystemwissenschaft einlas und je gründlicher ich über den Vorwurf nachdachte, dass meine vier Thesen den Kapitalismus ungeschoren davonkommen lassen würden, desto wichtiger erschien mir diese Unterscheidung. Darum geht es im gesamten ersten Teil des Buches. Mein zweites Kapitel über »Miteinander verbundene Geschichten«, in dem ich erste Überlegungen anstelle, warum die nur wenige Jahrhunderte währende Geschichte des Kapitalismus uns keinen hinreichenden denkerischen Zugriff auf die durch den anthropogenen Klimawandel aufgeworfenen Probleme der menschlichen Geschichte verschafft hat, baut die Unterscheidung von Globus und Planet weiter aus. Und in Kapitel 3, »Der Planet als humanistische Kategorie«, wird die Unterscheidung dann voll ausgearbeitet. Denkerisch stellt dieses Kapitel den Dreh- und Angelpunkt der Argumentation dieses Buches dar. Mit Hilfe der Kategorie »Planet« konnte ich erkennen – und schließlich auch aussprechen –, dass wir uns in Überlegungen über unsere eigene Zeit aus zwei Perspektiven gleichzeitig betrachten müssen: aus planetarischer und aus globaler Perspektive. Das Globale ist eine humanozentrische Konstruktion; der Planet dezentriert den Menschen.

Der zweite Teil des Buches, der den Titel »Die Schwierigkeit, modern zu sein« trägt, besteht aus drei Kapiteln, die auf unterschiedliche Weise der Frage nachgehen, warum moderne Freiheitsvorstellungen – unabhängig davon, ob man dabei an Einzelpersonen, Nationen oder die Menschheit im Allgemeinen denkt – ihre Anziehungskraft auch dann noch behalten, wenn viele der ihnen zugrunde liegenden Unterstellungen zu Recht durch eine Reihe von Moderne- und Modernisierungskritiker:innen in Frage gestellt worden sind. Im ersten dieser drei Kapitel (Kap. 4), »Die Schwierigkeit, modern zu sein«, analysiere ich den engen Zusammenhang zwischen den Freiheitsvorstellungen in postkolonialen Nationen und dem gestiegenen Energiebedarf, der historisch in der Hauptsache durch fossile Brennstoffe und viele verschiedene Projekte zur »Naturbeherrschung« (wie dem Aufstauen von Flüssen) befriedigt wurde. Das zweite Kapitel (Kap. 5), »Planetarische Bestrebungen – Deutung eines Selbstmords in Indien«, nimmt eine Deutung der Vorstellungen von Humanität und Freiheit vor, die ein als »unberührbar« geltender junger Mann, der sich 2016 das Leben nahm, in seinem Abschiedsbrief hinterließ. In dem Kapitel wird die Geschichte des Stigmas und des Ekels, die den »Körper eines Unberührbaren« in den Augen der oberen Kasten umgeben, als Hinweis darauf interpretiert, dass das Bild des menschlichen Körpers in den vorherrschenden Konzeptionen des Politischen bestimmte Grenzen aufweist. Das letzte Kapitel dieses Teils (Kap. 6), das Kants Aufsatz über den »Mutmaßlichen Anfang der Menschengeschichte« von 1786 interpretiert, stellt im Grunde genommen eine dem Anthropozän verpflichtete Kritik dar, die versucht zu zeigen, inwiefern die für die Moderne grundlegende Unterscheidung zwischen menschlicher Moralität und Animalität, die der große Philosoph vorgenommen hat, durch die gegenwärtige Krise der Biosphäre hinfällig geworden ist.

Den letzten Teil des Buches habe ich unter anderem als Hommage an das gleichnamige Buch des Politologen William Connolly »Sich dem Planetarischen stellen« genannt. Er beginnt mit einem Kapitel, das den Titel »Die Zeit des Anthropozäns« trägt – Kapitel 7 – und in dem ich versuche, das zu erläutern, was der Geologe Jan Zalasiewicz als planetenzentrierte Denkweise bezeichnet, um diese von einem Denken zu unterscheiden, das ausschließlich menschliche Belange in den Mittelpunkt gestellt hat. In einem Kapitel mit dem Titel »Auf eine anthropologische Lichtung zu« (Kap. 8) fahre ich dann fort, einige der Implikationen weiterzuentwickeln, die unsere neue Offenheit für das Planetarische und Geologische für unser Verständnis der heutigen *Condition humaine* hat. Ich betrachte die gegenwärtige Krise als Gelegenheit, auf Karl Jaspers' Gedanken eines »epochalen Bewusstseins« hinzuarbeiten, also auf eine Form der Argumentation, die versucht, der *Condition humaine* gedanklichen und begrifflichen Raum zu verschaffen, *bevor* man sich auf eine spezielle Variante von politischer Praxis oder politischem Kampf festlegt. Dass der Planet – als eine Kategorie, die im ersten Teil erklärt wurde – im Alltagsleben in das Blickfeld der Menschen gerät, führt uns zu der Frage, ob die Wechselbeziehung zwischen Menschen und Erde/Welt, die viele Denker:innen des 20. Jahrhunderts aus der Tradition übernommen, vorausgesetzt und zelebriert haben, heute noch haltbar ist. Wie kann es uns angesichts der momentanen ökologischen Krise gelingen, uns auf den Entwurf eines neuen Gemeinguts im Sinne einer »Allmende« zuzubewegen, auf so etwas wie eine neue Anthropologie, die sich auf die Suche nach einer Neubestimmung der menschlichen Beziehung zum Nichtmenschlichen, einschließlich des Planeten macht? An dieser Stelle endet dieses Buch, wie ich hoffe, mit Ansätzen zu einer Schlussfolgerung, die historisch bisher nicht erreicht wurde.

Als Postskriptum kommt noch ein Gespräch mit Bruno Latour hinzu, in dem viele der in diesem Buch angesprochenen Punkte erörtert werden.

Wie aus der obenstehenden Beschreibung des Buches ersichtlich wird, zielt meine Darstellung der menschlichen Welten und ihrer Beziehung zu dem Planeten, auf dem die Menschen wohnen, nicht darauf ab, in irgendeinem unmittelbaren und praktischen Sinne zu möglichen Lösungen der mit dem Klima zusammenhängenden Konflikte auf der Welt beizutragen. Diese Konflikte könnten sich, wie gesagt, durch die planetarische Umweltkrise und die verschiedenen Spannungen im Zusammenhang mit Grenzen, Wasser, Nahrung und Unterbringung, die durch die Krise hervorgerufen werden, sogar noch verschärfen. Ich hoffe, dass die Geschichten, die unsere Tiefenhistorie und überlieferte Geschichtsschreibung zusammenbringen, für die Entwicklung neuer Perspektiven hilfreich sind, aus denen diese Konflikte sich betrachten lassen, und so indirekt zu deren Linderung beitragen. Je gründlicher wir erkennen, dass trotz all unserer Entzweiungen und Ungleichheiten das Überleben der Zivilisation, wie wir sie kennen, auf dem Spiel steht, desto eher werden wir hoffentlich die Unzulänglichkeit unserer zwangsläufig voreingenommenen Herangehensweisen an das erkennen, was man mit einem Seitenblick auf Arendt die heutige *Condition humaine* nennen kann.

In seinem Buch über das Anthropozän erinnert der Philosoph Sverre Raffnsøe uns daran, dass Kant in seinen Logik-Vorlesungen für die Unterscheidung von vier Erkenntnisgebieten vier grundlegende Fragen für maßgeblich hielt: Die Grundfrage von »Erkenntnis, Naturwissenschaft, Theorie und Metaphysik« lautete »Was kann ich wissen?«; die Grundfrage des moralischen und praktischen Denkens lautete »Was soll ich tun?« und in religiösen und ästhetischen Zusammenhängen lautete die Frage »Was darf ich hoffen?«. Weiter weist Raffnsøe darauf hin, dass diese drei Grundfragen in Kants Augen »ineinander übergehen und gemeinsam zu […] einer vierten, wegweisenden Frage beitragen, durch die sie eine Klärung erfahren: ›Was ist der Mensch?‹«.[62] Die letzte Frage, schrieb Kant, sollte die »Anthropologie« beantworten.[63] Das Phänomen des Anthropozäns und die Klimakrise werfen alle diese Fragen auf. Wissenschaftler:innen – und Sozialwissenschaftler:innen – sind am ehesten in der Lage festzustellen, was wir wissen können; Politiker:innen, Aktivist:innen, politische Strateg:innen und Techniker:innen sind am besten gerüstet herauszufinden, was wir tun können. Vorschläge, was wir erwarten dürfen, fallen in den Bereich von Religion, Ästhetik und verwandter Gebiete des Denkens. Durch die missliche Lage, in der sich die Menschheit derzeit befindet, stellt sich für Geisteswissenschaftler:innen die Frage nach der *Condition humaine* neu. Dieses Büchlein schließt sich denn auch den Bemühungen anderer Geisteswissenschaftler:innen an, gemeinsam nach einem Weg hin zu einer neuen philosophischen Anthropologie zu suchen.

TEIL I

DER GLOBUS UND DER PLANET

Kapitel 1

Vier Thesen

Die planetarische Krise des Klimawandels bzw. der globalen Erwärmung ruft in Einzelpersonen, Gruppen und Regierungen ganz unterschiedliche Reaktionen hervor, die von Verleugnung, Ausblendung und Gleichgültigkeit bis zu wechselnden Arten und Graden von Engagement und Aktivismus reichen. Aus diesen Reaktionen speist sich unsere Wahrnehmung des Jetzt. In seinem Bestseller *Die Welt ohne uns* schlägt Alan Weisman ein Gedankenexperiment im Hinblick auf die Frage vor, wie wir unsere Gegenwart erleben: »Nehmen wir an, der schlimmste Fall sei eingetreten. Die Vernichtung der Menschheit wäre eine vollendete Tatsache. [...] [D]as Bild einer Welt, in der wir alle plötzlich verschwinden. [...] [K]önnten wir selbst *danach* irgendeine schwache, bleibende Spur im Universum hinterlassen [...]? [...] Wäre es denkbar, dass die Erde, statt einen tiefen Seufzer der Erleichterung auszustoßen, uns ein bisschen vermissen würde?«[1] Ich finde Weismans Experiment reizvoll, weil es auf vielsagende Weise zeigt, wie die derzeitige Krise eine Wahrnehmung der Gegenwart herbeiführen kann, welche die Zukunft von der Gegenwart abtrennt, indem sie diese Zukunft außerhalb der Reichweite des historischen Empfindungsvermögens ansiedelt. Als Fach beruht die Geschichtswissenschaft auf der Annahme, dass unsere Vergangenheit, Gegenwart und Zukunft sich zu einer ununterbrochenen menschlichen Erfahrung verbinden. Wir stellen uns die Zukunft normalerweise mit Hilfe desselben Vermögens vor, das uns erlaubt, uns ein Bild von der Vergangenheit zu machen.

Weismans Gedankenexperiment macht das geschichtliche Paradox anschaulich, das der zeitgenössischen Gemütslage von Furcht und Sorge in Anbetracht der Endlichkeit der Menschheit innewohnt. Wenn wir uns auf Weismans Experiment einlassen, müssen wir uns in eine Zukunft »ohne uns« versetzen, damit wir sie uns bildlich vorstellen können. Dadurch geraten die gewohnten historischen Praktiken, mit denen wir uns ein Bild von vergangenen und zukünftigen Zeiten machen, die uns persönlich nicht zugänglich sind – der historische Verstehensvorgang –, durcheinander und in einen tiefen Widerspruch. Weismans Experiment macht darauf aufmerksam, was für eine Verwirrung unsere heutige Wahrnehmung der Gegenwart auslöst, wenn diese Gegenwart Anlass zu Sorgen über unsere Zukunft gibt. Deshalb wirkt unsere historische Wahrnehmung der Gegenwart sich in Weismans Darstellung ausgesprochen destruktiv auf unser allgemeines Geschichtsverständnis aus. Mit Geschichte meine ich hier natürlich die humanistische Geschichtsschreibungskunst, die sich auf Menschen konzentriert und in deren alltäglichem Zeitgefühl verankert ist.

Im letzten Teil dieses Kapitels werde ich auf Weismans Experiment zurückkommen. Vieles an der Debatte über den Klimawandel sollte für diejenigen, die sich an zeitgenössischen historischen Diskussionen beteiligen, von Interesse sein. Denn mit zunehmender Verbreitung des Gedankens, dass die schwerwiegenden Umweltrisiken der globalen Erwärmung mit der übermäßigen Ansammlung von Treibhausgasen in der Atmosphäre zusammenhängen, die hauptsächlich durch die Verwendung fossiler Brennstoffe und die industrielle Tierhaltung seitens der Menschen entstanden ist, sind in der Öffentlichkeit bestimmte wissenschaftliche Behauptungen in Umlauf gelangt, die tiefgreifende, ja transformative Implikationen für unsere Denkweise über die menschliche Geschichte bzw. über das haben, was der jüngst verstorbene Christopher A. Bayly einmal als »Geburt der modernen Welt« bezeichnet hat.[2] Was Wissenschaftler:innen über den Klimawandel gesagt haben, stellt nämlich in der Tat nicht nur die Vorstellungen vom Menschen in Frage, auf die das Fach Geschichte sich gewöhnlich stützt, sondern auch die analytischen Strategien, mit deren Hilfe postkoloniale und postimperialistische Historiker:innen in den letzten zwei Jahrzehnten auf das Nachkriegsszenario der Dekolonialisierung und Globalisierung reagiert haben.

Im Folgenden werde ich einige Reaktionen auf die gegenwärtige Krise aus Sicht eines Historikers schildern. Vorher mag jedoch ein Wort über mein eigenes Verhältnis zur Literatur über den Klimawandel – und auch zur Krise selbst – angebracht sein. Ich praktiziere Geschichtswissenschaft mit einem starken Interesse an der Beschaffenheit von Geschichte als Wissensform und mein Verhältnis zur Erforschung der globalen Erwärmung beruht – aus einiger Entfernung – auf dem, was Wissenschaftler:innen und andere Autor:innen, die sich auskennen, zur Unterrichtung der allgemeinen Öffentlichkeit (und manchmal auf die Gefahr hin, ihre Fachkolleg:innen aufgrund der für solche Texte notwendigen Vereinfachungen zu verärgern) geschrieben haben. Als Ursprung der wissenschaftlichen Untersuchung der globalen Erwärmung gelten oftmals die Entdeckungen des schwedischen Wissenschaftlers Svante Arrhenius in den 1890er Jahren, doch in der Öffentlichkeit begannen bewusste Diskussionen über globale Erwärmung erst in den späten 1980er und frühen 1990er Jahren – zur selben Zeit, als Geistes- und Sozialwissenschaftler:innen anfingen, über Globalisierung zu diskutieren.[3] Diese Diskussionen sind jedoch parallel zueinander verlaufen. Während die Globalisierung, einmal erkannt, von unmittelbarem Interesse für Geistes- und Sozialwissenschaftler:innen war, wurde die globale Erwärmung trotz einer ganzen Reihe von Buchveröffentlichungen in den 1990er Jahren erst nach 2000 zu einer öffentlichen Angelegenheit. Nach Gründen dafür muss man nicht lange suchen. Schon 1988 unterrichtete der damalige Direktor des Goddard Institute of Space Studies der NASA, James Hansen, einen Senatsausschuss über die globale Erwärmung und noch am selben Tag äußerte er gegenüber einer Gruppe von Reportern: »Es ist Zeit, mit dem Geschwafel aufzuhören [...] und zu sagen, dass es den Treibhauseffekt gibt und er unser Klima in Mitleidenschaft zieht.«[4] Doch die bestimmten Interessen verpflichteten und politische Kosten scheuenden Regierungen hörten nicht darauf. Der damalige US-Präsident George H.W. Bush witzelte bekanntlich, den Treibhauseffekt mit dem »White House-Effekt« bekämpfen zu wollen.[5] Die Situation änderte sich nach 2000, als die Warnungen dringlicher wurden und die Anzeichen der Krise – wie die Dürre in Australien, sich häufende Wirbelstürme und Waldbrände, Ernteausfälle in vielen Weltteilen, schmelzende Gletscher im Himalaya und in anderen Gebirgen und das Abschmelzen der polaren Eiskappen, der steigende Säuregehalt der Meere und die Beeinträchtigung der Nahrungskette – politisch und ökonomisch unumgänglich wurden. Hinzu kam die wachsende, von vielen geäußerte Sorge über die rasche Auslöschung anderer Arten und über den globalen Fußabdruck einer menschlichen Population, die sich anschickte, bis zum Jahr 2050 die Neun-Milliarden-Marke zu überschreiten.[6]

Während die Krise in den vergangenen Jahren an Fahrt aufnahm, wurde mir klar, dass meine ganze Lektüre von Globalisierungstheorien, marxistischen Kapitalanalysen, Subaltern Studies und postkolonialer Kritik in den vergangenen 25 Jahren zwar für die Erforschung der Globalisierung enorm hilfreich gewesen war, mich aber nicht wirklich darauf vorbereitet hatte, mir auf die planetarische Problemlage einen Reim zu machen, in der die Menschheit sich heute befindet.[7] Der Stimmungswandel in Bezug auf die Globalisierungsanalyse wird erkennbar, wenn man Giovanni Arrighis meisterliche Geschichte des Weltkapitalismus, *The Long Twentieth Century* (1994), mit seinem neueren Buch

Adam Smith in Beijing (2007) vergleicht, in dem er unter anderem die Implikationen von Chinas ökonomischem Aufstieg nachzuvollziehen versucht. Das erste Buch, eine lange Meditation über das kapitalistischen Volkswirtschaften innewohnende Chaos, endet mit der Vorstellung, dass der Kapitalismus die Menschheit »im Schrecken (oder Glanz) der mit der Auflösung der Weltordnung des Kalten Krieges einhergehenden, eskalierenden Gewalt« verglühen lässt. Die Hitze, die in Arrighis Narrativ die Welt verbrennt, rührt eindeutig von den kapitalistischen Motoren und nicht von der globalen Erwärmung her. Als er dann jedoch *Adam Smith in Beijing* schreibt, beschäftigt die Frage der ökologischen Grenzen des Kapitalismus ihn sehr viel mehr. Mit diesem Thema beschließt er sein Buch, was auf die Entfernung hindeutet, die ein Kritiker wie Arrighi in den 13 Jahren zurückgelegt hat, die zwischen dem Erscheinen der beiden Bücher liegen.[8] Wenn Globalisierung und globale Erwärmung tatsächlich aus sich überlappenden Prozessen hervorgehen, stellt sich die Frage, wie wir sie in unserem Weltverständnis zusammenbringen.

Da ich selber kein Naturwissenschaftler bin, treffe ich zudem im Hinblick auf die Erforschung des Klimawandels eine Grundannahme: Ich gehe davon aus, dass die Wissenschaft in groben Zügen richtig liegt, dass also die insbesondere im vierten Sachstandsbericht des IPCC der Vereinten Nationen, im *Stern-Report* und in den vielen Büchern geäußerten Ansichten, die von Wissenschaftler:innen und Gelehrten in dem Versuch veröffentlicht worden sind, die globale Erwärmung wissenschaftlich zu erklären, mir genügend rationale Gründe an die Hand geben, um so lange, wie der wissenschaftliche Konsens sich nicht wesentlich verlagert, gelten zu lassen, dass die Theorien über den anthropogenen Klimawandel zu großen Teilen zutreffen.[9] Dieser Standpunkt stützt sich auf Beobachtungen wie die folgende, von der Naomi Oreskes berichtet, die damals Wissenschaftshistorikerin an der University of California in San Diego war und heute an der Harvard University tätig ist. Bei der Überprüfung der Abstracts von 928 Artikeln über die globale Erwärmung, die zwischen 1993 und 2003 in wissenschaftlichen Fachzeitschriften nach einem *peer-review*-Verfahren erschienen waren, fand Oreskes heraus, dass in keinem einzigen versucht wurde, den »Konsens« der Wissenschaftler:innen anzufechten, »dass der von Menschen herbeigeführte Klimawandel real ist«. »So gut wie alle professionellen Klimaforscher:innen«, schreibt Oreskes, »sind sich einig, dass der von Menschen herbeigeführte Klimawandel real ist, nur über sein Tempo und seine Form wird weiter gestritten.«[10] Und tatsächlich ist mir in dem, was ich bisher gelesen habe, noch kein Grund untergekommen, warum man Klimaskeptiker:in bleiben sollte.[11]

Der wissenschaftliche Konsens in Bezug auf die Behauptung, dass die gegenwärtige Klimakrise menschengemacht ist, bildet die Grundlege dessen, was ich in diesem Zusammenhang zu sagen habe. Im Interesse von Klarheit und Pointiertheit werde ich meine Vorschläge in Form von vier Thesen präsentieren. Die letzten drei Thesen folgen aus der ersten. Ich beginne mit der Behauptung, dass anthropogene Erklärungen des Klimawandels die uralte – schon im 17. Jahrhundert gängige, aber im 19. Jahrhundert wirklich tonangebende – humanistische Unterscheidung von Naturgeschichte und Menschengeschichte hinfällig machen, und ich ende, indem ich zu meiner Ausgangsfrage zurückkehre: Wie wirkt sich die Klimakrise auf unseren Sinn für menschliche Universalität aus, wo sie doch gleichzeitig unsere Fähigkeit historischen Verstehens in Frage stellt?[12]

These 1: Anthropogene Erklärungen des Klimawandels machen die humanistische Unterscheidung von Naturgeschichte und Menschengeschichte hinfällig

Philosoph:innen und Historiker:innen haben häufig bewusst die Neigung erkennen lassen, Menschengeschichte – bzw. die Geschichte menschlicher Angelegenheiten, wie R.G. Collingwood es ausgedrückt hat – und Naturgeschichte voneinander zu trennen, und darüber hinaus manchmal sogar abgestritten, dass Natur überhaupt je eine Geschichte im selben Sinne haben könne wie Menschen. Diese Praxis hat selbst eine lange und bewegte Vergangenheit, von der ich aufgrund räumlicher und persönlicher Grenzen nur eine ganz vorläufige, pauschale und ziemlich willkürliche Skizze vorlegen kann.[13]

Anfangen könnten wir mit der alten Idee von Thomas Hobbes und Giambattista Vico, dass wir Menschen echtes Wissen nur über bürgerliche und politische Institutionen erlangen können, weil wir sie geschaffen haben, während die Natur Gottes Werk sei und daher letztendlich für den Menschen unergründlich bleibe. »[D]as Wahre [ist] das Geschaffene selbst […]: *verum ipsum factum*«, fasst Benedetto Croce das berühmte Diktum von Vico zusammen.[14] Vico-Forscher:innen wenden gelegentlich ein, Vico habe keine so drastische Trennung von Natur- und Humanwissenschaften vorgenommen, wie Croce und andere sie in seine Schriften hineingelesen hätten, aber sogar sie geben zu, dass eine solche Lesart weit verbreitet ist.[15]

Dieses Vico'sche Verständnis wurde im 19. und 20. Jahrhundert unter Historiker:innen Teil des Common Sense. Es fand Eingang in Marx' berühmten Ausspruch »Menschen machen ihre eigene Geschichte, aber sie machen sie nicht aus freien Stücken« und in den Titel des bekannten Buches *Der Mensch schafft sich selbst* des marxistischen Archäologen V. Gordon Childe.[16] In der zweiten Hälfte des 20. Jahrhunderts scheint Croce die Hauptquelle dieser Unterscheidung zu sein, und zwar durch seinen Einfluss auf »den einsamen Oxforder Historiker« Collingwood, der wiederum Edward H. Carrs 1961 erschienenes Buch *Was ist Geschichte?* tief beeinflusste, das womöglich immer noch eines der meistverkauften Bücher über das Handwerkszeug des Historikers ist.[17] Unbemerkt von seinen Erben und mit unvorhersehbaren Modifikationen könnten Croces Ansichten in unserem postkolonialen Geschichtsverständnis einen späten Triumph errungen haben. Hinter Croce und seiner Hegel-Rezeption steht – versteckt in Croces kreativer Fehldeutung seiner Vorgänger – die weiter zurückliegende Gründerfigur von Vico.[18] Auch hier sind die Verbindungslinien vielfältig und komplex. Für den Augenblick genügt die Feststellung, dass Croces Buch *La filosofia di Giambattista Vico* von 1911, das bezeichnenderweise Wilhelm Windelband gewidmet ist, 1913 von niemand anderem als Collingwood ins Englische übersetzt wurde, der ein Bewunderer, wenn nicht Anhänger des italienischen Meisters war.

Obwohl er weiterhin grob der Vico'schen Linie in ihrer Interpretation durch Croce folgte, bildeten Collingwoods Argumente für die Trennung von Natur- und Menschengeschichte ihre eigenen Drehungen und Wendungen aus. Die Natur, legte Collingwood dar, habe kein »Innen«. »Im Falle der Natur besteht dieser Unterschied zwischen der inneren und der äußeren Seite eines Ereignisses nicht. Die Ereignisse in der Natur sind bloße Ereignisse, also keine Handlungen von Akteuren, deren Denken der Naturwissenschaftler zu erforschen bestrebt sein müßte.« Daher sei »alle eigentliche Geschichte ausschließlich Geschichte […] der *menschlichen* Angelegenheiten«. Die Aufgabe des Historikers bestehe darin, sich in Handlungen »hineinzudenken und das Denken des Handlungsträgers zu erkennen«. Deshalb sei eine Unterscheidung »zwischen historischen und nicht-historischen Handlungen der Menschen« erforderlich. »Soweit das Verhalten des Menschen durch das bestimmt ist, was man seine animalische Natur nennen könnte, seine Impulse und seine Triebe, ist er nicht-historisch; die Betätigung dieser Regungen ist ein Prozeß der Natur.« Deshalb, meint Collingwood, interessiere »den Historiker also nicht der Umstand, daß die Menschen essen, schlafen und lieben und auf diese Weise ihre natürlichen Triebe befriedigen. Ihn interessieren vielmehr die gesellschaftlichen Einrichtungen, die das Denken des Menschen schafft als Rahmen, innerhalb dessen diese Triebe auf dem durch gesellschaftliche Konvention und Moral festgelegten Weg ihre Befriedigung finden.« Nur die Geschichte des sozial konstruierten Körpers, nicht die Geschichte des Körpers an sich, könne erforscht werden. Collingwood spaltete das Menschliche in Natürliches und Soziales bzw. Kulturelles auf und sah keine Notwendigkeit, beides miteinander zu verbinden.[19]

In seiner Auseinandersetzung mit Croces Essay *Die Geschichte auf den allgemeinen Begriff der Kunst gebracht* von 1893 schrieb Collingwood: Indem Croce die deutsche Vorstellung bestritt, »daß Geschichte eine Wissenschaft sei, machte [er] sich dadurch mit einem Schlage vom Naturalismus frei und strebte nach einer Idee der Geschichte, die sich grundsätzlich von der Idee der Natur unterschied«.[20] David Roberts vermittelt ein vollständigeres Bild von Croces späterer Position. Croces Behauptung, dass »die naturwissenschaftlichen Begriffe für menschliche Zwecke geschaffene menschliche Konstrukte sind«, habe sich auf die Schriften von Ernst Mach und Henri Poincaré gestützt. »Wenn wir die Natur in Augenschein nehmen«, habe er gesagt, »finden wir nur uns selbst.« Als »Teil der natürlichen Welt« verständen wir uns nicht »am besten«. Croce verkündete also, in Roberts Worten, »es gebe keine Welt außer der menschlichen Welt, und übernahm außerdem Vicos zentrale Lehre, dass wir die menschliche Welt erkennen können, weil wir sie geschaffen haben.« Deshalb seien in Croces Augen alle materiellen Gegenstände im menschlichen Denken aufgehoben. Für sich genommen würden zum Beispiel

Steine nicht existieren. Croces Idealismus, erklärt Roberts, »bedeutet nicht, dass etwa Steine ohne Menschen, die über sie nachdenken, ›nicht existieren‹. Unabhängig von menschlichen Belangen und menschlicher Sprache existieren sie weder noch existieren sie nicht, denn ›existieren‹ ist ein menschlicher Begriff, der nur im Kontext menschlicher Belange und Zwecke eine Bedeutung hat.«[21] Sowohl Croce als auch Collingwood würden demnach die menschliche Geschichte und die Natur, soweit man Letzterer überhaupt eine Geschichte zuschreiben könne, in zweckgerichtetem menschlichem Handeln aufgehen lassen. Was sich außerhalb dieses Rahmens befindet, »existiert« nicht, weil es für Menschen in keinem bedeutungsvollen Sinne existiert.

Im 20. Jahrhundert haben sich nun aber andere, eher soziologische oder materialistische Argumente zu den Vico'schen gesellt. Sie trugen ebenfalls zur Rechtfertigung der Trennung von Menschen- und Naturgeschichte bei. Ein einflussreiches, wenn auch möglicherweise unrühmliches Beispiel wäre die kurze Schrift über die marxistische Geschichtsphilosophie, die Stalin 1938 veröffentlichte: *Über Dialektischen und Historischen Materialismus.* Stalin stellte das Problem folgendermaßen dar:

> Das geographische Milieu ist unbestreitbar eine der ständigen und notwendigen Bedingungen der Entwicklung der Gesellschaft, und es [...] beschleunigt oder verlangsamt den Entwicklungsgang der Gesellschaft. Aber sein Einfluß ist kein bestimmender Einfluß, da die Veränderungen und die Entwicklung der Gesellschaft unvergleichlich rascher vor sich gehen als die Veränderungen und die Entwicklung des geographischen Milieus. In einem Zeitraum von nur dreitausend Jahren sind in Europa drei verschiedene Gesellschaftsordnungen vom Schauplatz abgetreten: die Ordnung der Urgemeinschaft, die auf Sklaverei beruhende Gesellschaftsordnung, die Feudalordnung [...]. Indessen haben sich in derselben Periode die geographischen Bedingungen in Europa entweder gar nicht oder derart unbedeutend verändert, daß die Geographie es nicht einmal für nötig hält, davon überhaupt zu sprechen. Das ist auch verständlich. Für einigermaßen bedeutsame Veränderungen des geographischen Milieus sind Millionen von Jahren erforderlich, dagegen genügen einige hundert oder ein paar tausend Jahre sogar für überaus bedeutsame Veränderungen der menschlichen Gesellschaftsordnung.[22]

Trotz ihres dogmatischen, formelhaften Tons spiegelt diese Stalin-Stelle eine Annahme wider, die Mitte des 20. Jahrhunderts von den Historiker:innen weitgehend geteilt wurde: Die Umwelt des Menschen habe sich verändert, dies sei aber so langsam vor sich gegangen, dass die Geschichte der Beziehung des Menschen zu seiner Umwelt so gut wie zeitlos und damit kein Thema für die Geschichtsschreibung sei. Sogar als Fernand Braudel gegen den Zustand des Faches Geschichte rebellierte, den er in den späten 1930er Jahren vorfand, und seinen Protest 1949 in seinem großartigen Buch *Das Mittelmeer und die mediterrane Welt in der Epoche Philipps II.* kundtat, war klar, dass es ihm dabei hauptsächlich um Historiker ging, die die Umwelt einfach als stille und passive Kulisse für ihre historischen Narrative behandelten, die im Einleitungskapitel auftauchte und dann vergessen wurde, als ob, so Braudel, »die Blumen nicht in jedem Frühling zurückkämen, als ob die Herden in ihren Wanderungen innehielten, als ob die Schiffe nicht auf einem realen Meer segeln müssten, das sich mit den Jahreszeiten verändert«. Als er *Das Mittelmeer* verfasste, wollte Braudel eine Geschichte schreiben, in der die Jahreszeiten und andere wiederkehrende Naturphänomene eine aktive Rolle für die Prägung der menschlichen Handlungen spielten – »eine Geschichte [...], in der die Dinge beharrlich wiederkehren und die Kreisläufe immer wieder neu beginnen«.[23] In diesem Sinne war die Umwelt bei Braudel handelnde Gegenwärtigkeit, aber die Vorstellung, dass die Natur sich im Wesentlichen wiederholte, hatte im europäischen Denken eine lange, weit zurückreichende Geschichte, wie Hans-Georg Gadamer in seinen Überlegungen zu Johann Gustav Droysen gezeigt hat.[24] Braudels Position war zweifellos ein großer Fortschritt gegenüber der Auffassung, dass die Natur nur eine Art von Kulisse darstelle, wie Stalin sie vertrat, teilte aber eine Grundannahme mit ihr: Die Geschichte »des Menschen in seinen Beziehungen zum umgebenden Milieu« vollzog sich so langsam, dass sie als »gleichsam unbewegt[...]« anzusehen war.[25] In der Sprache heutiger Klimatolog:innen könnte man sagen, dass Stalin, Braudel und andere, die ebenso dachten, der heute in der Literatur über globale Erwärmung weit verbreitete Gedanke fremd war, dass das Klima und damit die gesamte Umwelt in manchen Fällen einen Kipppunkt erreichen können, an dem diese langsame und scheinbar zeitlose Kulisse menschlichen Handelns sich mit einer Geschwindigkeit transformiert, die für Menschen nur katastrophale Folgen haben kann.

Wenn schon Braudel zu einem gewissen Grad mit der binären Gegenüberstellung von Natur- und Menschengeschichte brach, könnte man sagen, dass der Aufstieg der Umweltgeschichte im späten 20. Jahrhundert diesen Bruch vertiefte. Es ließe sich sogar die These vertreten, dass einige Umwelthistoriker:innen tatsächlich so etwas wie Naturgeschichten des Menschen in Angriff genommen haben. Es gibt jedoch einen ganz wichtigen Unterschied zwischen dem Verständnis des Menschen, das solchen historischen Darstellungen zugrunde gelegen hat, und der menschlichen Handlungsmacht, von der bei den Wissenschaftler:innen die Rede ist, die über den Klimawandel schreiben. Einfach ausgedrückt, hat die Umweltgeschichte – sofern es sich nicht unumwunden um Kultur-, Sozial- oder Wirtschaftsgeschichte handelte – Menschen als biologische Handlungsträger behandelt. Alfred Crosby Jr., dessen Buch *The Columbian Exchange* in den frühen 1970er Jahren den »neuen« Umweltgeschichten in nicht geringem Maße den Weg bereitete, hat dies im Vorwort der Erstausgabe so formuliert: »Der Mensch ist eine biologische Entität, bevor er Katholik, Kapitalist oder sonst etwas ist.«[26] In seinem kürzlich erschienenen Buch *On Deep History and the Brain* wagt Daniel Lord Smail den Versuch, Erkenntnisse aus den Evolutions- und Neurowissenschaften mit menschlicher Geschichte zu verknüpfen. Das Buch sucht nach möglichen Verbindungen zwischen Biologie und Kultur – insbesondere zwischen der Geschichte des menschlichen Gehirns und der Kulturgeschichte –, ohne je die Grenzen biologischer Beweisführungen aus den Augen zu verlieren. Dennoch gilt Smails Interesse weniger den neueren Thesen über die vor kurzem erworbene geologische Handlungsmacht des Menschen als der Geschichte der menschlichen Biologie.[27]

Was Wissenschaftler:innen heute über die Klimakrise schreiben, unterscheidet sich nämlich bedeutend von dem, was Umwelthistoriker:innen bisher gesagt haben. Denn die unabsichtliche Zerstörung der künstlichen, aber althergebrachten Unterscheidung von Natur- und Menschengeschichte durch die Klimaforscher:innen setzt voraus, dass der Mensch weit über den einfachen biologischen Handlungsträger, der er oder sie schon immer war, hinausgewachsen ist. Inzwischen sind die Menschen zu einer geologischen Kraft geworden. Oreskes drückt das so aus:

> Abzustreiten, dass die globale Erwärmung real ist, bedeutet nun aber gerade abzustreiten, dass Menschen zu geologischen Handlungsträgern geworden sind, welche die grundlegendsten physikalischen Prozesse auf der Erde verändern. […] Jahrhundertelang haben die Wissenschaftler:innen geglaubt, die Erdprozesse seien so umfassend und mächtig, dass nichts, was wir zu tun vermöchten, sie verändern könne. Ein Grundtheorem der Geologie lautete: Im Vergleich zur Unermesslichkeit geologischer Zeit seien menschliche Zeitvorstellungen unerheblich; im Vergleich zur Mächtigkeit geologischer Prozesse seien menschliche Aktivitäten unerheblich. Und früher waren sie das auch. Aber jetzt nicht mehr. Mittlerweile gibt es so viele von uns, die so viele Bäume abholzen und so viele Milliarden Tonnen fossile Brennstoffe verbrauchen, dass wir tatsächlich geologische Handlungsträger geworden sind. Wir haben die chemische Zusammensetzung der Erdatmosphäre verändert und damit einen Anstieg des Meeresspiegels, schmelzende Gletscher und den Wandel des Klimas verursacht. Es gibt keinen Grund, etwas anderes zu glauben.[28]

Biologische Handlungsträger und geologische Handlungsträger sind zwei verschiedene Bezeichnungen von ganz unterschiedlicher Tragweite. Das Fach Umweltgeschichte hat laut Crosbys meisterlichem Überblick über seine Ursprünge und seinen Stand im Jahr 1995 viel mit Biologie und Geographie zu tun, sich aber kaum je ausgemalt, dass Menschen in geologischer Größenordnung auf den Planeten einwirken könnten. Es betrachtete den Menschen immer noch als »Gefangenen des Klimas«, wie Crosby es mit einem Braudel-Zitat ausdrückt, und nicht als dessen Schöpfer.[29] Wenn man Menschen als geologische Handlungsträger bezeichnet, legt man einen größeren Maßstab an unsere Vorstellung vom Menschen an. Sowohl als Kollektiv als auch als Individuen sind Menschen biologische Handlungsträger. Das sind sie immer gewesen. Es gab keinen Punkt in der menschlichen Geschichte, an dem die Menschen keine biologischen Handlungsträger waren. Die Behauptungen der Klimaforscher:innen über menschliche Handlungsmacht werfen nun aber eine Frage nach der Größenordnung auf. Planetarische geologische Handlungsträger können Menschen nur historisch und kollektiv werden, das heißt, wenn wir eine Zahl erreicht und Technologien erfunden haben, deren Maßstab groß genug ist, um Auswirkungen auf den Planeten selbst zu haben. Uns als geophysische Kraft zu bezeichnen, heißt, uns eine Kraft von derselben Größenordnung zuzuschreiben wie die Kraft, die zu jenen Zeiten freigesetzt wurde, als es zu einem massenhaften Artensterben kam.[30] Eine solche Phase scheinen wir gegenwärtig zu erleben. Die derzeitige »Verlustrate an Artenvielfalt«, legen Fachleute dar, »ähnelt in ihrer Größenordnung dem Ereignis vor etwa 65 Millionen Jahren, das die Dinosaurier auslöschte«.[31] Unser Fußabdruck ist nicht immer so groß gewesen. Die Menschen haben ab der industriellen Revolution allmählich eine solche Handlungsmacht erlangt, doch hat sich der Prozess in der zweiten Hälfte des 20. Jahrhunderts zusehends beschleunigt. In diesem Sinne kann man sagen, dass die Unterscheidung von Natur- und Menschengeschichte – die sogar in den umwelthistorischen Ansätzen, die beide Entitäten als interaktiv betrachteten, größtenteils erhalten geblieben ist – erst in allerjüngster Zeit begonnen hat, hinfällig zu werden.

Denn es geht nicht mehr bloß um die Frage, ob der Mensch mit der Natur interagiert. Das war schon immer so bzw. so hat man sich den Menschen zumindest in weiten Teilen dessen vorgestellt, was im Allgemeinen die westliche Tradition genannt wird.[32] Heute wird behauptet, die Menschen seien im geologischen Sinne eine Naturgewalt. Die Krise hat eine Grundannahme des westlichen (und mittlerweile universellen) politischen Denkens widerrufen.[33]

These 2: Die Idee des Anthropozäns als neuer geologischer Epoche, in der Menschen als geologische Kraft auftreten, relativiert die humanistische Geschichtsschreibung der Moderne/Globalisierung erheblich

Wie die kulturelle und historische Vielfalt des Menschen sich mit menschlicher Freiheit vereinbaren lässt, bildet eine der Schlüsselfragen, die der im Zeitraum von 1750 bis zur heutigen Globalisierung entstandenen menschlichen Geschichtsschreibung zugrunde lagen. Wie Gadamer mit Blick auf Leopold von Ranke gezeigt hat, war Vielfalt in der Vorstellung, die sich Historiker:innen vom historischen Prozess machten, selbst eine Form von Freiheit.[34] Natürlich war mit *Freiheit* zu verschiedenen Zeiten Verschiedenes gemeint, was vom Gedanken der Menschen- und Bürgerrechte bis zur Idee der Dekolonialisierung und der Selbstbestimmung reichte. Freiheit ist sozusagen ein Pauschalbegriff für viele verschiedene Vorstellungen von menschlicher Autonomie und Souveränität. Wenn man sich die Werke von Kant, Hegel oder Marx vor Augen führt, die Idee des Fortschritts und Klassenkampfes im 19. Jahrhundert, den Kampf gegen die Sklaverei, die Russische und die Chinesische Revolution, den Widerstand gegen Nationalsozialismus und Faschismus, die Dekolonialisierungsbewegungen der 1950er und 1960er Jahre und die Revolutionen auf

Kuba und in Vietnam, die Weiterentwicklung und explosionsartige Verbreitung des Rechtsdiskurses, den Kampf um Bürgerrechte für Afroamerikaner, indigene Völker, indische *Dalits* und andere Minderheiten, bis hin zu der Art von Argumenten, die zum Beispiel Amartya Sen in seinem Buch *Ökonomie für den Menschen* angeführt hat, dann könnte man sagen, dass Freiheit in diesen 250 Jahren das wichtigste Motiv der menschlichen Geschichtsschreibung gewesen ist. Natürlich hat Freiheit, wie gesagt, nicht immer für jeden dieselbe Bedeutung gehabt. Francis Fukuyamas Freiheitsverständnis sollte sich erheblich von dem von Sen unterscheiden. Doch das semantische Fassungsvermögen des Wortes spricht nur für seine rhetorische Kraft.

In keiner Erörterung der Freiheit seit der Zeit der Aufklärung hat es je ein Bewusstsein von der geologischen Handlungsmacht gegeben, die Menschen gleichzeitig mit ihrem Erlangen von Freiheit – und durch eng damit verknüpfte Prozesse – erlangten. Die philosophischen Freiheitstheoretiker haben sich verständlicherweise hauptsächlich mit der Frage beschäftigt, wie Menschen der Ungerechtigkeit, Unterdrückung, Ungleichheit, ja sogar Gleichförmigkeit zu entkommen vermöchten, die andere Menschen oder menschengemachte Systeme ihnen aufzwangen. Zwischen geologischer Zeit und der Chronologie menschlicher Geschichtsschreibung bestand keinerlei Zusammenhang. Heute behaupten die Klimaforscher:innen, wie gesagt, dass dieser Abstand zwischen den beiden Kalendern sich verflüchtigt habe. Die fragliche Zeitspanne zwischen 1750 und heute ist auch der Zeitraum, in dem die Menschen von Holz und anderen erneuerbaren Brennstoffen auf die Verwendung von fossilen Brennstoffen im Großmaßstab umgestiegen sind – erst Kohle und dann Öl und Gas. Der Prachtbau der modernen Freiheiten steht auf einem immer umfangreicheren Fundament fossiler Brennstoff-Verwendung. Der überwiegende Teil unserer Freiheiten hat sich bisher als energieintensiv erwiesen. Die Phase der menschlichen

Geschichte, die wir gewöhnlich mit dem assoziieren, was wir heute für Kulturinstitutionen halten – die Anfänge des Ackerbaus, die Entstehung der Städte, der Aufstieg der Religionen, wie wir sie kennen, die Erfindung der Schrift –, begann vor etwa 12 000 Jahren, als der Planet von einem geologischen Zeitalter, der letzten Eiszeit oder dem Pleistozän, in das jüngere und wärmere Holozän überwechselte. Auch wir leben heute angeblich im Holozän, aber die Möglichkeit eines anthropogenen Klimawandels hat die Frage nach seinem Ende aufgeworfen. Nachdem wir Menschen – aufgrund unserer Anzahl, Technologie, des Verbrauchs von fossilen Brennstoffen und anderer, damit zusammenhängender Aktivitäten – auf dem Planeten zu einem geologischen Handlungsträger geworden sind, haben einige Wissenschaftler:innen den Vorschlag gemacht anzuerkennen, das ein neues geologisches Zeitalter angebrochen ist, in dem die Menschen als Hauptdeterminante der planetaren Umwelt agieren. Der Name, den sie für dieses neue geologische Zeitalter geprägt haben, lautet Anthropozän. Als Erste haben der Chemiker und Nobelpreisträger Paul J. Crutzen und sein Mitarbeiter, der Meeresforschungsspezialist Eugene F. Stoermer, diesen Namen vorgeschlagen. In einer kurzen Stellungnahme sagten sie im Jahr 2000: »Zieht man [...] [die] weitreichenden und immer noch zunehmenden Auswirkungen der menschlichen Aktivitäten auf die Erde und die Atmosphäre in Betracht, und zwar auf allen Ebenen, einschließlich der globalen, scheint es uns mehr als angebracht zu sein, die zentrale Rolle der Menschheit für die Geologie und Ökologie dadurch hervorzuheben, dass wir den Begriff ›Anthropozän‹ für die derzeitige geologische Epoche vorschlagen.«[35] Im Jahr 2002 erläuterte Crutzen diesen Vorschlag in einem kurzen Beitrag in *Nature*:

In den letzten drei Jahrhunderten sind die Effekte des menschlichen Handelns auf die globale Umwelt eskaliert. Auf Grund der anthropogenen CO_2-Emissionen dürfte das Klima auf dem Planeten in den kommenden

Jahrtausenden signifikant von der natürlichen Entwicklung abweichen. Insofern scheint es mir angemessen, die gegenwärtige, [...] vom Menschen geprägte geologische Epoche als ›Anthropozän‹ zu bezeichnen. Sie folgt auf das Holozän, jene warme Periode, die sich über die letzten zehn- bis zwölftausend Jahre erstreckte. Den Beginn des Anthropozäns kann man auf das späte 18. Jahrhundert datieren, da Untersuchungen der in Eisbohrkernen eingeschlossenen Luftbläschen ergaben, daß die Konzentration von CO_2 und Methan in der Atmosphäre in dieser Zeit weltweit zuzunehmen begann. Dieses Datum fällt überdies mit James Watts Erfindung des sogenannten Wattschen Parallelogramms im Jahr 1784 zusammen, einer entscheidenden Verbesserung der Dampfmaschine.[36]

Crutzens Behauptung allein macht das Anthropozän natürlich nicht zu einem offiziell anerkannten geologischen Zeitalter. Wie Mike Davis anmerkt, »ist Periodisierung in der Geologie genau wie in der Biologie oder Geschichtswissenschaft eine komplexe und kontroverse Kunst«, die stets mit heftigen Debatten und Auseinandersetzungen verbunden ist.[37] Zum Beispiel erlangte auch der Name Holozän für »die postglaziale geologische Epoche der letzten zehn- bis zwölftausend Jahre«[38] nicht unmittelbar Akzeptanz, als er – anscheinend von Sir Charles Lyell – im Jahr 1833 vorgeschlagen wurde. Offiziell übernahm der Internationale Geologenkongress den Namen nach etwa 50 Jahren auf seinem Treffen in Bologna im Jahr 1885.[39] Dem Begriff Anthropozän ergeht es nicht anders. Naturwissenschaftler:innen versuchen Crutzen und seine Kollegen auf die Frage festzunageln, wann das Anthropozän genau begonnen haben könnte. Auf der anderen Seite fängt der Newsletter der Geological Society of America (GSA), *Today*, vom Februar 2008 mit einer von den Mitgliedern der Stratigraphischen Kommission der Londoner Geological Society unterzeichneten Erklärung an, in der Crutzens Definition und Datierung des Anthropozäns akzeptiert wird.[40] Von einem »konservativen« Standpunkt aus, heißt es zum Schluss, »sind genügend Belege für einen (sowohl geschehenen als auch bevorstehenden) stratigraphisch signifikanten Wandel vorgelegt worden, um in der internationalen Diskussion die formale Anerkennung des Anthropozäns – das gegenwärtig noch eine anschauliche, aber informelle Metapher für globale Umweltveränderungen darstellt – als neue geologische Epoche in Betracht zu ziehen«.[41] Wie dieses Buch zeigt, hat der Begriff mittlerweile auch in den Geisteswissenschaften ein heftig umstrittenes Eigenleben entwickelt.[42]

War der Zeitraum von 1750 bis heute nun also eine Zeit der Freiheit oder das Zeitalter des Anthropozäns? Ist das Anthropozän eine Kritik an den Freiheitsnarrativen? Ist die geologische Handlungsmacht der Menschen der Preis, den wir für unser Freiheitsstreben zahlen? In einigen Hinsichten ja. In seinem Buch *Die Zukunft des Lebens* hat Edward O. Wilson geschrieben: »Der Mensch hat bislang die Rolle eines globalen Massenmörders gespielt, der nur sein eigenes kurzfristiges Überleben im Blick hat. Auf diese Weise haben wir einen wesentlichen Teil der biologischen Vielfalt ausgelöscht. [...] Wenn das Sumatra-Nashorn Emi sprechen könnte, würde sie uns vielleicht sagen, dass das 21. Jahrhundert diesbezüglich noch keine Ausnahme bildet.«[43] Doch der Zusammenhang zwischen dem Freiheitsmotiv der Aufklärung und der Hinfälligkeit der menschlichen und geologischen Zeitvorstellungen scheint komplizierter und in sich widersprüchlicher zu sein, als ihre einfache binäre Gegenüberstellung es auszudrücken vermöchte. Es stimmt zwar, dass die Menschen durch ihre eigenen Entscheidungen in die Rolle eines geologischen Handlungsträgers hineingestolpert sind.[44] Das Anthropozän war gewissermaßen eine unbeabsichtigte Folge menschlicher Entscheidungen – zumindest so lange »unbeabsichtigt«, wie die Forschungen über globale Erwärmung nicht allgemein bekannt waren, auch wenn dies Konzerne wie Exxon nicht von der Entwicklung »unkonventioneller« Ölförderungstechnologien zu einem Zeitpunkt freispricht, als man sich der Gefahr der globalen Erwärmung bereits bewusst war.[45] Es ist aber auch klar, dass jeder Gedanke, wie wir Menschen uns aus unserer derzeitigen misslichen Lage befreien können, nicht um die Idee herumkommt, in unserem globalen, kollektiven und öffentlichen Leben Vernunft walten zu lassen. Wie Wilson es ausgedrückt hat: »Wir verstehen das Problem heute besser [...]. Wir wissen, was zu tun ist.«[46] Oder, um noch einmal Crutzen und Stoermer zu zitieren:

> Die Menschheit wird viele Jahrtausende, wenn nicht Jahrmillionen eine maßgebliche geologische Kraft bleiben. Die Entwicklung einer weltweit akzeptierten Strategie, um die Ökosysteme gegenüber den von Menschen verursachten Belastungen zukunftsfähig zu machen, wird zu den großen Zukunftsaufgaben der Menschheit gehören, für die intensive Forschungsbemühungen und eine kluge Anwendung des durch sie erworbenen Wissens erforderlich sind. [...] Die globale Forschungs- und Technikgemeinschaft steht vor der fesselnden, aber auch schwierigen und einschüchternden Aufgabe, die Menschheit zu einem globalen und nachhaltigen Umweltmanagement zu geleiten.[47]

Logischerweise brauchen wir also im Zeitalter des Anthropozäns die Aufklärung (d.h. die Vernunft) noch mehr als in der Vergangenheit. Eine Überlegung schränkt jedoch diesen Optimismus im Hinblick auf die Rolle der Vernunft zwangsläufig ein, und das hat mit der verbreitetsten Form zu tun, die Freiheit in menschlichen Gesellschaften annimmt: mit Politik. Politik war nie allein auf Vernunft gebaut. Und im Massenzeitalter und in einer durch die eklatanten Ungleichheiten zwischen und innerhalb von Nationen schon komplizierten Welt ist Politik etwas, das niemand kontrollieren kann. »Durch reine demographische Dynamik«, schreibt Davis, »wird die Stadtbevölkerung in den nächsten 40 Jahren weltweit um drei Milliarden Menschen wachsen (davon 90 Prozent in armen Städten) und niemand – absolut niemand [auch nicht die linken Intellektuellen, könnte man sagen] – hat eine Ahnung, wie ein Planet aus Slums, auf dem Nahrungs- und Energiekrisen zunehmen, ihr biologisches Überleben gewährleisten soll, ganz zu schweigen von ihrem unvermeidlichen Streben nach einer Grundlage für Glück und Würde.«[48]

Vor diesem Hintergrund überrascht es nicht, dass die Klimakrise Ängste in Bezug auf genau die Zukunftsvorstellungen auslöst, von denen wir uns kein Bild machen können. Die Hoffnung der Wissenschaftler:innen, die Vernunft werde uns aus der gegenwärtigen misslichen Lage führen, erinnert an den Gegensatz zwischen dem Mythos Wissenschaft und der tatsächlichen Wissenschaftspolitik in der Gesellschaft, den Bruno Latour in seinem Buch *Das Parlament der Dinge* erörtert.[49] Da ihm jeglicher Sinn für Politik abgeht, kann Wilson seine Einschätzung der praktischen Durchführbarkeit nur in Gestalt einer mit Angst vermischten philosophischen Hoffnung artikulieren: »Vielleicht handeln wir noch rechtzeitig.«[50] Dabei bringt gerade die Erforschung der globalen Erwärmung zwangsläufig politische Imperative hervor. In einem Kapitel seines Buches *Wir Wettermacher* mit dem Titel »2084: Die Kohlenstoff-Diktatur?« zeichnet zum Beispiel Tim Flannery das düstere Bild eines »Orwell'schen Albtraums«.[51] Auch Mark Maslin beschließt sein Buch *Global Warming* mit dunklen Gedanken: »Es ist unwahrscheinlich, dass globale Politik das Problem der globalen Erwärmung lösen wird. Reiner Technologieeinsatz ist gefährlich und kann Probleme verursachen, die genauso schlimm sind wie die, die er lösen soll. [...] [Die globale Erwärmung] macht es erforderlich, dass Nationen und Regionen für die nächsten 50 Jahre planen, wozu die meisten Gesellschaften aufgrund der extremen Kurzfristigkeit ihrer Politik nicht in der Lage sind.« Gepaart mit Davis' Ausführungen über den zukünftigen »Planeten aus Slums« lässt seine Empfehlung, dass »wir uns auf das Schlimmste gefasst machen und uns entsprechend anpassen müssen«, die Frage menschlicher Freiheit vor der des Anthropozäns verblassen.[52]

These 3: Die geologische Hypothese vom Anthropozän verlangt von uns, dass wir die globalgeschichtlichen Darstellungen des Kapitals mit der Gattungsgeschichte der Menschen ins Gespräch bringen

Die analytische Herangehensweise, Fragen der Freiheit im Rahmen einer Kritik der kapitalistischen Globalisierung in Angriff zu nehmen, ist im Zeitalter des Klimawandels keineswegs obsolet geworden. Wie Davis zeigt, könnte der Klimawandel die vielen Ungerechtigkeiten der kapitalistischen Weltordnung am Ende sogar noch verschärfen, wenn die Interessen der Armen und Verletzlichen weiter vernachlässigt werden.[53] Die kapitalistische Globalisierung existiert, und die Kritik an ihr sollte das auch. Doch eine solche Kritik erlaubt uns keinen angemessenen Zugriff auf die menschliche Geschichte mehr, wenn man erst einmal akzeptiert hat, dass wir mitten in einer Klimakrise stecken und diese Krise sehr viel länger als der Kapitalismus bzw. noch lange nachdem der Kapitalismus viele weitere historische Mutationen vollzogen haben wird, ein Teil dieses Planeten bleiben könnte. Die Globalisierungsproblematik erlaubt uns lediglich, den Klimawandel als kapitalistische Managementkrise zu verstehen. Es ist zwar nicht zu leugnen, dass zwischen dem Klimawandel und der Geschichte des Kapitals ein enger Zusammenhang besteht, aber eine Kritik, die bloß das Kapital kritisiert, reicht nicht aus, um auf Fragen im Zusammenhang mit der menschlichen Geschichte einzugehen, nachdem die Klimakrise sich bestätigt und das Anthropozän angefangen hat, sich am Horizont unserer Gegenwart abzuzeichnen. Das geologische Jetzt des Anthropozäns hat sich mit dem Jetzt der menschlichen Geschichte vermengt.

Die Forscher:innen, die sich im Zusammenhang mit der Klimakrise und anderen ökologischen Problemen im Weltmaßstab mit Menschen befassen, unterscheiden zwischen der überlieferten Geschichte der Menschheit und ihrer Tiefenhistorie. Grob gesagt, bezieht die überlieferte Geschichte sich auf die etwa 11000 Jahre, die seit der Erfindung des Ackerbaus vergangen sind, häufiger jedoch noch auf die ungefähr 4000 Jahre, für die wir schriftliche Aufzeichnungen besitzen. Historiker:innen der Neuzeit und »frühen Neuzeit« tun sich normalerweise in den Archiven der letzten 500 Jahre um. Die Geschichte der Menschheit, die über diese schriftlich aufgezeichneten Jahre hinausreicht, stellt das dar, was andere, die sich mit der menschlichen Vergangenheit beschäftigen und keine Fachhistoriker:innen sind, Vorgeschichte nennen und noch darüber hinaus Tiefenhistorie. Als einer der Hauptverfechter dieser Unterscheidung schreibt Wilson: »Das Verhalten der Menschen erscheint dann als Produkt nicht bloß der überlieferten Geschichte der letzten zehntausend Jahre, sondern auch der Tiefenhistorie, des Zusammenwirkens von genetischen und kulturellen Veränderungen, aus dem im Verlauf von Hundert[tausend]en von Jahren der Mensch hervorgegangen ist.«[54] Dass er versucht hat, Fachhistoriker:innen den intellektuellen Reiz der Tiefenhistorie zu erklären, haben wir zweifellos Smail zu verdanken.[55]

Ohne ein solches Wissen über die Tiefenhistorie der Menschheit wäre es schwierig, ein säkulares Verständnis davon zu entwickeln, warum der Klimawandel für Menschen eine Krise darstellt. Geolog:innen und Klimaforscher:innen mögen erklären, warum die momentane Phase der globalen Erwärmung – im Unterschied zu der Erwärmung des Planeten, die vorher erfolgt ist – anthropogener Natur ist, aber die sich daraus für den Menschen ergebende Krise wird erst verständlich, wenn die Folgen dieser Erwärmung herausgearbeitet werden. Diese Folgen ergeben nur dann einen Sinn, wenn wir Menschen als Lebensform ansehen und die menschliche Geschichte als Teil der Geschichte des Lebens auf diesem Planeten betrachten. Denn letzten Endes ist die Erwärmung des Planeten nicht für den geologischen Planeten als solchen, sondern sowohl für die biologischen als auch für die geologischen Bedingungen bedrohlich, von denen das Überleben der menschlichen Spezies sowie anderer Lebensformen abhängt. Die weithin anerkannte Gefahr, dass die gegenwärtige Krise der Biodiversität sich tatsächlich zu einem sechsten großen Artensterben in der Geschichte des Planeten ausweiten könnte, ist ein Ereignishorizont in mehreren etablierten Narrativen über den planetarischen Klimawandel.

Das Wort, das Gelehrte wie Wilson oder Crutzen zur Bezeichnung des Lebens in menschlicher Form – und in der anderer Lebewesen – verwenden, lautet *Spezies*. Sie sprechen von Menschen als einer Spezies und finden diese Kategorie nützlich, um über das Wesen der momentanen Krise nachzudenken. Dabei handelt es sich um ein Wort, das in der Standardgeschichtsschreibung oder in einer politisch-ökonomischen Analyse der Globalisierung von linksgerichteten Gelehrten niemals vorkommen wird, da sich die Analyse der Globalisierung aus guten Gründen nur auf die jüngere überlieferte Geschichte der Menschheit beruft. Speziesbezogenes Denken ist dagegen an das Unternehmen einer Tiefenhistorie gekoppelt. Darüber hinaus halten Wilson und Crutzen ein solches Denken für wesentlich, um sich ein Bild vom menschlichen Wohl machen zu können. So schreibt Wilson: »Meines Erachtens brauchen wir diesen größeren zeitlichen Bezugsrahmen nicht nur, um unsere Spezies zu verstehen, sondern mehr noch, um unsere Zukunft zu sichern.«[56] Die Aufgabe einer historischen Einordnung der Klimakrise verlangt also, dass wir intellektuelle Formationen zusammenbringen, die sozusagen in einem ziemlichen Spannungsverhältnis zueinander stehen: Planetarisches und Globales, Tiefenhistorie und überlieferte Geschichte, speziesbezogenes Denken und Kapitalkritik.

Eine solche Behauptung dürfte über Globalisierung und Weltgeschichte nachdenkenden Historiker:innen ziemlich gegen den Strich gehen. In einem paradigmatischen Aufsatz von 1995 mit dem Titel »World History in a Global Age« haben Michael Geyer und Charles Bright geschrieben: »Am Ende des 20. Jahrhunderts begegnen wir nicht einer einzigen, sich universalisierenden Moderne, sondern einer integrierten Welt aus verschiedenen, sich vervielfältigenden Modernitäten.« »Was die Weltgeschichte anbelangt«, so die Autoren, »so ist darin kein geistiger Universalismus am Werk. [...] Stattdessen gibt es viele ganz spezifische, ausgesprochen materielle und pragmatische Praktiken, die nach kritischer Reflexion und historischer Erforschung verlangen.« Doch dank der durch Handel, Imperien und Kapitalismus geschmiedeten globalen Verbindungen »sind wir mit einer bestürzenden neuen Lage konfrontiert: Die Menschheit, die viele Jahrhunderte und Kulturen hindurch das Subjekt der Weltgeschichte gewesen ist, erstreckt sich mittlerweile über alle Menschen. Und diese Menschheit ist extrem in Arm und Reich gespalten.«[57] Diese Menschheit, unterstellen Geyer und Bright im Geiste der Differenzphilosophie, ist keine Einheit. Sie »verbindet sich nicht zu einer einzigen, homogenen Kultur«, schreiben sie. »Ebenso wenig ist diese Menschheit weiterhin eine bloße Spezies oder eine natürliche Gegebenheit. Zum ersten Mal«, schreiben sie mit einigem existentialistischen Furor, »konstituieren wir Menschen uns kollektiv selbst und sind wir folglich für uns selbst verantwortlich.«[58] Die Naturwissenschaftler:innen, die für die Idee des Anthropozäns eintreten, sagen eindeutig ziemlich genau das Gegenteil. Sie behaupten, dass Menschen, weil sie eine besondere Art von Spezies bilden, im Zuge ihrer Herrschaft über andere Arten den Status einer geologischen Kraft erlangen können. Menschen sind mit anderen Worten zu einer natürlichen Gegebenheit geworden, zumindest heute. Wie können wir diese beiden Positionen miteinander ins Gespräch bringen?

Es ist verständlich, dass die biologistisch klingende Rede von einer Spezies Historiker:innen beunruhigt. Sie machen sich Sorgen, dass ihr fein abgestimmtes Verständnis von Kontingenz, Differenz und Freiheit in Bezug auf die menschlichen Angelegenheiten gegenüber einem eher deterministischen Weltbild an Boden verliert. Zudem gibt es, wie Smail einräumt, stets gefährliche historische Beispiele für eine politische Indienstnahme der Biologie.[59] Der Spezies-Gedanke, wird darüber hinaus befürchtet, könnte ein hohes Maß an Essentialismus in unsere Auffassung vom Menschen einschleusen. Auf die Frage der Kontingenz werde ich weiter unten in diesem Kapitel zurückkommen, doch was das Problem des Essentialismus anbelangt, legt Smail auf hilfreiche Weise dar, warum ein essentialistisches Denken über Arten nicht angebracht ist:

> Darwin zufolge sind Arten keine festgelegten Entitäten, deren natürliches Wesen ihnen vom Schöpfer eingegeben wurde. […] Die natürliche Selektion homogenisiert die einzelnen Angehörigen einer Spezies nicht [weil die natürliche Selektion sonst nicht funktionieren würde]. […] In Anbetracht dieser Sachlage ist die Suche nach einer normalen […] Natur und Körperform [bei einer bestimmten Spezies] sinnlos. Dasselbe gilt für die ebenso sinnlose Bemühung, die ›menschliche Natur‹ zu ermitteln. Wie in so vielen Bereichen stimmen Biologie und Kulturwissenschaften hier grundlegend überein.[60]

Es leuchtet ein, dass sich Vertreter:innen verschiedener akademischer Fächer im Hinblick auf die Frage, wie man sich den Menschen vorzustellen habe, unterschiedlich positionieren. Jedes Fach muss sich seinen eigenen Untersuchungsgegenstand schaffen. Während Medizin und Biologie den Menschen auf ein spezifisches Verständnis reduzieren, machen humanistische Historiker sich häufig nicht klar, dass auch die Protagonist:innen ihrer Geschichten – Personen – Reduktionen sind. Ohne Personalität kein menschliches Subjekt der Geschichte. Deshalb hat Derrida den Zorn von Foucault auf sich gezogen, als er darauf hinwies, dass jedes Verlangen, in einer Geschichte des Wahnsinns dem Wahnsinn selbst eine Stimme zu geben oder zuzugestehen, »das *Wahnsinnigste* an seinem Vorhaben« sei.[61] Für Geisteswissenschaftler:innen aller Traditionen ist Personalität ein Gegenstand von entscheidender Wichtigkeit, aber trotzdem ist sie nicht weniger eine Reduktion oder Abstraktion vom körperlichen Gesamtmenschen als zum Beispiel das menschliche Skelett, über das im Anatomiekurs diskutiert wird.

Die Klimakrise fordert die akademische Welt auf, die jeweiligen fachspezifischen Vorurteile hinter sich zu lassen, denn diese Krise hat viele Dimensionen. In diesem Zusammenhang ist es interessant zu beobachten, welche Rolle die Kategorie der Spezies inzwischen unter den Gelehrten – auch bei den Ökonom:innen – spielt, die mit ihrer Untersuchung und Erklärung des Wesens dieser Krise schon weiter vorangekommen sind als die Historiker:innen. Das für ein gebildetes Laienpublikum gedachte Buch *Wohlstand für viele* des Ökonomen Jeffrey Sachs räumt dem Spezies-Gedanken einen zentralen Platz in seiner Argumentation ein und widmet dem Anthropozän ein ganzes Kapitel.[62] Und es ist niemand Geringeres als Edward Wilson, den Sachs für das Vorwort zu seinem Buch gewonnen hat. Genauso wie die Menge oder die Massen in marxistischen Schriften spielt der Speziesbegriff in Wilsons Vorwort eine quasihegelianische Rolle. Wo Marxisten verschiedener Schattierungen zu verschiedenen Zeiten dachten, das Wohl der Menschheit läge in der Aussicht, dass die Unterdrückten oder die Menge durch einen Bewusstwerdungsprozess ihre globale Einheit erkennen, richtet Wilson seine Hoffnung auf die durch unsere kollektive Selbsterkenntnis als Spezies mögliche Einheit: »Der Mensch hat so viele unersetzliche Ressourcen verbraucht oder verändert, dass er sich heute in besserer Verfassung befindet als je zuvor. Wir sind klug genug und mittlerweile auch informiert genug, so hofft man, um ein Zusammengehörigkeitsgefühl zwischen der gesamten Menschheit empfinden zu können. [...] Wir sollten so klug sein, uns selbst als gemeinsame Spezies zu betrachten.«[63]

Doch die Verwendung des Spezies-Gedankens im Zusammenhang mit dem Klimawandel sät weiter Zweifel, und man ist gut beraten, sich mit einem von ihnen zu beschäftigen, der sich bei linksgerichteten Kritiker:innen schnell einstellen kann. So könnte zum Beispiel eingewendet werden, dass alle anthropogenen Faktoren, die zur globalen Erwärmung beitragen – der Verbrauch fossiler Brennstoffe, die Industrialisierung der Tierhaltung, das Abholzen tropischer und anderer Wälder und so weiter – letzten Endes Teil einer weiter ausholenden Geschichte sind, nämlich der Geschichte der Ausbreitung des Kapitalismus im Westen und der imperialen oder quasiimperialen Beherrschung der übrigen Welt durch den Westen. Von dieser jüngeren Geschichte des Westens haben die chinesischen, japanischen, indischen, russischen und brasilianischen Eliten sich bei ihrem Versuch inspirieren lassen, sich durch kapitalistisch-ökonomische, technologische und militärische Macht ihre eigenen Wege in Richtung Supermacht-Politik und globaler Herrschaft zu bahnen. Wenn dies in groben Zügen zutrifft, stellt sich die Frage, ob die Rede von Spezies oder Menschheit nicht bloß dazu dient, die Realität kapitalistischer Produktion und die durch sie begünstigte Logik imperialer – formaler, informeller oder maschineller im Deleuze'schen Sinne – Herrschaft zu verschleiern. Warum soll man die Armen dieser Welt, deren Kohlenstoff-Fußabdruck ohnehin gering ist, durch die Verwendung solcher Pauschalbegriffe wie *Spezies* oder *Menschheit* einrechnen, wenn die Schuld an der momentanen Krise ohne Abstriche in erster Linie den reichen Nationen und in den ärmeren Ländern den reicheren Schichten zukommt?

Mit dieser Frage müssen wir uns noch etwas länger beschäftigen, weil sonst der Unterschied zwischen der gegenwärtigen Historiographie der Globalisierung und der von den Theorien über den anthropogenen Klimawandel verlangten Historiographie nicht deutlich wird. Obwohl einige Forscher:innen den Beginn des Anthropozäns auf die Zeit der Erfindung des Ackerbaus und andere sogar auf einen noch früheren Zeitpunkt datieren würden – zum Beispiel auf die hominide Beherrschung des Feuers –, deuten meine Quellen überwiegend darauf hin, dass unser Eintritt in die derzeitige Phase des Anthropozäns (in der wir anfangen, uns bewusst als geologischen Handlungsträger zu betrachten) weder bis in die Antike zurückreicht noch ein unvermeidliches Ereignis war. Die Entstehung der menschlichen Zivilisation war mit Sicherheit nicht an die Bedingung geknüpft, dass der Mensch sich eines fernen Tages in seiner Geschichte zwangsläufig von Holz auf Kohle und von Kohle auf Öl und Gas verlegen würde. Wie viel historischer Zufall beim Umsteigen von Holz auf Kohle als Hauptenergiequelle mitspielte, hat Kenneth Pomeranz in seinem bahnbrechenden Buch *The Great Divergence* eindrucksvoll vorgeführt.[64] Nicht anders als alle anderen historischen Darstellungen sind die Geschichten von der »Entdeckung« des Öls, von den Öl-Tycoons und der Automobilindustrie auf ähnliche Weise mit Koinzidenzen und historischen Zufällen übersät.[65] Seit Beginn des Kapitalismus sind die kapitalistischen Gesellschaften selbst nicht unverändert geblieben.[66] Außerdem ist seit dem Zweiten Weltkrieg die Zahl der Menschen dramatisch gestiegen. Allein in Indien ist die Bevölkerungszahl mittlerweile mehr als vier Mal so hoch wie zum Zeitpunkt der Unabhängigkeit im Jahr 1947. Offenkundig kann niemand behaupten, dass der menschlichen Spezies etwas innewohnt, das uns schließlich ins Anthropozän getrieben habe. Wahrscheinlich sind wir durch die industrielle Zivilisation in es hineingestolpert. (Ich mache hier keinen Unterschied zwischen den bisherigen kapitalistischen und sozialistischen Gesellschaften, weil ihr Verbrauch von fossilen Brennstoffen sich nicht prinzipiell unterscheidet.)

Wenn die industrielle Lebensweise uns in diese Krise hat geraten lassen, stellt sich die Frage, warum das Denken sich am Begriff der Spezies orientieren sollte, wo diese Kategorie doch mit Sicherheit Teil einer sehr viel längeren Geschichte ist. Warum reicht das Kapitalismus-Narrativ und folglich dessen Kritik nicht als Untersuchungsrahmen der Geschichte des Klimawandels und zum Verstehen seiner Folgen aus? Es scheint zuzutreffen, dass die Klimakrise zwingend von den energieaufwändigen, durch die kapitalistische Industrialisierung geschaffenen und geförderten Gesellschaftsmodellen herbeigeführt wurde, aber in der derzeitigen Krise sind noch andere Bedingungen der Existenz von Leben in menschlicher Form in den Blick gerückt, die in keinem intrinsischen Zusammenhang mit den kapitalistischen, nationalistischen oder sozialistischen Identitätslogiken stehen. Vielmehr sind sie an die Geschichte des Lebens auf diesem Planeten gebunden, daran, welche Verbindungen die verschiedenen Lebensformen untereinander eingehen und inwiefern das Massensterben einer Spezies für eine andere gefährlich werden kann. Ohne eine solche Geschichte des Lebens hat die Klimakrise keinen »Sinn« für den Menschen. Denn für den anorganischen Planeten handelt es sich, wie gesagt, überhaupt nicht um eine auf irgendeine Weise sinnvolle Krise.

Die industrielle Lebensweise spielt mit anderen Worten eine ähnliche Rolle wie der Kaninchenbau in *Alice im Wunderland*: Wir sind in Zustände hineingeraten, die uns zur Anerkennung einiger parametrischer (d. h. Grenzen setzender) Bedingungen für die Existenz von Institutionen zwingen, die zentral sind für unsere Vorstellung von der Moderne und für die Bedeutungen, die wir ihnen abgewinnen. Das sollte ich erklären. Nehmen wir den Fall der sogenannten neolithischen Revolution vor etwa 11 700 Jahren. Diese war nicht bloß ein Ausdruck menschlichen Erfindungsreichtums. Sie wurde möglich durch bestimmte Veränderungen der Kohlenstoffdioxidmenge in der Atmosphäre, durch eine gewisse Stabilität des Klimas und eine allmähliche Erwärmung des Planeten, die auf das Ende der Eiszeit (des Pleistozäns) folgte – Dinge, über welche die Menschen keine Kontrolle hatten. »Es kann kaum ein Zweifel bestehen«, schreibt einer der

Herausgeber von *Humans at the End of the Ice Age*, »dass das Grundphänomen – das Abklingen der Eiszeit – aus einer Veränderung des Milanković-Zyklus, das heißt der durch Umlaufbahn und Achsenneigungswinkel bestimmten Stellung der Erde zur Sonne resultierte.«[67] Die Temperatur des Planeten stabilisierte sich innerhalb eines Bereichs, in dem bestimmte Gräserarten gedeihen konnten. Gerste und Weizen gehören zu den ältesten Gräserarten. Ohne die glückliche Fügung dieses »langen Sommers«, den ein Klimaforscher als »außergewöhnlich« und als natürlichen »Glücksfall« für die Geschichte des Planeten bezeichnet hat, wäre unsere industriell-agrarwirtschaftliche Lebensweise nicht möglich gewesen.[68] Ungeachtet unserer sozioökonomischen und technologischen Entscheidungen und ungeachtet der Freiheitsrechte, die wir jeweils hochhalten wollen, können wir es uns mit anderen Worten nicht leisten, Bedingungen (wie etwa die Temperaturspanne, innerhalb der Säugetiere und Pflanzenwelt überleben) zu destabilisieren, die als Grenzparameter der menschlichen Existenz fungieren. Solche Parameter sind unabhängig von Kapitalismus oder Sozialismus. Sie sind sehr viel länger stabil gewesen, als die Geschichte dieser Institutionen zurückreicht, und sie haben es den Menschen erlaubt, zu der Spezies zu werden, die über die Erde herrscht. Unglücklicherweise sind wir mittlerweile selbst zu einem geologischen Handlungsträger geworden, der eben jene parametrischen Bedingungen beeinträchtigt, die er für seine Existenz benötigt.[69]

Damit will ich nicht die historische Rolle leugnen, welche die reicheren und vornehmlich westlichen Weltnationen bei der Emission von Treibhausgasen gespielt haben. Die Rede von einem speziesbezogenen Denken soll sich nicht gegen die Politik einer »gemeinsamen, aber unterschiedlichen Verantwortung« richten, die China, Indien und andere Entwicklungsländer anscheinend in Bezug auf die Verringerung der Treibhausgasemissionen gerne verfolgen würden.[70] Ob wir diejenigen zur Verantwortung ziehen, die sich retrospektiv als schuldig erweisen – das heißt, dem Westen sein früheres Verhalten vorwerfen –, oder diejenigen, die sich prospektiv schuldig machen werden – als größte Emissionsquelle von Kohlenstoffdioxid hat China die Vereinigten Staaten gerade überholt, wenn auch nicht pro Kopf gerechnet –, ist eine Frage, die zweifellos mit der Geschichte des Kapitalismus und der Modernisierung verknüpft ist.[71] Doch die wissenschaftliche Entdeckung, dass die Menschen dabei zu einem geologischen Handlungsträger geworden sind, verweist auf eine Katastrophe, in die wir alle gemeinsam geraten sind. Crutzen und Stoermer beschreiben diese Katastrophe folgendermaßen:

> Die Expansion der Menschheit [...] ist atemberaubend. [...] In den vergangenen drei Jahrhunderten hat die Zahl der Menschen sich auf 6000 Millionen verzehnfacht, zugleich erhöhte zum Beispiel der Viehbestand sich auf 1400 Millionen (etwa eine Kuh pro Durchschnittsfamilie). [...] In wenigen Generationen wird die Menschheit die fossilen Brennstoffe erschöpft haben, die sich über einen Zeitraum von mehreren 100 Millionen Jahren gebildet haben. Die SO_2-Menge, [...] die durch die Verbrennung von Kohle und Öl in die Atmosphäre gelangt, ist mindestens doppelt so groß wie alle natürlichen Emissionen zusammen. [...]; mehr als die Hälfte des verfügbaren Süßwassers wird von der Menschheit verbraucht; durch menschliches Handeln hat sich das Ausmaß des Artensterbens in den tropischen Regenwäldern um das 1000- bis 10000-Fache erhöht. [...] Darüber hinaus setzt die Menschheit viele toxische Substanzen frei, die in die Umwelt gelangen. [...] Zu den dokumentierten Folgen gehören Veränderungen des geochemischen Kreislaufs großer Süßwassersysteme und sie treten in Systemen auf, die weit von den Primärquellen entfernt liegen.[72]

Genauso wie die neolithische Revolution vor 12000 Jahren einzig durch den Austausch dreier Fächer – Geologie, Archäologie und Geschichtswissenschaft – erklärbar war, müssen zur Erklärung dieser Katastrophe verschiedene Fächer sowie überlieferte Geschichtsschreibung und Tiefenhistorie des Menschen miteinander ins Gespräch kommen.[73]

Naturwissenschaftler wie Wilson oder Crutzen mögen politisch naiv sein, wenn sie nicht erkennen, dass nicht allein die Vernunft unser Leitfaden für wirksame, kollektive Entscheidungen sein kann – dass wir mit anderen Worten möglicherweise am Ende kollektiv einige unvernünftige Entscheidungen treffen –, aber ich finde es interessant und symptomatisch, dass sie auf die Sprache der Aufklärung zurückgreifen. Sie sind nicht unbedingt antikapitalistische Intellektuelle, und dennoch sind sie eindeutig nicht dafür, zur kapitalistischen Tagesordnung überzugehen. In ihren Augen bieten Wissen und Vernunft uns nicht nur einen Ausweg aus der gegenwärtigen Krise, vielmehr geben sie uns auch Mittel an die Hand, wie wir in Zukunft Schaden von uns abwenden können. Wilson spricht zum Beispiel auf eine Weise darüber, dass »Ressourcen klüger genutzt werden« müssten, die auffällig nach Kant klingt.[74] Doch das fragliche Wissen ist das Wissen des Menschen als einer Spezies, die von anderen Arten abhängt, damit sie selbst existieren kann, und Teil der allgemeinen Geschichte des Lebens ist. Dass wir das Klima – und in zunehmendem Maße auch die Durchschnittstemperatur des Planeten sowie den Säuregehalt der Ozeane und die Höhe des Meeresspiegels – verändern und die Nahrungskette zerstören, kann nicht im Interesse unserer Leben sein. Unabhängig von unseren politischen Entscheidungen ist Biodiversität wichtig für das menschliche Gedeihen. Deshalb ist es nicht möglich, die globale Erwärmung als Krise zu verstehen, ohne sich mit den von diesen Wissenschaftler:innen vorgebrachten Behauptungen auseinanderzusetzen. Gleichzeitig lassen die Geschichte des Kapitals und die kontingente Geschichte unseres Hineingeratens ins Anthropozän sich durch den Rückgriff auf den Spezies-Gedanken nicht leugnen, denn ohne die Geschichte der Industrialisierung wäre das Anthropozän, und sei es als Theorie, nicht möglich gewesen. Wie verbinden wir beides, wenn wir über die Weltgeschichte seit der Aufklärung nachdenken? Wie beziehen wir uns auf eine Universalgeschichte des Lebens – also auf universalistisches Denken –, ohne dabei das preiszugeben, was an unserem postkolonialen Argwohn gegenüber dem Universellen offensichtlich wertvoll ist? Die Klimakrise verlangt von uns, gleichzeitig auf beiden Ebenen zu denken, die unvermischbaren Zeitvorstellungen der Geschichte des Kapitals und der Gattungsgeschichte zusammenzumengen. Diese Kombination stellt jedoch die Idee historischen Verstehens als solche auf ganz grundsätzliche Weise vor eine Zerreißprobe.

These 4: Die Kreuzung von Gattungsgeschichte und Geschichte des Kapitals ist ein Auslotungsprozess der Grenzen historischen Verstehens

Historisches Verstehen, könnte man in Anknüpfung an die Dilthey'sche Tradition sagen, führt zu kritischem Denken, das sich auf einige generische Vorstellungen von menschlicher Erfahrung beruft. Wie Gadamer hervorgehoben hat, betrachtete Dilthey »die eigene Erlebniswelt als bloßen Ausgangspunkt einer Erweiterung, die in lebendiger Transposition die Enge und Zufälligkeit des eigenen Erlebens durch die Unendlichkeit dessen ergänzt, was im Nacherleben der geschichtlichen Welt zugänglich ist«. »Historisches Bewusstsein« ist mithin in dieser Tradition »eine Weise der Selbsterkenntnis«, die durch das kritische Reflektieren eigener und fremder Erfahrungen (von historischen Akteuren) gewonnen wird.[75] Eine humanistische Geschichtsschreibung wird in Bezug auf den Kapitalismus immer so etwas wie erlebten Kapitalismus zugestehen. Der brillante Versuch von E. P. Thompson, das Erleben kapitalistischer Arbeit in der Arbeiterklasse zu rekonstruieren, hat zum Beispiel ohne diese Annahme keinen Sinn.[76] Die humanistische Geschichtsschreibung ist eine Geschichtsschreibung, die Bedeutung hervorbringt durch die Berufung auf unsere Fähigkeit, vergangene Erlebnisse nicht nur zu rekonstruieren, sondern, wie Collingwood gesagt hätte, im Geiste nachzuvollziehen.

Wenn Wilson also im Interesse unserer kollektiven Zukunft empfiehlt, dass wir als Spezies ein Zusammengehörigkeitsgefühl entwickeln, entspricht diese Aussage keiner der Weisen, wie in der Geschichtswissenschaft Vergangenheiten und Zukunftsvorstellungen durch die Voraussetzung, dass menschliche Erfahrung so etwas wie Kontinuität besitzt, nachvollzogen und miteinander verbunden werden (siehe Gadamers Argument oben). Wer ist dieses Wir? Wir Menschen erleben uns nie als Spezies. Wir können die Existenz der menschlichen Spezies lediglich intellektuell verstehen oder auf sie schließen, sie aber nie als solche erleben. Eine Phänomenologie von uns als Spezies kann es nicht geben. Selbst wenn wir uns emotional mit einem Wort wie *Menschheit* identifizieren würden, wüssten wir nicht, was es heißt, eine Spezies zu sein, weil ein Mensch in der Gattungsgeschichte nur ein Beispielfall des Begriffs Spezies ist, genauso wie jede andere Lebensform auch. Und was es heißt, ein Begriff zu sein, kann man nicht erleben. Der Begriff Hund, lautet ein berühmter, an Spinoza anknüpfender Ausspruch von Althusser, bellt nicht.[77]

In Parenthese sei hier ein wohlüberlegter Einwand erwähnt, den Ursula Heise gegen meine Äußerung, dass man »nicht erleben« könne, »was es heißt, ein Begriff [Spezies] zu sein«, erhoben hat, nachdem dieses Kapitel in einer ersten Fassung als Aufsatz erschienen war. »Es mag sein«, schrieb sie, »dass Menschen normalerweise nicht in der Lage sind, sich selbst als Spezies zu erleben – genauso wenig wie sie in der Lage sind, sich als Nation zu erleben, es sei denn, menschliche Gemeinschaften bringen Institutionen, Gesetze, Symbole und rhetorische Formen hervor, die solche abstrakten Kategorien zu wahrnehmbaren und erlebbaren Rahmenbedingungen für die Erfahrung machen.«[78] Es stimmt zweifellos, worauf Derrida und andere aufmerksam gemacht haben, dass wir genau durch das, was wir gemeinsam haben und nicht mit den anderen Tieren um uns herum teilen, ein alltägliches Gespür dafür haben, was es heißt, ein einzelnes Mitglied der Spezies »Mensch« zu sein.[79] Aber wenn ich davon spreche, dass Menschen eine bestimmte Herrschaftsformation bilden – einen Komplex aus Menschen, ihren Technologien und den Tierarten, die in Verbindung mit Menschen gedeihen –, spreche ich von einem bestimmten Herrschaftskollektiv, das sogar noch Nicht-Lebendiges (z.B. Technologie) als einen Teil von sich begreift.[80] Dieses mir kognitiv zugängliche Kollektiv ist meiner phänomenologischen Erfahrung der Welt nach wie vor unzugänglich. Heise hat recht: Abstrakte Kategorien wie »Nation« oder »Arbeit« werden genau darum Teil unseres Alltagslebens, weil es Institutionen wie die Vereinten Nationen, das Arbeitsministerium oder Gewerkschaften gibt, die um diese Kategorien herum organisiert sind. Wenn die Erdgeschichte einen Punkt erreicht hätte, an dem wir über eine Steuerungsorganisation aus vielen Arten verfügen würden – über so etwas wie ein Latour'sches Weltparlament oder eine Vereinte Organisation für Multi-Spezies-Governance –, vor der zum Beispiel Eisbären ihren Beschwerden über Menschen Gehör zu verschaffen und deren Verurteilung zu fordern vermöchten, könnte die Kategorie »herrschende Spezies« tatsächlich Teil dessen werden, was Heise »gelebte existentielle [und politische] Beziehungen« nennt, und eine Bedeutung für unsere Alltagserfahrung besitzen.[81] Aber bis dahin ist es noch ein weiter Weg.

In Anbetracht des planetarischen und erfahrungsfernen Charakters der menschlichen Handlungsmacht als geophysischer Kraft kann die Erörterung der Klimakrise also Affekte und Wissen über kollektive menschliche Vergangenheiten und Zukunftsvorstellungen hervorbringen, die an die Grenzen historischen Verstehens heranreichen. Wir erleben bestimmte Auswirkungen der Krise, aber nicht das gesamte Phänomen. Dies ist häufig ein Problem für die Vor-Ort-Vermittlung der Forschungen über den

Klimawandel in lokalen Gemeinschaften: Die spezifischen Auswirkungen sind konkret und erfahrbar, die Wissenschaft dagegen zu abstrakt und planetarisch. Sollen wir also mit Geyer und Bright sagen, dass »die Menschheit ihr Dasein nicht mehr dem ›Denken‹ verdankt«,[82] oder mit Foucault, dass »der Mensch keine Geschichte mehr hat«?[83] Geyer und Bright fahren im Geiste Foucaults fort: »Aufgabe [der Weltgeschichte] ist es, anhand von Daten die Konturen der Macht transparent zu machen, welche die Menschheit zu einem einzigen Menschengeschlecht verdichtet.«[84]

Natürlich ist diese die Menschheit als Machteffekt betrachtende Kritik wertvoll für die ganze Hermeneutik des Verdachts, wie die Postcolonial Studies sie gelehrt haben. Sie ist ein wirksames kritisches Werkzeug für die Auseinandersetzung mit nationalen und globalen Herrschaftsformationen. Doch für die Auseinandersetzung mit der Erderwärmungskrise finde ich sie nicht angemessen. Erstens spuken ständig unausgegorene Bilder von uns allen und andere Fantasievorstellungen über die Menschheit in unserer Wahrnehmung der momentanen Krise herum. Wie sonst soll man den Titel von Weismans Buch *Die Welt ohne uns* bzw. den Reiz seines brillanten, wenn auch unmöglichen Versuchs verstehen, die Erfahrung von New York zu schildern, nachdem »wir« verschwunden sind?[85] Zweitens ist die Mauer zwischen Menschen- und Naturgeschichte durchbrochen worden. Wir mögen uns nicht als geologischen Handlungsträger erleben, aber anscheinend sind wir auf der Ebene unserer Zugehörigkeit zu einer Spezies, unseres Besitzes von globaler Technologie und unserer Herrschaft über das Leben auf diesem Planeten dazu geworden. Und ohne dieses sich gegen das historische Verstehen (im oben erklärten phänomenologischen Sinne) sperrende Wissen können wir der uns alle betreffenden momentanen Krise keinen Sinn abgewinnen. Durch die Linse des globalen Kapitals betrachtet, wird die Logik der Ungleichheit, die die Herrschaft des Kapitals durchzieht, zweifellos stärker hervortreten; wahrscheinlich werden manche Menschen vorübergehend auf Kosten von anderen Profit machen. Aber als ganze lässt die Krise sich nicht auf eine Geschichte über den Kapitalismus reduzieren. Anders als in Kapitalismuskrisen gibt es in diesem Fall keine Rettungsboote für die Reichen und Privilegierten (wovon die vielen Buschfeuer in Australien oder die jüngsten Brände in wohlhabenden Vierteln in Kalifornien Zeugnis ablegen).[86] Während ich diese Zeilen im Dezember 2019 schreibe, werden beide Orte gerade wieder von Feuern heimgesucht.

Die Furcht, die von der globalen Erwärmung ausgelöst wird, erinnert an die Zeiten, als viele sich vor einem globalen Atomkrieg fürchteten. Doch es gibt einen sehr wichtigen Unterschied. Ein Atomkrieg wäre eine bewusste Entscheidung der jeweiligen Machthaber gewesen. Der Klimawandel ist zu weiten Teilen eine Kombination aus beabsichtigten und unbeabsichtigten Folgen sich nahtlos aneinanderreihender menschlicher Entscheidungen und Handlungen, und nur seine wissenschaftliche Analyse führt die langfristigen planetarischen Auswirkungen unseres Handelns als Spezies vor Augen. Obwohl wissenschaftliche Beschreibungen der Evolution, der Massensterben und der natürlichen Selektion nicht ohne Kategorien wie Spezies und Speziation auskommen, wohnten der Kategorie »Spezies« lange Zeit anerkanntermaßen philosophische Probleme im Hinblick auf das inne, was David N. Stamos als »Realismus«, »Konzeptualismus« und »Nominalismus« bezeichnet hat.[87] In meiner Argumentation mag *Spezies* tatsächlich der Name eines Platzhalters für eine im Entstehen begriffene, neue Universalgeschichte der Menschheit sein, die sich in dem Moment der Gefahr herauskristallisiert, die der Klimawandel darstellt. Doch können wir ihre Universalität niemals (im Dilthey'schen Sinne) *verstehen*. Sie ist kein Hegel'sches Allgemeines, das dialektisch aus der Bewegung der Geschichte hervorgeht, und auch nicht das universelle Kapital, das die gegenwärtige Krise mit sich bringt. Geyer und Bright haben recht, diese beiden Varianten von Universalität zurückzuweisen. Dennoch wirft der Klimawandel die Frage nach einem menschlichen Kollektiv auf, nach einem Wir, das auf eine Universalität verweist, die sich unserem Vermögen, die Welt zu erleben, entzieht. Sie ähnelt eher einer Universalität, die einem gemeinsamen Katastrophengefühl entspringt. Sie verlangt eine globale Herangehensweise an die Politik, ohne den Mythos einer globalen Identität, denn anders als Hegels Allgemeines kann sie Partikularitäten nicht aufheben. In Anlehnung an Adorno können wir sie vorläufig als »negative Universalgeschichte« bezeichnen.[88]

Nachtrag: Kurze Notiz zur Spezies und zur negativen Universalgeschichte

Die Beobachtungen, mit denen ich die erste Fassung dieses Kapitels abschloss, haben Ursula Heise einen interessanten und scharfen Kommentar entlockt. Es lohnt sich, auf ihre Kritikpunkte einzugehen, weil ich hoffe, dass deren Erörterung Licht auf die weiter ausholende Argumentation wirft, die ich in diesem Buch vorzulegen versuche. Heise schrieb:

> Dass Chakrabarty den Spezies-Begriff als einen Begriff ablehnt, auf den kollektive Identität sich gründen könnte, steht im Einklang mit Dale Jamiesons Weigerung, den Spezies-Begriff als relevante Kategorie für die Interaktion mit nichtmenschlichen Lebewesen zu betrachten, die ich zitiert und kritisiert habe. […] Durch Chakrabartys Skepsis gegenüber speziesbezogenem Denken verliert seine Argumentation, die im Wesentlichen zu etwas aufruft, das in anderen theoretischen Diskursen als eine Art von Kosmopolitismus bezeichnet werden würde, allen positiven Gehalt. Letzten Endes schwebt ihm ein ›negativer Universalismus‹ vor, der keinen konkreten, Universalität immer unterschreitenden Inhalt bekommen darf, weil er dann nicht umhinkäme, Wesenszüge einer partikularen Gemeinschaft als das Paradigma zu postulieren, an dem andere Gemeinschaften gemessen werden sollten.[89]

Heises Beobachtung ist richtig, dass das »negative Allgemeine«, das ich zu beschwören versuche, keinen »konkreten«, positiven Inhalt hat. Es ist insofern leer, als es sich um einen sich gerade bildenden Begriff mit noch keinem bestimmten, konkreten Inhalt handelt. Aber das Problem liegt in Folgendem: Wenn wir uns die Klimakrise als ein in der historischen Zeit lösbares Problem vorstellen, denken wir an Lösungen, die theoretisch insofern Menschen und Nichtmenschen betreffen, wenn nicht einbeziehen, als alle vorstellbaren Lösungen von stabilen und nachhaltigen Beziehungen zwischen Menschen und Nichtmenschen (einschließlich Nichtlebewesen wie etwa der Erde) ausgehen. Dies bedeutet, dass man nach etwas strebt, das Heise ganz richtig als neue Form von Kosmopolitismus begreift.

Dieses legitime Streben lässt sich auch in anderen Kommentaren zur momentanen Krise beobachten. Jason Moore beginnt zum Beispiel die »Danksagungen« in seinem Buch *Kapitalismus im Lebensnetz* mit einer geradezu mystischen Suche nach einer »das gesamte Leben betreffende[n] Politik der Befreiung«.[90] Doch welches Ziel Moore sich eigentlich ausmalt, ist eindeutig: Er streckt die Hand nach einer »Gesamtheit« aus, die nicht nur Menschen umfasst. In ähnlicher Weise beschreiben die marxistischen Ökologen John Bellamy Foster, Brett Clark und Richard York in ihrem Buch *Der ökologische Bruch* ihre Vorstellung von nachhaltiger Entwicklung als Notwendigkeit, »d[a]s kapitalistische[...] System[...]« durch ein ebenso mystisches »neues menschliches Ganzes« zu ersetzen, das zum »Erhalt der Lebensbedingungen für Millionen von Arten auf der Erde« beitragen würde«.[91]

Was haben wir uns unter der Totalität eines solchen »Wir« vorzustellen, das mehr als Menschen umfasst? Jemand wie Adorno musste in Überlegungen zu Fragen der Geschichte und Freiheit über »negative Universalgeschichte« nachdenken, weil er wusste, dass es, wenn er der »gesamten« Menschheit einen konkreten Inhalt gäbe, faktisch dazu führen würde, dass ein bestimmter Teil der Menschheit einen anderen Teil im Namen von Universalität oder Ganzheit unterdrückt. In einer solchen Situation, legte Adorno dar, werden sowohl das, was für eine Totalität zu stehen behauptet, als auch das, was Differenz zu repräsentieren behauptet – das Nichtidentische, das die »Gestalt von [...] mehr oder minder naturalen Kategorien« annehmen kann, obwohl diese »nur Relikte älterer geschichtlicher Phasen sind« –, »zu einem Bösen und Giftigen«. Sie werden »ebenso zu einem Bösen«, schrieb Adorno, »wie das ih[nen] gegenüber sich durchsetzende totale Prinzip«. Als Beispiel zog Adorno den Bürgerkrieg im (früheren) Belgisch-Kongo (ab 1971 Zaire) Mitte der 1960er Jahre heran, an dem belgische Truppen beteiligt waren. Adorno meinte, man könne seine These anhand »der jüngsten Phase der Geschichte in Afrika – wenn wir die Nerven haben, uns damit abzugeben, was nicht leicht ist« – überprüfen.

> Es ist wirklich so, daß unter der Totalität, unter der Herrschaft der Totalität, auch das Partikulare, das ihr widerspricht, selber an dem Gewebe des Unheils mitwirkt; und zwar nicht nur dadurch, daß es in die Partikularität fällt, sondern daß es dann auch selber zu einem Giftigen und Bösen wird. Das heißt: Diese Wilden, die sich da nun zum letztenmal noch in Afrika austoben, sie sind um nichts besser [...] als die barbarischen Fallschirmspringer, die sie im Sinn der fortschreitenden Zivilisation [...] zur Räson bringen. [...] [Diese] große geschichtliche Tendenz [hat] d[...]em Widerstrebenden und Nichtaufgehenden das Mark ausgesaugt.[92]

Eine »negative Universalgeschichte« ist also eine Universalgeschichte, die zulässt, dass das Partikulare seinen Widerstand gegen seine Einbeziehung in die Totalität zum Ausdruck bringt, ohne dass diese Einbeziehung geleugnet wird.

Harriet Johnson beschließt ihre Studie über Adornos Idee einer »negativen Universalgeschichte« mit folgendem Satz: »Das Anthropozän fordert uns zur Entschlüsselung einer neuen Universalgeschichte auf, weil wir einer Reihe von planetarischen

Kräften und Zeitmaßstäben begegnen, die in unserem Leben kein direkter Gegenstand von Erfahrung sein können, es aber bestimmen werden. Adorno ist wichtig, weil er nach Wegen suchte, solche Geschichten zu erzählen, ohne seinerseits die vorhandenen soziohistorischen Machtverhältnisse zu naturalisieren.«[93] Man stelle sich eine Ausweitung dieses Vorhabens über die Provinz menschlicher Geschichte hinaus vor, von der es in Johnsons Aufsatz seinen Ausgang nimmt. Im Zeitalter des Anthropozäns kann es in einer »negativen Universalgeschichte« nicht bloß um Menschen allein gehen. Gleichzeitig kann es auch nicht um eine Totalität gehen, denn dann würde sie bloß all die Probleme reproduzieren, die Adorno veranlasst haben, seine Vorschläge im Zeichen der Negativität zu formulieren. Genauso wie in der Menschengeschichte muss das, was mit der Totalität nicht identisch ist, auch hier in seinem Widerstand gegen seine vollständige Eingliederung trotz einer solchen Eingliederung zum Ausdruck kommen können – darauf beruht das Projekt der »Provinzialisierung Europas«. Im Fall der »negativen Universalgeschichte« des Anthropozäns sollte das Nichtmenschliche in ähnlicher Weise in der Lage sein, sich Gehör zu verschaffen, ohne anthropomorphisiert werden bzw. ohne die menschliche Sprache sprechen zu müssen.[94]

***

Bisher sind wir noch nicht an einem Punkt der globalen Geschichte angelangt, an dem eine solche Perspektive praktisch durchführbar zu sein scheint, obwohl man an der Geschichte indigener Völker eine ganze Reihe von exemplarischen Lektionen über einige der Prinzipien lernen kann, um die es hier geht.[95] Bis hierher kann die »negative Universalgeschichte« des Anthropozäns – die Geschichte, die sich auf ein »Wir« zubewegt, das tatsächlich nicht nur aus Menschen bestehen könnte – nur ein ethischer Ratschlag sein. Empirisch bleibt sie fürs Erste zwangsläufig inhaltsleer. Denn ein »Soll«-Standpunkt gibt uns keine konkret ausgearbeitete Geschichte vor, aber er kann zu einer Horizonterweiterung führen – zu so etwas wie Karl Jaspers' »epochalem Bewusstsein« –, zu einer Horizonterweiterung in Bezug auf unsere gegenwärtigen Debatten, ohne sie vorzuentscheiden oder vorwegzunehmen.[96] Eines Tages könnte es tatsächlich möglich sein, das »Wir« einer negativen Universalgeschichte des Anthropozäns mit konkreten menschlichen und nichtmenschlichen Identitäten zu füllen. Oder auch nicht.

Kapitel 2

Miteinander verbundene Geschichten

Wie ich im letzten Kapitel dargelegt habe, rückt die anthropogene globale Erwärmung den Zusammenprall – die Gegenläufigkeit – von drei Geschichten ins Blickfeld, die vom Standpunkt der menschlichen Geschichte aus normalerweise eindeutig in einem so unterschiedlichem Tempo ablaufen, dass man sie aus praktischen Erwägungen als voneinander getrennte Prozesse behandelt: die Geschichte des Erdsystems, die Geschichte des Lebens einschließlich der Evolution des Menschen auf dem Planeten und die neuere Geschichte der industriellen Zivilisation (für viele des Kapitalismus). Ungewollt sind die Menschen mittlerweile in allen drei Geschichten gleichzeitig vertreten, die nach unterschiedlichen Maßstäben und mit unterschiedlicher Geschwindigkeit operieren.

Dieses Problem menschlicher und unmenschlicher Zeitmaßstäbe zieht sich durch die Alltagssprache, wenn von der Klimakrise die Rede ist. Nehmen wir zum Beispiel die in unserer Alltagsprosa allgegenwärtige Unterscheidung von nicht erneuerbaren Energiequellen und den »Erneuerbaren«. Nach unserem Verständnis gelten fossile Brennstoffe als nicht erneuerbar, aber Bryan Lovell – ein Geologe, der früher Berater von BP und Präsident der Londoner Geological Society war – weist darauf hin, dass fossile Brennstoffe sehr wohl erneuerbar sind, sobald wir einen, wie er es nennt, *inhumanen* Zeitmaßstab an sie anlegen: »In 200 Millionen Jahren dürfte eine Lebensform, die für irgendeinen Zweck ergiebige Mengen Erdöl benötigt, feststellen, dass sich seit unserer heutigen Zeit genügend davon gebildet hat.«[1] Eine mögliche Denkweise über die momentane Krise des anthropogenen Klimawandels besteht nämlich darin, sie für ein Problem nicht zueinander passender Zeitvorstellungen zu halten. Die menschlichen Institutionen und Praktiken sind auf das menschliche Zeitgefühl und Geschichtsverständnis ausgerichtet. Aber mittlerweile müssen wir diese Institutionen nutzen, um uns mit Prozessen zu befassen, die sich über sehr viel ausgedehntere Zeiträume entfalten.

Paläoklimatolog:innen erzählen zum Beispiel eine sehr lange Geschichte, wenn sie die Bedeutung der anthropogenen globalen Erwärmung erklären sollen. Zunächst einmal stellt sich die Frage der Beweismittel. Eiskern-Proben von – mehr als 800 000 Jahre – alter Luft sind für den Nachweis, dass die derzeitige Erwärmung anthropogener Natur ist, entscheidend gewesen.[2] Außerdem hat die paläoklimatische Vergangenheit Ablagerungen in Fossilien und anderen geologischen Materialien hinterlassen. In seinem einleuchtenden Buch über die Reaktion der Ölindustrie auf die Klimakrise – die nicht in allen Fällen und überall ausblieb, auch wenn Exxon ein Beispiel für das Gegenteil abgab – schreibt Lovell, dass die Mitarbeiter:innen dieses Industriezweigs, die zwingende Beweise für das ernsthafte Problem vorlegten, das Treibhausgasemissionen für die Zukunft der Menschheit darstellen, Geologen gewesen seien, die die im Sedimentgestein verborgenen tiefenklimatischen Geschichten so zu lesen verstanden, dass die Auswirkungen »einer dramatischen Erwärmungsphase, die vor 55 Millionen Jahren stattgefunden hat«, sichtbar wurden. Diese Phase ist häufig zur Veranschaulichung der Auswirkungen angeführt worden, die eine Erwärmung der Erdoberfläche auf die Geschichte des Lebens haben kann. Sie ist unter dem Namen spätes Paläozän/Eozän-Temperaturmaximum (PETM) bekannt.

> Ein Vergleich der [damals] in die Atmosphäre abgegebenen Menge an Kohlenstoff [...] mit der Menge, die wir heute selbst freisetzen, legt dringend nahe, dass wir in der Tat vor einer bedeutenden globalen Herausforderung stehen. Wir laufen Gefahr, jene 55 Millionen Jahre alte globale Erwärmungsphase zu wiederholen, die auf der Erde 100 000 Jahre lang für Störungen sorgte. Diese Phase vollzog sich lange bevor der Homo sapiens auch nur ein Lagerfeuer entzünden konnte.[3]

Wie weit der Bogen der die gegenwärtige Klimakrise erklärenden geologischen Geschichte in die Zukunft reicht, lässt sich schon am Untertitel von David Archers Buch *The Long Thaw. How Humans Are Changing the Next 100 000 Years of Earth's Climate* leicht erkennen. »In Bezug auf das Klima wird die Menschheit zu einer mit den die glazialen Zyklen steuernden orbitalen Variationen vergleichbaren Kraft«, schreibt Archer.[4] »Die Langlebigkeit des fossilen Brennstoffs CO_2«, fährt er fort, »vermittelt eine Ahnung des Anflugs von Torheit, fossile Brennstoffe als Energiequelle zu nutzen. Unsere 100 Millionen Jahre alten fossilen Brennstoffvorkommen könnten in wenigen Jahrhunderten verbraucht sein, was sich Hunderttausende von Jahren auf das Klima auswirken wird. In der Atmosphäre beläuft sich die Lebenszeit des fossilen Brennstoffs CO_2 auf wenige Jahrhunderte zuzüglich der 25 Prozent, die mehr oder weniger ewig währen.«[5] Wie Archer erklärt und Curt Stager wiederholt, wird der Kohlenstoffkreislauf der Erde das überschüssige CO_2, das wir in die Atmosphäre abgeben, irgendwann entsorgen, er arbeitet aber nach einem unmenschlich langen Zeitplan.[6]

Die Klimakrise verursacht mithin Probleme, bei deren Erwägung wir ganz unterschiedlichen, häufig unvereinbaren Zeitmaßstäben folgen. Politische Expert:innen denken in Jahren, Jahrzehnten, allerhöchstens Jahrhunderten, während demokratische Politiker:innen in Wahlperioden denken. Wenn man den anthropogenen Klimawandel und die mögliche Dauer seiner Auswirkungen verstehen will, muss man in sehr langen und sehr kurzen

Zeiträumen zugleich denken, wozu auch Zeitmaßstäbe gehören, die sich dem menschlichen Angelegenheiten gewöhnlich zugrunde liegenden Zeitmaß entziehen. Dies ist ein weiterer Grund, warum es schwierig ist, ein politisches Gesamtpaket in Sachen Klimawandel zu erarbeiten. Archer trifft den Kern des Problems, wenn er einräumt, dass der Millionen von Jahre umfassende Zeitmaßstab des planetaren Kohlenstoffkreislaufs »für politische Überlegungen zum Klimawandel nach menschlichen Zeitmaßstäben irrelevant« ist. Doch er besteht auf ihrer Relevanz, wenn man den anthropogenen Klimawandel überhaupt verstehen will, weil »die Klimaphase globaler Erwärmung schlussendlich so lange anhalten wird, wie diese langsamen Prozesse wirksam sind«.[7]

In der vorhandenen Literatur über das Klimaproblem tun sich also beträchtliche Lücken zwischen Erkennen und Handeln, das heißt zwischen dem auf, was wir wissenschaftlich darüber wissen – wie zum Beispiel die unermessliche Größe seines unmenschlichen Maßstabs –, und der Frage, welche Vorstellung wir uns von ihm machen, wenn wir es als ein Problem behandeln, um das wir uns mit den uns zur Verfügung stehenden menschlichen Mitteln und Institutionen kümmern müssen. Letztere sind für das Angehen von Problemen entwickelt worden, vor denen wir nach vertrauten Zeitmaßstäben stehen. Ich bezeichne diese Lücken oder Leerstellen in unserer Denklandschaft als Sollbruchstellen, weil sie Verwerfungslinien auf einer scheinbar durchgängigen Oberfläche ähneln. Wir müssen sie ständig überschreiten oder überbrücken, wenn wir über den Klimawandel nachdenken oder sprechen. Durch sie gelangt ein gewisser Grad an Widersprüchlichkeit in unser Denken, weil wir aufgefordert sind, gleichzeitig verschiedene Maßstäbe zu bedenken.

Ich möchte hier drei dieser Sollbruchstellen erörtern: die unterschiedlichen Wahrscheinlichkeitsregimes, denen unser Alltagsleben in modernen Volkswirtschaften gehorcht und die heute um unser Wissen über die radikale Ungewissheit des Klimas ergänzt werden müssen; die Geschichte unserer zwangsläufig getrennten menschlichen Leben, die um die Geschichte unseres Lebens als Spezies, als einer den Planeten beherrschenden Spezies ergänzt werden muss; und die Notwendigkeit, in unserem unvermeidlich anthropozentrischen Denken Raum für Einstellungen gegenüber dem Planeten zu schaffen, die den Menschen nicht an die erste Stelle setzen. Wir haben diese Dilemmata noch nicht überwunden, sodass wir uns entschieden auf jeweils eine Seite festlegen könnten. Sie bleiben Sollbruchstellen.

Im Folgenden werde ich diese Sollbruchstellen näher erläutern, um nachzuweisen, dass Kapital- (oder Markt-)Analysen zwar unabhängig davon, wo man in Bezug auf die Kapitalismusfrage steht, für den Bereich politischer Grundsatzfragen und Politik unverzichtbar sind, als Instrumente aber nicht genügend dazu beitragen, dass wir mit der historischen Bedeutung des anthropogenen Klimawandels zurechtkommen. Dies wird auf den Vorschlag hinauslaufen, dass die Klimakrise eine gerade erst entstehende, aber maßgebliche Unterscheidung der Kategorie des Globus von der des Planeten sichtbar macht, die weiter erkundet werden muss, um eine Perspektive zu entwickeln, welche Bedeutung(en) globale Erwärmung und Anthropozän für den Menschen haben. Der weiteren Ausarbeitung dieser Unterscheidung ist Kapitel 3 gewidmet.

Wahrscheinlichkeit und radikale Ungewissheit

Das moderne Leben gehorcht den Regeln des Wahrscheinlichkeitsdenkens. Von der Evaluierung von Leben zu Versicherungszwecken bis zur Funktionsweise von Geld und Aktienmärkten verwalten wir unsere Gesellschaften, indem wir Risiken berechnen und ihnen Wahrscheinlichkeitswerte zuweisen.[8] »In der Ökonomie«, schreibt Charles S. Pearson, »wird häufig eine Unterscheidung vorgenommen zwischen Risiko, wenn die Wahrscheinlichkeit des Ausgangs bekannt ist, und Ungewissheit, wenn die Wahrscheinlichkeit nicht bekannt und möglicherweise nicht erkennbar ist.«[9] Dies ist sicherlich einer der Gründe, warum das Fach Ökonomie heute zu einer großen Kunst (oder »Wissenschaft«, als die manche sie lieber sehen) gesellschaftlicher Steuerung geworden ist.[10] Deshalb besteht in der Literatur sowohl zur Klimagerechtigkeit als auch zur Klimapolitik – die von Ökonomen oder Rechtsgelehrten dominiert wird, die wie Ökonomen denken – verständlicherweise die Tendenz, ihr Augenmerk weniger auf das zu legen, was Paläoklimatolog:innen oder Geophysiker:innen, die das planetarische Klima historisch untersuchen, über den Klimawandel zu sagen zu haben, sondern eher auf etwas, das man Physik der globalen Erwärmung nennen kann und die häufig eine Reihe von vorhersagbaren, isolierten Wahrscheinlichkeits- und Größenverhältnissen vorlegt: Wenn der Anteil der Treibhausgase in der Atmosphäre um *x* steigt, dann liegt die Wahrscheinlichkeit, dass die Durchschnittstemperatur auf der Erdoberfläche um diesen Wert ansteigt, bei *y*.[11]

Eine solche Denkweise setzt eine Art von Stabilität oder Vorhersagbarkeit – so probabilistisch sie auch sein mag – auf Seiten der sich erwärmenden Atmosphäre voraus, die Paläoklimatolog:innen, die ihren Blick stärker auf die größere Gefahr von Kipppunkten richten, häufig nicht unterstellen. Dies liegt weder daran, dass politische Expert:innen über die Gefahren des Klimawandels nicht beunruhigt sind, noch daran, dass sie die hochgradig nichtlineare Beziehung zwischen Treibhausgasen und dem Ansteigen der Durchschnittstemperatur auf der Oberfläche des Planeten nicht zur Kenntnis nehmen. Vielmehr sorgen ihre Methoden dafür, dass sie den Klimawandel anscheinend als weitgehend bekannte Variable betrachten oder veranschlagen (und seine Ungewissheiten in Risiken umwandeln, die erkannt und evaluiert wurden), wenn sie praktische Optionen ausarbeiten, die

Menschen durch gemeinsame Anstrengungen oder sogar im Ringen miteinander offenstehen. Insofern sie politische Vorgaben machen sollen, eignet sich das Weltklimasystem mit anderen Worten nicht besonders gut als Platzhalter für ihre Berechnungen; es nimmt darin eine relativ vorhersagbare Form an, die durch menschliche Erfindungsgabe und politische Mobilisierung bewältigt werden kann.[12]

Die Rhetorik der Schriften, mit denen die Klimawissenschaftler:innen die Öffentlichkeit überzeugen wollen, ist dagegen oftmals bemerkenswert vitalistisch. Zur Erklärung des drohenden anthropogenen Klimawandels greifen sie häufig auf eine Sprache zurück, die das Klimasystem in das Bild eines lebenden Organismus kleidet. Dabei haben wir es nicht nur mit dem berühmten Fall von James Lovelock zu tun, der das Leben auf diesem Planeten mit einem einzigen lebenden Organismus vergleicht, den er Gaia getauft hat – was sogar der »nüchterne« Archer als angemessene, wenn auch »philosophische Definition« in seine Einführung in den globalen Kohlenstoffkreislauf aufnimmt.[13] Archer selbst bezeichnet den »Kohlenstoffkreislauf der Erde« als »lebendig«.[14] Das Bild vom Klima als einem launischen Tier geistert auch durch die Sprache von Wallace (»Wally«) Broeckers, der mit Hilfe von Robert Kunzig und unter Hervorhebung der methodischen Bedeutung der Geschichte für die Untersuchung des Klimas seine eigenen Forschungen folgendermaßen beschreibt:

> Ab und zu […] entschließt sich die Natur, der Klimabestie einen kräftigen kurzen Tritt zu verpassen. Und wie wilde Tiere das tun, hat das Biest heftig und schlecht vorhersagbar reagiert. Computermodelle […] [sind] sicherlich ein zulässiger Ansatz. Aber die Untersuchung, wie das Biest in der Vergangenheit auf Druck reagiert hat, ist eine andere Möglichkeit, uns darauf vorzubereiten, was geschehen könnte, wenn wir es selbst einmal versuchen. Dieser Gedanke hat Broecker in den letzten 25 Jahren nicht mehr losgelassen, und mit jedem Jahr, das verging, scheint er dringlicher geworden zu sein.[15]

Oder man nehme zur Kenntnis, wie Hansen das vitalistische Bild von der »Trägheit« zur Erklärung des Klimawandels heranzieht:

Die Geschwindigkeit des Kaltzeit-Warmzeit-Wechsels wird durch Zeiträume von 20000, 40000 und 100000 Jahren vorgegeben, in denen sich die Erdumlaufbahn ändert – aber das heißt nicht, dass das Klimasystem für sich genommen *derart* träge ist, im Gegenteil: Nach paläoklimatischen Maßstäben sind menschengemachte Klimabeeinträchtigungen umfassend und ändern sich binnen zehn und nicht binnen Zehntausenden von Jahren.[16]

Der Vitalismus dieser Prosa geht nicht darauf zurück, dass Klimaforscher:innen nicht so »wissenschaftlich« vorgehen wie Ökonom:innen oder politische Entscheidungsträger:innen. Er entspringt dem Bemühen der Klimaforscher:innen, zwei Aspekte des Erdklimas zu übermitteln und zu unterstreichen: dass seine vielen Ungewissheiten vom vorhandenen menschlichen Wissen niemals vollständig in feste Bahnen gelenkt werden können und dass seine genauen Kipppunkte als solche nicht erkennbar sind. Archer drückt das folgendermaßen aus:

Was den Klimawandel anbelangt, sagt der IPCC für das kommende Jahrhundert einen im Großen und Ganzen gleichmäßigen Temperaturanstieg voraus. [...] Die tatsächlichen Klimaveränderungen in der Vergangenheit erfolgten jedoch tendenziell plötzlich. [...] Klimamodelle [...] sind größtenteils nicht besonders gut in der Lage, die Umschlagspunkte in den Klimaaufzeichnungen der Vergangenheit zu simulieren.[17]

Eben dieser Sinn für ein launisches »Klimabiest« geht sowohl der ökonomisch inspirierten als auch der politisch dem linken Spektrum verpflichteten Literatur ab. Einer der Hauptautoren der Arbeitsgruppe III für den Bericht des IPCC von 2007, John Broome, der selbst vom Ökonomen zum Philosophen geworden ist, blickt zuversichtlich in eine Zukunft, in der Klimamodelle weiterhin die Wahrscheinlichkeiten »eingrenzen«, die »unterschiedlichen Möglichkeiten zugewiesen werden sollten«. Damit das ökonomische Denken die Welt besser erfassen könne, seien »detaillierte Daten über Wahrscheinlichkeiten« erforderlich, und, fügt Broome hinzu, »wir erwarten von den Wissenschaftlern, dass sie diese Informationen liefern«.[18] Doch dies könnte ein Missverständnis der Natur des Klimas auf diesem Planeten und der Modelle sein, die Menschen von ihm anfertigen. Klimaungewissheiten verhalten sich möglicherweise nicht immer wie messbare Risiken. »Müssen wir wirklich mehr darüber wissen, wie stark die Erde sich erwärmen wird, als wir jetzt schon wissen? *Können* wir überhaupt mehr wissen?«, lautet die rhetorische Frage von Paul Edwards. »Es ist mittlerweile so gut wie sicher, dass die CO_2-Konzentration irgendwann Mitte dieses Jahrhunderts 550 ppm (den Punkt ihrer Verdopplung) erreichen wird«, und der Planet »wird mit an Sicherheit grenzender Wahrscheinlichkeit die CO_2-Verdopplung überschreiten.« Klimaforscher:innen, berichtet er, vermuten, »dass *wir wahrscheinlich niemals zu einer genaueren Schätzung gelangen werden, als wir sie jetzt schon haben*«.[19]

Der Gedankengang hinter Edwards Äußerung ist für meine Argumentation relevant. »Wenn Ingenieure Soziologen sind«, schreibt Edward, »dann sind Klimaforscher Historiker.« Wie ein Historiker »geht jede Klimaforschergeneration dieselben Daten, dieselben Ereignisse von neuem durch – sie wühlen sich durch die Archive, um neue Anhaltspunkte aufzuspüren, frühere Deutungen zu korrigieren« und so weiter. Und »genauso wie in der menschlichen Geschichte wird dabei niemals ein einziges, durch nichts zu erschütterndes Narrativ über die Vergangenheit des globalen Klimas herauskommen. Stattdessen bekommen wir Versionen der Atmosphäre, […] die konvergieren, aber niemals identisch sind.«[20] Zudem »beruhen alle heutigen Analysen auf dem Klima, das wir in historischer Zeit erlebt haben«. »Wenn sich die Welt erst einmal um 4 °C erwärmt hat«, zitiert er die Wissenschaftler Myles Allen und David Frame, »werden die Bedingungen sich so sehr von allem unterscheiden, was wir heute beobachten können (und noch mehr von der letzten Eiszeit), dass es schon an sich schwer zu sagen ist, wann die Erwärmung aufhören wird«. Sie wollen, erklärt Edwards, auf folgenden Punkt hinaus: Wir wissen nicht nur nicht, ob »es irgendeinen ›sicheren‹ Treibhausgaspegel gibt, der das Klima« für Menschen »›stabil halten‹ würde«; aufgrund der anthropogenen globalen Erwärmung werden wir möglicherweise »niemals« imstande sein herauszufinden, ob es solch einen Stabilisierungspunkt nach menschlichen Zeitmaßstäben überhaupt gibt.[21]

Die erste Sollbruchstelle, von der ich spreche, kreist also um die Frage, an welchem Punkt das Klima kippt; jenseits dieses Punktes würde die globale Erwärmung für Menschen verhängnisvoll sein. Es besteht kein Zweifel, dass diese Möglichkeit existiert. Die Paläoklimatolog:innen wissen, dass der Planet in der geologischen Vergangenheit (wie im Fall des PETM) solch einer Erwärmung ausgesetzt gewesen ist. Aber wir können nicht vorhersagen, wie schnell ein solcher Punkt erreicht wäre. Er bleibt ungewiss und ist den üblichen, einen unverzichtbaren Teil der Risikomanagement-Strategien darstellenden Kosten-Nutzen-Analysen nicht zugänglich. Wie Pearson erklärt, sind Kosten-Nutzen-Analysen »für die Schaffung politischer Katastrophenrichtlinien nicht besonders gut geeignet«, und er räumt ein, dass »das Vorhandensein von Linearitätsabweichungen, Schwellenwerten und potenziellen Kipppunkten, Irreversibilität und eines langen Zeithorizonts zu den Besonderheiten gehört«, welche die Ungewissheit globaler Erwärmung aufweist, und die »Prognosen über Technologie, Wirtschaftsstruktur, Präferenzen und eine Reihe anderer Variablen in 100 Jahren zunehmend fragwürdig« machen.[22] »Ungewissheit, Schwellenwerte, Kipppunkte«, schreibt er, »haben zur Folge, dass wir vorsichtig vorgehen«, das heißt »heute Schritte vermeiden sollten, die zu irreversiblen Veränderungen führen«.[23] Doch, wie Cass Sunstein erklärt, setzt auch das »Vorsichtsprinzip« eine Kosten-Nutzen-Analyse und so etwas wie eine Wahrscheinlichkeitseinschätzung voraus: »Immerhin sollte man zugeben, dass eine geringe Wahrscheinlichkeit (etwa 1 zu 100 000) von ernsthaften Schäden (zum Beispiel 100 000 Tote) überaus ernsthafte Aufmerksamkeit verdient.«[24] Doch über die Wahrscheinlichkeit, ob der Kipppunkt in den nächsten Jahrzehnten oder bis 2100 erreicht werden wird, wissen wir schlicht und einfach nichts, denn der Kipppunkt wäre eine Funktion, auf die das Steigen der globalen Temperatur und vielerlei unvorhersagbare, seine Wirkung verstärkende Rückkopplungsschleifen gemeinsam Einfluss nehmen. Unter diesen Umständen betrifft das eine Prinzip, das James Hansen den politischen Expert:innen empfiehlt, die Verwendung von Kohle als Brennstoff. Er schreibt: »Wenn wir das Klimaproblem lösen wollen, müssen wir die Kohlenstoffemissionen allmählich abbauen. Punkt.«[25] Dabei handelt es sich nicht gerade um ein »Vorsichtsprinzip«, sondern um etwas, das in der Literatur über Risiken als »Minimax«- oder »Maximinprinzip« bekannt geworden ist: »Entscheide dich für die Strategie mit dem bestmöglichen ungünstigsten Ausgang.«[26] Doch für Regierungen und Unternehmen auf der ganzen Welt ist dies anscheinend nicht akzeptabel; wie sollen die meisten Armen auf der Welt ohne Kohle, von der China und Indien weiterhin hochgradig (68-70 Prozent ihrer Energieversorgung) abhängen, die Armut in den nächsten Jahrzehnten überwinden und so für die Anpassung an die Auswirkungen des Klimawandels gerüstet sein? Oder wird die Welt in ihrem Ringen, den Kipppunkt des Klimas zu verhindern, die globale Ökonomie selbst umkippen lassen und unsägliches menschliches Elend verursachen? Damit stellt sich die Frage, ob das Vermeiden »des Schadens« seinerseits mehr Schaden anrichten würde, besonders wenn wir die Wahrscheinlichkeit, dass der Kipppunkt in den kommenden Jahrzehnten erreicht wird, nicht kennen. Wie sowohl Sunstein als auch Pearson erklären, besteht darin das Dilemma, mit dem die Anwendung des Vorsichts- oder des Maximinprinzips an dieser Stelle verbunden ist.[27] Es überrascht nicht, dass Stephen Gardiners Kapitel über Kosten-Nutzen-Analysen im Zusammenhang mit dem Klimawandel den Titel »Kosten-Nutzen-Paralyse« trägt.[28]

Im Zentrum dieser Sollbruchstelle steht die Frage des Maßstabs. Auf der sehr viel größeren Leinwand, auf der Paläoklimatolog:innen die Geschichte des Planeten verorten, betrachten sie klimatische Kipppunkte und die damit einhergehende Möglichkeit eines großflächigen Artensterbens – wie es während des PETM eintrat – als sich durchaus wiederholende Phänomene, und zwar unabhängig davon, ob wir ein Modell für sie entwickeln können oder nicht. Unsere Risikomanagement-Strategien erwachsen jedoch aus menschlicheren Kostenkalkulationen und deren Wahrscheinlichkeit anhand von nachvollziehbaren menschlichen Zeitmaßstäben. Die Klimakrise verlangt, dass unser Denken sich in einem fort zwischen diesen unterschiedlichen Maßstäben hin und her bewegt.

Unsere getrennten Leben als Menschen und unser gemeinsames Leben als dominante Spezies

Der von Menschen herbeigeführte Klimawandel zieht erhebliche, ganz verschiedenartige Gerechtigkeitsprobleme nach sich: Gerechtigkeit zwischen den Generationen, zwischen kleinen Inselstaaten und die Umwelt (sowohl in der Vergangenheit als auch in der Zukunft) verschmutzenden Ländern und zwischen entwickelten Industrienationen (die historisch für die meisten Emissionen verantwortlich sind) und sich erst seit kurzem industrialisierenden Ländern. Peter Newell und Matthew Paterson bringen ein Gefühl des Unbehagens in Bezug auf die Verwendung des Wortes »Mensch« in dem Ausdruck »von Menschen herbeigeführter Klimawandel« zum Ausdruck. »Jenseits der ungezwungenen Sprache, die gewöhnlich den Klimawandel als eine der gesamten Menschheit gemeinsame Bedrohung beschreibt«, heißt es bei ihnen, »wird deutlich, dass manche Menschen und Länder unverhältnismäßig stark dazu beitragen, während andere die Hauptlast seiner Auswirkungen tragen. Besonders heikel wird das Angehen dieser Frage dadurch«, fahren sie fort, »dass die Menschen, die am meisten darunter leiden werden, derzeit am wenigsten zu dem Problem beitragen, nämlich die Armen in den Entwicklungsländern. Obwohl er häufig als wissenschaftliche Frage behandelt wird, ist der Klimawandel *zuallererst* ein zutiefst politisches und moralisches Problem.«[29] In ihrem Empfehlungstext auf dem Buchumschlag merkt die indische Umweltschützerin Sunita Narain an, dass »der Klimawandel bekanntlich intrinsisch mit dem Modell weltweiten ökonomischen Wachstums verknüpft ist«.[30] Die Klimakrise, schreiben John Bellamy Foster, Brett Clark und Richard York in ihrem wichtigen Buch *Der ökologische Bruch*, ist »im Grunde das Produkt eines gesellschaftlichen Bruchs: der Beherrschung des Menschen durch den Menschen. Die treibende Kraft ist eine Gesellschaft, die auf Klassen, Ungleichheit und endloser Aneignung beruht.«[31]

Eine ganz ähnliche Position wurde in einem im Jahr 2009 veröffentlichten Bericht der Hauptabteilung für wirtschaftliche und soziale Angelegenheiten der Vereinten Nationen mit dem Titel *Promoting Development and Saving the Planet* vertreten.[32] Als er seine Unterschrift unter den Bericht setzte, schrieb der Untergeneralsekretär für wirtschaftliche und soziale Angelegenheiten, Sha Zukang: »Die Klimakrise *ist das Ergebnis* des sehr uneinheitlichen Musters der ökonomischen Entwicklung in den letzten beiden Jahrhunderten, die den heute reichen Ländern erlaubte, ihr derzeitiges Einkommensniveau unter anderem dadurch zu erreichen, dass sie keine Rücksicht auf die Umweltschäden nehmen mussten, die mittlerweile das Leben und die Existenzgrundlage von anderen bedrohen.«[33] Zukang bezeichnete den Klimawandel als »Herausforderung für die Entwicklung« und fuhr mit dem Hinweis fort, dass die Einstellung der nichtwestlichen Länder gegenüber dem Westen sich nicht unbedingt durch Vertrauen auszeichne.[34] Der Bericht ging näher auf diesen Punkt ein: »Wie Entwicklungsländer in einer Welt mit Kohlenstoffbeschränkungen in Sachen Wachstum aufholen und ökonomische Konvergenz erreichen können und was die entwickelten Länder tun müssen, um ihre Sorgen zu lindern, sind auf nationaler und internationaler Ebene zu maßgeblichen Fragen für politische Entscheidungsträger:innen geworden.«[35] Soweit ich weiß, wurde diese Position erstmals im Jahr 1991 formuliert, als zwei bekannte und angesehene indische Umweltaktivisten, der mittlerweile verstorbene Anil Agarwal und Sunita Narain, eine Broschüre mit dem Titel *Globale Erwärmung in einer ungleichen Welt. Ein Fall von Öko-Kolonialismus* verfassten, die von ihrer Organisation, dem Centre for Science and Environment, in Neu-Delhi veröffentlicht wurde.[36] Diese Broschüre trug nachdrücklich zur Entstehung der Vorstellung von *gemeinsamer, aber unterschiedlicher Verantwortung* bei und verstärkte die Tendenz, von der Bezifferung der Treibhausgasemissionen pro Kopf aus zu argumentieren, die als Bestandteil des Kyoto-Protokolls Bekanntheit erlangte.[37]

Es gibt gute Gründe, warum es zu Gerechtigkeitsproblemen kommt. Historisch sind lediglich einige wenige Nationen (etwa 12 bzw. 14, wenn man China und Indien mehr oder weniger in den letzten zehn Jahren dazuzählt) und ein Bruchteil der Menschheit (ungefähr ein Fünftel) für den überwiegenden Teil der bisherigen Treibhausgasemissionen verantwortlich. Das stimmt zwar, aber wir wären nicht in der Lage, in dieser Krise zwischen menschlichen Akteuren und dem Planeten als Akteur zu unterscheiden, wenn uns nicht klar wäre, dass – die Frage einer die Zukunft betreffenden generationenübergreifenden Ethik einmal beiseitegelassen – der anthropogene Klimawandel als solcher – das heißt von seiner inneren Logik her – kein Problem früherer bzw. akkumulierter zwischenmenschlicher Ungerechtigkeit ist.

Der Punkt, auf den ich hinauswill, beruht auf der Stichhaltigkeit einer häufig getroffenen Unterscheidung zwischen einem notwendigen, logischen Verhältnis von zwei Entitäten und einem kontingenten, historischen Verhältnis zwischen ihnen. Innerhalb meines begrifflichen Rahmens schafft diese Unterscheidung Raum für planetarische Prozesse, die unabhängig davon ablaufen, wie menschliche Gesellschaften intern strukturiert sind. Die Oberflächentemperatur des Planeten hängt von der Menge der Treibhausgase ab, die in die Atmosphäre gelangt. Für die Atmosphäre ist es egal, ob diese Gase auf einen gewaltigen Vulkanausbruch oder in sich ungerechte menschliche Gesellschaften zurückgehen. Das soll nicht heißen, dass ich die *historische* Rolle leugne, die das, was wir als globalen Kapitalismus betrachten, gespielt hat. Historisch gesprochen trifft es natürlich zu, dass die reicheren Nationen für den überwiegenden Teil der Treibhausgasemissionen verantwortlich sind, da sie Entwicklungsmodelle verfolgt haben, die zu weltweiter Ungleichheit führten. Doch stelle man sich kontrafaktisch die Realität einer gerechteren Welt vor, in der sich der Wohlstand gleichmäßiger verteilt, die von derselben Anzahl von Menschen bewohnt wird wie heute und auf der Nutzung preiswerter, sich aus fossilen Brennstoffen speisender Energie basiert. Solch eine Welt wäre zweifellos – zumindest im Hinblick auf Einkommensverteilung und Wohlstand – egalitärer und gerechter, aber die Klimakrise wäre größer! Unsere kollektive CO_2-Bilanz wäre noch schlechter als heute – weil die Armen der Welt wenig konsumieren und nicht viel zum Ausstoß von Treibhausgasen beitragen. Die Klimakrise wäre sehr viel früher und auf sehr viel drastischere Weise über uns hereingebrochen. Ironischerweise haben wir es den Armen – das heißt der Tatsache, dass die Entwicklung uneinheitlich und unfair *ist* – zu verdanken, dass wir nicht noch größere Mengen an Treibhausgasen in die Atmosphäre entweichen lassen, als wir es derzeit tun. Logisch gesprochen hat die Erwärmungskrise also in Wirklichkeit mit der Menge an Treibhausgasen zu tun, die wir in Umlauf bringen und in die Atmosphäre gelangen lassen. Diejenigen, die einen kausalen Zusammenhang zwischen dem Klimawandel und den historischen Ursprüngen/Entstehungsformen von ökonomischer Ungleichheit in der modernen Welt herstellen, werfen berechtigte Fragen nach historischer Ungleichheit auf, doch wenn sie diese als einzige Ursache betrachten, reduzieren sie nicht nur das Problem des Klimawandels auf das des (auf die Geschichte der europäischen Expansion und Imperien in der Moderne heruntergebrochenen) Kapitalismus, wir werden dadurch auch blind für den Ablauf – oder die Handlungsmacht, wenn man so will – der Erdsystemprozesse und ihrer unmenschlichen Zeiträume. Letzten Endes verlieren wir so das Wesen unserer Gegenwart aus den Augen, die durch das Zusammentreffen der relativ kurzfristigen Prozesse der menschlichen Geschichte mit anderen, sehr viel langfristigeren Prozessen definiert ist, die der Geschichte des Erdsystems und der Geschichte des Lebens auf diesem Planeten eigen sind.

Agarwals und Narains Beharren darauf, dass die natürlichen Kohlenstoffsenken – wie etwa die Ozeane – zum globalen Gemeingut gehören und sich deshalb am besten durch die Anwendung des Prinzips des gleichen Zugangs auf Pro-Kopf-Basis unter den Nationen verteilen lassen, falls die Welt »so hochtrabende Ideale wie globale Gerechtigkeit, Gleichheit und Nachhaltigkeit« anstreben sollte, wirft implizit allerdings ein sehr wichtiges Problem auf: das gleichzeitig eingeräumte und uneingestandene Bevölkerungsproblem.[38] In Diskussionen über den Klimawandel ist die Bevölkerungszahl oftmals der Elefant im Raum. Die Bevölkerungszahl ist eine komplexe Angelegenheit und muss nicht unbedingt das Schreckgespenst des Malthusianismus auf den Plan rufen, mit dem sie in der Vergangenheit häufig in Verbindung gebracht worden ist, was es schwer macht, sie überhaupt zu erörtern.[39] Es gibt kein pauschales »Bevölkerungsproblem«. Die Bevölkerungsfrage ist komplex, weil auch die »Überbevölkerung«

keine einfache Frage ist. Wenn man allein die Konsumzahlen berücksichtigt, wäre zum Beispiel die Behauptung durchaus plausibel, dass die entwickelten Länder »überbevölkert« sind, wohingegen die Tatsache, dass wilde Tiere ihren Lebensraum an eine sich immer weiter ausbreitende arme, sich rasch urbanisierende Bevölkerung verlieren, ein Problem sein mag, das typisch für einen Ort wie Indien ist. Die gegenwärtig hohe Zahl von Menschen auf diesem Planeten – obwohl sie sich sicherlich teilweise der modernen Medizin, öffentlicher Gesundheitsvorsorge, persönlicher Hygiene, der Seuchenausrottung, dem Einsatz von Kunstdünger und so weiter verdankt – kann nicht in irgendeiner geraden Linie auf die Logik eines räuberischen kapitalistischen Westens zurückgeführt werden, denn weder China noch Indien haben in den Jahrzehnten, als ihre Bevölkerungszahl explodierte, ungezügelten Kapitalismus betrieben. Wenn Indiens Geburtenkontrolle oder ökonomische Entwicklung erfolgreicher gewesen wäre, würden seine Emissionszahlen pro Kopf höher ausfallen (dass die reicheren Klassen in Indien den westlichen Konsumstilen und -standards nacheifern wollen, dürfte jedem Beobachter ins Auge stechen). Und in einer Rede vor dem indischen Parlament hat der für Umwelt und Wälder zuständige indische Minister, Jairam Ramesh, im Jahr 2009 denn auch genau so etwas gesagt: »Die Anzahl der Köpfe ist historischer Zufall. Deshalb konnten wir unsere Bevölkerungszahl nicht kontrollieren.«[40]

Trotzdem bleibt die Bevölkerungszahl ein ganz wichtiger Faktor im Hinblick darauf, wie die Klimakrise abläuft. Die Regierungen von China und Indien setzen den Bau von Kohlekraftwerken fort und rechtfertigen diesen Schritt unter Berufung auf die Zahl der Menschen, denen dringend ein Ausweg aus der Armut geboten werden müsse; Kohle bleibt weiterhin die preiswerteste Option zur Erfüllung dieses Zwecks. In Bezug auf die gegenwärtige Umweltkrise zitiert die indische Regierung gerne Gandhi: »Die Erde (*prithvi*) hat genug für jedermanns Bedürfnisse, aber nicht genug für jedermanns Gier.«[41] Doch in den Argumenten zur Verteidigung der fortgesetzten Nutzung von Kohle als dem schlimmsten Missetäter unter den fossilen Brennstoffen lassen sich »Gier« und »Bedürfnisse« nicht mehr voneinander unterscheiden. Indien und China wollen Kohle; Australien und andere Länder wollen sie exportieren. Sie ist immer noch die preiswerteste Sorte fossilen Brennstoffs. Im Jahr 2011 »machte Kohle 30 Prozent der weltweiten Energie aus« und dies sei »der höchste Anteil, den sie seit 1969 [gehabt] ha[b]e«.[42] Zu erwarten sei, dass die Kohlenutzung bis 2035 um 50 Prozent zunehme, was südamerikanischen Firmen enorme Exportgelegenheiten bescheren würde. »Amerikanische Kohleunternehmen«, führte ein Bericht in der *New York Times* aus, »wollen unbedingt Kohle aus den ertragreichsten Minen des Landes im Powder River Basin in Wyoming und Montana exportieren«, da sie sähen, dass Kohle anscheinend auf längere Sicht dank China und Indien eine »glänzende« Zukunft habe, »vor allem weil sie preiswerter ist als ihre Konkurrenten«.[43] Dieser riesige Markt für Kohle wäre nicht entstanden, wenn China und Indien ihre Kohlenutzung nicht unter Berufung auf die Bedürfnisse ihrer armen Bevölkerung gerechtfertigt hätten. Wie Amitav Ghosh in seinem Buch *Die große Verblendung* unterstreicht, hat die Klimakrise aufgrund der Bevölkerungsgröße dieser beiden Nationen eindeutig eine asiatische Zukunft.[44] 1972 sagte der Physiker P.W. Anderson die berühmten Worte »Mehr ist anders«.[45] Durch das rasche Bevölkerungswachstum in bereits bevölkerungsreichen Gesellschaften, wie es in der Welt seit 1900 eingetreten ist, verändert sich die Beziehung der menschlichen Gesellschaften zur Biosphäre. Es ist vielfach darauf hingewiesen worden, dass das exponentielle Wachstum der menschlichen Population im 20. Jahrhundert durch den Einsatz von Kunstdünger, Pestiziden und Bewässerungspumpen seinerseits viel mit fossilen Brennstoffen zu tun hat.[46]

Die Bevölkerungszahl ist aber noch in einer weiteren Hinsicht ein Problem. Die Gesamtgröße und -verteilung der Menschheit spielt eine Rolle für den Verlauf der Klimakrise, insbesondere im Hinblick auf das Artensterben. Es besteht die weithin geteilte Überzeugung, dass die Menschen schon seit geraumer Zeit zu einer Belastung für andere Arten geworden sind; darauf muss ich nicht lange herumreiten. Den (trotz der traditionellen Verwandtschaft zwischen den Arten) Krieg zwischen Menschen und Tieren wie Nashörnern, Elefanten, Affen und Großkatzen kann man denn auch täglich in vielen indischen Städten und Dörfern beobachten.[47] Dass unser Konsum zum Aussterben vieler Meerestierarten geführt hat, wird ebenfalls allgemein anerkannt. Die Versauerung der Ozeane bedroht das Leben vieler Arten.[48]

Es gibt jedoch noch einen anderen Grund, warum die Geschichte der menschlichen Evolution und die Gesamtzahl der Menschen heute in Bezug auf die Frage des Überlebens der Arten während der Erwärmung des Planeten eine Rolle spielen. Eine Möglichkeit, wie die von der globalen Erwärmung bedrohten Arten versuchen werden zu überleben, ist die Migration in Gegenden, die ihrer Existenz zuträglicher sind. Auf diese Weise haben sie in der Vergangenheit Veränderungen der klimatischen Bedingungen auf dem Planeten überlebt. Doch mittlerweile sind wir so viele und sind wir so weit über diesen Planeten verteilt, dass wir im Weg stehen. Curt Stagers Worte sind deutlich:

> Selbst wenn wir einen relativ moderaten Emissionspfad in die Zukunft einschlagen und dadurch hoffen, die Zerstörung der letzten polaren und alpinen Zufluchtsorte zu vermeiden, wird die Erwärmung in der [zu erwartenden] Größenordnung […] trotzdem viele Arten in höhere Breitengrade und größere Höhen abdrängen. In der Vergangenheit konnten diese Arten einfach weiterziehen […], aber dieses Mal sind sie in den Grenzen von Lebensräumen gefangen, die durch unsere Gegenwart zu weiten Teilen festliegen. […] Während die anthropozäne Erwärmung auf einen noch nicht näher bestimmten Höhepunkt zusteuert, sind unsere leidgeprüften biotischen Nachbarn mit einer Situation konfrontiert, in der sie in der langen, dramatischen Geschichte von Kalt- und Warmzeiten vorher noch nie gewesen sind.[49]

Sie können sich nicht von der Stelle bewegen, weil wir Menschen ihnen im Weg stehen.

Die Ironie des Ganzen liegt noch tiefer. Die Ausbreitung menschlicher Gruppen über die ganze Welt – als Letztes wurden die weit entlegenen Inseln im Pazifik um das Jahr 3000 v. u. Z. herum besiedelt[50] – und das Bevölkerungswachstum im Industriezeitalter machen es mittlerweile schwierig für menschliche Klimaflüchtlinge, sich in sicherere, bewohnbarere Klimazonen zu begeben. Andere Menschen stehen ihnen im Weg. Burton Richter formuliert diesen Punkt folgendermaßen:

> In der Vergangenheit sind wir [Menschen] in der Lage gewesen, uns [klimatischen] Veränderungen anzupassen [...], doch damals dauerte jeder Umschwung Zehntausende von Jahren im Vergleich zu den wenigen Hundert Jahren, in denen sich die Erde dieses Mal aufheizt. Das geringe Tempo der Veränderung gab seinerzeit der relativ kleinen Bevölkerung Zeit zum Weiterziehen, und eben dies hat sie während der vielen Temperaturumschwünge in der Vergangenheit getan, auch in den Eiszeiten. Mittlerweile ist die Bevölkerung zu umfangreich, um sich massenhaft von der Stelle bewegen zu können, weshalb wir lieber unser Bestes tun sollten, den Schaden zu begrenzen, den wir verursachen.[51]

Die Bevölkerungsgeschichte ist also gleichzeitig Teil zweier Arten von Geschichte: der sehr kurzen Geschichte der industriellen Lebensform – der modernen Medizin, Technologie und fossilen Brennstoffe (Dünger, Pestizide, Bewässerung) –, die mit unserer wachsenden Zahl und steigenden Lebenserwartung Hand in Hand gegangen ist und sie möglich gemacht hat, und der sehr viel längeren Evolutions- oder Tiefenhistorie unserer Spezies als der Geschichte, durch die wir uns zur dominanten Spezies des Planeten entwickelt haben, die sich überall ausbreitet und mittlerweile die Existenz vieler anderer Lebensformen bedroht. Die Armen sind genauso Teil dieser gemeinsamen Evolutionsgeschichte der Menschheit wie die Reichen. Hinzu kommen Peter Haffs Ausführungen über die Technosphäre, die wir in der Einleitung dieses Buches erörtert haben. Ohne das Verbindungsnetzwerk, das die Technosphäre darstellt, behauptet er, würde die menschliche Gesamtpopulation auf der Erde dramatisch einbrechen. Die »Technosphäre« ist zur Bedingung der Möglichkeit geworden, die es sowohl den Reichen als auch den Armen gestattet, auf diesem Planeten zu leben und als die ihn beherrschende Spezies zu agieren.[52]

In der politischen Ökonomie des Klimawandels mögen die umstrittenen Pro-Kopf-Emissionszahlen zwar ein sinnvolles und notwendiges Korrektiv sein, aber sie verdecken die weiter ausholende Geschichte der Spezies, an der sowohl die Reichen als auch die Armen beteiligt sind, wenn auch auf unterschiedliche Weise. Die Bevölkerungszahl ist eindeutig eine Kategorie, welche die kurze Geschichte ungeheuerlicher Modernisierungen und die viel längere Geschichte unseres Verhältnisses als *Homo sapiens* zu anderen Arten miteinander verknüpft.

Sind Menschen besonders?
Die moralische Sollbruchstelle des Anthropozäns

Die Klimakrise offenbart das unvermittelte Zusammentreffen – das Enjambement, wenn man so will – der gewöhnlich voneinander getrennten syntaktischen Ordnungen der überlieferten Geschichte und der Tiefenhistorie des Menschengeschlechts, der Gattungsgeschichte und der Geschichte des Erdsystems, durch das die tiefen Verbindungen zu Tage treten, denen sich die Interaktion der planetarischen Prozesse und der Geschichte des biologischen Lebens verdankt. Aus dieser Erkenntnis folgt jedoch nicht, dass die Menschen aufhören werden, auf Gedeih und Verderb unsere nur allzu menschlichen Ziele und Querelen zu verfolgen, die uns gleichzeitig vereinen und entzweien. Will Steffen, Paul Crutzen und John McNeill haben uns auf etwas aufmerksam gemacht, das sie – in Anknüpfung an Polanyi – die Zeit der »großen Beschleunigung« der menschlichen Geschichte zwischen etwa 1945 und 2015 nennen, als auf dem ganzen Globus die Bevölkerungszahlen, die realen Bruttoinlandsprodukte, Direktinvestitionen im Ausland, das Aufstauen von Flüssen, der Wasserverbrauch, die Düngermenge, die Stadtbevölkerung, der Papierkonsum, der Kraftfahrzeugverkehr, die Zahl der Telefone, der internationale Tourismus und McDonalds-Restaurants (Ja!) allesamt dramatisch, auf exponentielle Weise zuzunehmen begannen.[53] Diese Zeit, geben sie zu verstehen, könnte ein ernstzunehmender Kandidat für die Beantwortung der Frage sein, wann das Anthropozän begonnen hat. Das Anthropozän mag durchaus für eine Vielzahl von Umweltproblemen stehen, mit denen wir heute als Kollektiv konfrontiert sind, aber als Historiker der menschlichen Angelegenheiten komme ich nicht umhin festzustellen, dass diese Zeit der vermeintlichen großen Beschleunigung auch eine Zeit der großen Dekolonialisierung in Ländern gewesen ist, die von den europäischen Imperialmächten beherrscht worden waren, in den folgenden Jahrzehnten Modernisierungsschritte in Angriff nahmen (zum Beispiel das Aufstauen von Flüssen) und sich im Zuge der Globalisierung in den letzten 20 Jahren auch auf einen gewissen Demokratisierungsgrad und ein bestimmtes Konsumniveau zubewegt haben. Ich kann die Tatsache nicht außer Acht lassen, dass »die große Beschleunigung« mit der Produktion und Konsumtion von Gebrauchsgütern – wie etwa Kühlschränken und Waschmaschinen – in westlichen Haushalten einherging, die als »emanzipatorisch« für Frauen angepriesen wurden.[54] Und ich kann auch nicht den Stolz unter den Teppich kehren, mit dem heute noch die gewöhnlichsten und ärmsten indischen Bürgerinnen und Bürger ein Smartphone oder dessen preiswertes Surrogat ihr Eigen nennen.[55] Global gesehen, war der Sprung ins Anthropozän auch die Geschichte von langersehnter sozialer Gerechtigkeit, zumindest im Konsumbereich.

Diese Gerechtigkeit unter den Menschen hat jedoch ihren

Preis. Der wachsende menschliche Konsum hatte zur Folge, dass der Mensch sich die Biosphäre nahezu vollständig angeeignet hat. Jan Zalasiewicz führt einige ernüchternde statistische Daten aus den Forschungsergebnissen von Vaclav Smil an:

> Smil bezieht seinen Maßstab aus dem objektivsten Kriterium von allen: aus unserem kollektiven Gewicht. Rein von unserer Körpermasse her [...] nehmen wir mittlerweile etwa ein Drittel der Körpermasse aller Landwirbeltiere auf der Erde ein. Nach demselben Maßstab umfasst der überwiegende Teil der anderen zwei Drittel das, was wir nach wie vor essen: Kühe, Schweine, Schafe und dergleichen. Etwas unter fünf Prozent, möglicherweise auch nur drei Prozent bestehen inzwischen aus wirklich wilden Tieren – Geparden, Elefanten, Antilopen und Ähnliches. [...] Zu einem früheren Zeitpunkt in diesem Quartär [den letzten zwei Millionen Jahren] [...] sind Menschen bloß eine von etwa 350 großen [...] Wirbeltierarten gewesen.

»In Anbetracht des jähen Rückgangs der Zahl der wilden Wirbeltiere könnte man auf den Gedanken kommen, dass die Wirbeltierbiomasse als ganze abgenommen hat«, schreibt Zalasiewicz. »Aber nein«, fährt er fort, »die Menschen sind sehr gut darin geworden, zunächst das Pflanzenwachstum zu vergrößern, indem sie wie von Zauberhand der Luft Stickstoff und dem Boden Phosphor entzogen, und dieses zusätzliche Wachstum dann zu einem kurzen Zwischenhalt bei unseren Nutztieren und von dort zu uns weiterzuleiten. [...] Die Biomasse aller Wirbeltiere hat sich um einen Faktor erhöht, der sich einer Größenordnung nähert, die über jedem ›natürlichen‹ Niveau liegt (atemberaubend, oder? ...).«[56] Smil beschließt sein gründlich recherchiertes Buch *Harvesting the Biosphere* mit folgenden warnenden Worten: »Wenn Milliarden Arme in Niedriglohnländern auch nur die Hälfte der derzeit in den wohlhabenden Volkswirtschaften pro Kopf erzielten Erntemengen einforderten, würde ein zu geringer Anteil der Primärproduktion auf der Erde in mehr oder weniger natürlichem Zustand belassen und es würde nur sehr wenig für andere Säugetierarten, als wir es sind, übrigbleiben.«[57]

Dies wirft eine Frage auf, die eine verblüffende Ähnlichkeit mit der Frage aufweist, die Europäer sich oftmals gestellt haben, als sie anderen Völkern mit Gewalt oder mit anderen Mitteln das Land wegnahmen: Mit welchem Recht oder auf welcher Grundlage maßen wir uns den so gut wie alleinigen Anspruch an, uns die Biosphäre des Planeten für menschliche Bedürfnisse zu eigen zu machen? In seinem Buch über »Ethik in einer sich erwärmenden Welt« stellt John Broome sich diese Frage. In einem Abschnitt mit dem Titel »What Is Ultimately Good?« bestätigt Broome, dass der Klimawandel diese Frage aufwirft: »insbesondere die Frage, ob die Natur als solche – Arten, Ökosysteme, Wildnis, Landschaften – einen Wert besitzt«. Er beschließt, dass diese Frage für sein Buch eine Nummer »zu groß« sei, offeriert uns dann aber trotzdem folgende Überlegungen zum Wert der Natur: »Natur ist zweifellos wertvoll, weil sie gut für die Menschen ist. Sie stellt materielle Güter und Dienstleistungen bereit. Der Fluss liefert uns sauberes Wasser und nimmt unser Abwasser mit sich fort. Wilde Pflanzen versorgen uns mit vielen unserer Arzneien. [...] Auch emotional tut die Natur den Menschen gut. Doch die entscheidende Frage, die der Klimawandel aufwirft, lautet, ob die Natur als solche einen Wert besitzt. [...] Für dieses Buch ist diese Frage zu groß. Ich werde mich auf das Wohl der Menschen konzentrieren.«[58]

Aber ist »das Wohl der Menschen« ein über jeden Zweifel erhabenes Gut? Sind wir besonders? Auch Archer befasst sich am Anfang seines Buches *The Long Thaw* mit dieser Frage. Die Naturwissenschaft, meint Archer, lässt die Menschen bescheiden werden, denn menschliche Besonderheit hält ihr nicht stand. Vielmehr gibt sie uns zu verstehen, dass wir »biologisch« nicht »›besonders‹« seien: »Wir stammen von Affen ab und deren Herkunft ist noch bescheidener.« Geologische Belege, schreibt er weiter, »verraten uns, dass die Welt viel älter ist als wir, und es gibt keinen Beweis, dass sie speziell für uns erschaffen wurde. [...]

All dies lässt einen sehr bescheiden werden.«[59] Doch immerhin versetzt uns die knifflige Frage der vermeintlichen Besonderheit des Menschen in eine Vergangenheit, die viel weiter zurückliegt als die des Kapitals, und in Gefilde, die wir nie durchstreifen mussten, als wir über die Ungleichheiten und Ungerechtigkeiten unter der Herrschaft des Kapitals nachgedacht haben.

Der Gedanke, dass Menschen besonders sind, hat natürlich eine lange Geschichte. Diesbezüglich sollte man vielleicht von Anthropozentrismen im Plural sprechen. So gibt es zum Beispiel eine lange Denktradition – von Religionen, die lange nachdem die Menschen die ersten urbanen Zivilisationszentren gegründet und die Idee eines transzendenten Gottes hervorgebracht hatten, entstanden, bis zu den modernen Sozialwissenschaften –, die Menschen und den natürlichen Teil der Welt einander gegenüberstellt. Wie mir scheint, stehen solche späteren Religionen in einem scharfen Gegensatz zu den sehr viel älteren Religionen der Jäger und Sammler (dabei denke ich an die australischen Ureinwohner und ihre Geschichten), die den Menschen häufig als Teil der Tierwelt betrachteten (als ob wir Teil des Fernsehprogramms von *Animal Planet* wären und es uns nicht bloß in diesem blöden Kasten von außen anschauen würden). In diesen alten Religionen waren die Menschen nicht zwangsläufig besonders. Man erinnere sich an Émile Durkheims Position in Bezug auf den Totemismus. Indem er den »Platz des Menschen« innerhalb des totemistischen Glaubenssystems verortete, machte Durkheim klar, dass der Totemismus auf einen Doppelbegriff vom Menschen bzw. auf die »doppelte Natur« des Menschen verwies, wie er es nannte: »[E]s existieren zwei Wesen in ihm: ein Mensch und ein Tier.« Und weiter: »Man muß sich also davor hüten, im Totemismus eine Art von Tierkult zu sehen. […] Ihre [Menschen und ihre Totems] Beziehungen sind eher die Beziehungen zweier Wesen, die im wesentlichen auf dem gleichen Niveau stehen und gleichwertig sind.«[60]

Bereits die Idee eines transzendenten Gottes setzt den Menschen in ein besonderes Verhältnis zum Schöpfer und seiner Schöpfung, der Welt. Dieser Aspekt verdient eine gesonderte und längere Erörterung, aber als ein vorläufiges, vollkommen nach dem Zufallsprinzip ausgewähltes, willkürliches Beispiel – willkürlich, weil ich auch Beispiele aus anderen religiösen Traditionen, einschließlich des Hinduismus hätte auswählen können – dafür können folgende Ausführungen von Fazlur Rahman gelten. Zur Erklärung des Ausdrucks *qadar* – der sowohl »Macht als auch Zumessung, Maß« bedeutet –, der im Koran in enger Verbindung mit einem anderen Wort verwendet wird, *amr*, was »Befehl« bedeutet, um das Wesen Gottes zum Ausdruck zu bringen, führt Rahman Folgendes über die Vermitteltheit von Gottes Verhältnis zum Menschen durch die Natur an:

> Der allmächtige, entschlossene und gnädige Gott [...] findet für alles das rechte ›Maß‹, gewährt allem die richtige Reichweite nach seinen Möglichkeiten, seine Verhaltensregeln, kurz seinen Charakter. Auf der einen Seite gewährleistet diese Beimessung die natürliche Ordnung, auf der anderen bringt sie die ganz grundsätzliche, unüberbrückbare Differenz zwischen dem Wesen Gottes und dem Wesen des Menschen zum Ausdruck: Die Beimessung durch den Schöpfer setzt eine Unendlichkeit voraus, an der ein bemessenes Geschöpf [...] buchstäblich keinen Anteil haben kann.

Deshalb »missachtet die Natur die Befehle (*amr*) Gottes nicht, sie kann sie gar nicht missachten und keine Naturgesetze verletzen«.[61] Auch wenn daraus ganz eindeutig folgt, dass der Mensch nicht Gott spielen darf, heißt das nicht, wie Rahman klarstellt, dass »der Mensch jene Gesetze nicht entdecken und zum Wohle der Menschheit anwenden kann«.[62] Gott ist gütig, weil er die Welt mit Lebensmitteln für uns ausgestattet hat![63] Auf ähnliche Weise zitieren Umweltschützer schon lange einen Vers aus der Genesis, in dem »sprach Gott: [...] Sie [die Menschen] sollen walten [...] über die ganze Erde und über alle Kriechtiere, die auf der Erde kriechen.« Und er fordert sie auf: »Seid fruchtbar und mehrt euch, füllt die Erde und unterwerft sie.«[64]

Die Literatur über den Klimawandel kleidet also eine ältere Debatte über Anthropozentrismus und sogenannten Nicht-Anthropozentrismus in ein neues Gewand, die an Umweltethik interessierte Philosoph:innen und Gelehrte lange auf Trab gehalten hat: Hat das Nichtmenschliche um seiner selbst willen einen Wert für uns oder weil es gut für uns ist?[65] Beim Nicht-Anthropozentrismus könnte es sich allerdings um eine Schimäre handeln, denn wie Feng Han in einem anderen Zusammenhang unterstreicht, »gehen menschliche Werte immer von einem menschlichen (bzw. anthropozentrischen) Blickwinkel aus«.[66] Wo umweltbewusste Philosoph:innen in den 1980er Jahren zwischen »schwachen« und »starken« Versionen von Anthropozentrismus unterschieden, traten sie für die schwächeren Versionen ein. Starker Anthropozentrismus hing mit einer unreflektierten, instinktiven Nutzung oder Ausbeutung der Natur ausschließlich nach menschlichen Präferenzen zusammen; schwacher Anthropozentrismus galt als eine Einstellung, die man durch rationales Nachdenken darüber erreicht, warum das Nichtmenschliche wichtig für das menschliche Gedeihen ist.[67]

Lovelocks Arbeiten zum Klimawandel führen jedoch zu einer radikal anderen, sich sozusagen auf der anderen Seite der Sollbruchstelle befindenden Einstellung. Er verpackt sie in einen markigen Vorschlag, der mehr oder weniger als Motto seines Buches *The Vanishing Face of Gaia* fungieren könnte: »die Gesundheit der Erde bedenken, ohne die Einschränkung, dass das Wohl der Menschheit an erster Stelle steht.«[68] Er hebt hervor: »In meinen Augen ist die Gesundheit der Erde vorrangig, denn unser Überleben ist ohne Ausnahme auf einen gesunden Planeten angewiesen.«[69] Was heißt es in Anbetracht ihres unausweichlichen Anthropozentrismus für Menschen, »die Erde [als] vorrangig« zu betrachten oder über die Implikationen von Archers Äußerung nachzudenken, dass die Welt nicht »speziell für uns erschaffen« wurde? Dieser Frage werde ich im folgenden abschließenden Abschnitt dieses Kapitels nachgehen, um sie dann in den anschließenden Teilen weiterzuverfolgen.

Klima und Kapital, das Globale und das Planetarische

Alle Sollbruchstellen, die ich hier erörtert habe, machen sich an dem Unterschied zwischen menschlicher Zeit und den tieferen, längeren Zeitrhythmen der geobiologischen Prozesse fest, die zum Ablauf der Geschichte des Erdsystems beitragen. Die Frage, ob wir diesen Unterschied so stehenlassen oder versuchen, ihn auf die Zeitlichkeit menschlicher Institutionen und ihrer Geschichte herunterzubrechen, bildet den Kernpunkt der Debatte, in der dieses Buch verortet ist. In seinem Buch *Living in the End Times* hat Slavoj Žižek die Argumente kritisiert, die ich zu Beginn der Arbeit an diesem Projekt vorgebracht habe. Einige seiner Kommentare betreffen Aspekte der »wahren« Beschaffenheit von Hegels Dialektik und ich werde sie hier nicht erörtern. Er hat aber auch das Verhältnis von anthropogenem Klimawandel und »kapitalistischer Produktionsweise« angesprochen, was mir hier erlaubt, meinen letzten Schritt in Angriff zu nehmen. Auf meine Ausführungen, dass unsere Existenz als Spezies »natürliche Parameter« habe, die relativ unabhängig von unserer Entscheidung für Kapitalismus oder Sozialismus seien, und dass wir deshalb die Tiefenhistorie der Spezies und die viel kürzere Geschichte des Kapitals zusammendenken müssten, hat Žižek entgegnet:

> Natürlich sind die natürlichen Parameter unserer Umwelt ›von Kapitalismus oder Sozialismus unabhängig‹. Unabhängig von der ökonomischen Entwicklung, vom politischen System usw. lauert in ihnen eine potenzielle Bedrohung für uns alle. Dass ihre Stabilität durch die Dynamik des globalen Kapitalismus in Gefahr geraten ist, hat jedoch trotzdem schwerwiegen-

dere Auswirkungen, als Chakrabarty zugibt: Wir müssen sozusagen bekennen, dass das Ganze von einem seiner Teile in Schach gehalten wird und dass das Schicksal des Ganzen (des Lebens auf der Erde) davon abhängt, was in etwas vor sich geht, das einmal einer seiner Teile gewesen ist (die sozioökonomische Produktionsweise einer der auf der Erde vertretenen Arten).

Aus dieser Prämisse schließt er Folgendes:

> [Außerdem] müssen [wir] das Paradox akzeptieren, dass […] der zentrale Kampfplatz das Partikulare ist: Das universelle Problem (des Überlebens der menschlichen Spezies) lässt sich nur lösen, wenn vorher der partikulare tote Punkt der kapitalistischen Produktionsweise überwunden wird. […] Der Schlüssel zur ökologischen Krise liegt nicht in der Ökologie selbst.[70]

Žižeks Vorschlag im Hinblick auf die Rolle der kapitalistischen Produktionsweise im Drama des Klimawandels geht weit über das hinaus, was ich in diesem Kapitel vorgeschlagen habe. Es besteht kein Zweifel, dass die auf die weiträumige Verfügbarkeit von preiswerter Energie aus fossilen Brennstoffen angewiesene kapitalistische bzw. industrielle Zivilisation eine naheliegende und wirkmächtige Ursache der Klimakrise ist. Darin bin ich mit den meisten Gelehrten einig. Doch für Žižek sitzt nur der Kapitalismus am Ruder: Er ist der »Teil«, der mittlerweile über »das Ganze« bestimmt.

Ursula Heise hat scharfzüngig unterstrichen, warum Žižeks Dialektik im Umgang mit der Erderwärmungskrise schlicht und einfach nicht weiterhilft. Die Erwärmung des Planeten, schreibt sie, »wird nicht morgen aufhören: Selbst wenn sich in einigen der den Planeten beherrschenden Nationen ein kollektiver Wille bilden sollte, ein alternatives Wirtschaftssystem zu entwickeln, würde das Umsteigen auf ein solches System mit an Sicherheit grenzender Wahrscheinlichkeit Jahrzehnte (noch wahrscheinlicher ein Jahrhundert oder länger) dauern – bestimmt zu lang, um sich entscheidend auf die derzeitige Klimakrise auszuwirken. Žižeks Unterstellung, dass die Überwindung des Kapitalismus eine Vorbedingung für die praktische Inangriffnahme der Klimakrise ist, verwehrt uns ganz einfach die Möglichkeit, mit ihr fertigzuwerden.«[71]

Davon abgesehen, weist Žižeks Auffassung selbst ein noch größeres Problem auf: Wenn man sagt, dass die Geschichte und Logik einer partikularen menschlichen Institution in die viel weiter ausholenden Prozesse des Erdsystems und der Evolutionsgeschichte (aus denen die Leben mehrerer Arten, zu denen auch unsere gehört, hervorstechen) verwickelt sind, bedeutet das nicht, dass die menschliche Geschichte die treibende Kraft hinter diesen großformatigen Prozessen ist. Diese Prozesse verlaufen nach räumlichen und zeitlichen Maßstäben, die viel größer sind als die kapitalistischen – daher die Sollbruchstellen, die wir erörtert haben. Wie Stager und Archer zeigen, werden die langfristigen Prozesse des Erdsystems, zum Beispiel sein Millionen Jahre währender Kohlenstoffkreislauf, unabhängig davon, wie viel »überschüssiges« CO_2 wir heute ausstoßen, es höchstwahrscheinlich eines Tages »entsorgen«, ob mit Menschen oder ohne.[72] Aus diesem Grund scheint es logisch folgerichtiger zu sein, diese langfristigen Erdsystemprozesse als Ko-Akteure im Drama der globalen Erwärmung zu betrachten. Das legt auch die Tatsache nahe, dass das Problem des anthropogenen Klimawandels im Unterschied zu den Problemen der Wohlstandsakkumulation und Einkommensungleichheit oder zu Globalisierungsfragen sich innerhalb des gewöhnlichen Untersuchungsrahmens von Kapitallogiken nicht vorhersagen ließ. Normalerweise gehört es nicht zu den politisch-ökonomischen Untersuchungs- und Analysemethoden, 800 000 Jahre alte Eiskern-Proben auszugraben oder mit Hilfe eines Satelliten die Veränderungen der Durchschnittstemperatur auf der Oberfläche des Planeten zu beobachten. Der Klimawandel ist ein von Klimaforscher:innen definiertes und entwickeltes Problem, deren Forschungsmethoden, Analysestrategien und Fähigkeiten sich von denen unterscheiden, über die die politische Ökonomie verfügt.

Sobald wir den Prozessen, die Teil der Tiefenhistorie der »Erde« und des Lebens sind, in der gegenwärtigen Krise die Rolle von sowohl nach einem menschlichen als auch nach einem unmenschlichen Maßstab ablaufenden Ko-Akteuren zugestehen, wird die Voraussicht eines Satzes deutlich, den Gayatri Chakravorty Spivak vor einiger Zeit geschrieben hat: »Da er Teil eines anderen Systems ist, gehört der Planet einer Spezies an, die von Alterität zeugt; trotzdem bewohnen wir ihn.«[73] Spivak war da etwas auf der Spur. Ihre Formulierung macht einen Schritt hin zur Erwägung der Implikationen, welche die planetarischen Untersuchungen für den Menschen haben, aus denen die Erforschung des Klimawandels sich speist und auf die sie sich stützt.

Diese Forschungen tragen dazu bei, dass wir Ansätze eines Begriffs des Planetarischen entwickeln können, der mit den vorhandenen Begriffen des Globalen verwandt ist, sich aber von ihnen unterscheidet. Denn selbst wenn die derzeitige Erwärmungsphase der Erdatmosphäre tatsächlich anthropogen ist, handelt es sich um einen Zufall; für die Erforschung der planetarischen Erwärmung als solcher spielen Menschen eigentlich keine Rolle. Eine solche Wissenschaft ist noch nicht einmal spezifisch für diesen Planeten; sie ist Teil der sogenannten planetarischen Wissenschaft und kein Produkt irdischer Fantasie. Ein Lehrbuch über planetarische Erwärmung, das an vielen Geophysik-Fachbereichen im Unterricht verwendet wird, trägt einfach den Titel *Principles of Planetary Climate*.[74] Die derzeitige Erwärmung bei uns ist ein Beispielsfall der planetarischen Erwärmung, die mit unterschiedlichen Auswirkungen sowohl auf diesem als auch auf anderen Planeten stattfindet, ob mit Menschen oder ohne. Dass die derzeitige Erwärmung der Erde menschengemacht ist, hat sich zufällig so ergeben.

Wissenschaftlich geht das Problem des Klimawandels also aus etwas hervor, das man vergleichende planetarische Untersuchungen nennen kann, und es bringt einen bestimmten Grad von interplanetarischer Forschung und interplanetarischem Denken mit sich. Die Fantasie, die hier am Werk ist, ist nicht menschenzentriert. Aus ihr spricht eine wachsende Divergenz innerhalb unseres Bewusstseins zwischen dem Globalen – als einer ausschließlich menschlichen Geschichte – und dem Planetarischen, aus dessen Perspektive Menschen nebensächlich sind.[75] In der Klimakrise geht es darum, dass man sich völlig schockiert der Andersheit des Planeten bewusst wird. »Da er Teil eines anderen Systems ist«, um Spivaks Worte zu wiederholen, »gehört der Planet einer Spezies an, die von Alterität zeugt.« Und »trotzdem«, sagt sie, »bewohnen wir ihn.« Wenn es ein politisches Gesamtpaket in Sachen Klimawandel geben soll, muss es bei dieser Perspektive ansetzen. Die Erkenntnis, dass die Menschen – alle Menschen, ob reich oder arm – erst spät zum Leben des Planeten dazugestoßen sind und eher als Gäste auf der Durchreise denn als gastgebende Besitzer auf ihm verweilen, muss ein integraler Bestandteil der Perspektive sein, aus der wir unsere nur allzu menschliche, aber berechtigte Suche nach Gerechtigkeit in Bezug auf Fragen im Zusammenhang mit den ungeheuerlichen Auswirkungen des anthropogenen Klimawandels anstrengen.

Kapitel 3

Der Planet als humanistische Kategorie

Die Erdsystemwissenschaft (ESS), die unter anderen die planetarische Erwärmung und Abkühlung erklärt, beschert den Menschen eine sehr lange, vielschichtige und zeitlich heterogene Vergangenheit, indem sie ihnen einen Platz an dem Punkt zuweist, an dem drei (mittlerweile auf vielfältige Weisen ineinandergreifende) Geschichten zusammentreffen, deren Ereignisse durch ganz unterschiedliche Zeitmaßstäbe bestimmt sind: die Geschichte des Planeten, die Geschichte des Lebens auf dem Planeten und die auf der Logik der Imperien, des Kapitals und der Technik beruhende Geschichte des Globus. Von daher kann man Erdsystemforscher:innen als innerhalb eines im Entstehen begriffenen Geschichtlichkeitsregimes schreibende Historiker:innen verstehen. Dieses könnte man als planetarisches oder anthropogenes Geschichtlichkeitsregime bezeichnen, um es von dem globalen Geschichtlichkeitsregime zu unterschieden, das viele humanistisch und sozialwissenschaftlich orientierte Historiker:innen in die Lage versetzt hat, sich mit dem Thema Klimawandel und mit der Idee des Anthropozäns auseinanderzusetzen. Im Rahmen des Letzteren versuchen die Historiker:innen jedoch einen Zusammenhang herzustellen zwischen dem Anthropozän und der Geschichte der modernen Imperien und Kolonien, der europäischen Expansion sowie der Entstehung der Navigation und anderer Kommunikationstechnologien, der Moderne und der kapitalistischen Globalisierung sowie den globalen, miteinander verbundenen Geschichten von Wissenschaft und Technik.[1]

Wenn wir die sich auf diesen beiden Ebenen ergebenden Geschichten zusammenlesen – was wir müssen –, entpuppt sich die Kategorie *Planet* meiner Ansicht nach als eine Kategorie des humanistischen Denkens – als eine Kategorie, die für den Menschen existentiell und deshalb philosophisch von Belang ist. Martin Heidegger hat das Wort *Planet* für philosophisch uninteressant erklärt, als er 1936 die philosophische Kategorie der *Erde* einführte und sie sorgfältig vom Wort *Planet* unterschied. »Von dem, was das Wort [Erde] hier sagt«, schrieb er, »ist sowohl die Vorstellung einer abgelagerten Stoffmasse als auch die nur astronomische eines Planeten fernzuhalten.«[2] In seiner in jenem Jahr erstmals in dieser Fassung in Frankfurt gehaltenen Vorlesung über den »Ursprung des Kunstwerks« deutet er die »Erde« als das, was Leben möglich mache. Sie sei die Grundlage für das menschliche Bestreben zu wohnen: »Auf die Erde und in sie gründet der geschichtliche Mensch sein Wohnen in der Welt.«[3] Oder, wie er es in einem anderen Aufsatz ausdrückt: »Die Erde ist die dienend Tragende, die blühend Fruchtende, hingebreitet in Gestein und Gewässer, aufgehend zu Gewächs und Getier.«[4] Wenn Sterbliche auf der Erde leben, »retten« sie sie. »Die Rettung«, erklärte Heidegger, »entreißt nicht nur einer Gefahr [...]. Die Erde retten ist mehr, als sie ausnützen oder gar abmühen. Das Retten der Erde meistert die Erde nicht und macht sich die Erde nicht untertan, von wo nur ein Schritt ist zur schrankenlosen Ausbeutung.«[5] Die Beziehung zwischen menschlichen Welten und Erde gleicht einem Wettstreit – das heißt, sie ist niemals einfach harmonisch und kann Ängste auslösen, zum Beispiel im Zusammenhang mit dem Wohnen – und doch besteht eine wechselseitige Verbindung. »Welt und Erde sind wesenhaft voneinander verschieden«, schreibt Heidegger, »und doch niemals getrennt. Die Welt gründet sich auf die Erde, und Erde durchragt Welt [...]. Das Gegeneinander von Welt und Erde ist ein Streit.«[6]

Unter seinen Anhängern löste Heideggers Hinwendung zur Philosophie der Erde einen leichten intellektuellen Aufruhr aus. In »Die Wahrheit des Kunstwerks« (1960) erinnert Hans-Georg Gadamer sich, wie sensationell und »[ü]berraschend« es war, dass die Kategorie der »Erde« auf diese Weise von Heidegger als Gegenbegriff zur »Welt« eingeführt wurde.[7] 14 Jahre später kam Gadamer aus Anlass von Heideggers 85. Geburtstag auf dieses Thema zurück und erwähnte, wie »wirklich ungewohnt« es war, »da von der Erde reden zu hören und vom Himmel und von dem Streit beider, als ob es sich um Begriffe des Denkens handele wie in der metaphysischen Tradition Materie und Form«.[8]

Für heutige Heidegger-Leser:innen weisen die Unterscheidung von Erde und Welt und die Unterscheidung von Erde und Planet in unterschiedliche Richtungen. Während seine Unterscheidung von Erde und Welt ihm bei der Formulierung seiner Überlegungen zum menschlichen Wohnen half, deckt sich seine Unterscheidung von Erde und Planet dagegen grob mit einer Unterteilung, die manche Erdsystemforscher:innen zwischen der Zone des Planeten, die entscheidend für die Aufrechterhaltung des Lebens ist – die sogenannte »kritische Zone« –, und dem steinigen, heißen und flüssigen Planeteninneren der Erde vornehmen. Die »›kritische Zone‹« ist »die Erdschicht nahe der Oberfläche von den Baumkronen bis hinunter zum tiefsten Grundwasser, wo die meisten menschlichen Interaktionen mit der Erdoberfläche stattfinden und [die] der Ort der größten geomorphologischen Aktivität« ist.[9] Heideggerianisch ausgedrückt, kann man sagen, je mehr wir die Erde in unserem wachsenden Streben nach Profit und Macht bearbeiten, desto häufiger begegnen wir dem Planeten. Der *Planet* ist aus dem Globalisierungsprojekt, aus »Zerstörung« und dem aussichtslosen Projekt menschlicher Herrschaft (das Heidegger »Ohnmacht des Wollens« nennen würde) hervorgegangen.[10] Und doch ist er weder der Globus noch die Welt und ganz bestimmt nicht die Erde. Er gehört in einen Bereich, in dem dieser Planet sich als astronomischer und geologischer Untersuchungsgegenstand und als ganz besonderer, die Geschichte des Lebens in sich tragender Fall zu erkennen gibt – alles Dimensionen, die weit über den räumlichen und zeitlichen Maßstab der menschlichen Realität hinausgehen.

Zwischen dem Planeten und den drei Kategorien, mit deren Hilfe wir bisher über die Welt- bzw. Globalgeschichte nachgedacht haben – Welt, Erde und Globus (die mitunter als Synonyme für den Planeten gelten) –, besteht ein großer Unterschied. Alle diese Kategorien beziehen sich in je verschiedener Weise auf den Menschen. Diese Ausrichtung haben sie gemeinsam. Der Globus wurde in unseren Augen durch menschliche Institutionen und Technik erschaffen. Heideggers Ansicht nach stehen Menschen und Erde einander gegenüber.[11] In Heideggers Denken musste die Erde sozusagen auf das Aufkommen der Sprache warten, denn erst als sich ein zum Sprachgebrauch fähiges Geschöpf entwickelte, konnte ihm die Frage des Seins – die Bedeutung des Daseinmüssens – gewährt werden.[12] Aber der Planet ist etwas Anderes. Er steht in keiner kommunikativen Beziehung zum Menschen. Anders als zum Beispiel Heideggers »Erde« – und vielleicht sogar James Lovelocks und Bruno Latours Gaia – wendet er sich nicht an die Menschen.[13] Dem Planeten denkerisch zu begegnen, ist eine Begegnung mit etwas, das die Bedingung menschlicher Existenz ist und dieser Existenz doch zutiefst gleichgültig gegenübersteht.

Empirisch sind die Menschen dem Planeten – dem Erdinneren – im Laufe ihrer Geschichte unablässig begegnet – in Gestalt von Erdbeben, Vulkanausbrüchen und Tsunamis –, ohne dass er notwendig die Form einer Kategorie des humanistischen Denkens angenommen hat. Wie Voltaires Auseinandersetzung mit dem toten Gottfried Wilhelm Leibniz nach dem Erdbeben von Lissabon im Jahr 1755 oder Mahatma Gandhis Debatte mit Rabindranath Tagore nach dem Erdbeben von Bihar im Jahr 1934 vor Augen führen, haben die Menschen sich mit dem Planeten beschäftigt, ohne ihn gleich beim Namen nennen zu müssen.[14] Der Planet war in die menschlichen Debatten über Moral, Theodizee und in jüngerer Zeit in die Vorstellung von Naturkatastrophen eingewoben.[15] Doch als die Anzeichen sich häuften, dass die Mensch-Natur-Unterscheidung letzten Endes nicht aufrechtzuerhalten sein würde und die weltweiten menschlichen Aktivitäten sogar zur Zunahme von Erdbeben, Tsunamis und anderen »natürlichen« Katastrophen führen könnten, ist der Planet *als solcher* zu einem Schauplatz existentieller Sorge für diejenigen geworden, die im Rahmen des von mir so genannten planetarischen oder anthropogenen Geschichtlichkeitsregimes seine Geschichte aufschreiben. Dabei handelt es sich um niemand anderen als die Erdsystemforscher:innen selbst. Ihre Berichte zeigen, dass dem Erdsystem ernsthafte Störungen drohen – ihre Geschichten haben offengelegt, dass der Planet eine Entität ist, die in den Beratungen über die menschliche Zukunft berücksichtigt werden muss. In diesen Narrativen ist *Planet* kein Ausdruck von Trägheit, sondern ein dynamisches Beziehungsgeflecht – ganz ähnlich wie der *Staat* bei G.W.F. Hegel oder das *Kapital* bei Karl Marx –, aus dem das Erdsystem besteht. In den Augenblicken, in denen die Wissenschaftler:innen ihre Besorgnis über den Zustand des Erdsystems zum Ausdruck bringen, wird der Planet (d.h. das Erdsystem) zu einer Kategorie des humanistischen Denkens. Heideggers Vorbehalte gegen die Wissenschaft und seine Unterstellung, dass man sich das Wesen des menschlichen Wohnens vorstellen kann, ohne über das »astronomische« Objekt, unseren Planeten, nachzudenken, sind Positionen, die man im Zeitalter des Anthropozäns nicht mehr vertreten kann.

Nach meinem Eindruck lässt sich das Wesen dieser neuen Kategorie des *Planeten* am besten erkunden, wenn man sie von der Idee des Globus unterscheidet, mit der sie in der Vergangenheit häufig gleichgesetzt wurde. Diese Unterscheidung von Globus und Planet möchte ich als Erstes weiter ausarbeiten. Die – für diese Aufgabe relevante, hier aber nicht direkt behandelte – Kategorie *Erde* beinhaltet eine zusätzliche Unterscheidung von Land und Meer, die, wie wir sehen werden, für Carl Schmitts Überlegungen zum menschlichen Wohnen zentral war, an die ich bei der Formulierung meines Gesamtarguments anknüpfen möchte.[16] Natürlich bin ich nicht der Erste, der eine planetarische Wende vollzieht. Meine Überlegungen zur Unterscheidung von Globus und Planet haben im letzten Kapitel von der Auseinandersetzung mit Gayatri Chakravorty Spivaks Beschwörung von Planetarität ihren Ausgang genommen, auch wenn ich sie, wie meine Leser:innen feststellen werden, hier in eine bestimmte Richtung gelenkt habe.[17]

Das Globale und das Planetarische: Der Globus der Globalisierung[18]

So, wie es in der Globalisierungsliteratur vorkommt, ist das Wort *Globus* nicht dasselbe Wort wie in dem Ausdruck *globale Erwärmung*.[19] Im Zentrum der Geschichte von der Globalisierung stehen Menschen und sie erzählt, wie Menschen sich historisch zu einem Globus von menschlicher Bedeutung zusammengeschlossen haben. Bei all ihren Unterschieden haben Gebiete wie Weltgeschichte und Globalgeschichte zu unserem Verständnis dieses Prozesses beigetragen. Nehmen wir zwei, durch mehr als 300 Jahre voneinander getrennte Texte: den *Leviathan* von Thomas Hobbes (1651) und Hannah Arendts *Vita Activa* (1958). Mit dem einen hat das moderne politische Denken seinen Anfang genommen, der andere hat die politische Philosophie zu einem Zeitpunkt erneuert, als die Raumfahrt gerade begann. Man beachte, in welchem Maße ihre Auffassung, was die Erde für den Menschen sei (»Kenntnis von der Erdoberfläche«), sogar über die

Jahrhunderte hinweg bedingt war durch die Geschichte der europäischen Expansion, durch Handel, das Kartographieren und Befahren der Meere (und schließlich der Lüfte) mitsamt der Entwicklung von Navigationsinstrumenten und Mobilitätswerkzeugen – mit anderen Worten durch Prozesse und Institutionen, die den Globus im modernen Sinne schufen.[20] Es wirkt so, als würden Hobbes' historische Bezugsgrößen in einem der denkwürdigsten Abschnitte seines Buches, der beschreibt, wie die Lage der Menschheit sich durch das Aufkommen des Staates ändert – »In einer solchen Lage [ohne Staat] ist für Fleiß kein Raum, da man sich seiner Früchte nicht sicher sein kann; und folglich gibt es keinen Ackerbau, keine Schiffahrt, keine Waren, die auf dem Seeweg eingeführt werden können, [...] keine Geräte um Dinge, deren Fortbewegung viel Kraft erfordert, hin- und herzubewegen, keine Kenntnis von der Erdoberfläche, keine Zeitrechnung« –, wortwörtlich von Arendt wiederholt, als sie in den späten 1950er Jahren Stellung bezieht und denselben historischen Prozess beobachtet, den Hobbes in einer früheren Entwicklungsphase vor Augen hatte.[21] »Tatsache jedenfalls ist«, schrieb Arendt,

> daß die Entdeckung der Erdoberfläche, das Vermessen und Kartographieren der Kontinente und Ozeane [auch hier wieder die Unterscheidung von Land und Meer] Jahrhunderte gedauert, und erst heute sein Ende erreicht hat. Erst in unserem Jahrhundert hat der Mensch begonnen, seine irdische Wohnstätte ganz in Besitz zu nehmen, und erst heute haben sich die weit offenen Horizonte [...] in den Erdball [*globe*] zusammengeschlossen, dessen majestätischer Umkreis uns in allen seinen Einzelheiten so bekannt ist wie die Linien im Innern der eigenen Hand. Und im selben Augenblick, da der ungeheure Raumvorrat der Erde entdeckt war, begann der gleiche Erdball zu schrumpfen, bis in der Welt, in der wir leben [...], jedermann fast im gleichen Maße ein Erdbewohner wie der Einwohner eines bestimmten Landes ist. Die moderne Welt ist ein über die ganze Erde sich erstreckendes Kontinuum. [...] Was die Entdecker und Weltumsegler zu Beginn der Neuzeit anlangt, so dürfte ihnen nichts ferner gelegen haben als die Veranlasser dieses Erdschrumpfungsprozesses zu werden. Was sie lockte, war die Weite, und wenn sie dem Ruf der Ferne folgten,

hatten sie nicht die Absicht, [...] die Erde wie einen Ball in die Hände zu schließen. [...] Nur der rückblickenden Betrachtung erschließt sich, [...] daß [...] nichts unermeßlich bleibt, wenn es vermessen ist.[22]

Diese Zitate von zwei grundlegenden Denker:innen der europäischen Tradition zeigen, wie zentral die Geschichte von Europas Expansion für ihre Narrative über die Entstehung des Globus ist.

Carl Schmitts Buch *Nomos der Erde* ist zwar relativ alt, aber immer noch hellsichtig genug, um uns Zugriff auf die Geschichte dieser speziellen Version des Globus zu verschaffen. Schmitt erzählt die Geschichte, wie die Idee von Recht und Gesetz aus ihrer Verbindung mit der als Land und Wohnstätte verstandenen Erde gelöst wurde, als die Meere sich für die expandierenden europäischen Imperien öffneten. *Nomos* (Gesetz) sei ursprünglich an das Land gebunden gewesen, habe mit der *Aneignung* von Land, der sogenannten Landnahme zu tun. Dieser Prozess, behauptete Schmitt, hänge eng zusammen mit einer grundlegenden Orientierung des Menschen auf Land und Territorium (wie etwa am Fall der australischen Ureinwohner ganz deutlich zu erkennen sei) und damit auf Wettstreit und Krieg um die Landnahme zwischen den Menschen.[23] Das Meer sei lediglich eine ausgedehnte Oberfläche, die keine Grenzlinien zulasse; alle menschlichen Vorstellungen vom *nomos* fußten unumstößlich auf der Besetzung von bestimmten Flecken Land und damit praktisch auf der Errichtung von Grenzen. Schmitt führt sogar eine Bibelstelle an, die eine menschliche Fantasie vorführe, dass ein idealer Planet kein Meer habe.[24] Erst nachdem die Landnahme – durch »Wanderungen, Kolonialisierungen und Eroberungen« – sichergestellt war, konnten die Menschen die für die Gesellschaftsbildung erforderlichen Prozesse in Angriff nehmen: »Teilen« auch im Sinne von Verteilen und Einteilen, womit Schmitt die Errichtung einer Ordnung meinte, und »Weiden« im Sinne von produktiver Arbeit oder Bewirtschaftung, was sich auf die Organisation des Wirtschaftslebens einer Gesellschaft bezog.[25] Schmitt zufolge verlief die logische Abfolge also folgendermaßen: Nehmen → Teilen → Weiden. Das Gefühl, an einem bestimmten Ort zuhause zu sein, konnte sich erst nach Abschluss des Landnahmeprozesses einstellen. Deshalb bestand ein Zusammenhang zwischen Nehmen und Wohnen. Doch wie Schmitt schreibt, bleibt das Teilen »stärker im Gedächtnis als das Nehmen«, obwohl dieses die »Voraussetzung des Teilens« gewesen sei.[26] Allerdings, fügt Schmitt an anderer Stelle hinzu, wird »[m]it der Öffnung der Weltozeane [...] vor etwa 500 Jahren« dieses an das Land gebundene Gefühl »de[s] erste[n] Nomos der Erde zerstört«.[27]

Der Nomos hörte allmählich auf, an das Land gebunden zu sein und so den Menschen Orientierung zu bieten. Er verlor seine Verbindung zum Wohnen. Auf intellektueller Ebene kam es in den Rechtswissenschaften zu einer Trennung von Sollen und Sein, *nomos* und *physis* (und diese Trennung war die Vorbedingung unter anderem für das Völkerrecht). Das Aufkommen der Luftfahrt und schließlich des Weltraumzeitalters vertiefte diese Trennung von *nomos* und *physis* weiter und ließ den Menschen für die Zukunft zwei Optionen: sich entweder »heimatlos« zu fühlen (weil der Globus für niemanden ein Zuhause ist) oder auf eine Einigkeit hinzuarbeiten, dank derer alle Menschen den Globus als ihr Zuhause betrachten können.

Die meisten Globalisierungsgeschichten gehen davon aus – um bei Schmitts Modell zu bleiben –, dass der Kampf der Menschen um Landnahme, Meere oder Raum mittlerweile vorüber ist. Die Menschen haben sich auf dem ganzen Globus ausgebreitet, man kann nirgendwo anders hingehen; wir kontrollieren die Lüfte und die Gewässer. In dieser Hinsicht befinden wir uns in einem postimperialen Zeitalter, weshalb unser Kampf in dem Bereich stattfindet, den Schmitt als »Teilen« bezeichnet hat – das heißt, es geht um die Errichtung einer gerechten Ordnung, sodass die Idee des *nomos* weiterhin keinen Bezug zur *physis* aufweist. In der Debatte um Klimagerechtigkeit berufen sich zum Beispiel viele Argumente auf eine gerechte Aufteilung eines abstrakten und globalen Kohlenstoffraums. Die besonderen Feinheiten von Schmitts Argumentation sind für mich hier nicht von Belang – abgesehen davon, dass es in einer vom Klima verwüsteten Welt mit Migrant:innen und Flüchtlingen möglicherweise wieder zu Landstreitigkeiten kommen wird. Hier ist relevant, dass in den Geschichten über die Entstehung des Globus von Schmitt und anderen die Wörter *Planet* und *Globus* Synonyme bleiben, wie Schmitts eigener Wortgebrauch verrät:

> Die ersten Versuche, auf Grund der neuen umfassenden geographischen Vorstellung die Erde völkerrechtlich zu teilen, beginnen sofort nach 1492. Sie waren zugleich die ersten Anpassungen an das neue, planetarische Weltbild.[28]

> [D]ie Wortzusammensetzung ›globales Liniendenken‹ […] ist […] auch besser als ›planetarisch‹ oder ähnliche Benennungen, die nur das Ganze der Erde, nicht aber ihre eigentümliche Einteilungsweise treffen.[29]

> Die englische Insel blieb [zur Zeit des Friedens von Utrecht von 1713] ein Teil dieses, den Mittelpunkt der planetarischen Ordnung bildenden Europa.[30]

> Von einem Nomos der Erde ist die Rede. Das bedeutet: ich betrachte die Erde – das Gestirn auf dem wir leben – als ein Ganzes, als einen Globus und suche ihre globale Einteilung und Ordnung.[31]

Diese Art der Gleichsetzung von Planet und Globus blieb sogar in Schmitts späteren Texten, wie etwa *Land und Meer*, bestehen: »Ein deutscher Philosoph der Geographie, […], Ernst Kapp, hat [im 19. Jahrhundert angemerkt, dass] [d]urch den Kompaß […] ›etwas Geisthaftes dem Schiff eingehaucht worden [sei], vermöge dessen der Mensch mit dem Fahrzeug eine Gemeinschaft und Verwandtschaft eingeht.‹ […] Jetzt erst können die entferntesten Gelände aller Ozeane miteinander in Berührung treten, so daß der Erdkreis sich auftut.«[32] Hier ist »Planet« einfach ein anderes Wort für *Globus*; es verweist auf den Planeten, auf dem wir leben, die Erde »als ein Ganzes« betrachtet.

Das Gleiche gilt übrigens für Heideggers Verwendung der Wörter *Planet* oder *planetarisch* – so er sie überhaupt verwendete. Ganz am Ende von Heideggers Aufsatz »Zeit des Weltbildes«, der viele neuere Betrachtungsweisen von aus dem Weltraum aufgenommenen Bildern der Erde beeinflusst hat, taucht in den »Zusätzen« der Ausdruck »planetarischer Imperialismus« auf.[33] Er schreibt: »Im planetarischen Imperialismus des technisch organisierten Menschen erreicht der Subjektivismus des Menschen seine höchste Spitze, von der er sich in die Ebene der organisierten Gleichförmigkeit niederlassen und dort sich einrichten wird. Diese Gleichförmigkeit wird das sicherste Instrument der vollständigen, nämlich technischen Herrschaft über die Erde.«[34] »Planetarisch« bezieht sich hier auf die Erde als *für sich* betrachteten und nicht mit anderen Planeten verglichenen Einzelplaneten. Dies wird auch an der Art und Weise deutlich, wie Heidegger dem »Erdball« in einem anderen Aufsatz eine »in ihre neueste Neuzeit anrollende Weltgeschichte« bescheinigt.[35] Da sowohl der Imperialismus als auch die Weltgeschichte Kategorien der menschlichen Geschichte sind, bezieht sich das Wort *Planet*, so wie Heidegger es verwendet, auf nichts anderes als den Globus. Es ist sogar die Verbindung, die er zwischen dem »planetarischen Imperialismus« des »Menschen«, »seiner« »technischen Herrschaft« sowie dem immer weiter zunehmenden Subjektivismus »des Menschen« herstellt und die Heidegger gestattet, diesen »planetarischen Imperialismus« auf eine Weise zu kritisieren, die ihrerseits starke Kritik an einer bestimmten, vorherrschenden Form von »Anthropologie« (wie es bei Heidegger heißt) nach sich zieht:

> Wo die Welt zum Bilde wird, ist das Seiende im Ganzen angesetzt als jenes, worauf der Mensch sich einrichtet, was er deshalb entsprechend vor sich bringen und vor sich haben und somit in einem entschiedenen Sinne

vor sich stellen will. […] Das Sein des Seienden wird in der Vorgestelltheit des Seienden gesucht und gefunden.[36]

Der Globus der Globalisierung verkörpert diese anthropozentrische und anthropologische Vorstellungspraxis.

Das Globale und das Planetarische: Der Globus der globalen Erwärmung

Zweifellos besteht ein Zusammenhang zwischen anthropogener globaler Erwärmung und Globalisierungsgeschichte. Man könnte sogar die These vertreten, dass eine bestimmte, mittlerweile als »die große Beschleunigung« (ab 1950) bekannte Phase der Geschichte der Globalisierung in solch überwältigendem Maße zur Herstellung dieses Zusammenhangs beigetragen hat, dass einige Gelehrte den Beginn des Anthropozäns auf genau diese Phase festgelegt haben.[37] Doch die Erforschung der globalen Erwärmung lenkt unsere Fantasie von ihrer Erd- oder Menschengebundenheit weg. Deshalb hat sie auch eine tiefe Erschütterung des Globalisierungsnarrativs zur Folge. Die Erdsystemwissenschaft (ESS) ist eine Betrachtungsweise dieses Planeten, die ganz anders als beim Globus der Globalisierung *notwendig andere Planeten im Blick hat*, um Modelle zu entwickeln, wie dieser Planet funktioniert (und daran sind andere Repräsentationsprinzipien beteiligt als beim Globus). Anders als wir uns das vorstellen mögen, ist eine solche Wissenschaft von der globalen Erwärmung noch nicht einmal spezifisch für diesen Planeten – sie ist ein Teil der sogenannten planetarischen Wissenschaft.[38] Die derzeitige Erwärmung bei uns ist nämlich lediglich ein Beispielsfall der sogenannten planetarischen Erwärmung, die mit weitgehend unterschiedlichen Auswirkungen sowohl auf diesem als auch auf anderen Planeten stattfindet. Dass die derzeitige Erwärmung der

Erde eine Folge menschlichen Handelns ist, hat sich bloß zufällig so ergeben.

Keineswegs Zufall ist, dass zwei der Wissenschaftler, die zu den Mitbegründern dieser Wissenschaft gehören – James Lovelock und James Hansen –, jeweils zu Beginn ihrer Karriere an der Erforschung von Venus und Mars mitgearbeitet haben. Hansen hat ursprünglich die planetarische Erwärmung auf der Venus untersucht und aus Sorge und Neugier seine Interessen erst später auf die Erde verlegt. Hansen schreibt: »1978 war ich noch mit der Untersuchung der Venus beschäftigt.« Er sei auf die Erforschung der Erde umgestiegen, sagt er, weil

> die Atmosphäre unseres Heimatplaneten sich vor unseren Augen veränderte, und zwar immer schneller. […] Die größte Veränderung betraf den Pegel des Kohlenstoffdioxids, das durch den Verbrauch fossiler Brennstoffe in die Luft gelangte. Wir wussten, dass Kohlenstoffdioxid das Klima auf Venus und Mars bestimmte. Ich beschloss, dass es sinnvoller und interessanter sei, etwas zum Verständnis der klimatischen Veränderungen auf unserem eigenen Planeten beizutragen, als den Wolkenschleier zu erforschen, der die Venus bedeckte.

Wie er mit leiser, aber deutlicher Ironie schreibt, verlegte er den Schauplatz seiner Forschungen in der Annahme auf diesen Planeten, dass es sich um eine »vorübergehende Besessenheit« handeln würde.[39]

Die ESS war ein Produkt des Kalten Krieges und der militärischen und zivilen Konkurrenz, die dieser im Weltraum nach sich zog. Ihre Geschichte haben Joshua Howe, Spencer Weart und zuletzt Ian Angus und Clive Hamilton erzählt und sie muss hier nicht in allen Einzelheiten wiederholt werden.[40] Obwohl einige der Grundgedanken im Zusammenhang mit der ESS bis ins 19. und frühe 20. Jahrhundert zurückreichen, rief die NASA das erste ESS-Komitee 1983 ins Leben, als ihr klar wurde, dass der Planet als ganzer von Wissenschaftler:innen verschiedener Disziplinen erforscht werden musste.[41] Es handelt sich um eine durch und durch interdisziplinäre Wissenschaft, die »Elemente aus Geologie, Biologie, Chemie, Physik und Mathematik« aufnimmt.[42] Das 1987 aus der Taufe gehobene International Geosphere-Biosphere Programme hat *Erdsystem* folgendermaßen definiert:

Der Begriff ›Erdsystem‹ verweist auf die sich gegenseitig beeinflussenden physikalischen, chemischen und biologischen Prozesse auf der Erde. Das System besteht aus Landmasse, Ozeanen, Atmosphäre und Polen. Es umfasst die natürlichen Kreisläufe des Planeten – die Kohlenstoff-, Wasser-, Stickstoff-, Phosphor-, Schwefel- und andere Kreisläufe – und die Prozesse im Erdinneren. Auch das Leben ist ein integraler Bestandteil des Erdsystems. Das Leben hat Auswirkungen auf die Kohlenstoff-, Stickstoff-, Wasser-, Sauerstoff- und auf viele andere Kreisläufe und Prozesse. Mittlerweile schließt das Erdsystem auch die menschliche Gesellschaft ein. Unsere Gesellschafts- und Wirtschaftssysteme sind in das Erdsystem eingebettet. In vielen Fällen sind die menschlichen Systeme inzwischen der Hauptantrieb für Veränderungen des Erdsystems.[43]

Der Erdsystemforscher Will Steffens hat den geistigen Horizont der gerade entstehenden Wissenschaft so beschrieben:

Entscheidend für das Auftreten dieser Perspektive war das wachsende Wissen über zwei zentrale Aspekte des Planeten. Zum einen, dass die Erde ein einziges System ist, in dem die Biosphäre ein aktiver und essenzieller Bestandteil ist. [...] Der zweite Aspekt betrifft die Tatsache, dass das menschliche Handeln so umfassend und tiefgreifend in seinen Konsequenzen ist, dass es die Erde als ganze in komplexer, wechselwirkender und sich beschleunigender Weise [...] in einem solchen Ausmaß beeinflusst, dass die Prozesse und ihre lebendigen und leblosen Komponenten, von denen die Menschen abhängen, bedroht sind.[44]

In der ESS wird *System* im Singular verwendet, um den systemischen Charakter der planetarischen Prozesse zu unterstreichen, die sie erforscht.

Bruno Latour und Tim Lenton haben jüngst die Frage aufgeworfen, ob das sogenannte Erdsystem tatsächlich ein einziges System ist bzw. ob wir sogar annehmen sollten, dass es »ein Ganzes« darstelle.[45] Für meine Laienohren klingt ihre Frage durchaus berechtigt. Ich weiß nicht, ob die vielfältigen, verschiedenartigen und sich doch gegenseitig beeinflussenden Ströme und Rückkopplungsschleifen der Erdprozesse tatsächlich ein *einziges* System bilden. Immerhin sei vermerkt, dass diese Position in einem Spannungsverhältnis zu Lentons und Andrew Watsons Äußerung steht, dass »die vielen interagierenden Prozesse, die gemeinsam die Lebensbedingungen auf der Oberfläche des Planeten festlegen«, »ein ausgesprochen kohärentes System« darstellen.[46] Offenkundig gibt es auf diesem Gebiet unter den Wissenschaftler:innen sowohl weithin geteilte, übereinstimmende Arbeitshypothesen als auch große Unterschiede, was vielleicht darauf hindeutet, wie jung diese interdisziplinäre Wissenschaft noch ist. Zum Beispiel schreibt Lenton in seiner Einführung in die ESS über die »unscharfe Untergrenze« des Erdsystems:

> Man ist versucht, das gesamte Planeteninnere in das Erdsystem einzubeziehen – und genau dies hat die NASA in ihrem Bericht von 1986 im Hinblick auf die am längsten währenden Zeiträume getan. [...] Für viele Erdsystemforscher:innen besteht der Planet Erde jedoch eigentlich aus zwei Systemen: aus dem lebenserhaltenden System der Erdoberfläche und aus der großen Masse des darunter liegenden Erdinneren.

Lenton richtet sein Augenmerk ganz bewusst auf »die dünne Schicht des Erdoberflächensystems – und ihre bemerkenswerten Eigenschaften«, die oben erwähnte kritische Zone.[47] In ihrem Buch *The Earth System* befassen Lee R. Kump, James F. Kasting und Robert G. Crane sich dagegen mit etwas, das die Autoren als die »vier Teile« des Erdsystems auffassen: Atmosphäre, Hydrosphäre, Biota und Erdkruste. An ihrem Text wird deutlich, dass es in dieser neuen Wissenschaft ebenso sehr um einen systemischen Untersuchungsansatz geht, wie die Erde »funktioniert«, wie um die Beobachtung, auf welche Weise »die auf der Erdoberfläche ablaufenden Prozesse *zusammenarbeiten*, um das Klima, den Ozean-Atmosphäre-Kreislauf und die Wiederverwertung der Elemente [wie unter anderem Kohlenstoff, Stickstoff, Wasserstoff] zu regulieren«, wobei Biota – die Lebewesen – »eine wichtige Rolle für alle diese Prozesse« spielen.[48]

Die tiefer gelegenen Teilstücke des Planeten nehmen zwar Einfluss auf die Biosphäre (zum Beispiel durch die Plattentektonik oder Vulkanausbrüche) und sind von grundlegender Bedeutung für die Bereitstellung von unverbrauchten geochemischen Landschaften; aber es stellt sich die Frage, ob sie Teile des Erdsystems sind.[49] Unabhängig davon, wie man dieses Problem löst, ist nicht zu leugnen, dass die nach verschiedenen Maßstäben ablaufenden planetarischen Prozesse, an denen sowohl Lebewesen als auch Nicht-Lebewesen aktiv beteiligt sind, oftmals auf komplizierte, komplexe und unberechenbare Weise miteinander verzahnt sind, und diese ihre Verzahnung und Interaktivität sollen durch die Verwendung des Ausdrucks *Erdsystem* unterstrichen werden. In den Augen von Erle C. Ellis haben Beobachtungen und Computermodelle des Erdsystems in den 1990er Jahren eindeutig belegt, dass »sich mit den Aktivitäten des Menschen nicht nur die Erdatmosphäre und das Klima veränderten, sondern auch die Litho-, Hydro- und Biosphäre und das Klima«, weshalb führende Wissenschaftler:innen und andere am International Geosphere-Biosphere Programme beteiligte Expert:innen im Jahr 2001 einhellig verkündeten, was unter dem Namen Amsterdam Declaration on Global Change bekannt wurde: »Das Erdsystem ist ein geschlossenes, sich selbst regulierendes System aus physikalischen, chemischen, biologischen und menschlichen Bestandteilen.«[50] Es wirkt ein wenig merkwürdig, dass der »menschliche Bestandteil« in dieser Erklärung von den physikalischen, chemischen und biologischen Bestandteilen getrennt worden ist, aber immerhin bezieht eine solche Trennung politisch auf eindeutige Weise Stellung.

Die unmittelbaren Wurzeln dieser interdisziplinären Wissenschaft reichen, wie gesagt, in die Zeit des Kalten Krieges in den 1960er Jahren zurück, als Lovelock, der Mitarbeiter in Carl Sagans NASA-Einheit war, in seinen mittlerweile berühmten Überlegungen zu Gaia vorschlug, dass das Leben auf der »Erde« die Bedingungen für seine eigene dauerhafte Aufrechterhaltung schuf, als würde die Erde sich wie ein einziger Superorganismus verhalten, den er auf Anraten von William Golding Gaia taufte.[51] In den 1970er Jahren entwickelte Lynn Margulis den Begriff weiter. Lovelocks früher, homöostatischer Blick auf den Planeten hielt dem wissenschaftlichen Skeptizismus nicht stand, aber seine grundlegende Frage, was die Erde auf Dauer für Lebewesen bewohnbar mache und auf den beiden Nachbarplaneten Venus und Mars nicht der Fall sei, überlebte als sogenanntes Bewohnbarkeitsproblem bis in die Zeit der ESS. Dieses ist heute zum Beispiel zentral für Fächer wie die Astrobiologie oder für die Suche nach erdähnlichen Exoplaneten im Universum.

Wichtig im Zusammenhang mit dem hier Erörterten ist, dass der Hauptprotagonist der von der ESS erzählten Geschichte nicht der Mensch oder menschliches Leben, sondern komplexes vielzelliges Leben im Allgemeinen ist. Im Gegensatz zur Geschichte der kapitalistischen Globalisierung eröffnet diese Sichtweise eine Perspektive auf Menschen und andere Lebensformen, ohne dass menschliche Wesen im Mittelpunkt der Geschichte stehen. Wir sind schlicht und einfach zu spät zu dieser Geschichte dazugestoßen, um ihre Protagonisten werden zu können. Natürlich betreiben Menschen diese Wissenschaft und praktizieren sie mit ihr eine menschliche Version von Nicht-Anthropozentrismus als einem Versuch von Seiten der Menschen, ihre eigene Geschichte als sozusagen außerhalb der Menschengeschichte Stehende zu verstehen (was historische Wissenschaften wie die Geologie und Evolutionsbiologie laufend tun). Darüber hinaus, und darauf hat schon Lovelock hingewiesen, führt die ESS zu einem Blick auf den Planeten, der im Wesentlichen von außen kommt. Lovelock schrieb: »Meiner Meinung nach ist das herausragende Nebenprodukt der Weltraumforschung nicht etwa neue Technologie. Der echte Gewinn bestand darin, daß wir zum erstenmal in der Geschichte der Menschheit die Möglichkeit hatten, die Erde vom Weltraum aus zu betrachten; die Informationen, die wir gewannen, indem wir unseren azurblauen Planeten in all seiner globalen Schönheit *von außen erblickten*, hat eine ganze Liste neuer Fragen und Antworten hervorgebracht.«[52]

Lovelock hat recht, wenn er sagt, dass die Raumfahrt den Menschen eine Gelegenheit bot, den Planeten von außen zu betrachten, aber wir sollten nicht vergessen, dass dies zwar tatsächlich das erste Mal war, dass einige Menschen ihren Planeten als ganzen gesehen haben, die Menschen sich aber den Planeten schon lange von außen ausgemalt hatten, zumindest in der europäischen Geschichte. Ayesha Ramachandrans faszinierende Studie *The Worldmakers* führt uns diesen Aspekt der europäischen Fantasie im 16. Jahrhundert vor Augen. Gerhard Mercators *Atlas*, schreibt Ramachandran, »markiert[e] insofern einen intellektuellen Wendepunkt, als er versuchte, sich ein Bild von der ganzen Welt zu machen«. Seine Navigations-Projektion von 1569 bildet immer noch »die Grundlage« für die »von Google Maps und in den heutigen ArcGIS-Systemen verwendete Plattform Web Mercator«.[53] Einflussreich innerhalb dieser Tradition war auch die später christianisierte, aber ursprünglich stoische *kataskopos*-Vorstellung – der imaginierte »360-Grad-›Blick-von-oben‹ [...], durch den der Mensch sich von einem in der Welt Gefangenen in einen von außen Zuschauenden verwandeln konnte« –, die im Europa der Renaissance durch Macrobius' populären Kommentar zu *Scipios Traum* – einem Teil von Ciceros *De re publica* (54-51 v.Chr.) – aus dem 5. Jahrhundert Verbreitung fand.[54] Darin wird beschrieben, wie dem römischen Feldherrn Scipio Aemilianus träumte, er sehe von oben, aus dem Sternenhimmel auf die Erde herab.

Dies waren jedoch Versuche, sich die Erde so vorzustellen, wie sie dem bloßen menschlichen Auge von irgendeinem Punkt am

Himmel aus erschienen wäre. Man könnte die These vertreten, dass die von modernen Raumfahrern aus dem Weltraum gesendeten Bilder der Erde einen Höhepunkt dieser Geschichte darstellen.[55] Die »ganze Liste neuer Fragen«, von der Lovelock spricht, unterscheidet sich insofern davon, als sie nicht auf einen imaginierten oder realen Blick des bloßen Auges auf den Planeten aus dem Weltraum zurückgeht. Die Frage, warum »Sauerstoff gleichbleibend zwischen etwa 17 und 30 Prozent der Atmosphäre ausgemacht hat, seit sich vor etwa [mehr als] 370 Millionen Jahren Pflanzen und besonders Wälder auf der Landfläche nachweisen lassen«, könnte nicht angesprochen bzw. beantwortet werden, ohne dass man physikalische, chemische, geologische und biologische Fragen stellt und diesen Planeten mit Planeten wie Mars und Venus vergleicht.[56] Um noch einmal Lovelock zu zitieren: »[D]as Nachdenken über Leben auf dem Mars [hat] zumindest einige von uns auf einen ganz neuen Standpunkt geführt, von dem aus das Leben auf der Erde zu sehen ist, und uns ein neues Bild von den Beziehungen zwischen der Erde und ihrer Biosphäre entwerfen – oder ein sehr altes Konzept neu beleben – lassen.«[57] Das Planetarische ist unweigerlich ein komparatistisches Unterfangen.

Das Erdsystem der ESS geht mit anderen Worten nicht bloß auf einen physischen Blick auf den Planeten von außen zurück, sondern auf seine Neuformierung zu einer abstrakten Figur in der Fantasie mit Hilfe der Wissenschaften – unter Einbeziehung von Informationen, die von sich im Weltraum befindenden Satelliten gesendet werden oder aus alten Eiskern-Proben stammen –, *während man andere Planeten immer im Auge behält, und sei es nur implizit.* Die ESS legt einen neuformierten Planeten vor, das Erdsystem, eine Entität, der niemand je physisch begegnet, die aber, wie Timothy Morton es ausdrückt, aus einer Reihe miteinander verbundener »Hyperobjekte« – wie dem planetarischen Klimasystem – besteht, die unter Heranziehung von Big Data (neu) geschaffen wird.[58] Delf Rothe hat treffend angemerkt, dass das Anthropozän Erdlingen wie uns Menschen gleichzeitig entzogen und unzugänglich ist. Es ist, schreibt Rothe, »gleichermaßen totalisierend wie entzogen: [Es] ist eine neue planetarische Realität – eine Zustandsänderung des gesamten Erdsystems, die nicht direkt erkennbar oder spürbar ist.«[59]

Zwischen der ESS und der Gaia-Idee bleibt also eine interessante Spannung bestehen. Mit dem Namen ESS war Lovelock nie glücklich, er fand ihn »blutleer« (siehe oben, Anm. 51), wohingegen Lenton und Watson ihr Buch mit folgender Bemerkung beginnen: »›Gaia‹ und ›Erdsystem‹ sind für uns beinahe Synonyme. [...] [Aber] ›Erdsystemwissenschaft‹ [...] ist nicht so personalisiert und polarisiert.«[60] Die Erdsystemwissenschaft ist eine aus beobachteten und simulierten Daten sowie deren Analyse bestehende positive Wissenschaft, aber ein gewisses Moment wissenschaftlich-poetischer Intuition, so wie in dem Augenblick, als die später Gaia genannte Idee in Lovelocks Kopf aufblitzte, wohnt ihr immer inne.

Die Auseinanderentwicklung von Globalem und Planetarischem

Arendt beendete die Arbeit an ihrem Buch *Vita activa* im Dunstkreis des ersten künstlichen Satelliten, als nämlich der erste sowjetische Sputnik sich in den Weltraum wagte. Ihrer Meinung nach kündigte sich in der Weltraumtechnologie etwas an, das sie als »Erd-Entfremdung« des Menschen bezeichnete. Diese sei ein Indikator für das Vermögen des Menschengeschlechts, sein Überleben um den hohen Preis des Verlusts des Gefühls seiner tiefen Erdgebundenheit notfalls auf anderen Planeten sicherzustellen.[61] Mit düsteren Vorahnungen beobachtete eine ganze Reihe berühmter deutscher Denker:innen – unter ihnen Spengler, Heidegger, Jaspers, Gadamer, Arendt und Schmitt – die raschen Fortschritte der globalen Technik. Sie fürchteten die endgültige »Entwurzelung« des Menschen, das Scheitern des immerwährenden menschlichen Projekts, die Erde durch Welterschließung zu bewohnen.[62] Ein Ende der kapitalistischen Globalisierung ist der Geschichte der ESS allerdings nicht zu entnehmen, vielmehr sehen wir, dass wir an einem historischen Punkt angelangt sind, an dem das Gebiet des Planetarischen sich dem Menschen aus dem Globalen *erschließt*. Wir dürfen den poetischen Charakter von Lovelocks Vision nicht vergessen, die den Anstoß für die ESS gegeben hat. Es mag zwar Vorläufer der Gaia-Theorie gegeben haben, aber keiner davon war mit einer solchen Epiphanie verbunden wie Lovelocks Überlegungen zu Gaia. Lovelock schreibt: »Die Idee, dass die Erde eine Art lebendiger Organismus ist […], entstand in einer hochangesehenen wissenschaftlichen Umgebung. […] Sie kam mir, weil meine Arbeit dort mich von oben, aus dem Weltraum auf die Erdatmosphäre blicken ließ. […] Luft ist eine Mischung, deren Zusammensetzung aus irgendeinem Grund immer gleich bleibt. Mein Geistesblitz an jenem Nachmittag bestand in dem Gedanken, dass irgendetwas die [Zusammensetzung der Luft] regulieren muss, damit sie gleich bleibt, und dass daran auf irgendeine Weise das Leben auf der Erdoberfläche beteiligt ist.«[63]

Zu der Bewusstwerdung, welche die ESS bei uns in Gang setzt, wäre es schlicht und einfach nicht ohne die Entwicklung von Technologie gekommen, die nicht nur den »dunkle[n] Schoß« von Mutter Erde – als den John Milton die frühen Minen beschrieb –, sondern auch das scheinbar leere Gewölbe des Himmels und alles jenseits von ihm »durchwühlt« hat.[64] Man bedenke Folgendes: Letzten Endes haben uns nichts anderes als die aus dem Kalten Krieg stammende Technologie zur Weltraumerkundung und die zunehmende Aufrüstung der Atmosphäre und des Weltraums den Gaia-Moment bewusst gemacht. Oder unser

Vermögen, das Erdinnere zu erkunden: Die Klimawissenschaftler:innen wären nicht in der Lage gewesen, 800 000 Jahre altes Eis anzubohren, wenn der US-amerikanische Verteidigungsapparat und die vielgescholtenen Ölkonzerne und Bergbauunternehmen nicht die erforderliche Bohrtechnologie entwickelt hätten, die dann für die Bearbeitung von Eis modifiziert wurde.[65]

Nachhaltigkeit und Bewohnbarkeit: Worin Globales und Planetarisches sich unterscheiden

Der Unterschied zwischen Globalem und Planetarischem lässt sich vielleicht am besten anhand einer kurzen Gegenüberstellung der beiden Ideen veranschaulichen, die jeweils für die beiden hier in Frage stehenden Kategorien, Globus und Planet, zentral sind, nämlich Nachhaltigkeit und Bewohnbarkeit.

Nachhaltigkeit ist eine zutiefst politische Vorstellung im Arendt'schen Wortverständnis von *Politik*; die Art von Neuerung, die sie im Rahmen der menschlichen Angelegenheiten zulässt, geht immer mit der Erörterung des Wohls der Ungeborenen einher. Ihre Entstehung verdankt sich Europas Erfahrung mit Landwirtschaft und Ackerbau zur Zeit der europäischen Expansion und deshalb ist sie ein fester Bestandteil der Globalgeschichte.[66] Die am weitesten verbreitete Definition von nachhaltiger Entwicklung ist die Definition, die 1983 von der häufig auch nach ihrer Vorsitzenden, Gro Brundtland, unter dem Namen Brundtland-Kommission bekannten Weltkommission für Umwelt und Entwicklung in ihrem Abschlussbericht *Unsere gemeinsame Zukunft* festgelegt wurde, nämlich eine »Entwicklung, die die Bedürfnisse der Gegenwart befriedigt, ohne zu riskieren, daß künftige Generationen ihre eigenen Bedürfnisse nicht befriedigen können.«[67] Paul Wardes Geschichte dieser Idee seit dem 17. Jahrhundert vermittelt ein differenziertes Bild – in früheren

Formen lässt sich das deutsche Wort Nachhaltigkeit* bis in Texte aus den 1650er Jahren über die Handhabung von Ackerbau und Forstwirtschaft in England, Deutschland und Frankreich zurückverfolgen. In seinem Aufsatz stellt er klar:

> Der moderne Nachhaltigkeitsbegriff [knüpfte] weitgehend an Vorstellungen an, die im späten 18. und frühen 19. Jahrhundert aufgekommen sind, als aus einem neuen Verständnis von Bodenkunde und landwirtschaftlicher Praxis zusammengenommen der Gedanke eines *Kreislaufs* von unverzichtbaren Nährstoffen innerhalb von Organismen hervorging und folglich die Auffassung zuließ, dass eine Unterbrechung von Kreislaufprozessen zu dauerhaften Schäden führen könnte.[68]

Einer der Pioniere, die er erwähnt, ist der Chemiker Justus von Liebig, der »ein Bewunderer und Anhänger Alexander von Humboldts« gewesen sei. In Liebigs Werk entdeckt Warde »so etwas wie ein modernes Verständnis von Nachhaltigkeit: dass die Entwicklung einer Gesellschaft sich grundlegenden biologischen und chemischen Prozessen [der Erde] verdankt, aber auch, dass es sich dabei um ein komplexes dynamisches System mit Rückkopplungseffekten handele.«[69]

An Wardes Äußerung wird deutlich, wie ein einsetzendes Bewusstsein in Bezug auf Erdprozesse – sozusagen ein einsetzendes planetarisches Bewusstsein – immer im Hintergrund mitschwingt, wenn sich die Frage nach dem Erhalt der menschlichen Zivilisation stellt. Allerdings schwingt es lediglich *im Hintergrund* mit: Menschliche Belange stehen beim Nachhaltigkeitsgedanken an erster Stelle. Donald Worster zeigt, dass schon der Gedanke, dass die Erde endlich ist, zu einer Familie zutiefst anthropozentrischer Vorstellungen gehört, der Umwelt und Nachhaltigkeit als zwei wichtige Mitglieder angehören. Laut Worster ist William Vogts Buch *Road to Survival* (1948, dt.: *Die Welt rächt sich*, 1950) »einer der ersten [Texte], in dem das Wort ›Umwelt‹ verwendet wird«. Vogt habe *Umwelt* als »Gesamtsumme des Bodens, Wassers, der Pflanzen und Tiere, auf die *alle Men-*

schen angewiesen sind«, definiert.[70] Im Wort *Umwelt* käme also so etwas wie eine menschenzentrierte Sorge zum Ausdruck, als würden wir nur deshalb über die Umwelt von etwas sprechen, weil es sich bei diesem Etwas um uns handelt. Der auf die Unterschiede zwischen Arm und Reich achtende Fairfield Osborn zeigte sich in seinem im selben Jahr erschienenen Buch *Our Plundered Planet* (1948, dt. *Unsere ausgeplünderte Erde*, 1950) zwar bereit, die menschliche Spezies als »Glied in der großen Ordnung der Natur« zu betrachten. Im Rahmen des damaligen Wissens war er mit den tiefenhistorischen Gegebenheiten des Planeten vertraut, aber wie andere hatte auch er seinen Blick fest darauf gerichtet, was diese Historie für uns Menschen bedeutete. Er wollte dazu beitragen, dass die Menschen lernten, als »Teil in einem einheitlichen Naturganzen« für das Gesamtwohl von Natur und Menschen zu sorgen, wobei sich die Idee eines »Ganzen« in diesem Fall auf Fragen des Gleichgewichts und der Harmonie zwischen Menschen und ihrer irdischen Umwelt bezog.[71]

Eine solche anthropozentrische Vorstellung von Nachhaltigkeit ist im 20. Jahrhundert tonangebend gewesen und blieb auch danach noch das Mantra des grünen Kapitalismus.[72] Ein absurdes Extrem solch einer humanozentrischen Auffassung manifestierte sich schon früh im letzten Jahrhundert in der Vorstellung eines »maximalen nachhaltigen Ertrags«, die aus der Geschichte des »wissenschaftlichen« Forstmanagements übernommen worden war und in der Literatur über »Fischereimanagement« eine Vormachtstellung erlangte. Peter Anthony Larkin formulierte die Angelegenheit mit einer Prise Humor, als er 1976 auf der Jahresversammlung des amerikanischen Fischereiverbandes die Eröffnungsrede hielt:

> In meinen letzten Studienjahren vor etwa 30 Jahren fing die Idee eines maximalen nachhaltigen Ertrags gerade an, sich im Fischereimanagement im großen Stil durchzusetzen. […] Für kurze Zeit bestand der reine Glaube darin, dass jede Spezies jedes Jahr einen fangbaren Überschuss hervorbrin-

gen würde, und wenn man genau so viel und nicht mehr finge, könne man für immer und ewig so weitermachen (Amen). [...] Darüber hinaus ging man davon aus, dass die Tiere sich der Rolle, die man ihnen im großen Weltganzen zugedacht hatte, sehr wohl bewusst waren. Organismen durften sich mit Organismen ihrer eigenen Spezies fortpflanzen oder mit Einzelexemplaren anderer Arten interagieren, aber nur in einem Rahmen, der den maximalen nachhaltigen Ertrag nicht in Mitleidenschaft zog.[73]

In der Literatur über Nachhaltigkeit bilden irdische Prozesse den stummen Hintergrund für die menschlichen Aktivitäten. Stephen Morses Buch über das Thema Nachhaltigkeit widmet der Geschichte des Lebens auf diesem Planeten lediglich eine von 259 Seiten, und das auch nur, weil er der Frage der Nachhaltigkeit einen irdischen Rahmen verleihen muss. Er weist aber darauf hin, dass das Wort *Nachhaltigkeit* in den Schilderungen, wie sich das Leben auf diesem Planeten fortschreibt, nicht »häufig verwendet« werde: »Stattdessen sprechen wir von der ›Dauerhaftigkeit‹ oder ›Resilienz‹ des Lebens, von seiner Befähigung, nach Erschütterungen und Protuberanzen, von denen es seit der Geburt des Planeten viele gegeben hat, weiterzugehen.« In diesem Teilsatz schimmert nun endlich ein Anflug von planetarischem Bewusstsein durch. Doch das Wort *Nachhaltigkeit* betrifft ausschließlich Menschen, wie Morse zu Recht unterstreicht. Es ist ein »menschen-zentrierter Begriff«, räumt er ein, und »gilt für Personen und die Interaktionen zwischen uns und unserer Umwelt. Wenn wir also im Zusammenhang mit Nachhaltigkeit über die Rolle der Biologie sprechen, meinen wir die Rolle, die Biologie für Personen spielt; die Rede ist von sehr kurzen Zeiträumen im Vergleich zu« den Zeitmaßstäben, mit denen die Geschichte des Lebens verknüpft ist.[74]

Der Schlüsselbegriff des planetarischen Denkens, den man der Idee der Nachhaltigkeit im globalen Denken entgegensetzen könnte, ist *Bewohnbarkeit*. Bewohnbarkeit bezieht sich nicht auf den Menschen. Ihr zentrales Anliegen ist das Leben – komplexes vielzelliges Leben im Allgemeinen – und was *dieses*, nicht Menschen allein, nachhaltig bzw. zukunftsfähig macht. Was, fragen ESS-Spezialist:innen, macht einen Planeten Hunderte Millionen Jahre lang zu einem freundlichen Umfeld für komplexes Leben? Deshalb sollte man das Bewohnbarkeitsproblem von den Debatten über das Leben unterscheiden, die in den Geisteswissenschaften unter der Überschrift Biopolitik stattgefunden haben. Die Idee der Biopolitik, die das Leben mit Fragen der Disziplinarmacht, des Staates, des Kapitalismus und so weiter verbindet und »eine biologische oder metaphysische Thematisierung des Lebens« ablehnt, wäre eindeutig ein Teil dessen, was ich hier als globales Denken bezeichnet habe.[75] Die zentrale Frage des Bewohnbarkeitsproblems ist *nicht*, was Leben ist oder welche Machtinteressen es steuern, sondern eher, was einen Planeten zu einem freundlichen Umfeld für die dauerhafte Existenz komplexen Lebens macht.

Die Schwierigkeit, vor der Wissenschaftler:innen stehen, wenn sie erörtern, was einen Planeten bewohnbar macht, besteht natürlich darin, dass die Zahl der bisher der Forschung zur Verfügung stehenden Exemplare von bewohnbaren Planeten sich auf lediglich eins beläuft. Der notwendige Pluralismus des Planetarischen scheint sich mithin durch Fragen nach Leben und Bewohnbarkeit in Luft aufzulösen. Doch, schreiben Langmuir und Broecker, »obwohl die Erdgeschichte unweigerlich die spezifische Geschichte eines Planeten ist, gelten die Prinzipien, die dieser verkörpert [wie etwa Evolution durch natürliche Selektion oder ›zunehmende Stabilität durch Netzwerke und zunehmende Zugänglichkeit und Nutzung von Energie‹], höchstwahrscheinlich im ganzen Universum.«[76] Der unmittelbar relevante Punkt ist, dass Menschen nicht im Zentrum des Bewohnbarkeitsproblems stehen, dass aber Bewohnbarkeit zentral für menschliche Existenz ist. Wenn der Planet für komplexes Leben nicht bewohnbar wäre, würden wir schlicht und einfach nicht hier sein.

Dies macht zum Beispiel der Sauerstoffanteil der Atmosphäre anschaulich, der gegenwärtig bei etwa 21 Prozent liegt und sehr lange Zeit stabil gewesen ist.[77] Langmuir und Broecker weisen darauf hin, dass dies »eine bemerkenswerte Unausgewogenheit« darstelle, »weil O_2 ein so hochreaktives Molekül ist«. Sauerstoff reagiere mit »Metallen, Kohlenstoff, Schwefel und anderen Atomen, mit denen es Oxide bildet«.[78] »Was steuert heute die O_2-Konzentration der Atmosphäre?«, fragen Kump, Kasting und Crane in ihrem Buch über die ESS:

> Überraschenderweise lautet die Antwort, dass wir es nicht genau wissen, obwohl die Forscher:innen eine ganze Reihe von Ideen haben. Worin der Sauerstoffkontrollmechanismus auch bestehen mag, ist er anscheinend sehr effizient. Der moderne O_2-Pegel der Atmosphäre liegt bei 21 Volumenprozent bzw. 0,21 bar. Es scheint unwahrscheinlich zu sein, dass die O_2-Konzentration seit dem letzten Devon vor etwa 360 Millionen Jahren um mehr als +/- 50 Prozent von diesem Pegel abgewichen ist. Das beweist die Existenz von Wäldern seit dieser Zeit; sie konnten zwar immer in Brand geraten, sind aber niemals ganz verschwunden.[79]

Ein O_2-Molekül bleibt vier Millionen Jahre lang in der Atmosphäre, bevor es von der Erdkruste absorbiert wird. »Das mag nach einem langen Zeitraum klingen«, merkt Lenton an, »ist aber sehr viel kürzer als die etwa 550 Millionen Jahre, die es sauerstoffatmende Tiere auf dem Planeten gegeben hat. Es ist auch sehr viel kürzer als die 370 Millionen Jahre, die es Wälder gegeben hat.« »Demnach«, schließt er, »ist der Sauerstoffanteil der Atmosphäre bemerkenswerterweise innerhalb der für eine komplexe Tier- und Pflanzenwelt bewohnbaren Grenzen geblieben, obwohl alle Sauerstoffmoleküle sich mehr als hundert Mal erneuert haben.«[80] Diese uns das Atmen erlaubende bemerkenswerte Stabilität des Sauerstoffanteils der Atmosphäre wird durch das Erdsystem bzw. durch das gewährleistet, was ich »den Planeten« genannt habe.

Allem Anschein nach stimmen Erdsystemforscher:innen darin

überein, dass sowohl die verschiedenen Lebensformen an Land und im Wasser als auch die Bindung von organischem Kohlenstoff im Wasser sowie der Phosphor- und Langzeitkohlenstoffkreislauf des Planeten eine Rolle für das Wiederauffüllen und Aufrechterhalten des Sauerstoffanteils der Atmosphäre spielen, der das Gedeihen von komplexem Leben möglich macht.[81] Aus diesem Grund besteht die Bedrohlichkeit des Anthropozäns im Zusammenhang mit der planetarischen Denkweise in seiner möglichen Bedeutung nicht bloß für die unmittelbare Zukunft des Menschen, sondern auch für die langfristige Zukunft. Die globale Erwärmung löst bei Erdsystemforscher:innen die Furcht vor einem weiteren – in den nächsten 300 bis 600 Jahren möglichen – großen Aussterben von Leben aus, durch das sich der Biodiversitätsgrad des Planeten auf eine primitivere Stufe zurückentwickeln könnte.[82] Wie Langmuir und Broecker darlegen, sind fossile Brennstoffe, Erdreich und Biodiversität entscheidend für das menschliche Gedeihen, und sie haben zwei Dinge gemeinsam: Sie haben alle mit der Geschichte des Lebens auf diesem Planeten zu tun und keiner von ihnen ist nach menschlichen Zeitmaßstäben erneuerbar.[83] Letzten Endes geht es beim Planetarischen darum, wie einige sehr langfristige planetarische Prozesse, in die Lebewesen und Nichtlebewesen eingebunden sind, die Möglichkeitsbedingungen für menschliche Existenz und menschliches Gedeihen bereitgestellt haben und immer noch bereitstellen. Unsere jüngste Einmischung in einige dieser Prozesse hat jedoch für uns Menschen eine besonders schwer zu lösende Frage von spürbarer Dringlichkeit aufgeworfen: Mit William Connollys aufrüttelnden Worten gesprochen, geht es darum, »sich dem Planetarischen zu stellen«.[84]

Trotz all ihrer Unterschiede sind das globale Denken und die planetarische Denkweise für die Menschen keine Entweder-oder-Frage. Das Planetarische hat heute genau deshalb ein so großes Gewicht in unserem Alltagsbewusstsein, weil sich humanistischen Intellektuellen durch das Hervortreten des Globalen seit etwa 70 Jahren – durch alles, was in dem Ausdruck »die große Beschleunigung« zusammengefasst wird – das Gebiet des Planetarischen erschlossen hat. Wie bereits erwähnt, nimmt sogar die alltägliche Unterscheidung, die wir zwischen erneuerbaren und nicht erneuerbaren Energiequellen treffen, stillschweigend, aber andauernd Bezug auf menschliche und geologische Zeitmaßstäbe – auf die Hunderte Millionen von Jahren, die der Planet für die Erneuerung der fossilen Brennstoffe benötigen würde. Auf ähnliche Weise bezieht sich die ganze Rede, dass es einen »Überschuss« an Kohlenstoffdioxid in der Atmosphäre gebe, implizit auf die normale Menge dieses Gases, die von den Kohlenstoffsenken des Planeten aufgenommen wird. Langmuir und Broecker unterstreichen, dass es für die Menschen von entscheidender Bedeutung sei, Erdreich und Biodiversität und nicht bloß die fossilen Brennstoffe zu den »nicht erneuerbaren Ressourcen« zu zählen.[85] Praktische Pläne, von der Entwicklung einer die Sonne als unbegrenzte Energiequelle für die Industrie- und sich industrialisierenden Gesellschaften nutzenden Technologie zu profitieren, sind Versuche, einen Aspekt dessen, was wir das Planetarische genannt haben, in das Globale einzugliedern. Ob wir es zugeben oder nicht, leben wir alle am Scheitelpunkt von Globalem und Planetarischem. Das globale Zeitalter als solches geht gerade zu Ende. Und doch wird im Alltag das Planetarische sowohl heraufbeschworen als auch gleich wieder aus den Augen verloren.

Wird so ein Problem unterschlagen? Diese Frage hat Connolly gestellt. »Unter ›dem Planetarischen‹«, schreibt er, verstehe ich eine Reihe von temporalen Kraftfeldern, wie etwa Klimamuster, Trockenzonen, Meeresströmungen, Artenevolution, Gletscherströme und Wirbelstürme, die in unterschiedlichen Graden ein Vermögen zur Selbstorganisation besitzen und auf viele verschiedene Weisen Einfluss aufeinander und auf das menschliche Leben nehmen. [...] Der Kombination aus kapitalistischen Prozessen und sie verstärkenden, nichtmenschlichen geologischen Kräften muss gemeinsam entgegengewirkt werden. Eine solche Kombination wirft heute existentielle Probleme auf.[86]

Connolly meint zu Recht, dass der »Kombination aus kapitalistischen Prozessen« und planetarischen Kräften »gemeinsam entgegengewirkt werden« müsse. Doch was heißt es, ihnen »gemeinsam« entgegenzuwirken? Wie genau wirkt man (gedanklich) unterschiedlichen Formen des Denkens *gemeinsam* entgegen, selbst wenn die Phänomene, auf die sie sich beziehen, miteinander verwoben zu sein scheinen, und wenn Globales und Planetarisches – mit ihrem jeweiligen Schwerpunkt auf dem Anthropozentrischen und Nichtanthropozentrischen und ihrer Bezugnahme auf weitgehend verschiedene, miteinander unvereinbare Zeitmaßstäbe – häufig für zwei ziemlich unterschiedliche Einstellungen gegenüber der Entität stehen, auf und von der wir leben?

Das Globale, habe ich gesagt, bezieht sich auf Dinge, die im Rahmen menschlicher Zeithorizonte – im Rahmen der mannigfaltigen Horizonte existentieller, generationenübergreifender und historischer Zeit – geschehen, obwohl solche Prozesse räumlich planetarische Ausmaße annehmen können. Planetarische Prozesse, auch diejenigen, in die Menschen eingegriffen haben, laufen nach unterschiedlichen Zeitplänen ab, von denen manche mit menschlichen Zeitvorstellungen vereinbar, andere aber weit umfangreicher sind als das, was für die menschliche Zeitrechnung eine Rolle spielt. So haben Luft und oberirdische Gewässer genauso »kurze Wiederaufbereitungszeiten« wie viele Metalle, aber Erdreich und Grundwasser benötigen »Tausende von Jahren«, um sich zu regenerieren. »Biodiversität«, schreiben Langmuir und Broecker, »ist möglicherweise die wertvollste planetarische Ressource, der aus den Massensterben der Vergangenheit bekannte Zeitrahmen für ihre Regeneration beträgt mehrere zehn Millionen Jahre.«[87] Die heutigen Menschen sind insofern zu einer planetarischen Kraft geworden, als sie in einige dieser sehr langfristigen Prozesse eingreifen können, sie aber mit technischer Hilfe »wieder in Ordnung zu bringen«, übersteigt unsere gegenwärtigen Fähigkeiten nach wie vor beträchtlich. Was würde es für uns heißen, alle diese verschiedenen Zeitmaßstäbe gedanklich zusammenzuführen und uns, mit Connollys Worten, ihnen zu stellen?

Zeitlichkeit ist indes nicht das einzige Unterscheidungsmerkmal von Globalem und Planetarischem. Diese beiden Denkweisen stehen auch für zwei verschiedene Wissensformen und bei den Menschen für zwei verschiedene Weisen, sich gegenüber der Welt zu verhalten, in der sie sich befinden.[88] Beim Globalen, in dessen Zentrum Menschen stehen, geht es letzten Endes ausschließlich um Formen und Werte. Deshalb kann der Planet, wenn man ihn mit dem Globus gleichsetzt, eine Politisierung erfahren (wir können von seiner absichtlichen Zerstörung durch Exxon oder über die Schaffung von »planetarischer Souveränität« sprechen).[89] Debatten über Fragen wie Klimagerechtigkeit, Klimaflüchtlinge und ihre Rechte, Demokratie und globale Erwärmung, Klimawandel und Einkommensungleichheit, Rasse, Gender sowie die guten und schlechten Seiten des Anthropozäns gehen von der Annahme aus, dass wir, um eine Situation einschätzen und beurteilen zu können, Vorstellungen über ideale *Formen* von Gerechtigkeit, Rechten, Demokratie und so weiter besitzen, auch wenn konkurrierende Vorstellungen sie in Frage stellen. Solche Fragen, die eng mit der Frage nach den Formen und mit der politischen Debatte über sie verknüpft sind, gehören dem Bereich des Globalen an.

Doch das Planetarische als solches, das gewaltige Prozesse von unmenschlicher Größenordnung erschließt, kann nicht unter Rückgriff auf irgendeine ideale Form erfasst werden. Als Planet hat die Erde genauso wenig eine ideale Form wie ihre Geschichte oder die Geschichte irgendeines anderen Planeten. Obwohl die planetarische Denkweise Fragen zur Bewohnbarkeit stellt, und Bewohnbarkeit auf einige der Schlüsselbedingungen verweist, welche die Existenz verschiedener Lebensformen möglich machen, zu denen auch der *Homo sapiens* gehört, gibt es in der Geschichte des Planeten nichts, was Anspruch auf den Status eines moralischen Imperativs erheben kann. Nur in unserer Eigenschaft als Menschen heben wir auf die letzten 500 Millionen Jahre im Leben des Planeten ab – auf das letzte Achtel der Lebenszeit der Erde –, denn dies ist der Zeitraum, in dem die kambrische Explosion der Lebensformen erfolgte, die Bedingungen schuf, ohne die es keine Menschen gegeben hätte. Vom Standpunkt anaerober Bakterien aus, die vor der großen Sauerstoffanreicherung der Atmosphäre vor etwa 2,45 Milliarden Jahren auf der Oberfläche des Planeten gelebt haben, könnte die Atmosphäre dagegen wie eine Katastrophengeschichte aussehen (wie solche von Menschen vorgenommenen Bezeichnungen wie »Sauerstoff-Katastrophe« eingestehen). Die Existenz des Planeten ist etwas, wie es bei Quentin Meillassoux heißt, das »der Emergenz des Denkens vorausgeht und selbst dem Leben« – das heißt, man kann postulieren, dass sie *»jeder menschlichen Form der Beziehung zur Welt vorausgeht«*.[90]

Der Planet und das Politische

Angesichts der radikalen Andersheit des Planeten verspüren viele Wissenschaftler:innen ein tiefes phänomenologisches Bedürfnis, sich auf die menschlich-historische Zeit der Gegenwart zu beschränken und den Planeten als zutiefst menschliches Anliegen zu betrachten – als eine über die Zukunft der Menschheit entscheidende Frage und als eine Entität, deren Steuerung Menschen übernehmen sollten. Unabhängig davon, ob man sie im Hinblick auf Nachhaltigkeit oder im Hinblick auf Bewohnbarkeit stellt, ist die Steuerungsfrage nun aber im Grunde genommen ein existentielles Anliegen, das seinen Platz allein in der Gegenwart hat. Der entscheidende Unterschied besteht darin, dass die Vorstellungen der Erdsystemforscher:innen, wenn sie auf diese existentielle Frage antworten, auf eine einschneidende Veränderung der Auffassung hindeuten, wie Menschen auf der »Erde« wohnen sollen. Es wirkt so, als sei Schmitts Gegenüberstellung von Land und Meer, die Gegenüberstellung unseres »terranen Daseins« – das für den Wunsch nach Ruhe, Stabilität, einem Haus, Eigentum, Ehe, Familie und so weiter steht – und unserer »maritimen Existenz« – die durch die ruhelose, ständige Bewegung des technisch angetriebenen, imperialeuropäischen, die Ozeane befahrenden Schiffes symbolisiert wird – endlich in Gestalt eines durch Geoengineering optimierten, »intelligenten« Planeten Wirklichkeit geworden, der sich zu einer Reise durch die unendlichen Meere des Universums aufmacht.[91]

Im Jahr 1999 stellte der Physiker Hans Joachim Schellnhuber, der 1992 das Potsdam-Institut für Klimafolgenforschung gegründet hatte, die nach Ansicht von Erle Ellis »zentrale Frage« des Anthropozäns: »›Warum sollte Prometheus Gaia nicht zu Hilfe eilen?‹ […] Können Menschen die Bahn der Erde in eine andere Richtung bringen, sodass sowohl die Menschheit als auch die nicht menschliche Natur davon profitieren?«[92] Ellis pflichtet dieser Sichtweise, wenn auch vorsichtig, bei: »Hoffnungen auf einen technokratischen Prometheus sind mehr als nur Luftschlösser. […] Die Chancen auf ein besseres Anthropozän als das gegenwärtige sind durchaus vorhanden.«[93] Lenton schreibt: »Obwohl die menschliche Transformation des Planeten ursprünglich nicht beabsichtigt war, werden wir als Kollektiv uns ihrer jetzt zunehmend bewusst. […] Dadurch verändert sich das Erdsystem grundlegend, weil es bedeutet, dass eine Spezies den künftigen

Entwicklungsverlauf unseres Planeten bewusst und kollektiv gestalten kann.« Das auf diese Weise entstehende »menschliche Bewusstsein« werde seinerseits zu einer »neuen Eigenschaft des Erdsystems«.[94] »Die menschliche Zivilisation«, hören wir von Langmuir und Broecker, »hat zur ersten globalen Gemeinschaft einer einzigen Spezies geführt, zur Zerstörung von Ressourcen, die Milliarden Jahre lang akkumuliert worden sind, zu einer veränderten Zusammensetzung der Atmosphäre, einer vierten planetarischen Energierevolution und zu einem Massensterben.« Und doch, behaupten sie, »besitzt die menschliche Zivilisation das Potenzial, dass die Erde von einem ›bewohnbaren Planeten‹ zu einem ›bewohnten Planeten‹ wird, das heißt zu einem Planeten, der auf globaler Ebene über Intelligenz und Bewusstsein verfügt, was sich günstig auf ihn und seine weitere Entwicklung sowie auf die von allem Leben auf ihm auswirkt«.[95]

Dieses menschliche Anliegen läuft im Weiteren auf ein wirklich planetarisches Argument hinaus, auch wenn dieses gleich wieder auf einen menschlichen Horizont zurückgestutzt wird. Wie lange kann sich eine hochentwickelte technologische Zivilisation halten?, fragen Langmuir und Broecker. »*Zerstört eine solche Zivilisation sich in wenigen Hundert Jahren selbst oder wird sie sich Millionen von Jahren halten? Damit eine solche Zivilisation sich hält, muss die die Technologie lenkende Spezies die planetarische Bewohnbarkeit [bewusst und kollektiv] erhalten und fördern, anstatt die planetarischen Ressourcen zu plündern.*«[96] Ihre Hoffnung beruht also darauf, dass die Menschen eines Tages in der Lage sein werden, »sich als integralen und verantwortungsvollen Bestandteil des planetarischen Systems zu betrachten und als solcher zu handeln«.[97] Darin, schreiben sie am Ende ihres Buches über die Geschichte des Erdsystems, »besteht die Aufgabe der menschlichen Zivilisation: Teil eines natürlichen Systems zu werden, das die Weiterentwicklung des Planeten erlaubt, und vielleicht sogar daran beteiligt zu sein.«[98]

Auch wenn sie einräumen, dass »in der Politik ein Blinder den anderen führt«, sind Lenton und Latour der Ansicht, dass Hoffnung in der Zusammenarbeit der Wissenschaftler:innen mit »Bürger:innen, Aktivist:innen und Politiker:innen« liegen könnte, sodass genug »Sensoren« (als wissenschaftlich-technische Entsprechung zum Blindenstock) zur Verfügung stehen, damit sie alle »*schnell* erkennen, wo die Dinge falsch laufen [und sie möglicherweise wieder in Ordnung bringen können]«. Auf diese Weise in der Lage zu sein, »Zeitverzögerungen in der Reaktion der Gesellschaften auf Umweltveränderungen« aufzuspüren, fügen sie hinzu, »ist der einzige praktische Weg, auf dem wir *hoffen* können, so etwas wie Selbsterkenntnis zu Gaias Selbstregulierung beizusteuern«.[99] Als jemand, der die menschliche Vergangenheit und Politik erforscht, finde ich diesen Ausblick in eine Zukunft, in der Wissenschaftler:innen, Aktivist:innen und Politiker:innen und ihr jeweiliges Umfeld sich »schnell« daranmachen, Irrtümer zu erkennen, die an sehr vielen verschiedenen Stellen der Gesellschaft begangen werden, zwar vernünftig, aber wohl unwahrscheinlich.

Jedenfalls ist die Rede von Hoffnung (und Verzweiflung), wenn wir uns dem Planeten gegenübersehen, auf die Gegenwart gerichtet, denn Hoffen und Verzweifeln ist etwas, das wir Menschen im *Jetzt* tun, wenn das Planetarische uns mit einem unmenschlichen Hintergrund konfrontiert. Was aussieht wie eine Annäherung der planetarischen Zeitmaßstäbe und der Zeit, in der Menschen hoffen und verzweifeln, ist in intellektueller Hinsicht nicht hieb- und stichfest. Anfällig für Kritik bleibt die Unterstellung, dass Menschen irgendwie darum herumkommen können, die Art von »Pluriversum« zu sein, die sie sind und die von Schmitts berühmtem Begriff des Politischen als Grundlage für die Freund-Feind-Unterscheidung betrachtet wurde.[100] Das menschliche Politische, könnte man im Anschluss an Schmitt sagen, ist plural verfasst und wie wir aufgrund der Probleme wissen, die der IPCC hatte, als er versuchte, Steuerungsstrategien für den Klimawandel zu entwickeln, ist es auch nicht leicht, es einer einzigen rationalen Strategie zu unterwerfen. Das Geschichtlichkeitsregime des Anthropozäns, das die ESS sichtbar macht, konfrontiert die Menschen mit einem aus Zusammenhängen und Zeitvorstellungen bestehenden Hintergrund, zu dem vom zeitlichen Horizont menschlicher Erfahrungen und Erwartungen aus – das heißt vom globalen Geschichtlichkeitsregime aus – kein Zugang möglich ist. Und doch streben sogar die Erdsystemforscher:innen in ihrer Eigenschaft als Historiker:innen der menschlichen Zukunftsfähigkeit eine solche Versöhnung an. Letztendlich verdeckt ihr verständliches menschliches und gegenwartsbezogenes Anliegen die tiefe Andersheit des Planeten, die ihre Forschung im selben Zuge offenlegt.

Die Hoffnung, dass die Menschheit eines Tages eine Technologie entwickeln wird, die über einen geologischen Zeitmaßstäben genügenden Zeitraum ein dauerhaft symbiotisches Verhältnis oder eine Kongruenzbeziehung zur Biosphäre eingeht, gehört ins Reich vernünftiger Utopien.[101] Im Geiste entspricht sie dem, was Félix Guattari an einer Stelle seines das Klima nicht berücksichtigenden Buches *Die drei Ökologien* (1989) geschrieben hat. Mit einem Sinn für Prophetie, der heute – nach den ganzen Debatten über Geoengineering und die Menschen als »Gottes-Spezies« – zumindest leicht dubios klingen dürfte, schrieb Guattari, dass »die natürlichen Gleichgewichte« auf dem Planeten Erde »[i]mmer mehr [...] den menschlichen Eingriffen [...] obliegen [werden]. Es wird eine Zeit kommen, in der es erforderlich sein wird, unermeßliche Vorhaben zu unternehmen, um die Beziehungen zwischen dem Sauerstoff, dem Ozon und dem Kohlendioxid in der Erdatmosphäre zu regulieren. [...] In Zukunft wird nicht mehr nur ein Schutz der Natur zur Debatte stehen, sondern eine Offensive, um beispielsweise die Lunge von Amazonien wiederherzustellen.«[102]

Genauso wie der Strömungsgürtel (die sogenannte nordatlantische meridionale Umwälzzirkulation) könnte die »Lunge von Amazonien« durchaus ein Teil des Erdsystems sein, und vielleicht ist es für Menschen – in menschlicher Zeit – sehr viel leichter, diese Teile zu zerstören, als sie wieder in Ordnung zu bringen. Der Versuch, aus unserem neuen Verständnis des Erdsystems – als einer Vielzahl von Verbindungsnetzwerken, in denen unsere Körper so etwas wie Knotenpunkte darstellen, einfache Stellen, durch die viele Verbindungen hindurchgehen – ethische oder moralische Lehren abzuleiten, kommt dem Versuch gleich, das Planetarische, das nicht nur jeden menschlichen Maßstab übertrifft, sondern, wie gesagt, nichts Moralisches, Ethisches oder Normatives an sich hat, in die Reichweite des Globalen (des Bereichs der Formen und Werte und deshalb des Politischen) zu bringen. Ein solches Bedürfnis ist wiederum symptomatisch für die Zwickmühle, die das Anthropozän darstellt. Es geht auf die Erkenntnis zurück, dass die Unterscheidung von Natur und Gesellschaft bzw. von Subjekt (Mensch) und Objekt (Natur), die in allen Diskussionen über die Moderne so lange als selbstverständlich galt, aufgrund der Tragweite des immer mehr Energie gewinnenden Globalen – des von Guattari so genannten »weltweit integrierten Kapitalismus« – ihre Glaubwürdigkeit vollständig verloren hat.[103] Mehr noch: Die Institutionen der menschlichen Zivilisation, zu denen auch die Technik gehört, haben in einige entscheidende planetarische Prozesse eingegriffen. Genau dafür ist der planetarische Klimawandel ein Beispiel; die Menschen haben den kurzfristigen Kohlenstoffkreislauf des Planeten durch die Erzeugung einer überschüssigen Menge an Kohlendioxid unterbrochen, die menschliche Institutionen und Technologie noch nicht wiederaufzubereiten vermögen.

Sich dem Planetarischen zu stellen, verlangt also von uns das Eingeständnis, dass der Kommunikationszusammenhang, in den die Menschen ihrer Ansicht nach durch Kategorien wie Erde,

Welt und Globus auf natürliche Weise eingebettet waren, mittlerweile zumindest teilweise abgerissen ist. In vielen Denktraditionen, darunter auch einige religiöse, mag die Erde-Mensch-Beziehung als etwas Besonderes gegolten haben; im Hinblick auf den Planeten ist unsere Besonderheit aber nicht größer als die anderer Lebensformen. Der Planet versetzt uns in dieselbe Lage wie jedes andere Geschöpf.[104] Als Kollektiv betrachtet, entspricht unser kreatürliches Leben dem auf Konkurrenz beruhenden, tierischen Leben einer Spezies – ein Leben, dem Menschen, *pace* Kant, niemals vollständig entrinnen können.[105] Auf tragische Weise anschaulich wurde dies während der verheerenden Buschfeuer, die Australien Ende 2019 und Anfang 2020 heimgesucht haben, als das Umweltministerium der südaustralischen Regierung sich – »in Übereinstimmung mit den höchsten Standards des Tierwohls« – dazu entschloss, bis zu 10 000 wilde Kamele zu »vernichten«, weil die Tiere direkt mit den ländlichen Ureinwohnergemeinden um »knappe Nahrungsmittel und Trinkwasser« konkurrierten.[106] In dieser Geschichte sind Mensch und Kamel schlicht und einfach zwei irdische Geschöpfe, die um dieselben Ressourcen konkurrieren. Unsere Begegnung mit dem Planeten im humanistischen Denken schafft mithin begrifflichen Raum für die Entstehung einer möglichen philosophischen Anthropologie, die in der Lage ist, Kapitalismus und unser Leben als Spezies *sowohl* im Rahmen unserer unmittelbaren menschlichen Anliegen und Bestrebungen *als auch* gegen sie zusammenzudenken.

Seit dem 17. Jahrhundert fußt das politische Denken auf dem Gedanken der Absicherung des menschlichen Lebens und Eigentums. Der Anzahl der Menschen stand dieses Denken grundsätzlich gleichgültig gegenüber – schließlich war es das menschliche Individuum, das lebte, Rechte besaß und schlussendlich am Wohlstand teilhatte. Diese Gleichgültigkeit gegenüber der Gesamtzahl der Menschen übertrug sich in eine Gleichgültigkeit gegenüber der Biosphäre, weil die Annahme vorherrschte, dass der Globus immer über genügend Ressourcen verfügen würde, um das menschlich-politische Projekt unabhängig davon dauerhaft aufrechtzuerhalten, wie viel die Menschen der Erde abverlangten. Doch unsere Begegnung mit dem Planeten oder Erdsystem lässt uns erkennen, in welchem Maße einige der Grundannahmen dieser Tradition inzwischen in Frage stehen. Je mehr wir die Erde im Streben nach dem weltlichen Gedeihen einer großen Zahl von Menschen »bearbeiten«, desto häufiger begegnen wir dem Planeten. Wenn menschliche Institutionen, Technologie und Profitstreben, die bisher zusammen zur »Absicherung« des menschlichen Lebens gedient haben, sich bis zu einem Grad verbreiten, an dem die planetarischen Kreisläufe zusammenbrechen, die Meere wärmer und saurer werden, Wälder verschwinden, die Biodiversität beeinträchtigt wird, das Artensterben sich beschleunigt, die (jetzt auf etwa 65 Millionen veranschlagte) Zahl der Flüchtlinge sich vermutlich verdreifacht, die Häufigkeit von »Extremwetterlagen« zunimmt und Künstliche Intelligenz an die Stelle der Arbeit von Mensch und Tier tritt, dann würde sich in einem solchen Verlauf der menschlichen Geschichte eine tiefe und tragische Ironie zu erkennen geben. Die Institutionen, die bisher von den Menschen zur Absicherung des menschlichen Lebens genutzt worden sind, haben einen Verbreitungs- und Entwicklungsgrad erreicht, der eben diese Grundvoraussetzung menschlicher Politik – die Absicherung menschlichen Lebens – untergräbt. In dieser Hinsicht zerstört der Spätkapitalismus das menschlich-politische Projekt überall auf der Welt. Unter solchen Umständen besteht mit Sicherheit die Gefahr einer Rebarbarisierung der Welt, auf die Latour aufmerksam macht – eine Aussicht, die heute viele autoritäre Herrscher und Parteien implizit oder explizit verkörpern und aufrechterhalten.[107]

Wenn die klimatisch bedingte Krise des menschlichen Gedeihens planetarische Prozesse ins Blickfeld rückt, die von den Menschen in der Vergangenheit einfach nicht beachtet, ausgeklammert oder für selbstverständlich gehalten wurden, ist es vernünftig, eine Ethik zu fordern, die es Menschen gestattet, »alltagskonforme[...] Taktiken zur Kultivierung unserer Fähigkeit, die Vitalität der Materie wahrzunehmen«, zu entwickeln.[108] Aber wir müssen Jane Bennett auch dahingehend zustimmen, dass eine solche »Aufmerksamkeit für die Materie und ihre Kräfte [...] das Problem menschlicher Ausbeutung oder Unterdrückung nicht lösen [wird]. Sie kann [nur] zu einem deutlicheren Bewusstsein des Ausmaßes einladen, in dem alle Körper verwandt sind – verwandt im Sinn von untrennbar in ein dichtes Beziehungsgeflecht verwoben«.[109] Allein kann der Posthumanismus das Politische nicht in Angriff nehmen. Jede der planetarischen Krise, vor der die Menschen heute stehen, angemessene politische Theorie muss mit derselben alten Prämisse der Absicherung des menschlichen Lebens beginnen, sich aber jetzt auf eine neue philosophische Anthropologie stützen, das heißt auf ein neues Verständnis davon, dass der Mensch im Lebensnetz und in den miteinander verbundenen, aber unterschiedlichen Geschichten des Globus und des Planeten den Standort wechselt.

Der Geologe Jan Zalasiewicz hat einmal angemerkt, wie »schwierig« es »für uns Menschen« sei, »unsere eigene Spezies aus einem neutralen Blickwinkel zu betrachten«.[110] Was ist nun aber der Blickwinkel, den die ESS uns anbietet? Augustinus setzte sich hin und schrieb seine *Bekenntnisse*, als er feststellte, dass er sich selbst eine »Frage« geworden war.[111] Ganz ähnlich könnten wir fragen, wenn man die ESS als (Auto-)Biographie des Menschen zu einem Zeitpunkt versteht, an dem die Menschen sich selbst eine Frage geworden sind, worin denn nun die Frage besteht, die dieses Narrativ motiviert. Die Frage selbst bleibt ungestellt, aber viele, sich aus ihr ableitende Fragen zweiter Ordnung schwirren in ihrem Gravitationsfeld umher. Sind die Menschen zu einer »Gottes-Spezies« geworden? Sollen die Menschen mit anderen, nichtmenschlichen Wesen Verwandtschaftsbeziehungen eingehen? Sollen menschliche Gesellschaften anstreben, ein Teil des Systems der Natur auf diesem Planeten zu werden? Wird die Erde durch den Zusammenschluss von Technosphäre und Biosphäre zu einem »intelligenten« Planeten werden? Solche Fragen – die bis jetzt noch nicht beantwortbar sind, aber täglich drängender werden – markieren die Punkte, an denen die Kategorie *Planet* als menschlich-existentielles Anliegen ins humanistische Denken vordringt, auch wenn wir feststellen müssen, dass der Planet uns nicht auf dieselbe Weise zugewandt ist wie die älteren Kategorien der *Erde*, der *Welt* und des *Globus*. Wie werden gegen Ende dieses Buches auf diese Fragen zurückkommen. Der nächste Teil des Buches erkundet aber zunächst einmal, inwiefern diese Bewusstwerdung des planetarischen Maßstabs uns neu über bestimmte Schlüsselthemen der Globalgeschichte der Moderne und Modernisierung nachdenken lässt.

TEIL II

DIE SCHWIERIGKEIT, MODERN ZU SEIN

Kapitel 4
Die Schwierigkeit, modern zu sein

Ein maßgeblicher Teil des Diskurses über den Klimawandel, so viel kann man sagen, versteht sich selbst als Fortsetzung der Kritik an den Ungerechtigkeiten der Globalisierung und lässt sich deshalb ganz gut mit Schmitts Schema von Nehmen im Sinne der Landnahme → Teilen im Sinne von Verteilung → Weiden im Sinne produktiver Arbeit vereinbaren, das wir im letzten Kapitel erörtert haben. Dabei handelt es sich um die Literatur über Probleme der »Klimagerechtigkeit«. In einer wichtigen Hinsicht müssen wir das Schmitt'sche Schema aber modifizieren: Angesichts sich erwärmender Ozeane und steigender Meeresspiegel, zunehmender Dürren und Superstürme sowie direkt oder indirekt auf den Klimawandel zurückgehender wachsender Flüchtlingszahlen wird heute nicht bloß um Verteilung oder Gerechtigkeit gekämpft, sondern auch um Landnahme bzw. -aneignung, und mit diesem Thema sind direkt Fachrichtungen wie Security Studies und Internationale Beziehungen angesprochen, die sich mit grundlegenden Fragen politischer Souveränität befassen. Zur Veranschaulichung dieses Punkts könnte ich viele Beispiele anführen, ich möchte aber lediglich Phillip Muller zitieren, der gerade Botschafter der Marshallinseln bei den Vereinten Nationen war, als er im Jahr 2009 am neu gegründeten Center for Climate Change and Law der Columbia University einen Vortrag hielt:

> Der Meeresspiegel steigt und in einigen Jahrzehnten wird Land, niemand weiß, welche der 29 Korallenatolle und fünf Inseln, die sich zwischen Hawaii und Australien befinden, unter Wasser liegen. Wenn dies geschieht,

werden sich viele neue rechtliche Fragen stellen. Ist ein Land unter Wasser noch ein Staat? Hat es noch einen Sitz bei den Vereinten Nationen? Was wird aus seiner Ausschließlichen Wirtschaftszone und aus den Fischereirechten, auf denen seine Existenzgrundlage zu weiten Teilen beruht? Welche Länder werden sein heimatloses Volk aufnehmen und welche Rechte werden diese Menschen haben, wenn sie dort eintreffen? Haben sie irgendwelche Regressansprüche gegenüber den Staaten, deren Treibhausgasemissionen diese Misere verursacht haben?[1]

In diesem Zitat bringen die Auswirkungen des Klimawandels alle Fragen zur Sprache, die für Schmitts Schema charakteristisch waren: Souveränitäts- und Gerechtigkeitsfragen (Verteilung), Fragen produktiver Arbeit (Fischereirechte) und Aneignungsfragen (Landverlust, Ausschließliche Wirtschaftszonen, Flüchtlinge, die woanders stranden). Das Gerechtigkeitsproblem wird hier in einer politischen Sprache formuliert, die Teil der Geschichte der Globalisierung ist: ob nämlich die unter den Auswirkungen des Klimawandels leidenden Nationen und Völker »irgendwelche Regressansprüche«, wie der Botschafter es ausgedrückt hat, »gegenüber den Staaten« haben, »deren Treibhausgasemissionen« Ursache ihrer Misere sind. Durch die Gerechtigkeitsfrage rückt das Thema »ungleiche Entwicklung« ins Zentrum des Klimaproblems. Dabei mag es sich um ein anthropozentrisches Anliegen handeln, es ist aber direkt mit den Debatten über kapitalistische Entwicklung und Weltmärkte verknüpft.

Die Entwicklungsländer haben aber noch ein anderes Anliegen, auf das sich ihre Klagen über die unfairen Auswirkungen des Klimawandels stützen und das ich im Hinblick auf den Streit über den Zusammenhang von Klima und globalem Kapital für entscheidend halte. Dabei handelt es sich um den weitverbreiteten Wunsch nach Wachstum, Modernisierung, Entwicklung, wie auch immer man es nennen möchte, in den weniger entwickelten Ländern der Welt. Die Frage der Entwicklung – ja das Recht auf Entwicklung – stand im Zentrum der sogenannten Klimagerechtigkeitsdebatte, die 1991 – ein Jahr nachdem der erste Bericht des IPCC erschienen war – von den bereits erwähnten indischen Umweltaktivist:innen Anil Agarwal und Sunita Narain angestoßen wurde. Meines Wissens haben sie als Erste vorgeschlagen, dass die nationalen Emissionen von Treibhausgas (THG) auf Pro-Kopf-Basis berechnet werden sollten. Agarwal und Narain widersprachen der pauschalen Verwendung des Wortes *Mensch* – womit sie unmittelbar auf einen Bericht des World Resources Institute (WRI) über die »globale Umwelt« zielten – und protestierten gegen das, was sie als scheinheiliges Eine-Welt-Denken des Westens betrachteten.[2] In Agarwals und Narains Augen war all dies »ein hervorragendes Beispiel von Öko-Kolonialismus«, dessen »Hauptabsicht«, wie sie argwöhnten, im Grunde genommen darin bestände, »die gegenwärtig vorherrschende weltweite Ungleichheit in Bezug auf die Ausbeutung der Umwelt und ihrer Ressourcen [dadurch] fort[zu]setzen«, dass »Entwicklungsländer [...] für die weltweite Klimaerwärmung« verantwortlich gemacht werden, obwohl »[d]ie Akkumulation dieser Gase [THGs] in der Erdatmosphäre [...] überwiegend auf das maßlose Konsumverhalten der entwickelten Länder, vor allem der Vereinigten Staaten, zurückzuführen« sei.[3]

Für Agarwal und Narain sah es so aus, als würde der Klimawandel ein grausames und unfaires »Geschichtlichkeitsregime« einläuten, das Indien und China die Zukunft zu verwehren drohte, nach der sie nach eigener Einschätzung seit ihrer Unabhängigkeit in den späten 1940er Jahren und noch energischer seit den 1980er Jahren gestrebt hatten, nämlich eine ungehinderte, von den Vereinigten Staaten und der Sowjetunion nach dem Zweiten Weltkrieg inspirierte Aussicht auf Modernisierung.[4]

> Viele Entwicklungsländer befürchten, daß das geplante Klimaabkommen [Rio 1992] ihre Entwicklungsbestrebungen erheblich behindern wird: die Entwicklungsländer würden sowohl im Bereich der Energiegewinnung – vor allem durch Kohle – als auch im Bereich der Tierhaltung und des Reisanbaus empfindlich getroffen werden. [...] Arme Entwicklungsländer

> werden [vom Westen] in den Brennpunkt gerückt, ihr geringfügiger Verbrauch an Ressourcen wird argwöhnisch betrachtet, während die Hysterie über ihren möglichen zukünftigen Konsumzuwachs aufgeschaukelt wird. […] [D]er Traum jedes Chinesen, einen Kühlschrank zu besitzen, [wird] als Fluch für die Welt bezeichnet.[5]

Den unter dem Schlagwort »Klimagerechtigkeit« bekannt gewordenen Streit könnte man also eigentlich auch als Aushandlungsstrategie für ein längeres, auf Entwicklung bedachtes historisches Zeitregime für Länder wie Indien und China betrachten (was ihr Klimagerechtigkeitsargument nicht entkräftet).

Man kann keine politische Debatte über den Klimawandel führen, ohne den Einfluss von Fragen der »Entwicklung« auf die subalterne Modernisierungsgeschichte zu berücksichtigen. Nehmen wir zum Beispiel die einfache Frage des indischen Markts für Klimaanlagen. Am 12. Oktober 2016 trafen sich Unterhändler aus 170 Nationen in Kigali, Ruanda, und vereinbarten die stufenweise Einstellung der Nutzung von Wärme absorbierenden Fluorkohlenwasserstoffen (FKWs), die für die Herstellung der billigsten Klimaanlagen gebraucht wurden, die aufstrebende, oftmals am unteren Ende der sozialen Stufenleiter stehende Familien in Ländern wie Indien gerade angefangen hatten zu kaufen. Die Klimaanlagen halfen ihnen, mit immer heißeren Sommern fertigzuwerden. Was die Wärmeabsorption anbelangt, ist FKW 1000 Mal wirksamer als Kohlenstoffdioxid.[6]

In der *New York Times* hat der Ökonom Michael Greenstone berichtet, dass 87 Prozent der US-Haushalte über eine Klimaanlage verfügen, in Indien liege die Zahl dagegen bei fünf Prozent (bzw. 6-9 Prozent laut einiger anderer Quellen). Derzeit steige die Durchschnittstemperatur in Delhi an fünf oder sechs Tagen im Jahr auf über 35 °C; bis zum Ende des Jahrhunderts werde erwartet, dass die Zahl solcher Tage sich auf 75 erhöhe. Die Auswirkungen jedes zusätzlichen Tages über 35 °C auf die Sterblichkeitsrate »sind in Indien 25-mal so hoch wie in den Vereinigten

Staaten, wo die Nutzung von Klimaanlagen die Zahl der hitzebezogenen Todesfälle zwischen 1960 und 2004 um 80 Prozent reduziert hat«.[7] In einem anderen Artikel in der *New York Times* haben Ellen Barry und Carol Davenport über die Behauptung von Wissenschaftlern berichtet, »dass eine sprunghaft ansteigende Nutzung von FKW-betriebenen Klimaanlagen allein im kommenden Jahrhundert zur Erwärmung der Atmosphäre um fast ein ganzes Grad Fahrenheit beitragen würde – in einer Umwelt, in der eine Erwärmung um gerade einmal drei Grad für ein Umkippen des Planeten in eine unumkehrbare Zukunft steigender Meeresspiegel, stärkerer Stürme und Überschwemmungen, extremer Dürre, Lebensmittelknappheit und anderer verheerender Auswirkungen ausreichen könnte«. Genau solch ein »sprunghaftes Ansteigen« erfolge nun aber gerade in Indien, wo demselben Bericht zufolge »der Kauf eines ersten – nicht eines zweiten oder dritten – Geräts das Wachstum ankurbelt«. »Jedes Mal wenn die Löhne im öffentlichen Dienst steigen«, geben Barry und Davenport einen indischen Beamten wieder, »gehen die Verkaufszahlen von Klimaanlagen sprunghaft in die Höhe«, sogar unter den städtischen Arbeiterfamilien.[8]

Barrys und Davonsports Bericht fängt etwas von dem ein, was wir in Anlehnung an Ranajit Guha »leise Stimmen« der Geschichte der Gegenwart nennen können: die Stimmen derjenigen, die mit der sich erwärmenden Welt fertigwerden müssen und gleichzeitig explizit soziale Mobilität und Modernisierung anstreben.[9] Zudem darf man das Thema des indischen Bevölkerungswachstums, vor allem in den Städten, nicht aus den Augen verlieren. Global gesehen wird angenommen, dass 50 Prozent des Gesamtzuwachses an Menschen zwischen heute und 2100 aus acht Ländern stammen werden: Zwei von ihnen sind Indien und Pakistan (die anderen liegen alle in Afrika: Nigeria, Tansania, Demokratische Republik Kongo, Niger, Uganda und Äthiopien).[10] Während Aspirationen und Geschlechtergerechtigkeit in Bezug auf bestimmte Aspekte der Bevölkerungsfrage mit der weiter reichenden Aufgabe in Einklang gebracht werden können, die Bevölkerungszahl durch Entwicklung – indem der Zugang von Frauen zu Bildung, Arbeitsplätzen und Verhütung gewährleistet wird – auf demokratische Weise zu verringern, bleibt die rasante Entstehung von Megastädten – eine Welt, die Mike Davis zutreffend »Planet aus Slums« getauft hat – weiterhin ein Problem.[11] Insgesamt stieg die Bevölkerungszahl in Indien zwischen 2001 und 2011 um etwa 17 oder 18 Prozent. Die Stadt Bengaluru vergrößerte sich »um satte 47 Prozent, ihre Dichte nahm von 2985 Menschen pro Quadratkilometer im Jahr 1991 auf 4378 im Jahr 2010 zu. Delhi wuchs zwischen 2001 und 2011 um 21 Prozent«.[12]

Von daher ist es nicht überraschend, wenn man liest, dass »jedes Mal, wenn eine weitere Arbeiterfamilie mit ihrer ersten Klimaanlange nach Hause kommt, eine Welle der Begeisterung durch die Lane 12, Block C in Kamalpur [Delhi] geht. Dadurch, dass man sie ein paar Stunden am Tag gewöhnlich zur Abkühlung des Raumes anmachen kann, in dem die Familie schläft, wandelt sich das Leben in diesem stickigen Betonlabyrinth, in dem die Temperatur schon im Mai die 47-Grad-Marke erreicht.« »Man wacht völlig erfrischt auf«, sagt die Hausfrau Kaushilya Devi. Ihr Mann hat im letzten Mai ein Gerät gekauft. »Ich würde nicht behaupten, dass wir zur Mittelschicht gehören«, fügt sie hinzu, »aber wir kommen ihr näher.« Der Bankdirektor S.S. Pathak ist dankbar, dass die Klimaanlage seine Kinder in die Lage versetzt hat, für ihre Eingangstests zum Medizinstudium zu lernen – so könnten sie sich »noch spätabends zum Lernen hinsetzen, ohne einzunicken oder von krankheitsübertragenden Mücken zerstochen zu werden«. Eine andere Befragte, Sandhya Chauhan, und ihre Familie »leben in zwei muffigen, fensterlosen Zimmern im Untergeschoss, in denen es in den Sommernächten so drückend wird, dass sechs schweißgebadeten Erwachsenen nichts anderes übrigbleibt, als sich bis zum Morgen Luft zuzufächern und sich unruhig hin und her zu wälzen«:

> Aber so schlimm wie diesen Mai [2016] war es noch nie. Die Temperatur stieg so hoch, dass Mrs. Chauhans Freundinnen schon mutmaßten, die Erde würde mit der Sonne kollidieren. [...] Nachdem ein Arzt Mrs. Chauhan gewarnt hatte, die Hitze würde die Gesundheit ihres ältesten Sohnes in Mitleidenschaft ziehen, kaufte ihr Mann auf Kredit eine Klimaanlage. [...] Dieser Kauf hat ihr Bild von sich selbst verändert. [...] ›Durch Bildung lernen Menschen, auf sich Acht zu geben‹, sagte sie. ›Seit wir uns an die Klimaanlage gewöhnt haben, gibt es kein Zurück mehr.‹[13]

Diese geschlechtsspezifischen, subalternen und aufstrebenden Stimmen machen deutlich, dass unser Verständnis von ganz gewöhnlichem menschlichen Gedeihen und sogar von Demokratie in einer wärmer werdenden Welt sich darauf stützt, dass allen Menschen genügend preiswerte Energie zur Verfügung steht. Arjun Appadurais aufschlussreiche Worte über solche alltäglichen Ansprüche sind eine Wiederholung wert:

> Das Streben nach einem guten Leben ist Teil einer Art von Gedankengebäude [...], das es verortet auf einer umfassenderen Landkarte lokaler Vorstellungen und Überzeugungen über [...] Leben und Tod, das Wesen weltlicher Besitztümer, die größere Bedeutung materieller Güter im Vergleich zu sozialen Beziehungen, die relativ trügerische Hoffnung auf gesellschaftliche Beständigkeit, den Wert von Krieg und Frieden [...] – lokale Vorstellungen über Ehe, Arbeit, Freizeit, Komfort, Unbescholtenheit, Freundschaft, Gesundheit und Tugend.[14]

Doch stelle man sich die Zukunft vor, mit der Kaushilya Devi und Sandhya Chauhan konfrontiert sind, wenn die Nationen beschließen, auf Alternativen zu FKW umzusteigen. Die Ersatzmöglichkeiten, sagt der Leiter des Instituts für Air Conditioning, Heating and Refrigeration, Stephen Yurek, sind »leichter entzündlich und giftiger«, weshalb baulich verbesserte und teurere Klimaanlagengeräte und besser ausgebildete Installateure benötigt werden. Verständlicherweise hat Indien um einen langsamen Übergang gebeten: um einen Aufschub des FKW-Ausstiegs bis 2031 und um eine stufenweise Verringerung von FKW auf 15 Prozent des Pegels von 2029 bis 2050 unter der Voraussetzung, dass die entwickelten Länder, deren Expert:innen meinen, es sei entscheidend, FKW zu verbieten, bevor der Klimaanlagen-Markt boomt, Unterstützungsleistungen bereitstellen würden. In den 1990er Jahren besaßen in China lediglich fünf Prozent der Stadtbewohner eine Klimaanlage; binnen zehn Jahren ist diese Zahl auf 100 Prozent gestiegen.[15] Greenstone nimmt zur offenkundigen Ironie der Situation Stellung: »Eben die Technologie, die helfen kann, die Menschen vor dem Klimawandel zu schützen, erhöht dessen Tempo.« Doch fürs Erste »ist Indien stark auf seine derzeitigen Einwohner:innen konzentriert, die sich Risiken gegenübersehen, die in wohlhabenden Ländern wie den Vereinigten Staaten schlicht und einfach nicht existieren«.[16] Wer immer in den kommenden Jahrzehnten indischer Premierminister sein wird, braucht die Zustimmung der Kaushilya Devis und Sandhya Chauhans des Landes, um Indiens internationale Verpflichtungen im Hinblick auf FKW zu erfüllen.

Das Posthumane und das Postkoloniale

Wie lassen sich diese tatsächlich bestehenden, Legislaturperioden und politische Institutionen überdauernden, allgemein verbreiteten Ansprüche mit dem in Einklang bringen, was akademische Stimmen aus der Erdsystemwissenschaft und aus dem Spektrum, das unter der Rubrik »Posthumanismus« zusammengefasst wird, uns über weltweite Vernetzung, verteilte Handlungsmacht, die Rolle planetarischer Prozesse, das Nichtmenschliche und so weiter erzählen? Der Botschafter der Marshallinseln, den ich oben zitiert habe, mag gut und gerne über das Recht der Inselbewohner:innen sprechen, in ihren Ausschließlichen Wirtschaftszonen Thunfische aus dem Meer zu fischen, doch bedenke man die

Rolle der Thunfische! Infolge sich ändernder Wassertemperaturen könnten die Thunfische nämlich beschließen, sich in andere, für ihre Lebensweise und ihr Reproduktionssystem günstigere Gewässer zu begeben.

Eine nicht-anthropozentrische Weltsicht, wie wir sie im letzten Kapitel erörtert haben, ist ein fester Bestandteil der Erdsystemwissenschaft, und deshalb kann die Frage der Handlungsmacht von Nichtmenschlichem oder Nichtlebendigem unabhängig davon, ob wir von »Kapitalismus im Lebensnetz« oder von »Kapitalozän« sprechen, nur schwerlich oder gar nicht außer Acht gelassen werden, wenn wir Überlegungen zum Klimawandel anstellen. Es ist keineswegs überraschend, dass die planetarische Klimakrise Stellungnahmen von Autor:innen heraufbeschworen hat, die im weitesten Sinne unter dem Label Posthumanismus publizieren: unter anderem Bruno Latour, Donna Haraway, Anna T. Sing, Jane Bennett und Rosi Braidotti. *Geontologien* von Elizabeth Povinelli, *In welcher Welt leben?* von Déborah Danowski und Eduardo Viveiros de Castro, *Facing the Planetary* des Politikwissenschaftlers William Connolly und Michael Northcotts *A Political Theology of Climate Change* sind Versuche, eine neue politische Grammatik zu entwickeln, die menschliche und nichtmenschliche Handlungsmacht kombiniert.[17] Der epistemologische Reiz eines solchen Schritts hin zu einer posthumanen Beschreibung der Welt – und der Wunsch, ein entsprechendes Politikverständnis zu schaffen (man denke etwa an Latours Idee eines »Parlaments der Dinge«) – kommt sehr gut in Jane Bennetts Buch *Lebhafte Materie* zum Ausdruck, in dem sie die Unterscheidung von Natur und Kultur als Quelle weniger einer falschen als vielmehr einer »dünnen« Beschreibung der Welt bezeichnet. Wie ihr Buch unter kreativer Verwendung dieses von Clifford Geertz geprägten Gegensatzes zwischen dichter und dünner Beschreibung nahelegt, stellen die Posthuman Studies das dringend benötigte Korrektiv einer »dichten« Beschreibung bereit: »Demokratietheorien, die von einer Welt aktiver Subjekte und passiver Objekte ausgehen, beginnen nun, da die Wechselwirkungen zwischen menschlichen, viralen, tierischen und technischen Körpern zunehmend an Intensität gewinnen, als eher dünne Beschreibungen zu erscheinen.«[18]

Selbst wenn wir zugestehen, dass Auffassungen, die Handlungsmacht als etwas betrachten, das sich auf Menschen und Nichtmenschen verteilt, uns möglicherweise bessere Beschreibungen davon liefern, wie der Planet und das Leben auf ihm tatsächlich funktionieren, bliebe eine entscheidende Frage bestehen: Warum halten moderne Menschen wider besseres Wissen weiter in hohem Maße an der Unterscheidung von Natur und Kultur, das heißt dem, was Bennett eine »dünne Beschreibung« der Realität nennt, fest? Was ist für den Wunsch, modern zu sein, oder für den Wunsch nach sogenannter Entwicklung – oder zumindest nach den Annehmlichkeiten der Modernisierung – vieler, wenn nicht der meisten Menschen auf der ganzen Welt verantwortlich? Worin besteht der Zusammenhang zwischen den Modernisierungsprojekten, die in der Dritten Welt von antikolonialen Modernisierern in ehemals kolonisierten oder »neuen« Nationen in den 1950er und 1960er Jahren in Asien, Afrika und im Pazifikraum auf den Weg gebracht wurden, dem Wunsch nach kapitalistischem Wachstum und Fortschritt in bevölkerungsreichen Nationen wie Indien und China und der heutigen Klimakrise?

In ihrer bisherigen Form vermittelt uns die humanwissenschaftliche Debatte über den Klimawandel – auch wenn die Vernünftigkeit der Position der »Klimagerechtigkeit« eingeräumt wird (was meistens der Fall ist) – keinen Einblick in die Geschichte dieser Wünsche in der Dritten Welt, wir erfahren nichts darüber, warum, wie und aufgrund welcher Art von Geistes- und Sozialgeschichte Entwicklung und Fortschritt in Indien, China, im postkolonialen Ägypten, in Indonesien oder Papua-Neuguinea zu derart hochgeschätzten Begriffen wurden. Und es geht nicht nur um die Wünsche. Technische Naturbeherrschung wurde weit über die Grenzen des sogenannten Westens hinaus als Ausdruck von Männlichkeit wahrgenommen. So bejubelte sogar in meiner eigenen wirtschaftlich rückständigen Geschichte der kolonialen, bengalisch-hinduistischen Mittelschicht der talentierte junge, in späteren Jahren sehr bekannte Dichter Premendra Mitra (1904-1988), berauscht vom scheinbar triumphalen Erfolg der Arbeit »abendländischer Humanität« – Arendts *animal laborans* –, die in seinen Augen den Höhepunkt der Geschichte menschlicher Arbeit insgesamt darstellte (man beachte die Verwendung des Wortes *lazily*, also »faul« oder »träge« in seinem Gedicht), die Verwüstung der Erde durch den Menschen, indem er auf durch und durch maskuline Weise ein Bild von der Erde entwarf, dem zufolge sie selbst auf diese Weise verwüstet werden wollte:

The earth begs for the thrust of the plough
The ocean for the helm.
Metals, imprisoned in the palace of the Deep,
Pine away for [the touch of] man.
The boisterous river wants to fall into chains,
Into bondage to the bridge.
Not time, alas, to gaze
Lazily on the beauty of the world.[19]

Marxistische Kritiker:innen, die die Wurzeln der globalen Erwärmung in der Geschichte des globalen Kapitalismus ausfindig gemacht haben, möchten das Anthropozän umbenennen und es als Kapitalozän oder jedenfalls so bezeichnen, dass auf seine soziale Genese angespielt wird. Sie verlieren jedoch kein Wort über die Frage, wie bzw. warum Visionen einer moderneren Zukunft die Fantasie der Mittelschichten und anderer Klassen in Nationen in Beschlag nehmen konnten, die früher Kolonien von europäischen Mächten gewesen waren. Wo in der marxistischen Literatur über das Kapitalozän überhaupt die Handlungsmacht von konkreten Menschen vorkommt – das heißt Handlungsmacht, die über das hinausgeht, was der abstrakten Logik des Kapitals zugeschrieben werden kann –, kommt sie Industriekapitänen und Eliten in Vorstandsetagen oder Regierungen zu, die ökonomische Entscheidungen treffen, und nicht den Eliten, mittleren oder subalternen Klassen in Asien und Afrika.[20] In seinem Hauptvortrag auf der Millenniums-Konferenz von 2015 hat Bruno Latour die Bereitschaft der Menschheit, diesen epistemologischen »Preis« (die Unterscheidung von Natur und Kultur) zu zahlen, durch Verweis auf seine praktischen »Vorteile« erklärt: »Natürlich lohnt es sich in vielen Situationen, diesen Preis zu zahlen. Diejenigen, die Teile ausfindig machen, Zusammenhänge herstellen, Mechanismen konstruieren, Elemente mit Hilfe von Kausalbeziehungen verknüpfen und ein maßstabgetreues Modell der Gesamtkonfiguration entwerfen, machen große Fortschritte. Der Vorteil eines solchen Verfahrens steht außer Frage.«[21]

***

Die Trennung von Natur und Kultur bzw. das, was auf eine ontologische Abtrennung des Menschen vom Nichtmenschlichen hinausläuft, führt, wie Latour in seinem Klassiker *Wir sind nie modern gewesen* darlegt, zu bestimmten »Reinigungs«projekten. Ohne die mit ihnen einhergehenden, der »Natur« angeblich im Reinzustand verschiedene Entitäten abgewinnenden sowohl geistigen als auch praktischen Prozesse sind Moderne und kapitalistische Produktionsweise in der Tat nicht denkbar. Das meint Jane Bennett, wenn sie vom Arbeiten mit einer »dünnen Beschreibung« der Natur spricht. Man denke etwa an ein so elementares Gut wie »Land«. Beim Verkauf eines Stückes Land wird es als abstraktes Stück verkauft, als zweidimensionale Gestalt auf einer Landkarte, auf der zum Beispiel alle es bewohnenden Lebensformen fehlen, außer vielleicht sie sind von direktem Geldwert für Menschen. Oder man denke an Metalle und Mineralien. In der Natur kommen sie nur selten in reiner Form vor. Deshalb ist es kein Wunder, dass Erdölförderanlagen über »Raffinerien« verfügen – schon der Name sagt alles. Zalasiewicz und seine Kollegen schreiben, dass reine oder legierte Metalle

> auf der prähumanen Erde selten waren, auf der Gold und (seltener) Kupfer und Eisen in natürlicher Form in verwertbaren Mengen vorkamen. Erst seit dem Holozän […] haben Menschen Metalle durch das Schmelzen ihrer Verbindungen isoliert, angefangen mit Blei, Silber und Zinn (auch Kupfer und Eisen mussten in den meisten Fällen aus Erzverbindungen gewonnen werden). In einem Innovationsschub vom späten 18. Jahrhundert bis Mitte des 20 Jahrhunderts wurden die meisten Metalle isoliert, darunter auch einige, bei denen bis dahin die Existenz einer nativen Form nicht bekannt gewesen war, wie Magnesium, Kalzium, Natrium, Vanadium und Molybdän, sowie einige, die nur selten und dann in winzigen Mengen auftreten, wie Aluminium, Titan und Zink.[22]

Zu den neuartigen Metalllegierungen gehören Bronze, Messing, Weißmetall und Eisen-Kohle-Legierungen, die »häufig mit Chrom, Molybdän und anderen Metallen« versetzt werden. Und eine derartige Erzeugung von Reinheit hat auch zur starken Vermehrung der von Latour so genannten »Hybride« geführt. Mittlerweile haben die Menschen »ein breites Spektrum an synthetischen Mineralien, […] neuartige Granatformen […] [und] kristalline Materialien« zur Verwendung in Lasergeräten hergestellt, zum Beispiel das »industrielle Schleifmittel« Bornitrid (Borazon). Borkabid ist ein weiteres Hybridmetall dieser Art, das in Panzern und kugelsicheren Westen Verwendung findet, »während Wolframkarbid für die Kugeln in Kugelschreibern benutzt wird«. Die Inorganic Crystal Structure Database, schreiben Zalasiewicz und seine Kollegen, listet »mehr als 180 000 verschiedene, von Menschen hergestellte Arten von ›synthetischen‹ mineralischen Verbindungen« auf.[23] Hinzufügen könnte man dieser Liste noch »neuartige menschengemachte Mineralien« (die zuerst »menschenvermittelte Mineralien« hießen) häufig in Verbindung mit dem

Bergbau (gewonnen »durch Verwitterung von Mineralasche, Kristallbildung in Grubenentwässerungssystemen oder Niederschläge auf Stollenwänden sowie Korrosionsprodukte im Zusammenhang mit archäologischen Artefakten«) und synthetische mineralische Verbindungen wie »in Massenproduktion hergestellte, überall einsetzbare Baumaterialien wie Portlandzement« (als Grundlage für Beton) und »Produkte aus gebranntem Ton wie Porzellan und Ziegelsteine«. Nicht ganz so oft vertreten, aber ebenfalls weitverbreitet sind »technische Kristalle, darunter diejenigen, die für Halbleiterbausteine, Magnete, Leuchtstoffe und andere elektronische Anwendungen verwendet werden«.[24] Latour hat völlig recht: Das Reinigungsprojekt geht Hand in Hand mit der starken Vermehrung von Hybriden. Dieser Prozess, behauptet Latour, unterlaufe letztendlich die Entgegensetzung von Natur und Gesellschaft bzw. Natur und Kultur als solche, durch die das Projekt einer »Ausdünnung« der Natur bzw. der Hervorbringung von Entitäten in »reiner« Form erst möglich wird.

All dies zugestanden, sollte man jedoch noch folgenden wichtigen Punkt bedenken: Wenn es beim Modernisierungs- oder Entwicklungswunsch der breiten nichtwestlichen Mittelschichten nur um Nützlichkeit, praktische Vorteile, Gier oder Profit ginge, würde es sich schlicht und einfach um einen dümmlichen, moralisch nicht vertretbaren Wunsch handeln. Dann müsste man nur im Brustton moralischer Überzeugung den Aphorismus wiederholen, der Gandhi zugeschrieben wird, dass nämlich die Welt genug habe, um jedermanns Bedürfnisse zu befriedigen, aber niemals genug für jedermanns Gier, und damit wäre die Modernisierungskritik erledigt. Wenn das alles zum Thema Entwicklung und Modernisierung wäre, hätten Denker:innen wie Amartya Sen (und Martha Nussbaum sowie andere) nicht den berühmten »Befähigungsansatz« für dieses Problem entwickeln müssen bzw. »Entwicklung« nicht als »Freiheit« beschreiben können.[25] Man muss die ethischen Aspekte eines solchen Wunsches verstehen, wenn man die Untiefen der Zwickmühle ausloten will, in der sich die Menschen heute befinden.

Dies ist die Stelle, an der meiner Meinung nach die Geschichte der antikolonialen Dritte-Welt-Modernisierer Berücksichtigung finden sollte. Latours Beschäftigung mit dem Anthropozän stützte sich zum Beispiel auf seine frühere Kritik an dem, was er einprägsam als Verfassung bzw. »Konstitution der Moderne« bezeichnet hat. Dank der absoluten Trennung von Natur und Gesellschaft als einer Version der Entgegensetzung von Natur und Kultur, die sie (etwa seit dem 17. Jahrhundert) vornahm, erlaubte diese eigentümliche Konstitution die Vermehrung einer großen Zahl von Hybriden (von Dingen, die weder rein natürlich noch rein gesellschaftlich sind), während sie die eigentliche Übersetzungsarbeit zwischen den beiden Polen, denen Hybride ihre Existenz verdanken, ablehnte und darauf bestand, dass Hybride bloß eine Mischung – eine Vermittlung – zweier getrennter reiner Formen seien.[26] Wie unschwer zu erkennen ist, zielte seine Kritik eindeutig auf eine von ihm als »Westen«, »Abendland« oder »westliche Gesellschaft« bezeichnete Entität und deren arrogante und schematische Trennung von Natur und Gesellschaft, die ihr durch die Erfindung der Themen Moderne und Modernisierung zur Herrschaft über das, was sich außerhalb von ihr befand, aber auch über ihre eigene Bevölkerung verhalf.

In einigen kryptischen Bemerkungen deutet Latour an, dass dieser Westen – als Erfinder und zugleich Erfindung der Moderne – durchaus eine Geschichte hat. Was wir vor uns haben, sind indes nur einige sehr kurze, brillante und anregende Formulierungen, wie etwa die Behauptung, dass ihre eigenen Widersprüche auf der Konstitution der Moderne lasten. Auch fällt es nicht schwer, die Geschichte der Konstitution der Moderne mit groben Rahmendaten zu versehen, wie sie in Latours Narrativ deutlich werden: Ab der Zeit der Boyle-Hobbes-Kontroverse (wie Steven Shapin und Simon Schaffer sie schildern) im 17. Jahrhundert bis in die Gegenwart hat die Moderne so viele Hybride – aus Natur und Kultur – hervorgebracht, dass ihre eigene, auf der Aufrechterhaltung dieser Unterscheidung beruhende Konstitution kurz vor dem Zusammenbruch steht. Der Klimawandel bestätigt das Ausmaß dieser Krise. Natürlich verfügt die moderne Konstitution sowohl in den Kolonien als auch in Europa über Untertanen. An ihnen sieht man, dass die menschliche Geschichte viel, viel älter ist als diese Konstitution. Außerdem ist abgesehen vom Aspekt der Größenordnung nichts je wirklich modern gewesen, vor allem nicht diejenigen, die sich lauthals zu Modernen erklären. Latours Projekt verzichtet nicht nur auf jede Art von Eurozentrismus, sondern auch auf den Anspruch, dass jene Konstitution der Moderne beschreibt, wie die Welt tatsächlich in den konkreten, miteinander verwobenen Netzwerken funktioniert, die er in seinem Opus magnum *Existenzweisen* sichtbar zu machen versucht.[27]

Latours Projekt bietet in vielen Hinsichten eine profunde Kritik der Welt, die durch die Konstitution der Moderne möglich wurde. Er kritisiert die den Kern dieser Konstitution bildende Entgegensetzung von Natur und Gesellschaft und versucht so, eine neue Weltordnung einzuführen: ein Parlament der Dinge (auf das *The Pasteurization of France* anspielt, das in *Wir sind nie modern gewesen* weiter ausgearbeitet und in *Das Parlament der Dinge* ausführlich dargelegt wird).[28] Als Latour begann, sich mit dem Anthropozän und dem Klimawandel zu beschäftigen, erweiterte er – zumindest in den ersten Entwürfen seiner Edinburgher Gifford-Vorlesungen, die er großzügigerweise öffentlich zugänglich machte und Freund:innen und Kolleg:innen zur Verfügung stellte – sein Panorama um James Lovelocks Gaia-Hypothese, die er geschickt auf die Frage der Religion hinlenkte. Dies war völlig legitim – schließlich ist Gaia ursprünglich eine religiöse Gestalt gewesen. Latour inszenierte einen Krieg zwischen dem Volk der Gaia, das nicht der Konstitution der Moderne entsprechend leben wollte, und denjenigen (dem Volk der Wissenschaft), die das wollten. Indem er seine eigene Arbeit mit Humes Arbeiten zur »Naturreligion« verwob, reichten seine Überlegungen bis in die »frühe Neuzeit« zurück. Doch mit der imaginären, »wissenschaftlich« lebenden Menschenpopulation griff er auf viele Themen zurück, die Latour-Leser:innen vertraut sind. Das Projekt einer Kritik an der Konstitution der Moderne setzt sich für eine gleichere und substanziell – und nicht bloß formal – demokratische Welt ein.[29]

Ich stimme Philippe Descolas Einschätzung, dass Latours Argumentation »im großen und ganzen sehr überzeugend« sei, voll und ganz zu.[30] Doch wo bleiben die antikolonialen, spätmodernen und sich spät modernisierenden asiatischen und afrikanischen Führer – die Nehrus, Nassers, Sukarnos, Nyerers, Senghors und Frantz Fanons – in seiner Geschichte? In *Wir sind nie modern gewesen* und anderen Schriften stützt Latours Argumentation sich ausschließlich auf die Konfrontation zwischen uns »abendländischen Modernen« bzw. den »Modernisten, [...] Abendländer[n], Weißen (welchen Spitznamen auch immer man ihnen geben will)« auf der einen Seite und den indigenen Völkern Amerikas auf der anderen, für die besonders die von Philippe Descola ethnographisch erfassten Achuar-Indianer stehen, die an der Grenze zwischen Ecuador und Peru leben.[31] Sollen wir daraus schließen, dass die antikolonialen Führer, die gegenüber dem Westen »aufholen« möchten – ein Wunsch, der die indische und chinesische Politik nach wie vor beseelt (man denke nur an Deng Xiaopings Kampagne der »vier Modernisierungen«) –, bloß blasse, unorginelle Abziehbilder ihrer Vorläufer im Westen waren – dass sie für mimetische, historisch zur Wiederholung der westlichen Torheit verdammte Wünsche aus zweiter Hand eintraten –, sodass die Kritik an den europäischen Modernisierern ihre Fälle gleich mit erledigt? Mit den Debatten über die Moderne, die postkoloniale Kritiker:innen von Anthony Appiah bis Homi Bhabha nicht wieder losgelassen haben, setzt Latour sich nicht auseinander. Ihn beschäftigt eher die Frage, warum das Modernisierungsprojekt dem Untergang geweiht ist. In seiner sechsten Edinburgher Vorlesung über Gaia führt er aus: »Man kann weiter darüber streiten, ob ›wir nie modern gewesen sind‹ oder doch, aber wer würde heute noch bestreiten, dass ›wir‹ nie in der Lage sein werden, die Erde zu modernisieren, weil uns (nach ›globalen Hektaren‹ berechnet) die fünf Planeten fehlen, die nötig wären, um unser nicht enden wollendes Grenzland auf die gleiche Entwicklungsstufe zu bringen wie Nordamerika?«[32] Man könnte also so argumentieren, dass es zwar stimmen mag, dass bis heute viele den Wunsch verspüren, modern zu sein, es aber ökologisch nahezu unmöglich zu sein scheint, dass wir jemals ein Stadium erreichen, in dem jeder Mensch zu gleichen Teilen von den Modernisierungsgewinnen profitieren wird. Unabhängig davon, ob wir je modern gewesen sind oder nicht, werden wir in dieser Hinsicht vielleicht nie modern sein, jedenfalls nicht alle von uns!

So weit, so gut. Doch werden wir in den Debatten über Klimapolitik keinen Deut vorankommen, wenn wir nicht verstehen, warum die Unterscheidung von Natur und Kultur – die Latour, Bennett, Descola und andere zu Recht für epistemologisch fragwürdig halten – in der Fantasie der Kolonisierten eine neuartige und originelle Ausdrucksform angenommen hat. Zu genau dieser Frage kann die postkoloniale Kritik meines Erachtens einen ganz eigenständigen Diskussionsbeitrag leisten.

Erst wenn wir diesen Traum der Kolonisierten verstehen – denen gesagt wurde, ihre Selbstbestimmung müsse warten, bis sie »modern« genug seien, um sie zu verdienen –, können wir die Klage verstehen, die in jeder Kolonie laut wurde, eine berühmte Stimme aber im Schlussabsatz des ersten Abschnitts von Aimé Césaires »Rede über den Kolonialismus« fand, dass nämlich die europäische Kolonialherrschaft auf ein Versprechen hinauslief, das absichtlich nicht erfüllt wurde: »Der letzte Beweis dafür ist, dass es gegenwärtig die Eingeborenen Afrikas oder Asiens sind, die Schulen verlangen, und dass es das kolonisatorische Europa ist, das sie ihnen verweigert; dass es der afrikanische Mensch ist, der Häfen und Straßen haben möchte, und dass es das kolonisatorische Europa ist, das damit geizt; dass es der Kolonisierte ist, der vorankommen möchte, und dass es der Kolonisator ist, der ihn zurückhält.«[33] Wie Césaire hervorhebt, waren alle gegen den Kolonialismus gerichteten Nationalismen programmatisch auf Modernisierung, das heißt auf das Projekt eingeschworen, die Nation modern zu machen. Nehru, Nasser, Mao, Ho Chi Minh, Julius Nyerere, Sukarno, Leopold Senghor, Aimé Césaire waren allesamt radikale Modernisierer, Pädagogen gegenüber ihrer jeweiligen Bevölkerung und idealistische Visionäre im Hinblick auf etwas, das sich als energiefressende menschliche Zukunftsvorstellung erweisen sollte. Im nationalen Kontext waren diese Männer Giganten, die sich durch unterschiedliche Modelle ökonomischer Entwicklung von amerikanischer bis zu sowjetischer Prägung inspirieren ließen. Sie verkörperten die Wünsche der Bewohner dieser Welt, die im Kielwasser des Aufstiegs der europäischen Nationen zur Weltherrschaft nichts anderes wollten, als modern zu sein.[34] Haben sie in der kritischen Haltung, wie sie Latours pointiert polemisches und profundes Werk prägt, schon Berücksichtigung gefunden? Ich glaube nicht.

Modernisierung und die Ethik der Unterscheidung von Natur und Kultur

Ich möchte anhand einiger Äußerungen von Nehru beispielhaft zeigen, wie vergeistigt und idealistisch dieser leidenschaftliche Wunsch der Dritten Welt nach energieaufwändiger, sich überwiegend aus fossilen Brennstoffen speisender Modernisierung gewesen ist. Dies war drei bis vier Jahrzehnte bevor die Konsumströme der Globalisierung über die Welt hinweggefegt sind, und bis zu den neuen sozialen Bewegungen – einschließlich der zweiten Welle der Frauenbewegung und der Umweltschutzbewegungen – in den 1970er Jahren waren es noch etwa 15 Jahre hin. Von Beginn seiner Amtszeit (1947) als erster indischer Premierminister erkannte Nehru, dass das Grundproblem, das in einem Land angegangen werden musste, das unter britischer Herrschaft noch bis 1943 mehrere große Hungersnöte erlebt hatte, in der Verfügbarkeit von Getreide bestand.[35] Für den Anbau von mehr Nahrungsmitteln war Bewässerung unverzichtbar, und zentral für die Bewässerung war die Energiefrage. Dies machte die Gletscher des Himalaya und alle sich aus ihnen nach Indien ergießenden Flüsse in Nehrus Augen zu einer Art von »stehender Reserve«. An erster Stelle stand so seines Erachtens das Aufstauen der Flüsse, um aus ihnen Wasser für die Bewässerung und Elektrizität zu gewinnen. Auf einer öffentlichen Versammlung in Kalkutta sprach Nehru 1949 über

> die großen Pläne, die vor uns liegen: […] In zwei bis drei Jahren werden wir die Projekte in den Flusstälern des Damodar und des Mahanadi sowie die Bhakra-Talsperre und weitere geplante Staudämme im ganzen Land, von Süden nach Norden, zu einem erfolgreichen Abschluss bringen. Dies wird in unzähligen Gebieten für Bewässerung sorgen. Durch die Fertigstellung von Kanälen werden wir mehr Nahrungsmittel und außerdem Elektrizität produzieren. Auf diese Weise werden wir unser Nahrungsmittelproblem in fünf bis sieben Jahren gelöst haben. Wir planen aber auch Sofortmaßnahmen zur Lösung des Nahrungsmittelproblems. […] Wir hoffen auf extensive und erfolgreiche Landwirtschaft in der Wüste Thar, sobald sie Kanalwasser erhält. […] So soll es sein.[36]

Es ist faszinierend, wie häufig der Himalaya, in dem heute viele Gletscher zurückgehen, in Nehrus Reden vorkommt. Er tritt auf zwei Abstraktionsebenen in Erscheinung: als politische und topographische Landkarte in seinem Büro als Premierminister und außerdem in seiner Fantasie. Nehru mochte Berge im romantischen Sinne, aber der Premierminister in ihm schob alle Gefühle dieser Art beiseite – »Ich persönlich mag den Himalaya; ich mag Berge und so weiter« –, um Raum für einen eher rohstofforientierten Blick auf ihre Hänge zu schaffen: »Wenn ich eine Karte von Indien betrachte und mir das Himalaya-Gebirge ansehe […], kommt mir die sich dort ballende ungeheure Kraft in den Sinn, die nicht genutzt wird, aber genutzt werden könnte, und die tatsächlich ganz Indien mit äußerster Geschwindigkeit verwandeln könnte, wenn man sie richtig verwendet.« Als »Energiequelle« machten die Berge einen höchst »erstaunlichen« Eindruck, möglicherweise sei jenes »Himalaya-Gebirge mit seinen Flüssen, Mineralien und anderen Ressourcen« »die größte Quelle […] der Welt«. Deshalb mussten alle Flüsse, die seinen Hängen entsprangen, um des nationalen Fortschritts willen »erschlossen« werden. Aus diesem Grund maß Nehru »der Entwicklung dieser großen Pläne für die Flusstäler, Staudämme, Wasserspeicher, Wasser- und Wärmekraft und so weiter, die einen schlicht und einfach vorwärtsbringt, wenn sie erst einmal entfacht ist«, auch »größere Wichtigkeit« bei – größere Wichtigkeit als das, wozu seine romantischen Gefühle ihn drängten.[37]

Diese utilitaristische, aber idealistische Abstraktion von den Hügeln obsiegte – zumindest in seiner Eigenschaft als Premierminister – auch über den Wissenschaftler in ihm, der in seinen zwei wichtigsten Büchern – den teilweise von H. G. Wells inspirierten *Weltgeschichtlichen Betrachtungen* und einem Text, der immer noch im Unterricht zum Thema nationalistische Fantasien gelesen wird, nämlich sein Klassiker *Entdeckung Indiens* – stets ein romantisches Verhältnis sowohl zur »Weltgeschichte« als auch zur indischen Geschichte an den Tag gelegt hatte.[38] »Sehen Sie sich die Karte von Asien und von Indien an. Sie starrt mich in meinem Zimmer und in meinem Büro an, und wenn immer ich sie betrachte, kommen mir alle möglichen Bilder in den Sinn«, sagte er in einer Rede vor dem Central Board of Irrigation im Dezember 1948. Was für Bilder? Wie er selbst schilderte, zeigten die ersten Bilder, die ihm einfielen, nicht industriellen Fortschritt, sondern ein sehr viel sanfteres Bild »unserer lang vergangenen Geschichte, der allmählichen Entwicklung des Menschen von den frühesten Stadien an, von großen Karawanenstraßen, von den ersten Anfängen der Kultur, Zivilisation und Landwirtschaft und der Frühzeit, als möglicherweise die ersten Kanäle und Bewässerungsanlagen gebaut wurden, und von allem, was ihnen entspringt«. Doch »dann«, sagte er, womit er eine wichtige Zäsur in seinem Denken markierte, »denke ich an die Zukunft.« An eine – in gewissem Sinne an das, was Koselleck über die Neuzeit*, die Zeit der Moderne, gesagt hat, erinnernde – Zukunft, die ihren Erwartungshorizont nicht aus dem Raum historischer Erfahrung bezieht, sondern von woanders her, aus einer *Uchronie* (wie Derrida gesagt hat).[39] Wenn er an die Zukunft denke, sagte Nehru, sei seine Aufmerksamkeit »auf das riesige Bergmassiv gerichtet, das Himalaya genannt wird und unsere nordöstliche Grenze bewacht«. »Sehen Sie es sich an, denken Sie an es«, ermahnte Nehru seine Zuhörer, »ich kenne keinen anderen Ort auf der Welt, in dem so viel gewaltige Kraft steckt wie im Himalaya und in dem Wasser, das von ihm aus in die Flüsse gelangt. Wie sollen wir es nutzen?«[40]

Auf dieses Motiv kommt Nehru immer wieder zurück. »Wenn ich eine Karte von Indien betrachte – und das mache ich sehr oft –, sie starrt mir in meinem Büro direkt ins Gesicht«, sagte er in seiner Ansprache zur Eröffnung der 23. Jahrestagung, auf der am 17. November 1952 in Neu-Delhi das Silberjubiläum des Central Board of Irrigation and Power gefeiert wurde, »denke ich oft nicht nur daran, dass diese große Bergkette Indiens Grenze ist, […] dass sie sich wie eine Schildwache erhebt und in der Vergangenheit unsere Kultur und unser Denken in so vielen Hinsichten inspiriert hat, sondern auch daran, dass diese mächtige Bergkette unterschwellig eine gewaltige Energiequelle ist. Die Energie fließt durch die großen Flüsse, die aus jenen Bergen kommen, das indische Flachland bewässern und im Meer münden, dann nimmt sie die Gestalt von Mineralien an und so weiter.« Und dann kommt sein utopisches Bravourstück: »Deshalb scheint hier in meinen Augen ein gewaltiges Energiereservoir zu liegen, dessen Verwendungsmöglichkeiten grenzenlos wären, wenn wir es nur in vollem Umfang nutzen könnten.«[41]

***

Für eine solche Sichtweise kam Wissenschaft und Technik zwangsläufig zentrale Bedeutung zu. In einer Rede auf einer Konferenz des produzierenden Gewerbes sagte Nehru im Dezember 1947 (das heißt vier Monate nach der Unabhängigkeit) in Delhi: »Zum Gewinnen des letzten Kriegs haben viele Dinge beigetragen, meiner Meinung nach gab es aber letztlich zwei Gründe: die erstaunliche Kapazität der amerikanischen Industrie und die wissenschaftliche Forschung.«[42] Genauso wie die berühmten Staudämme bezeichnete er auch die indischen Forschungslabore als »moderne Tempel« Indiens: »ich betrachte sie [die Forschungslabore] als Tempel der Wissenschaft, deren Bau im Dienst unseres Mutterlandes steht. [...] Dienst an der Wissenschaft ist wahrer Dienst an Indien – nein, sogar an der ganzen Welt; Wissenschaft kennt keine Grenzen.«[43] Ein Jahr später bekräftigte er am 5. Dezember 1948 in einer Ansprache auf der 19. Jahrestagung des Central Bord of Irrigation in Neu-Delhi diesen Glauben an die Wissenschaft:

> In der Vergangenheit gab es eine Zeit [...], in der man einigermaßen zutreffend hätte sagen können, dass die weltweiten Ressourcen tatsächlich nicht ausreichen würden, um den Lebensstandard der Weltbevölkerung im gewünschten Maße zu erhöhen. Mittlerweile dürfte meiner Vermutung nach noch den Minderbemitteltsten klar geworden sein, dass wir durch die richtige Nutzung der weltweiten Ressourcen der Gegenwart ungeachtet der weiteren Entwicklung, ja sogar ungeachtet der übrigen Welt, wenn Sie so wollen, den Lebensstandard in Indien erhöhen können. Dies lässt

sich mit Papier und Bleistift zeigen. […] Wir müssen dieses riesige Potenzial in Tatsachen verwandeln.[44]

Wir würden Menschen wie Nehru, Mao, Nasser oder Nyerere falsch einschätzen, wenn wir sie für Pragmatiker hielten, die einem einfachen und naiven Glauben an technokratische Lösungen für das Problem der Energie- oder Wasserversorgung Ausdruck gäben. Nehru betrachtete die Aufgabe, die Nation »voranzubringen«, als nichts weniger denn als eine geistige Mission, die von Seiten des Technokraten sowohl Idealismus als auch Glauben erforderte – einen Glauben allerdings, der weit über Fragen technischer Effizienz hinausging. Um im Volk Energien für die Erschaffung einer Nation freizusetzen, verlangte Nehrus Vision einen Glauben sowohl an die Menschen seines Landes als auch an das Modernisierungsprojekt. Es gibt einige vielsagende Anekdoten, die Nehru selbst erzählt hat. Als er im Dezember 1958 vor dem Board of Irrigation and Power eine Rede hielt, erinnerte er sich, dass er »vor vier oder fünf Jahren« bei der Damodar Valley Corporation gewesen sei, wo »ein enthusiastischer junger Ingenieur mir erklärte, was sie dort machten«. Nehru war froh, dass das »Interesse« dieses Mannes »geweckt« worden war, und bemerkte, dass dort noch »einige Hundert Männer und Frauen [herum]liefen, die Körbe mit Erdreich trugen«. Das kommentierte er folgendermaßen:

Ich fragte den Ingenieur: ›Haben Sie diesen Menschen erklärt, warum sie dies tun?‹ Er entgegnete: ›Nein‹. Ich sagte: ›Dann haben sie ihre Arbeit überhaupt nicht verstanden. Ihre Arbeit besteht darin, dem einfachen Arbeiter zu erklären, welche Rolle im Plan er innehat.‹ […] Später sprach ich die vielen Hundert Menschen an, die Erdreich von einem Ort zum anderen trugen. Ich sagte: ›Was tun Sie da?‹ Sie sagten: ›Wir bringen diesen Korb Erdreich von hier nach dort.‹ Sie kannten nicht einmal den unmittelbaren Nutzen ihrer Arbeit als Teil eines großen Plans. […] [Doch] dies sind die Menschen, die am Ende profitieren werden, wenn der Plan erfüllt ist. Es ist die Aufgabe des für die Damodar Valley Corporation arbeitenden Personals, dafür zu sorgen, dass die Menschen in der ganzen Gegend, im Dorf und an anderen Orten wissen, was sie tun.[45]

Letztendlich ging es beim Glauben um den Glauben an das Modernisierungsprojekt und um den Glauben daran, es den Angehörigen der Nation anvertrauen zu können. Das ganze Gerede, dass Staudämme und Labore »Tempel« seien, zielte auf die Schaffung einer säkularen Modernisierungsreligion ab. »Niemand kann etwas Schönes bauen oder entwerfen, wenn er keinen Glauben besitzt. Sehen Sie sich die prächtigen Kathedralen in Europa an [...], sie verkörpern den Glauben ihrer Erbauer«, sagte Nehru 1948 vor besagtem Bewässerungsausschuss. Aber »heute leben wir in einem anderen Zeitalter. [...] Auch [unsere] öffentlichen Bauwerke sollen fein und schön sein, weil dieser Glaube besteht. Deshalb möchte ich, dass Sie in diesem Glauben arbeiten, und Sie werden feststellen, dass Ihnen das, wenn Sie im Glauben und in diesem Geist arbeiten, als solches Freude bereiten wird.«[46] Es ist kein Zufall, dass so viele der Reden, die ich hier zitiere, vor Ingenieuren gehalten wurden, die in der Bewässerungs- und Energiewirtschaft arbeiteten. »Wenn ich im Namen ihres Ausschusses die Wörter ›Bewässerung‹ und ›Energie‹ lese, ist das eine Labsal für meine Seele«, merkte Nehru 1952 in einer Ansprache vor dieser Gruppe an. Aus diesem Grund, erklärte er in derselben Rede, sei das Thema Bewässerung oder Elektrizität in seinen Augen auch niemals »trocken oder langweilig«, sondern »ein aufregendes, zum Abenteuer einladendes Motiv menschlichen Fortschritts«.[47] »Nicht nur an die Ingenieure in den oberen oder den mittleren, sondern auch der unteren Etagen« gerichtet, schrieb er außerdem: »Ich möchte, dass Sie den Arbeitern vor Ort etwas von der aufregenden Herangehensweise an dieses Problem übermitteln. Ihnen soll klar werden, dass auch sie mit Lebendmaterial arbeiten, auch wenn es sich um Stein oder Stahl handelt, und dass dadurch neues Leben entsteht. Machen Sie sie zu Partnern in dem Abenteuer, zu dem sie aufbrechen, [...] [und] weitere Erfolge werden sich einstellen. [...] Auch Arbeiter und Ingenieure werden Fortschritte machen und vorankommen, sie werden zu besseren Männern und Frauen.«[48]

Natürlich klingt diese vergeistigte, ethische und idealistische Seite des Entwicklungsdiskurses heute leer – zumindest würden politische Führer in der Dritten Welt sie in einer Zeit wachsender Arbeitslosigkeit und intelligenter Maschinen nicht guten Glaubens im Munde führen. Der momentane indische Premierminister Narendra Modi hat im Jahr 2011, als er noch Chief Minister des Bundesstaates Gujarat war, ein Buch über den Klimawandel geschrieben.[49] Die Rhetorik des Buches, das Modis »grüne Autobiographie« genannt worden ist – was zutrifft, weil alle guten politischen Maßnahmen im Bundesstaat Gujarat in dem Buch so dargestellt werden, als gingen sie auf die Reaktion ein und derselben Person auf das zurück, was sie um sich herum wahrnahm –, klingt deutlich anders als die von Nehru.[50] Wissenschaft und Technik stehen hier nicht für eine durchschlagende, utopische und revolutionäre Transformation von Körper und Geist. Die Botschaft des ganzen Buches ist Harmonie – zwei aufeinander folgende Kapitel haben Überschriften wie »Small is beautiful« und »Big is also beautiful«.[51] Die größte Harmonie besteht natürlich zwischen den alten hinduistischen Schriften – den *Veden* – und der modernen Klimaforschung, deren wesentliche Bestandteile die alten Schriften alle bereits vorausgesehen hätten. »Meine Sichtweise des Komplementärverhältnisses von Mensch und Natur«, schreibt Modi, »nahm ihre endgültige Gestalt an, als ich mich während meiner College-Zeit mit der *Prithvi-Sukta* und dem *Atharvaveda* befasst habe. Die 63 Suktas (Hymnen), die vor Tausenden von Jahren verfasst wurden, enthalten ein ganzes Wissensspektrum, das heute bei Diskussionen über globale Erwärmung, Umweltschäden auf der Erde und den sich daraus ergebenden Klimawandel auf verschiedene wissenschaftliche, akademische und analytische Banner geschrieben wird.«[52] Eine größere Entfernung von Nehrus Zeit und Wesensart ist tatsächlich kaum vorstellbar.

Doch waren die politischen Führer aus Nehrus Generation – alles Modernisierer – wirklich bloß Beispielfälle von Naipauls »Mimic Men«, die ohne jegliche Originalität mehr oder weniger im Schatten der europäischen Modernisierer standen? Ein solches Urteil würde das Problem der »Originalität« missverstehen, das der antikoloniale Nationalismus aufwirft – Partha Chatterjees eindringliche Analyse dieser Art von Nationalismus ist an dieser Stelle lehrreich –, und würde Homi Bhabhas höchst aufschlussreiche Durcharbeitung der Kategorien Mimikry und Ambivalenz im kolonialen Diskurs vollständig ignorieren.[53] Man würde reden, als habe es nie eine postkoloniale Kritik gegeben oder als habe diese über unsere Zeit nichts zu sagen.

Latour hält die »Provinzialierung der Moderne« für eine europäische Aufgabe: Da Europa die Moderne aufgebracht und auf der ganzen Welt verbreitet habe, hätten die europäischen Intellektuellen jetzt die Aufgabe, sie zu »provinzialisieren«, sie an ihren eigentlichen Platz zurückzuversetzen.[54] Doch wie ich in *Provincializing Europe* dargelegt habe, ist Europa nicht der einzige Urheber der Moderne gewesen; auch Intellektuelle aus der Dritten Welt, die sich das, was sie als universelle Seite bestimmter europäischer Ideen ansahen, zu Herzen nahmen, waren daran beteiligt. Das globale Projekt der Moderne wurde in den Händen antikolonialer Modernisierer zu einem zweiten, originären Leben erweckt.

Der antikoloniale Modernisierungswunsch war keine einfache Wiederholung der europäischen Modernisierungsschritte. Wie viele andere Nationalisten seiner Generation hat Nehru die Frage mimetischer Nachahmung, der bloßen Nachäffung des Westens sogar oft – und selbstbewusst – angesprochen. In einer Ansprache vor dem indischen Ingenieursverband sagte er am 28. Dezember 1962, keine zwei Jahre bevor er starb, in Neu-Delhi: »Wir müssen an unseren Wurzeln festhalten, aber gleichzeitig ist genauso klar, dass kein Land auf dieser Welt heute auf irgendeine

Weise erfolgreich sein kann, ohne das Wesen der neuen Welt zu verstehen – der neuen wissenschaftlichen, technischen usw. Welt.« Darin bestand das Dilemma, vor dem jeder sich gegen den Kolonialismus wendende, nationalistische Modernisierer stand. Noch einmal Nehru zum selben Problem:

> Man wird feststellen, dass sich in den letzten etwa 200 Jahren große Unterschiede zwischen den verschiedenen Ländern der Welt aufgetan haben; in den asiatischen und europäischen Ländern ist das deshalb so, weil in Europa die sogenannte Industrielle Revolution stattgefunden hat und fortwährend weiter stattfindet, die das Leben der Menschen und das Leben von Gruppen und Gesellschaften verändert. Und diesen Menschen nicht nur einen gewissen Grad an Wohlstand bringt [...], [sondern] die verschiedenen Nationen [auch] stärker macht. [...] Wir müssen einen Weg finden, der beides kombiniert – eine Synthese aus dem, was wir am Alten für wertvoll halten, und dem, was wir am Neuen für wertvoll halten. Mit dem Versuch einer bloßen Nachahmung anderer Länder ist es nicht getan.[55]

Das Selbstbild eines Mimikry betreibenden Mannes sähe anders aus.

Die (je nachdem, wie man zählt) dritt- oder viertgrößte Treibhausgasemissionsquelle Indien ist den Auswirkungen des Klimawandels besonders schutzlos ausgeliefert. Doch trotzdem bestimmt nicht der »Planet« der planetarischen Erderwärmung die indische Politik, sondern der »Globus« der Globalisierung – eine klassenübergreifende, ganz neue Zielstrebigkeit, die demokratische Politik, postkoloniale Entwicklung und die Liberalisierung von Ökonomie und Medien in jüngerer Zeit hervorgebracht haben. Bis zu dem Zeitpunkt, an dem das Klimaproblem zu einem von der Allgemeinheit diskutierten Thema wurde, haben Sozialwissenschaftler:innen diese neuartige Zielstrebigkeit als Zeichen fortschreitender Demokratisierung auf der Welt, als einen Schritt hin zu mehr Gerechtigkeit unter den Menschen begrüßt.[56] Die Geschichte dieser Auffassung dürfte auf die säkulare, in der antikolonialen Modernisierungsdynamik des 20. Jahrhunderts verkörperten Fürsorgeethik zurückgehen, die für das Wohlergehen der Mitbürger:innen sorgen soll. Man braucht sich nur anzuhören, was Nehru im oben zitierten Passus voller Lob über die Industrialisierung gesagt hat: »[Sie] bringt […] Menschen […] einen gewissen Grad an Wohlstand.« In der ersten Hälfte des 20. Jahrhunderts wurde ebendiese Kunst (oder »Wissenschaft«, wie viele Ökonomen damals glaubten und immer noch glauben!), die Fürsorgeethik auszuweiten und in staatliche Hände zu legen, Gegenstand der Ökonomie, insbesondere der Wohlfahrtsökonomie. In der Einleitung zur dritten Auflage seines Buches *The Economics of Welfare* von 1929 schrieb zum Beispiel A.C. Pigou:

> Die komplizierten Analysen, die Ökonomen sich durchzuführen bemühen, sind keine reine Gymnastik. Sie sind Instrumente zur Verbesserung des menschlichen Lebens. Die Not und das Elend um uns herum, der ungerechtfertigte Luxus einiger reicher Familien, die fürchterliche Ungewissheit, die das Leben vieler armer Familien überschattet – alle diese Übel sind zu offensichtlich, um ignoriert werden zu können. Durch die Erkenntnisse, nach denen unsere Wissenschaft strebt, lassen sie sich möglicherweise lindern. Licht am Ende des Tunnels! Nach ihm zu suchen, ist die Aufgabe, es zu finden, vielleicht der Lohn, den die ›triste Wissenschaft der politischen Ökonomie‹ denjenigen bietet, die sich diesem Fach stellen.[57]

Denn ob wir den Blick auf die marktbasierte Vorstellung von »Humankapital« des Ökonomen Theodore Schultz richten, die er im Februar 1959 in seiner Sidney A. and Julia Teller Lecture an der University of Chicago propagierte – in der er gleich zu Beginn versicherte, dass »unsere politischen und rechtlichen Institutionen entwickelt worden sind, um den Menschen von Zwängen zu befreien«, und dass die Abscheu vor Sklaverei uns allen gemeinsam sei –, oder auf Amartya Sens späteren Gedanken einer »Entwicklung als Freiheit«, die in der Befähigung einer Person wurzele, »ihre eigenen Ziele zu verfolgen«, haben wir es mit einer Familie von Vorstellungen zu tun, die auf europäische Diskussionen über die Moderne als Freiheit zurückgehen, welche von antikolonialen Führern wie Tagore, Gandhi, Nehru, Fanon, Nyerere und anderen für ihre eigenen Zwecke aufgegriffen und wiederbelebt worden sind.[58] Wirtschaftswachstum und Wohlstandsverteilung schienen die beste Grundlage für eine solche Fürsorgeethik zu sein, als diese Ethik auf so große und so unpersönliche Gemeinschaften wie die Nation ausgeweitet werden musste. Heute verstehen wir die Sandhya Chauhans und Kaushilya Devis – bzw. die Legitimität ihrer Stimmen – nicht, wenn wir uns nicht den Wunsch nach Modernisierung und menschlichem Gedeihen in Erinnerung rufen, der vom antikolonialen Nationalismus genährt und verbreitet wurde.

Die Schwierigkeit, modern zu sein

Ein reibungsloser Wechsel vom Festhalten an einer von Menschen dominierten Lebensordnung dahin, eine Spezies von vielen zu sein, ist Menschen nicht immer möglich. Es mag zwar bestimmte Lebensbereiche geben – zum Beispiel die reproduktiven Rechte von Frauen –, in denen die Sprache der Freiheit sich sauber in das einfügt, was ökologisch wünschenswert zu sein scheint, aber das kann man nicht bei allen Aspekten des menschlichen Lebens voraussetzen, wie die Geschichte der Klimaanlage in Indien vor Augen führt. Nach meinem Eindruck reicht die Zwickmühle für politische Denker:innen tiefer. Die Erkenntnisse der Verfechter des Kapitalozäns und der Posthumanist:innen sind wichtig und müssen berücksichtigt werden, wir müssen aber über die Geschichte von der »Erbsünde« der Unterscheidung von Kapital und Arbeit sowie Natur und Kultur hinausgelangen, wenn wir das menschliche Festhalten an »dünnen Beschreibungen« der Natur und folglich an der Modernisierung verstehen wollen. Man kann zwar die These vertreten, dass es wichtig ist, ein politisches System einzuführen, das das Nichtmenschliche unabhängig davon ernst nimmt, ob Menschen im Namen des Nichtmenschlichen sprechen dürfen, aber das Gespräch wird nicht besonders weit führen, wenn der Wunsch, modern zu sein, der im 20. Jahrhundert von antikolonialen Ideologien zum Ausdruck gebracht wurde und in so vielen Teilen der Welt die postkolonialen und postimperialen Politikformationen geprägt hat, nicht in die Verhandlungen aufgenommen wird. Angefacht wurden solche Wünsche durch eine global-imperiale, immer größer werdende Welt des Reisens, der Kontaktaufnahme und kosmopolitischer Gespräche, die ihrerseits nur durch die ausgiebige Nutzung von aus fossilen Brennstoffen gewonnener Energie möglich waren. Denn wo würden schließlich trotz all ihrer Kritik an der industriellen Zivilisation ein Tagore oder ein Gandhi gelandet sein, wenn es keine Eisenbahn, keine Dampfer und keine Druckereien gegeben hätte – alles Erscheinungsformen, zu ihrer Zeit wie zu unserer, der anhaltenden Macht von »König Kohle« und seiner Erben?

Kapitel 5

Planetarische Bestrebungen – Deutung eines Selbstmords in Indien

Am 17. Januar 2016 nahm der Medizinstudent Rohith Vemula, dessen Mutter eine Dalit war und dessen Vater aus einer der unteren Kasten kam, sich im indischen Hyderabad aus Protest gegen die Universitätsverwaltung das Leben, die ihn für seine Teilnahme an Studierenden-Aktionen der Dalit bestraft hatte. Indem er seinem kurzen und vielversprechenden Leben ein Ende setzte, gab Vemula nicht nur eine politisch-ethische Stellungnahme mit seinem Körper ab; in seinem Abschiedsbrief stellte er zudem Überlegungen über den Dalit-Körper bzw. über Körper aus einer unteren Kaste in einem utopischen Kosmos an. In der Gesellschaft, in der er gelebt habe, hieß es in Vemulas Abschiedsschreiben, sei »der Wert eines Menschen« immer »auf seine unmittelbare Identität und nächstliegende Möglichkeit beschränkt« gewesen. »Auf eine Wählerstimme«, schrieb er, oder »eine Zahl. Auf ein Ding. Ein Mensch wurde nie als Seele behandelt. Als eine herrliche, aus Sternenstaub bestehende Sache. Und zwar in [a]llen Bereichen, beim Studium, auf der Straße, in der Politik, beim Sterben und Leben.«[1] Vemula lässt uns zwei Möglichkeiten, über den »unberührbaren«, stigmatisierten Dalit-Körper hinauszugelangen: zum einen indem man den Körper als solchen dadurch überwindet, dass man jeden Menschen als »Seele« behandelt, ohne auf seinen oder ihren sozial markierten Körper Bezug zu nehmen; und zum anderen indem man vom »individuellen« Körper einer Person absieht und ihn in einen Zusammenhang mit dem Material stellt, aus dem unser Universum besteht: uralte atomare und subatomare Teilchen, die im Kosmos unentwegt in unseren und anderen Körpern zirkulieren, Vemulas »Sternenstaub«. Der zweite Blickwinkel war keine bloße rhetorische Floskel. Vemula studierte Naturwissenschaften und war ein eifriger Leser des Kosmologen Carl Sagan. In einem seiner Facebook-Posts hat er sogar Sagans Ausspruch »Unsere Spezies braucht und verdient eine Bürgerschaft mit hellwachem Verstand und einem grundlegenden Verständnis der Funktionsweise der Welt« zitiert.[2] Sagans Bezugnahme auf die »Spezies« verweist auf die sehr lange kollektive Geschichte des *Homo sapiens* und dessen Reise durch die Zeit, während die Formulierung über die »Funktionsweise der Welt« uns auf Fragen wie die aufmerksam macht, an welcher Stelle die Menschen sich in die Geschichte über die Funktionsweise des Planeten als einer quasisystemischen Entität einfügen, wodurch ein Zusammenhang zwischen Menschlichem und Nichtmenschlichem, zwischen Lebewesen und Nichtlebewesen hergestellt wird.

Vemulas Worte wirken, als hätte er die Eröffnungssätze des letzten Kapitels von Kants *Kritik der praktischen Vernunft* gelesen, die auch in den Grabstein des Philosophen in Kaliningrad eingraviert wurden:[3] »Zwei Dinge erfüllen das Gemüt mit immer neuer und zunehmender Bewunderung und Ehrfurcht«, hatte Kant geschrieben, »je öfter und anhaltender sich das Nachdenken damit beschäftigt: *der bestirnte Himmel über mir und das moralische Gesetz in mir.*« Es mag sein, dass Vemula mit Kants Interpretation des bestirnten Himmels nicht einverstanden gewesen wäre; der »erstere Anblick einer zahllosen Weltenmenge *vernichtet* [Herv. D.C.] gleichsam meine Wichtigkeit als eines *tierischen Geschöpfs*«, hatte Kant geschrieben. Vemula meinte, ihn würde »herrliche[r] Sternenstaub« ausmachen, nicht Animalität. Doch Kants Auslegung des moralischen Gesetzes hätte er vielleicht zugestimmt. Vemula betrachtete den Menschen als »Seele« – ein Anblick, schrieb

Kant, der »meinen Wert als einer Intelligenz unendlich durch meine Persönlichkeit [erhebt]«, weil er »ein von der Tierwelt [...] unabhängiges Leben offenbart, [...] [eine] zweckmäßige[...] Bestimmung [...], welche nicht auf Bedingungen und Grenzen dieses Lebens eingeschränkt ist, sondern ins Unendliche geht«. Allerdings wird die Kreatürlichkeit des Körpers in beider Denken der Vernunft untergeordnet. Kant dachte, die beiden Welten ließen sich durch Vernunftanstrengung verbinden.[4] Die Deutung von Vemulas letzten Worten im Lichte der Anthropozän-Hypothese erlaubt es uns, der kreatürlichen Gebundenheit des Menschen neue Bedeutung beizumessen, ohne gleichzeitig die Schwierigkeit zu verhehlen, diese Gebundenheit in die Reichweite emanzipatorischer Politik zu bringen.

Mein diesbezüglicher Ausgangspunkt sind die anregenden und fruchtbaren Überlegungen, die Martha Nussbaum über die Rolle angestellt hat, die Stigmatisierung und Ekelgefühle in der modernen, im Wesentlichen amerikanischen Rechtsphilosophie spielen.[5] Mit den Details ihrer Argumentation werde ich mich hier nicht befassen – obwohl einige ihrer Schlussfolgerungen durchaus auch für Indien gelten könnten, zum Beispiel dass wir »der Berufung auf [Ekel] als Gesetzesgrundlage« mit Skepsis begegnen sollten, da »Ekel in der gesamten Geschichte zur Ausschließung und Marginalisierung bestimmter Gruppen herangezogen worden ist« –, dafür aber mit den Punkten, an denen ihre Überlegungen die menschliche Evolutionspsychologie streifen. Nussbaum spricht diese Punkte zwar an, führt sie aber natürlich nicht näher aus, weil es sich häufig um Punkte handelt, die sie gleichzeitig anerkennen und ausklammern muss, um mit ihrer eigenen Darlegung fortfahren zu können. Doch sind es oftmals diese Punkte, die mich in diesem Kapitel interessieren werden. Deshalb wäre es möglicherweise richtiger zu sagen, dass meine Argumentation sich sozusagen an den Rändern von Nussbaums Text entlangschlängelt und dabei Punkten nachgeht, die sie einräumt, die ihrer Meinung nach aber nicht unbedingt weiterverfolgt werden müssen.

Zum Beispiel räumt Nussbaum ein, dass »Ekel«-Gefühle Elemente mit sich bringen könnten, die Teil der Tiefenhistorie der menschlichen Spezies sind, darunter »magische Vorstellungen über Ansteckung und das vergebliche Streben nach einer mit dem menschlichen Leben, wie wir es kennen, gerade nicht vereinbaren Reinheit, Unsterblichkeit und Nichtanimalität.« Ekel, meint sie, könnte »für unsere Evolution eine wertvolle Rolle« gespielt haben, und es sei nicht bloß möglich, sondern sogar »sehr wahrscheinlich«, dass er »in unserem heutigen Alltagsleben eine sinnvolle Funktion« besitze. Möglicherweise sei seine Funktion, »problematische Aspekte unseres Menschseins vor uns zu verbergen, sinnvoll: Vielleicht fällt es uns nicht leicht, mit einem allzu lebendigen Bewusstsein der Tatsache zu leben, dass wir aus klebrigen und schmierigen Substanzen bestehen, die in nicht allzu langer Zeit verwesen werden.«[6] »Ein gewisses Maß an Selbstbetrug«, schreibt sie, »könnte unerlässlich sein, damit wir durch ein Leben kommen, in dem wir früh dem Tode geweiht sind und die wesentlichsten Dinge sich unserer Kontrolle entziehen.« Nussbaum belässt es dabei, weil die Hauptabsicht ihres Buches in der Forderung einer Gesellschaft liegt, »in der solche dem Selbstbetrug dienenden Fiktionen keine gesetzlichen Regelungen sind und in der wir – zumindest beim Zuschnitt der Institutionen, die unser Leben als Gemeinschaft prägen – eingestehen, dass wir alle Kinder [d. h. ohne Vaterfigur gleichgestellt] sind und die Welt in vielen Hinsichten nicht unter Kontrolle haben«.[7]

Auch Fragen, welche Emotionen Menschen und andere Tiere gemeinsam haben könnten, lässt Nussbaum beiseite, was aus ihrem Blinkwinkel logisch ist: »Ich habe oben gesagt, Emotionen seien ›menschliche Erfahrungen‹, und das sind sie natürlich auch; aber die meisten heutigen und viele Forscher:innen in der Antike vertreten die These, dass auch einige nichtmenschliche Tiere

Emotionen haben, zumindest bestimmte. [...] Ich werde diese Frage jedoch vorerst beiseitelassen, weil mein Fokus auf den menschlichen Emotionen liegt, die Standardmaterial für die Rechtsprechung sind.«[8] Nussbaums Überlegungen sind allein auf den Menschen gerichtet und wie viele andere liberale Denker:innen hat sie Prinzipien im Sinn, die potenziell für jedes menschliche Individuum unabhängig von der Gesamtzahl der Menschen auf dem Planeten gelten. Nussbaum geht – aus ihrer Perspektive wiederum zu Recht – von der Annahme der »Gleichwertigkeit der Personen und ihrer Freiheit« aus, denn ihre Aufmerksamkeit ist weiterhin auf das menschliche Gedeihen gerichtet, das heißt auf die Ausarbeitung einiger rechtlicher »Kern«prinzipien, die sie für das Gedeihen aller menschlichen Individuen für unverzichtbar hält, deren Leben von liberalen Prinzipien gehorchenden Institutionen geregelt werden.[9] Nussbaums Überlegungen sind aus freien Stücken anthropozentrisch.

Die »Dalit-Frage« in Indien bzw. das Fortbestehen des alten Problems der »Unberührbarkeit« in modernen indischen Institutionen in neuer Form macht unmittelbar deutlich, warum *sowohl* Nussbaums Kritik und Ablehnung von Ekel als Grundlage für die Steuerung der Gesellschaft *als auch* Carl Sagans Auffassung des menschlichen Körpers als »Sternenstaub« (wie Vemula sie zusammengefasst hat) heute relevante Anliegen sind. Sie sind beide relevant, aber trotzdem stimmen sie nicht vollständig überein. Gemäß dem brahmanischen Bild vom großen Ganzen galt der Körper einer »unberührbaren« Person eben deshalb als unberührbar, weil er mit einem gewissen Grad an ekelerregender Bedeutung aufgeladen war. Dieser Ekel war die emotionale Ursache für die Marginalisierung und Unterdrückung der Dalit. Von Nussbaums Position aus besteht eine Möglichkeit, über den Dalit-Körper hinauszugelangen darin, solch eine erniedrigende Konstruktion des menschlichen Körpers zugunsten eines individualisierten Körpers zu verwerfen, der die »Gleichwertigkeit der

Personen« garantiert. Und möglicherweise spricht dies für Vemulas Klage, dass ein Dalit niemals als jemand betrachtet werden könne, der seinen/ihren Körper hinter sich gelassen habe und deshalb verlange, »als Seele« betrachtet zu werden, wie er es ausgedrückt hat. Der Körper als »herrliche, aus Sternenstaub bestehende Sache« ist jedoch eine Konstruktion, die einen Zusammenhang zwischen dem menschlichen bzw. dem Dalit-Körper und allen anderen Dingen im Kosmos sowohl in der weit zurückreichenden Vergangenheit als auch in der Gegenwart herstellt. Diese Sichtweise ist weder anthropozentrisch noch individuiert sie den menschlichen Körper. Während nach Nussbaums Ansicht das menschliche Gedeihen auf Bedingungen verweist, unter denen alle menschlichen Individuen potenziell gedeihen können, lässt der Körper als »Sternenstaub« den individuellen Körper in einer zusammenhängenden, netzwerkartigen Betrachtungsweise des physischen Universums aufgehen, die über die Frage menschlichen Gedeihens hinausweist. Dass Vemula zur Beschreibung dieser Sichtweise des Körpers das Adjektiv *herrlich* verwendet, kennzeichnet vielleicht, wie majestätisch und wunderbar der Körper zumindest Vemulas wissenschaftlichem Auge erscheint. Er sah darin eindeutig ein weiteres wirkungsvolles Mittel, in der Fantasie den Grenzen zu entrinnen, die seinem als Dalit identifizierten, aus einer »niedrigen Kaste« kommenden Körper gewaltsam auferlegt worden waren.

Ich möchte in diesem Kapitel eine Deutung »des Dalit-Körpers« – der zugegebenermaßen eine abstrakte Konstruktion ist, über die ich gleich mehr werde sagen müssen – vorlegen, die diese Art von Körper an die Schnittstelle zweier verschiedener Denktraditionen stellt, die ich hier unter dem Signum von Nussbaum und von Sagan versammelt habe. Dem, was ich hier planetarisches Zeitalter genannt habe, wohnt eine Komplexität inne, die für den gegenwärtigen Moment der menschlichen Geschichte kennzeichnend ist. Es geht um Folgendes: Obwohl wir nicht

nicht über menschliches Gedeihen und Fragen der Gerechtigkeit zwischen den Menschen nachdenken können, je weiter das gegenwärtige Jahrhundert voranschreitet, kann die Verfolgung dieser Fragen ohne Bezugnahme auf die Art und Weise, wie individuelle menschliche Körper auf diesem Planeten mit nichtmenschlichen – sowohl lebendigen als auch nichtlebendigen – Elementen zusammenhängen, letztendlich das menschliche Gedeihen selbst gefährden. Die Überschneidungen zwischen der Literatur über den Klimawandel und der Erdsystemwissenschaft überzeugen mich davon, dass wir uns in Anbetracht der heutigen Anzahl der Menschen auf diesem Planeten diesen Zusammenhang selbst dann immer stärker ins Bewusstsein rufen müssen, wenn wir lediglich nach unserem eigenen Gedeihen streben. Dass wir »aus klebrigen und schmierigen Substanzen bestehen, die in nicht allzu langer Zeit verwesen werden«, muss möglicherweise Teil unseres Alltagsbewusstseins werden. Und nicht nur das. Der Tatsache, dass nicht Menschen, sondern mikrobische und andere kleine Lebensformen sowohl von ihrem Gewicht als auch von ihrer Zahl her den überwiegenden Teil des Lebens auf diesem Planeten ausmachen und – von der Bereitstellung von Erdreich bis zu den Vorgängen im menschlichen Körper, ganz zu schweigen von der Aufrechterhaltung des Sauerstoffanteils der Atmosphäre – zentral für das Schauspiel des Lebens sind, muss möglicherweise, während die Klimakrise sich zuspitzt, der Status eines heilsamen Faktors zugeschrieben werden, den die Menschen nicht aus den Augen verlieren sollten, wenn sie über die planetarischen Bedingungen nachdenken, die unsere Existenz und unser Gedeihen möglich machen.[10]

Der Dalit-Körper, wie das unterdrückerische brahmanische Weltbild sich ihn vorstellt, wird marginalisiert, weil er gezwungenermaßen mit Tod und Abfällen in Berührung kommt; er ist jedoch auch ein Beispiel – wenn man den Unterdrückungszusammenhang, den die oberen Kasten um ihn herum aufgebaut haben, für den Augenblick ausklammert – für einen intrinsisch mit Nichtmenschlichem und Nichtlebendigem zusammenhängenden menschlichen Körper. Es ließen sich ähnliche und möglicherweise sehr viel harmlosere Beispiele dafür in den älteren religiösen Mythen der amerikanischen Ureinwohner, der Indianer, indischer und afrikanischer Stämme und der australischen Ureinwohner finden – natürlich mit dem entscheidenden Unterschied, dass Dalits im Kontext des Kastensystems gerade aufgrund der Wahrnehmung eines solchen Zusammenhangs marginalisiert und unterdrückt wurden.[11] Für Rohit Vemula hat sich durch ein planetarisches Verständnis des menschlichen Körpers – des mit anderen Formen von Leben und Nichtleben untrennbar verbundenen Menschen – eindeutig ein emanzipatorischer Denkhorizont eröffnet. Ich werde in diesem Kapitel zeigen, wie schwierig es immer noch ist, diese mit anderen Formen von Leben und Nichtleben zusammenhängende menschliche Gestalt zu »politisieren«, und warum die Kraft von Vemulas Emanzipationsbestrebungen (in zeitgenössischer Terminologie) eher poetischer denn politischer Natur ist.

Die Unsichtbarkeit des Dalit-Körpers

Wie Sundar Sarukkai gezeigt hat, beruht die Phänomenologie des Dalit-Körpers eindeutig darauf, dass dem Dalit – und auf perverse Weise auch dem Brahmanen – etwas verwehrt wird, das für Menschen tiefe Bedeutung besitzt: die Berührung durch andere Menschen.[12] Deshalb spielen Fragen des körperlichen Auftretens und Verhaltens für die Geschichte der »Unberührbarkeit« in Südasien eine entscheidende Rolle. Ohne eine Theorie des Körpers und seines kulturellen Orts in der Unterdrückungsgeschichte von Dalits auf dem Subkontinent kann man keine theoretischen Überlegungen über »Unberührbarkeit« anstellen.

Trotzdem ist eine bestimmte Art von Vergesslichkeit in Bezug auf diesen Körper für die umfassende und ansonsten bewanderte Literatur über Kasten und Unberührbarkeit in Indien kennzeichnend. Wie ich heute denke, war die Unsichtbarkeit der »Dalit-Frage« sogar in einem so bewusst radikalen Projekt wie den *Subaltern Studies* dafür symptomatisch. In Ranajit Guhas Klassiker *Elementary Aspects of Peasant Insurgency in Colonial India* (1983) stammten die meisten, wenn nicht alle Beispiele für physische Herrschafts- und Unterwerfungsakte im Alltagsleben des ländlichen Indiens aus der Literatur über das Kastensystem, aber Kasten waren eine Kategorie, die in seinem – und später unserem – Analyserahmen so gut wie gar nicht vorkam. Das hieß nicht, dass wir das Kastensystem und seine schrecklichen Ungerechtigkeiten nicht kannten, aber im Interesse einer Historiographie, die eine Politik des revolutionären Wandels der indischen Gesellschaft vorantreiben sollte – eines Wandels, den wir durch die marxistische Brille betrachteten, so abweichlerisch und demokratisch sein Geist auch gewesen sein mag –, wurden die Kasten zu Kategorien wie »Bauern« und »Klasse« sublimiert. Gegenstand der Erniedrigung durch Angehörige der oberen Kasten im indischen Alltagsleben waren Subjekte, die über einen Körper verfügten – sich einen Schnurrbart stehen zu lassen, einen Schirm bei sich zu haben, Schuhe oder ein Korsett zu tragen, wurde in bestimmten Gesellschaften von den Angehörigen herrschender Gruppen als Affront empfunden und rief gewalttätige Reaktionen in Gestalt von Misshandlung und Folter hervor. Das Kastensystem und seine Ausschlussregeln markieren den erniedrigten Körper, und doch haben wir das Kastensystem im Rahmen der *Subaltern Studies* sehr lange nicht diskutiert, bis Kritiker:innen wie Kancha Ilaiah uns auf diese ernsthafte Lücke in unseren intellektuellen Bemühungen aufmerksam gemacht haben.[13]

Es mag sein, dass traditionelle marxistische Kategorien häufig blind für die »Kaste« sind und dazu neigen, sie auf die Kategorie

»Klasse« herunterzubrechen, aber dieses Problem war als solches schon erkannt worden, als die ersten *Subaltern Studies*-Bände erschienen. Weshalb haben wir also als Akademiker:innen, die über Südasien arbeiteten und mehrheitlich das Kastensystem in seinen vielfältigen Erscheinungsformen in den verschiedenen Teilen des Subkontinents, in denen wir aufwuchsen, erlebt hatten, die Kastenunterdrückung nicht als das zur Kenntnis genommen, was sie in erster Linie war: eine Unterdrückungsform, deren Erniedrigungs- und Ausschlussmechanismen in materiellen Körperpraktiken zum Ausdruck kam? Natürlich haben viele Faktoren zu dieser allgemeinen Ausblendung der Zentralität des Dalit-Körpers in den Narrativen über das Leiden der Dalit beigetragen. Man könnte zum Beispiel auf die Unmenge von Studien über Kasten in den 1960er und 1970er Jahren verweisen, die das Ziel verfolgten, die soziale Mobilität innerhalb des Kasten»systems« hervorzuheben, um die europäische Fehleinschätzung zu widerlegen, dass das sogenannte Kastensystem einer Zwangsjacke gleichkam, die Menschen unweigerlich auf die Kaste (*jati*) beschränkte, in die sie hineingeboren wurden.[14] In diesem Zusammenhang war die Kategorie »Kaste« Teil der gerade als Fach entstehenden indischen Soziologie. Dalits und die Frage der Unberührbarkeit wurden auf das Problem der Kaste heruntergebrochen, und die Kaste galt – wie die Rasse (obwohl von vielen Seiten behauptet wurde, dass Kaste nicht gleich Rasse sei, und die CIBA-Foundation allein dieser Frage einen ganzen Sammelband widmete) – als eine Form von Ungleichheit, um die Demokratie, Sozialismus bzw. die schiere Markt- oder Entwicklungslogik sich letzten Endes kümmern sollten.[15]

Zudem hatte ein Teil der Kritik an der kastenbezogenen Unterdrückung einen idealistischen Zug und zeichnete, indem er das Emanzipationspotenzial der Bhakti-Bewegung – einer religiösen Andachtsform, die antihierarchische Elemente sowohl aus hinduistischen als auch aus islamischen Quellen übernahm – hervorhob, das Bild einer »geistigen« Geschichte Indiens bzw. des Hinduismus. Damit wurde die Absicht verfolgt, den Egalitarismus der indischen Demokratie mit einer tiefenhistorischen Genealogie zu versehen. In den modernen Auseinandersetzungen mit dieser Literatur wird das Problem des Dalit-Körpers häufig in ein geistiges Problem umgedeutet – in eine Frage bewusst oder unbewusst eingenommener Haltungen, die durch religiöse Texte erklärt und hinterfragt werden könnten. Dabei handelte es sich um ein zivilisationsgeschichtliches Narrativ über Indien, das in bestimmten altindischen Texten Lösungen auf Probleme angelegt sah, vor denen die nach 1947 geborene, junge indische Demokratie stehen würde. Ein gutes Beispiel dafür sind die Patel-Vorlesungen, die der berühmte Sanskrit-Gelehrte Raghavan 1964 auf Einladung der damaligen Informations- und Rundfunkministerin Indira Gandhi in Delhi gehalten hat. In diesen Vorlesungen nahm Raghavan seine Zuhörer:innen mit auf eine Aufklärungsreise durch die verschiedenen Phasen der Bhakti-Bewegung in Indien vom sechsten bis zum 17. Jahrhundert, wobei er, wie John Stratton Hawley es ausdrückt, »ein mitreißendes Panorama der demokratischen Instinkte Indiens« entwarf, »die es schon gab, bevor das Wort ›Demokratie‹ geprägt wurde«.[16]

Die Blindheit gegenüber dem Problem des Körpers hatte nicht bloß mit der Frage zu tun, wie – das heißt mit welchen Methoden – wir über Kasten diskutierten. Es steckte mehr dahinter. Ich habe Indien im Alter von 27 Jahren verlassen. In diesen 27 Jahren meines Aufwachsens in Indien habe ich nicht ein einziges Mal – nicht in der Schule oder zu Hause oder in einer Unterhaltung – gehört, dass jemand die Praxis der »Unberührbarkeit« verteidigte, und doch blieb sie im Alltagsleben in verschiedenen Formen vorhanden, von denen sich einige stärker bemerkbar machten als andere. Natürlich spielte Wissen eine Rolle. Von einem Problem zu wissen, führt gewöhnlich zu Handlungen oder politischen Strategien, die es beheben sollen. Daraus resultieren die verschiedenen Maßnahmen, die Indien bisher ergriffen hat, um das Problem der Unberührbarkeit anzugehen, angefangen natürlich mit dem bemerkenswerten Schritt des unabhängigen Indiens, sie für illegal zu erklären. Doch hat die Diskriminierung – und Praktiken, die auf uralten Unterstellungen in Bezug auf den Dalit-Körper beruhen – nie wirklich aufgehört. Warum?

An dieser Stelle müssen wir meines Erachtens eine Unterscheidung vornehmen zwischen so etwas wie bestimmten Diskriminierungspraktiken und etwas, das man als »Vorurteil« bezeichnen kann. Wenn uns Diskriminierungspraktiken kognitiv klar werden, versuchen wir, sie mit Hilfe der verschiedenen Wissenssysteme zu erklären, über die wir verfügen. Auf diese Weise haben so verschiedene Disziplinen wie die Geschichtswissenschaft, die Anthropologie oder die Rechtswissenschaft aus den sich wandelnden Gegebenheiten des Kastensystems ihren jeweiligen Forschungs- und Untersuchungsgegenstand geschaffen. Zugleich legen diese Wissenssysteme Schritte oder Maßnahmen nahe, die Abhilfe schaffen und in den Bereich der Gesetzgebung, der Wirtschaft, der Politik oder sogar bewusst eingenommener Standpunkte fallen können. Vorurteile sind etwas anderes. Sie beziehen sich auf Urteile, die man über jemanden trifft, bevor man ihn bewusst beurteilt hat – in diesem Sinne handelt es sich um ein Vor-Urteil, wie Gadamer in *Wahrheit und Methode* erklärt.[17] Solche Vorurteile saugen wir von frühester Kindheit an auf, wenn wir in die symbolische Ordnung eintreten und Erwachsene uns die Welt erklären und uns durch sie hindurchführen, was sie zwangsläufig tun müssen. Vorurteile werden Teil des Habitus (um von Gadamer zu Bourdieu überzuwechseln). Oftmals lässt sich die Spaltung von Wissen und Vorurteil an ein und derselben Person bzw., wenn meine Logik stimmt, vermutlich an jedem von uns feststellen.

Aus Zeit- und Platzgründen möchte ich diesen Punkt anhand einer autobiographischen Anekdote veranschaulichen. Es tut mir leid, dass ich Autobiographisches an die Stelle von ethnographischer Forschung treten lasse, aber immerhin sind 27 Jahre am Stück an einem Ort ein sehr viel längerer Zeitraum, als Anthropolog:innen üblicherweise in ihrem ganzem Leben mit Feldforschung verbringen würden. Deshalb kann ich vielleicht so etwas wie ein Recht in Anspruch nehmen, als Ethnograph der eigenen Heimat zu sprechen. Als ich in den 1950er Jahren in Kalkutta aufwuchs, gehörte ein sehr berühmtes bengalisches Gedicht über einen Straßenkehrer zu meiner Schullektüre. Dabei handelte es sich um ein sich scharf gegen Unberührbarkeit richtendes Gedicht, dessen Anfangszeilen Bengalis meiner Generation heute noch aus dem Gedächtnis zitieren können: »Ke bole tomare, bondhu, asprishya ashuchi?« (»Wer wagt es, Dich als unberührbar und unrein zu bezeichnen, mein Freund?«) Der Enkel des im 19. Jahrhundert berühmten Rationalisten Akshaykumar Datta, Satyendranath Datta, hat es geschrieben.[18] Datta starb jung, mit nur 39 Jahren im Jahr 1922. Er war ein glühender Bewunderer von Gandhi, weshalb das Gedicht vielleicht in den auf Gandhis dauerhafte Rückkehr nach Indien 1915 folgenden Jahren verfasst wurde. Dem Gedicht war eindeutig ein langes Leben beschieden. Gandhi stellte eine englische Übersetzung dieses Gedichts von Rabindranath Tagore an den Anfang der ersten Ausgabe seiner sich gegen Unberührbarkeit wendenden Zeitschrift *Harijan* (1933), und die ursprüngliche bengalische Version tauchte noch fast 40 Jahre später in meinem Schulbuch auf. Meine Mutter, die bengalische Literatur an einer Highschool unterrichtete, brachte mir das Gedicht bei und erklärte mir mit großem Ernst und großem Eifer, wie ungerecht Unberührbarkeit war und dass alle ihre Gebote den Grundprinzipien menschlicher Gleichheit und Gerechtigkeit Gewalt antaten. Trotzdem putzte jeden Morgen ein Dalit aus Bihari namens Lakshman, der bei der Stadt angestellt war, um die Straßen in unserem Viertel zu kehren, im Nebenjob die Toiletten in den Häusern unserer Straße. (Beides waren damals Standardpraktiken: Die städtischen Behörden stellten ausnahmslos Dalits als Straßenkehrer ein, was möglicherweise noch heute praktiziert wird, und die Straßenkehrer wiederum verdienten sich zusätzlich Geld, indem sie während ihrer offiziellen Arbeitsstunden private Nebentätigkeiten verrichteten.) Meine Eltern hatten ein gutes Verhältnis zu Lakshman – er ließ sein Geld und andere Wertgegenstände bei ihnen, wenn immer er auf Urlaub nach Hause fuhr – und während dieser sozialen Zusammentreffen behandelten sie ihn nie wie eine unberührbare Person. Doch jeden Morgen, wenn der Straßenkehrer unser Haus betrat und einen großen, nassen und tropfenden *jhadu* (Besen) schwang, mit dem er unsere Toilette reinigte, überschlug meine Mutter sich förmlich, um sicherzustellen, dass er oder sein *jhadu* nichts berührten – keine Vorhänge oder Möbelstücke –, wodurch in unserem Haushalt eine nahezu panische Unruhe entstand. Auch Lakshman selbst ging bei dieser Gelegenheit in einer steifen und linkischen Körperhaltung herum und war sorgsam darauf bedacht, zwischen seinem Körper mit dem *jhadu* und den Möbeln sowie den Haushaltsangehörigen einen »angemessenen« Abstand zu wahren, um die Empfindlichkeiten der oberen Kasten in Bezug auf Abfall und Unreinheit nicht auf irgendeine Weise zu verletzen. In reicheren Haushalten wurde für den Straßenkehrer ein richtiger separater Eingang und manchmal sogar ein separater Treppenaufgang gebaut.

Als ich alt genug für die Highschool war, begann ich, dieses tägliche Ereignis für so etwas wie Heuchelei auf Seiten meiner Mutter zu halten. Vielleicht glaubte sie nicht wirklich an das, was in Dattas Gedicht stand, dessen Botschaft sie mir erklärt hatte, indem sie mir die richtigen Werte der egalitären Demokratie Indiens beibrachte? Später wurde mir klar, dass ich wahrscheinlich falschlag. Meine Mutter war aufrichtig, als sie mir die Ungerechtigkeit von Unberührbarkeit erklärte. Was Lakshmans Betreten unseres Hauses unter Beweis stellte, waren Vorurteile im

Gadamer'schen Sinne: Das zutiefst brahmanische Körpergefühl meiner Mutter empörte vielleicht der Gedanke, dass Lakshman und sein *jhadu*, von dem Wasser tropfte, mit dem möglicherweise Fäkalien weggeputzt worden waren, im Grunde genommen wie ein erweiterter unberührbarer Körper in Kontakt mit irgendetwas in unserem Haushalt kommen könnte. Dabei ging es nicht um Hygiene, sondern um den Körper des Dalits als Dalit. Formales Wissen über die Unterdrückung von Dalits historisiert und soziologisiert die Gestalt des Dalits. Sobald man den historischen Kontext kennt, der zur Ausbeutung der Dalits beiträgt, entwickelt man politische Strategien, die zur Veränderung der Lebensumstände der Dalits beitragen. Doch Vorurteile – Urteile, die man trifft, bevor man bewusst urteilt – reproduzieren eine Zeitstruktur, die einer sehr langen und stabilen Gegenwart zugrunde liegt.

Der Dalit-Körper als Einschreibungsfläche und Abstraktion

Der »Dalit-Körper«, von dem ich hier spreche, ist, wie gesagt, eine Abstraktion. Da diese abstrakte Gestalt als essentialistische, orientalistische oder statische Sichtweise des Dalit-Körpers – das heißt als Verleugnung der Geschichte – von meiner Seite missverstanden werden kann, möchte ich mit dem vollumfänglichen Eingeständnis der empirischen Tatsache beginnen, dass es konkret wahrscheinlich niemanden gibt, der »dem Dalit«, wie ich ihn beschreibe, entspricht. Konkret gibt es nur die Körper von Angehörigen der vielen verschiedenen *jatis*, die traditionell als »unberührbar« galten. Wie die australischen Forscher:innen Oliver Mendelsohn und Marika Vicziany an einer Stelle dargelegt haben, »sind die Unberührbaren genauso in jatis organisiert wie andere Hindus«: »Chamar, Bhangi, Dhobi, Pulaya, Paswan und Madagi lauten die Namen einiger der vielen Hundert unberührbaren jatis, die über alle Regionen Indiens verstreut sind.« Und sie fügten hinzu: »Auf lokaler Ebene weiß jeder, dass es eher bestimmte unberührbare Kasten als Unberührbare im Allgemeinen gibt.«[19] Mitunter haben Dalit-Intellektuelle selbst geschildert, wie sehr ihre Behandlung als »Unberührbare« von Zeitpunkt und Ort, das heißt vom Opportunismus und Eigeninteresse der höheren Kasten abhing. In einem autobiographischen Essay erwähnt A. Shukra (was ein Pseudonym ist), der in Pune als Kind panjabischer, zu den Ravidassias (die Ravidas anbeten) der Chamar-Kaste gehörender Eltern geboren wurde, wie sehr sich die Behandlung seiner Familie von Seiten der sozial Höhergestellten in ihrer Zeit im Dorf, in der ihnen nicht gestattet wurde, die Wassertröge der oberen Kasten zu benutzen, von der Zeit unterschied, als er eine Ausbildung erhalten hatte und seine Dienste von denselben sozial Höhergestellten in Anspruch genommen wurden. Die »Unberührbarkeitsregeln«, stellte er fest, »waren komplex und scheinheilig.«[20]

Die begrifflichen Anstrengungen, die ich hier unternehme, sollen diese empirische Diversität und die verschiedenen historischen Veränderungen keineswegs leugnen. Ich behandle den Dalit-Körper ähnlich wie Frantz Fanon in seinem Buch *Schwarze Haut, weiße Masken* den »schwarzen Körper« behandelt. Der »Schwarze« habe kein körperliches Schema, legte Fanon unter Rückgriff auf Hegel und Merleau-Ponty nahe, was heißen sollte, dass der »Schwarze« sein Schwarzsein nie vergessen könne; er sei nicht in der Lage, die Farbe seiner Gliedmaßen oder seines Hinterteils je zu vergessen, wie es »Menschen« zum Beispiel im Alltag tun oder wenn sie schlafen. Das Körpergefühl einer schwarzen Person wird immer durch ein Bewusstsein (*consciousness*) in der dritten Person gebrochen: »In der weißen Welt stößt der Farbige auf Schwierigkeiten bei der Herausbildung seines Körperschemas. Die Erkenntnis [*consciousness*] ist eine rein negierende Tätigkeit. Eine Erkenntnis in der dritten Person.«[21]

Dieser hier von Fanon erörterte Körper des »Schwarzen« stand empirisch möglicherweise nicht zur Verifizierung seiner Behauptung zur Verfügung. Es ist möglich, dass die »Schwarzen«, die Fanon kannte, einschließlich seines eigenen empirischen Ichs, durchaus in der Lage waren, ihre Hautfarbe vollständig aus dem Bewusstsein zu verlieren, wenn sie schliefen. Doch darauf wollte Fanon nicht hinaus. Seine Abstraktion, der »schwarze Körper«, war zentral für eine bestimmte rassistische Unterdrückungsstruktur, die er sichtbar machen wollte. Der »Dalit-Körper«, dessen ich mich hier bediene, ist eine ähnliche Konstruktion. Ich benutze ihn, um eine mögliche Denkweise über den menschlichen Körper und sein alles andere als undurchlässiges Verhältnis zu seiner sogenannten Umwelt deutlich zu machen. Die empirischen Variationen der verschiedenen historischen Dalit-Gruppen, aus denen Indiens Kastenschema heute besteht, sind für mich hier nicht von Belang. Denn unabhängig davon, wie plural und variantenreich die Geschichte der Unberührbarkeit in der indischen Sozialgeschichte verlaufen sein mag, ist für das Phänomen selbst zwangsläufig der Körper zentral gewesen. Die Praktiken, die einen Menschen tendenziell un-berühr-bar machen, richten sich auf den Körper der betreffenden Person: Es ist ihre Berührung, ihr Schatten, ihre Körpermerkmale und Ausscheidungen, ihre Speisen und so weiter, die als unrein galten und gelten.

Louis Dumonts klassische Studie über das Kastensystem, *Homo Hierarchicus* (dt.: *Gesellschaft in Indien*), ist an dieser Stelle hilfreich. »Es ist klar«, schrieb Dumont, »daß die Unreinheit des Unberührbaren begrifflich untrennbar ist von der Reinheit des Brahmanen. […] Vor allem die Unberührbarkeit wird wirklich erst dann verschwinden, wenn die Reinheit der Brahmanen radikal abgewertet wird; das wird oft übersehen.« Im Weiteren nimmt Dumont dann dazu Stellung, wie zentral die Assoziation von Kuh und Tod für die Begründung ist, warum die unberührbare Person alles besudelt und verunreinigt:

Es ist erstaunlich, daß die wesentliche Ausbildung des Gegensatzes Rein/Unrein in diesem Zusammenhang die Kuh betrifft. […] Das Töten einer Kuh wird mit der Tötung eines Brahmanen gleichgesetzt, und wir haben gesehen, daß die Produkte der Kuh Läuterungsmittel von großer Kraft sind. Parallel dazu haben die Unberührbaren die Aufgabe, die toten Tiere abzutransportieren und abzudecken, die Häute zu bearbeiten, und das stellt unbestreitbar eines der Hauptmerkmale der Unberührbaren dar.[22]

Dumonts einflussreiche Studie ist in der Literatur über das Kastenwesen vielfach kritisiert worden und wir müssen hier weder über seine Unterstellungen noch über seine Methoden debattieren. Doch die genaue Erinnerung an den Körper, den er beschreibt, hat Gopal Guru – an manchen Stellen vermittelt durch Reminiszenzen von niemand Geringerem als dem großen Ambedkar selbst – zu seinen eindrucksvollen Bemühungen angeregt, die Erfahrung, ein Dalit zu sein, in Begriffe zu fassen. »Während der Herrschaft der Peshwa im [frühen] 19. Jahrhundert in Pune«, ruft Guru in Erinnerung, »zwangen die Brahmanen die Unberührbaren dazu, sich einen Tontopf um den Hals und einen Besen um den Bauch zu binden. Der Topf war zum Hineinspucken und der Besen sollte ihre Fußabdrücke entfernen, die ebenfalls als unrein galten.« Von der Kaste der Unberührbaren, zu der Ambedkar gehörte, den Mahars, wurde erwartet, dass sie Stöcke trugen, an denen Schellen befestigt waren, damit das »Geräusch der Schellen die nicht erwünschte Ankunft von Unberührbaren im Dorfkern verkündeten.« In Gurus Augen gehört dies nicht völlig der Vergangenheit an. »Somit«, merkt er an, »scheint sich während der Herrschaft der Peshwa der Prototyp der heutigen biometrischen Techniken entwickelt zu haben«, der die Körper der Dalits zu Einschreibungsflächen gemacht hat.[23]

Damit möchte ich auf den Dalit-Körper zurückkommen, der markiert ist, weil er sowohl mit Fäkalien und dem Fell von toten Tieren als auch mit dem Tod selbst in Berührung kommt (wie im Fall der *dom* oder der *chandala* in der berühmten Legende vom Raja Harishchandra, die in mehreren *puranas* vorkommt und Gandhis Denken beeinflusst hat). Man erinnere sich an Gyan Prakashs Beschreibung »unberührbarer« Zwangsarbeiter in Bihar – zu Beginn jeder Anbausaison verlangten die Gutsherren von ihnen, dass sie als Erste den Boden pflügten, denn die oberen Kasten wollten ihre Körper nicht der Gefahr des todbringenden Stoffes aussetzen, den die Erde angeblich beim Kontakt mit dem ersten Pflug verströmte.[24] Der Dalit-Körper fungierte als Puffer zwischen Leben und Tod. Er absorbierte alles, was für Menschen tödlich sein konnte. Vorurteile gegenüber diesem Köper waren und sind Teil des Habitus des verkörperten Ichs in den oberen Kasten.

Ich will hier keine politische oder rechtliche Debatte beginnen, weil mir dafür erstens die Kompetenz fehlt und weil die Vorurteile gegenüber dem Dalit-Körper zweitens alle rechtlichen und politischen Initiativen überlebt haben (was solche Initiativen nicht abwerten soll – wir brauchen sie). Die *Subaltern Studies* haben es versäumt, den Dalits Rechnung zu tragen, weil sie über keine materielle Theorie des Körpers verfügten; das »subaltern« in ihrem Namen stand für »aufständisches Bewusstsein«. Doch darauf will ich jetzt gar nicht herumreiten. Vielmehr möchte ich anregen, dass wir uns den Dalit-Körper, sobald man mir die Ausschlussstruktur zugesteht – die Reaktion des Ekels, die er in den Körpern der »reineren« Kasten hervorruft –, als genau den Körper vorstellen können, der uns dabei hilft, in diesem Zeitalter einer Umweltkrise, die unter dem Namen »globale Erwärmung« firmiert, über den Planeten nachzudenken. Dafür müssen wir allerdings über die Schritte der politischen Philosophie hinausgelangen, die einen abstrakten, nicht-markierten Körper bevorzugt, um ihm zum Träger von Rechten zu machen oder zu der Grundlage, an der sich die für Marx' Kritik am Kapital so unverzichtbare marxistische Kategorie der »abstrakten Arbeit« festmachen lässt. Unsere Überlegungen zum menschlichen Gedeihen können möglicherweise nicht mehr auf ein politisches Denken gegründet werden, das sich unabhängig von der Gesamtzahl der Menschen auf diesem Planeten auf das menschliche Individuum (als Rechteinhaber und Wohlfahrtsempfänger) konzentriert und alle Fragen in Bezug auf den Zusammenhang zwischen menschlichen und anderen Lebensformen und deren enge Verknüpfung mit den Erdsystemprozessen ausklammert.

Wie oben angesprochen, meinte Fanon, die schwarze Person habe kein »Körperschema«. Es ist möglich, dass eine nicht-schwarze Person zum Beispiel vergisst, wie ihr eigener Körper jeweils aussieht, und im Alltagsbewusstsein lediglich eines körperlichen Schemas gegenwärtig ist, so als würde sie vage erkennen, dass sie zwei Hände habe, ohne sich zwangsläufig an die Farbe, Form oder das Alter ihrer Hände zu erinnern oder sich ein Bild davon zu machen. Dazu sei die schwarze Person nicht in der Lage, weil sie niemals vergessen könne, nicht einmal wenn sie schläft, dass sie schwarz ist. So tief habe die Rasse ihr ureigenes Körpergefühl geprägt. Die Versuchung ist groß, das Gleiche über den Dalit-Körper zu denken. Man könnte die These vertreten, dass die Person eines Dalit, deren Körper unter Bedingungen, in denen das brahmanische Körperschema den Ton angibt, immer schon durch seine Nähe zu und seinen Kontakt mit Fäkalien und Tieren geprägt, ja markiert ist, niemals die Erfahrung eines allgemeinen menschlichen Körperschemas machen kann. Wie Dumont darlegt, lässt der brahmanische Ekel sich nicht von dem Stigma trennen, das der Dalit-Körper aufweist.

Mir widerstrebt es allerdings, vollständig vor einem solchen

Denkansatz zu kapitulieren. Wenn man den Ekel der Brahmanen und die Nähe der Dalits zu Fäkalien und toten Tieren einander in einer untrennbaren binären Opposition gegenüberstellt, bleibt man in einer Art von Humanismus gefangen, der die lebendige Materie in Fäkalien und Tieren, ob tot oder lebendig, übersieht – kurz gesagt, die Frage der Mikroben. Da dieser Umstand im ontologischen Denken über den Menschen, in dem der Mensch ganz allein auf der Welt ist und von anderen Lebensformen abstrahiert wird, oftmals in Vergessenheit gerät, könnten wir den Körper eines Dalits trotz seiner perversen Konstitution sowohl als Zugeständnis als auch als Erinnerung an all die anderen lebenden Körper betrachten, mit denen wir in Verbindung stehen müssen, um unsere menschlichen Körper am Leben zu erhalten.[25] Wenn es uns gelänge – sogar in Überlegungen, die den Dalits zugutekommen sollen, insofern es ihnen ausschließlich um Ungerechtigkeit zwischen Menschen geht –, das anthropozentrische Denken hinter uns zu lassen, könnten wir den Körper eines Dalits als den Körper ansehen, der uns all jene Verbindungsnetzwerke zwischen verschiedenen Lebensformen bewusst macht, die für das Überleben des Menschen in seiner Kreatürlichkeit sorgen. Der Dalit-Körper ist eine nicht-anthropozentrische Konstruktion – er ist menschlich, aber immer *mit* toten oder lebendigen Tieren verbunden, und er ist in die (mit der Handhabung von Abfällen zusammenhängende) Welt der Mikroben eingebettet. In diesem Sinne möchte ich den Dalit-Körper als planetarischen Körper bezeichnen.

Mit dieser Aussage verfolge ich keineswegs die Absicht, die Verletzbarkeit der Körper der Armen, ob nun Dalit oder nicht, zu romantisieren, die keinen angemessenen Zugang zur Gesundheitsversorgung haben. Ich will auch nicht andeuten, dass wir uns nicht vor Krankheiten und Tod schützen sollten. Menschen können kein »freundschaftliches« Verhältnis zu Bakterien oder Viren haben, die dem menschlichen Leben feindlich gegenüberstehen bzw. zu seinen Feinden geworden sind. Gleichzeitig trifft es zu, dass wir unsere Gesundheit zu weiten Teilen freundlich gesinnten oder symbiotischen Mikroben verdanken, die in unserem Körper leben. Es geht mir um zwei verschiedene, aber miteinander zusammenhängende Fragen: Wie haben wir uns den Menschen als mit anderen Lebensformen vernetzte Lebensform (neu) vorzustellen und wie können wir in einem zweiten Schritt unsere Politik auf dieses Wissen gründen? Gemeinhin formulieren wir unsere politischen Kategorien nicht nur in einer zutiefst anthropozentrischen Sprache, sondern wir stellen sie uns auch getrennt von all diesen Zusammenhängen vor. Können wir sie nun aber so erweitern, dass sie auch unserem Verhältnis zu nichtmenschlichen Lebensformen, ja sogar zu Nichtlebewesen Rechnung tragen, denen wir möglicherweise Schaden zufügen (wie Flüssen und Gletschern)?

Nehmen wir zum Beispiel den im heutigen Südasien allgegenwärtigen Konflikt zwischen Mensch und Tier. Die durch den Lebensraumverlust der Affen verursachte sogenannte »Affenplage« gehört in Delhi zur Alltagserfahrung. In den indischen Medien sind häufig Berichte über Konflikte zwischen Menschen und Leoparden oder zwischen Menschen und Elefanten zu finden (wie eine einfache Google-Suche bestätigen wird). Die – gegen Hannah Arendt gerichtete – Frage lautet: Kann die Gestalt des Flüchtlings heute noch auf den Menschen beschränkt bleiben? Sollten wir wilde Tiere, wie etwa Leoparden, Affen und Elefanten, die als unwillkommene Gäste in südasiatischen Städten auftauchen, nicht auch als Flüchtlinge betrachten? Und über unser Verhältnis zum mikrobiellen Leben haben wir noch nicht einmal angefangen nachzudenken, obwohl Biolog:innen eindeutige Erkenntnisse über ihre Rolle in unserer Vergangenheit und für unsere Zukunft gewonnen haben (so sind zum Beispiel Viren für die unterschiedlichen menschlichen Phänotypen verantwortlich). Wie auch immer wir einen Zugang zu einem solchen Denken finden, müssen wir uns den Menschen nicht isoliert von anderen Lebensformen, sozusagen in humanistischer Verblendung, vorstellen, sondern als Lebensform, die mit anderen Lebensformen vernetzt ist, die wiederum letzten Endes alle mit der Geobiologie des Planeten vernetzt sind und deren eigenes Wohlergehen von diesen Zusammenhängen abhängt.

Vemulas emanzipatorische Überlegungen – sein Protest gegen die Kastenunterdrückung und gegen das, was in Indien als »Votebank«-Politik, also als so etwas wie Klientelpolitik bezeichnet wird – bewegten sich zwischen zwei Blickwinkeln: einem liberalhumanistischen Blickwinkel, der den menschlichen Körper als nicht-markiert betrachtet (»Ein Mensch wurde nie als Seele behandelt«), und einem aus der Wissenschaft hergeleiteten nichtanthropozentrischen Blickwinkel, der den Menschen als eine »herrliche, aus Sternenstaub bestehende Sache« ansieht. Bei der zweiten Äußerung handelt es sich nicht um eine rhetorische Floskel und auch nicht um ein romantisches Fantasieprodukt, sondern um eine echte wissenschaftliche Tatsache, über die mein Chicagoer Kollege Neil Shubin Erhellendes geschrieben hat: »Jede Galaxie, jeder Stern *und jeder Mensch* ist nur die vorübergehende Heimstatt von Teilchen, die im Laufe gewaltiger Entfernungen von Raum und Zeit die Geburt und den Tod der verschiedensten Gebilde durchlaufen haben.«[26]

Diese Kluft zwischen dem Platz, den die Astrophysik, die Geologie, die Biologie und die Geschichte der menschlichen Evolution dem Menschen in der Großgeschichtsschreibung zuweisen, und dem Ort, den das politische Denken seit dem 17. Jahrhundert für ihn vorsieht, ist im Allgemeinen als eine Frage pragmatisch voneinander getrennter Wissensbereiche behandelt worden. Zum Beispiel wissen wir, dass Menschen abgesehen davon, dass sie die arithmetische Summe der Gesamtzahl der Menschen auf diesem Planeten darstellen, eine biologische Spezies, *Homo sapiens*, sind, doch wird diesem Wissen gemeinhin keine besondere politische Bedeutung beigemessen. Aber wenn die Biodiversität auf der Welt zum ersten Mal in ihrer gesamten Geschichte mit der trostlosen Aussicht auf ein »Massensterben« konfrontiert ist, dem die Aktivitäten einer biologischen Spezies, *Homo sapiens*, Vorschub leisten, dämmert uns langsam, wie dringlich die Schaffung einer Auffassung von Politik ist, die auf diesem unseren zweiten Selbstverständnis als einer tief in die Geschichte des Lebens eingebetteten Spezies beruht. Rohit Vemulas Überlegungen sind nun aber auf folgendes Problem gestoßen: Wir wissen noch nicht, wie wir das anstellen sollen. Man könnte Posthumanist:innen lesen, die uns visionäre Kosmologien unterbreiten, mit deren Hilfe wir einen Sprung über die Kluft zwischen dem politischen Denken in seiner heutigen Form und dem politischen Denken wagen könnten, das wir benötigen würden. Doch gegenwärtig würde ein solcher Sprung auf einem Vertrauensvorschuss beruhen. Die Kluft wird uns in Gestalt eines tiefen Abgrunds bewusst, der unserem derzeitigen menschlichen Politikverständnis seine Grenzen aufzeigt. Letzteres bleibt auf menschliche Individuen als Rechteinhaber oder Wohlfahrtsempfänger konzentriert, ohne sich je auf die Menschheit als ganze zu richten – auf eine Spezies unter vielen in der breiter angelegten Geschichte des Lebens. Dies ist die Kluft, über die Rohit Vemula sich bei seinem Streben nach Emanzipation den Kopf zerbrochen hat, die er aber nicht überwinden konnte.

Doch Rohit Vemula ist nicht der Einzige, der scheiterte, wenn davon überhaupt die Rede sein kann. Selbst die Politikwissenschaftler:innen unserer Zeit, die sich zur Anerkennung der Zusammenhänge zwischen der Menschheit und anderen Lebensformen sowie Nichtlebewesen verpflichtet fühlten, haben innerhalb des politischen Denkens schlicht und einfach nicht über die intellektuellen Ressourcen für eine »Politisierung« dieser Zusammenhänge verfügt. Man beachte zum Beispiel den folgenden Abschnitt, der am Anfang einer ansonsten packenden Erörterung einer möglichen »politischen Theorie des Klimawandels« in Steve Vanderheidens Buch über »atmosphärische Gerechtigkeit« steht. Er beginnt mit einer leicht als nicht-anthropozentrisch erkennbaren Position zur Klimakrise – einer Position, die in erster Linie die Tatsache anerkennt, dass Menschen in das eingebettet sind, was viele im Anschluss an Darwin »Lebensnetz« nennen:

> Kohlenstoff ist einer der Grundbausteine des Lebens auf dem Planeten Erde, wobei CO_2 die vorherrschende Weise ist, wie Kohlenstoff zwischen den natürlichen Kohlenstoffsenken, zu denen auch Lebewesen gehören, weitergeleitet wird. In einem Austausch, der unter dem Namen *Kohlenstoffkreislauf* bekannt ist, nehmen Menschen und andere Tiere durch ihren Atem Sauerstoff auf und atmen sie CO_2 wieder aus, während Pflanzen CO_2 absorbieren und speichern und Sauerstoff ausstoßen, wodurch sie *das irdische Leben im Gleichgewicht halten.*[27]

Vanderheiden räumt ein, dass der Planet ohne die Treibhausgase und »den *natürlichen Treibhauseffekt*« zu kalt wäre, um für Leben im Allgemeinen und menschliches Leben im Besonderen bewohnbar zu sein. »Obwohl es einigen Lebensformen«, schreibt er, »möglich sein könnte, über das geringe Spektrum an Temperaturschwankungen hinaus weiterzubestehen, das seit der letzten Eiszeit zu beobachten war, ist die klimatische Ausgewogenheit, die 10 000 Jahre THG [Treibhausgas]-Stabilität hervorgebracht haben, für die Entwicklung *allen irdischen Lebens* verantwortlich, und sogar winzige Veränderungen dieser Ausgewogenheit könnten diese Ökosysteme dramatisch aus dem Gleichgewicht bringen.«[28] Von der Sache her liegt Vanderheiden falsch, da das Aufkommen von komplexem vielzelligem Leben dem Holozän um einige Hundertmillionen Jahre vorangegangen ist, aber er hat recht, die moderne Atmosphäre des Planeten als eine Entität zu betrachten, die verschiedene Lebensformen sich teilen.

Doch obwohl er ohne Wenn und Aber einräumt, dass die Klimakrise »das Gleichgewicht« »allen irdischen Lebens« auf diesem Planeten betrifft – was auch immer solch ein »Gleichgewicht« zu bedeuten hat –, weshalb in Zeiträumen von mindestens mehreren Tausend Jahren über es nachgedacht werden muss, kreisen Vanderheidens Fragen in Bezug auf Gerechtigkeit und Unfairness um Probleme des menschlichen Lebens, und zwar ausschließlich des menschlichen Lebens, und solche Probleme lassen sich nur im Hinblick auf sehr viel kürzere, menschliche Zeitmaßstäbe verfolgen. Er sagt selbst: »Obwohl der anthropogene Klimawandel unter den *nichtmenschlichen Arten* [Herv. D.C.] des Planeten wahrscheinlich erhebliche und in manchen Fällen katastrophale Schäden anrichten wird«, folge seine Beschäftigung mit Fragen der Klimagerechtigkeit insofern dem IPCC, als er sein Augenmerk ausschließlich auf »die menschlichen Lebensräume und Bewohner des Planeten« richte. Für diese Herangehensweise nennt Vanderheiden einen guten praktischen Grund: Bisher wissen wir nicht, wie ein globales Klimaregierungssystem zusammengesetzt sein soll, das auch Vertreter:innen von »Tieren und künftigen Generationen« einbezieht – ganz zu schweigen von nichttierischen Lebensformen oder gar der unbelebten Welt. Vanderheidens Argument, dass diese Gruppen, selbst wenn sie »durch Stellvertreter:innen in den demokratischen Institutionen« vertreten wären, »die ihren Interessen zumindest teilweise Gehör verschaffen würden, [...] in legislativer Hinsicht zwangsläufig eine Minderheit blieben«, beruft sich auf die Arbeit des Politologen Terence Ball.[29] Es bestätigt sich also, dass auf der einen Seite »die globale Atmosphäre ein endliches Gut darstellt«, das nicht nur für Menschen da ist, weil es »für den Fortbestand des Lebens auf diesem Planeten unverzichtbar ist«, obwohl es auch »dem menschlichen Gedeihen dient«. So lautet die Lektion der Wissenschaften. Und doch wird auf der anderen Seite, wo es um justiziable Ungleichheitsfragen im Hinblick auf den Klimawandel geht, die Aufnahmefähigkeit dieser »einen Atmosphäre« – die eingestandenermaßen »von *allen* Bewohnern des Planeten geteilt werden muss« – *ausschließlich* unter den Menschen (»den Nationen oder Bürger:innen der Welt«) aufgeteilt, ohne dass ein Wort darüber verloren werden würde, worin der rechtmäßige Anteil nichtmenschlicher Lebensformen bestehen könnte![30] Von hier aus ist es nur noch ein Schritt, bis man das nichtmenschliche Leben gar nicht mehr berücksichtigt und die globale Erwärmung zu einem Synonym für Fragen menschlicher Gerechtigkeit erklärt, ja sie sogar als ein Problem betrachtet, das *erst* behoben werden kann, wenn die Fragen menschlicher Gerechtigkeit auf befriedigende Weise angegangen worden sind. Man muss sich nur ansehen, wie das Zitat unten sich von einer moralischen Empfehlung – »die Sorge um Fairness und Verantwortlichkeit *sollte nicht* […] abgetan werden« und so weiter – in einen Konditionalsatz – »der anthropogene Klimawandel […] *kann erst dann wirklich behoben werden, wenn*« und so weiter – und schließlich in eine Feststellung verwandelt, die eine Identitätsbeziehung zwischen globaler Gerechtigkeit und Klimawandel postuliert:

> Die Sorge um Fairness und Verantwortlichkeit sollte nicht als nachrangig gegenüber dem primären Ziel abgetan werden, eine Klimakatastrophe zu verhindern, denn […] der anthropogene Klimawandel stellt auch ein Gerechtigkeitsproblem dar und kann deshalb erst dann wirklich behoben werden, wenn in der internationalen Reaktion eine Förderung der Gerechtigkeit [einschließlich des ›Rechts auf Entwicklung‹ der armen Nationen] angestrebt wird. […] Globale Gerechtigkeit und Klimawandel [sind] […] Erscheinungsformen desselben Problemzusammenhangs.[31]

Mein zweites Beispiel stammt von einem renommierten politischen Denker unserer Zeit – vom Republikanismus-Theoretiker Philip Pettit. In seinem vielgelobten Buch über Republikanismus führt Pettit einige »entschieden anthropozentrische« Gründe dafür an, »warum wir uns um andere Arten und um unser Ökosystem im Allgemeinen kümmern sollten«. Doch beachte man, wie die Menschheit – ein »Wir« – in seiner Prosa in zwei verschiedenen, voneinander getrennten Gestalten vorkommt und selbst diese Unverbundenheit unerwähnt bleibt. »Gemeinsam mit den anderen Tierarten, die es enthält, bietet das Ökosystem uns einen Platz in der Natur; dies ist der Ort, an den wir letzten Endes gehören«, schreibt Pettit. Doch dieses »Wir« ist die arithmetische Summe einer Ansammlung von Individuen, sozusagen eine Sigmafunktion, die sich aus den grundlegenden Aktivitäten ergibt, die das menschliche Individuum definieren: »Wir sind, was wir essen. Und genauso sind wir, was wir atmen, wir sind, was wir riechen, wir sind, was wir sehen, hören und berühren.« Essen, atmen, riechen, sehen, hören und berühren sind eindeutig alles Aktivitäten, die nur von einzelnen menschlichen Körpern vollzogen werden können. Doch derselbe Pettit schreibt auch: »Wir leben in einem physischen, biologischen und psychologischen Kontinuum mit anderen Menschen, mit anderen Tierarten und mit dem weiter gefassten physischen System, das in uns zu Bewusstsein kommt.«[32] Ein »physische[s], biologische[s] und psychologische[s] *Kontinuum*«: Dieses zweite »Wir« ist mithin keine arithmetische Summe aus menschlichen Individuen. Es ist Zeichen eines »Kontinuums«, das uns mit anderen Arten und mit Prozessen verbindet, die wir als planetarisch betrachten können. Es »kommt in uns zu Bewusstsein« und trotzdem können wir auf das Individuum und auf das autonome menschliche Subjekt nicht verzichten, das die tragende Säule des politischen Denkens bleibt. Dieses Problem ist dem politischen Denken eigen, weil unsere politischen Institutionen letzten Endes zutiefst anthropozentrisch sind. Umsichtige Anthropolog:innen haben sich dagegen bemüht, in ihrer Prosa einige der entscheidenden Funktionen, die Menschen und Nichtmenschen teilen, mit Leben zu füllen.[33]

Aus diesem Grund führen uns Pettits Überlegungen an dieselbe Kluft, über die Vemula sich den Kopf zerbrochen hat. Wir wissen mittlerweile, dass die Geschichte vom menschlichen Gedeihen – das uneinheitliche Modernisierungsnarrativ, das jedes menschliche Individuum im Blick hat – inzwischen auf eine tiefer liegende Geschichte vom Menschen, auf unsere kollektive, unbewusste Geschichte als einer biologischen Spezies prallt, der es in der Geschichte des Lebens auf diesem Planeten als Erster gelungen ist, über dessen gesamte Landmasse und indirekt sogar über weite Teile der Ozeane zu herrschen. Wie bringen wir beide Versionen des Menschen – mit Vemula gesprochen, dass jeder Mensch »wie eine Seele behandelt« wird, und dieselbe Person als »Sternenstaub« – so zusammen, dass daraus eine neue Art von politischem Denken wird? Bis wir eine befriedigende Antwort auf diese Frage finden, wird es schwierig bleiben, in Zeiten, die in dem Sinne, in denen diese Wörter in diesem Buch verwendet werden, gleichzeitig global und planetarisch sind, die Position der Modernen einzunehmen.

Aus diesem Grund bleibt Vemulas kosmologische Emanzipationsfantasie letztendlich poetisch – denn die Denker:innen des Politischen wissen noch nicht, wie sie das Politische auf der Grundlage des Verständnisses vom menschlichen Körper konstruieren sollen, das mehrere Zweige der Wissenschaft uns vermitteln: dass nämlich seine Grenzen durchlässig sind und er eine Zone bleibt, in der zwangsläufig andere lebendige und nichtlebendige Wesen ihrer Wege gehen.[34] Als Leser bengalischer Literatur erinnert mich die ergreifende Poesie von Vemulas Überlegungen an einen Brief, den der Dichter Rabindranath Tagore – der einen ganz anderen Hintergrund hatte als Vemula – einstmals an den Wegbereiter der Popularisierung der Wissenschaft in Bengalen, Ramedrasundar Tribedi (1864-1919), geschrieben hat. Tagore hat den Brief etwa ein Jahr bevor ihm der Literaturnobelpreis zugesprochen wurde, verfasst. Er ist auf den 29. Februar 1912 datiert.[35] Anhaltspunkten im Brief selbst zufolge scheint er folgenden Hintergrund gehabt zu haben: Als Tribedi alte Briefe von Tagore für deren Veröffentlichung in einem Buch (*Chinnapatrabali*) vorbereitete, hat er anscheinend in einem von ihnen einen Satz gestrichen. »Es gab Zeiten«, hatte Tagore geschrieben, »da wurde ich zu einem Laubbaum, der auf frischer und feuchter, mit Salzwasser durchtränkter Erde stand.«[36] Diesen Satz befand Tribedi nicht der Aufnahme wert, weil er in gekürzter Form bereits in einem bengalischen Magazin erschienen war und in einer Tagore feindlich gegenüberstehenden Zeitschrift, *Sahitya*, für unendliche Erheiterung gesorgt hatte. Tribedi versuchte, Tagore davor zu bewahren, sich erneut lächerlich zu machen. Tagores Brief an Tribedi war ein Versuch – mit dem für ihn charakteristischen feinen Sinn für Humor –, das Recht des Autors auf Einspruch wahrzunehmen, ohne die Vorrechte des Herausgebers bei der »Ausübung [seiner] Pflicht« (dieser Satz steht auf Englisch in dem Brief) zu leugnen.

Ganz ähnlich wie Vemulas Protest, aber Jahrzehnte bevor Carl Sagan mit seiner Kosmologie die Bühne betrat, lautete Tagores Einspruch folgendermaßen:

> Sie haben die Axt des Herausgebers gegen meine Erinnerungen erhoben, [in früherer Zeit einmal] ein Baum [gewesen zu sein]. Ein solches [Handeln von Ihrer Seite] ist nicht mit dem Stutzen überflüssiger Zweige zu vergleichen, es trifft [die Wurzel meines] Lebens. Denn in meinem tiefsten Inneren ist mir klargeworden, dass es in meinem Leben eine verborgene Erinnerung an ein Leben als Baum gibt. Das kann ich nur zugeben, weil ich heute ein Mensch bin. Warum nur Bäume? In mir haben sich Erinnerungen an die gesamte materielle Welt niedergeschlagen. Alle Schwingungen im Universum lassen meinen ganzen Körper vor Verwandtschaft erschaudern – das stille und uralte Ausschlagen der Bäume und Reben hat in meinem heutigen Leben eine Sprache gefunden –, warum würde ich mich sonst aufgerufen fühlen, jetzt den Frühling zu feiern, wo die an den Bäumen knospenden Mangos von einem freudigen Geist berauscht zu sein scheinen? Warum lassen Sie mich das enorme Gefühl der Freude nicht zum Ausdruck bringen, das Wasser, Land, Bäume und Vögel [in mir auslösen] und das mich [ständig] durchläuft? Warum? Damit niemand sich über mich lustig macht?

Dann fügte er noch hinzu: »Immer wenn in glücklichen Momenten mit der Deutlichkeit einer musikalischen Note in meiner Seele die Erkenntnis erklingt, dass ich hier mit der Sonne, dem Mond, den Sternen sowie mit dem Land, den Felsen und dem

Wasser zusammen bin, erleben mein Körper und meine Seele den innigen Schauer unermesslicher Existenz. Ich agiere hier nicht als Dichter, hier [spricht] meine Natur. Aus dieser Natur heraus habe ich Gedichte, Lieder und Geschichten geschrieben. Dafür schäme ich mich nicht einen Deut. Weil ich ein Mensch bin, liegt die ganze Wahrheit des Nichtlebendigen und des Lebendigen in höchster Vollendung in meiner Existenz.«

Viel davon mag wie ein nach Heidegger klingendes Theorem über die Besonderheit des Menschen anmuten – nur im Menschen komme die Welt zu Bewusstsein. Doch bei Tagore ist dieser Gedanke komplizierter, weil er am Ende einen anderen Ton anschlägt. Er bleibe den Elementen fremd, mit denen er eins sei: »die Wellen in meinen Adern tanzen im Rhythmus der Meereswellen – aber die Meereswellen können mich nicht erkennen. [...] Die Freuden meines Lebens mischen sich unter die Freude der Bäume, aber die Bäume wissen nichts von mir. Sie haben keine Erinnerung an mich [wie ich an sie]. Was ist an alldem so lächerlich?«[37]

Tagore und Vemula sahen die Dinge nicht auf dieselbe Weise. Vemulas Selbstbild als eines »herrlichen« Brockens Sternenstaub sprach die »Herrlichkeit« nicht den Menschen, sondern dem Kosmos zu. Tagore feierte seine Existenz als Mensch im Kosmos. Sie hatten beide ein erweitertes Bild des Menschen vor Augen – ein Bild, in dem Menschen sowohl mit dem Lebendigen als auch mit dem Nichtlebendigen in Verbindung standen. Zu Tagores Zeiten war dies ein poetisches Bild; in Vemulas emanzipatorischer Deutung vermittelte Carl Sagans Astrophysik ihm flüchtige Eindrücke einer menschlichen Gestalt, die sich von den Demütigungen befreit hatte, die Dalits erleiden. Beide bewegten sich an den Grenzen des politischen Denkens, aber bei beiden reagierte ihre menschliche Seele auf die Einladung des Planetarischen.

Kapitel 6

Bruchstücke einer anhaltenden Fabel

Im Jahr 2015 ist die Durchschnittstemperatur auf der Erdoberfläche das erste Mal auf 1 °C über den vorindustriellen Durchschnitt gestiegen, wodurch wir der Schwelle eines Anstiegs um 2 °C nähergekommen sind, die den Rubikon darstellt, von dem es heißt, dass wir ihn nicht überschreiten dürfen, wenn wir das verhindern wollen, was das Rahmenabkommen der Vereinten Nationen über Klimaveränderungen (UNFCCC) 1992 als »gefährliche anthropogene Störung des Klimasystems« bezeichnet hat.[1] Was die globale Erwärmung anbelangt, sei das Jahr 2016 ein »Ausreißer nach oben« gewesen, hat ein Meteorologe es formuliert.[2] Die Historikerin Julia Adeney Thomas gab 2014 zu bedenken, dass es sich bei der Vorstellung, »gefährdet« zu sein, um keine rein wissenschaftliche Vorstellung handeln könne, weil der Planet bereits viele andere Klimawandelschübe – und fünf großen Artensterben – erlebt habe.[3] Und tatsächlich ist *gefährlich* in diesem Zusammenhang ein Wort, das Wissenschaftler:innen, Politiker:innen und politische Entscheidungsträger:innen als besorgte Bürger:innen dieser Welt benutzen, wobei unter *Gefahr* eine Bedrohung der menschlichen Institutionen zu verstehen ist. In Thomas' eigenen Worten:

> Historiker:innen, die dem Anthropozän gerecht werden wollen, können sich in Bezug auf eine Definition des ›gefährdeten Menschen‹ nicht auf ihre Kolleg:innen aus den Naturwissenschaften verlassen. […] Es ist nicht möglich, ›Gefährdung‹ als schlichte wissenschaftliche Tatsache zu behandeln. Vielmehr ist Gefährdung eine Frage sowohl des Maßstabs als auch

der Wertung. Sie mögen zwar eine andere Gestalt annehmen, wenn sie sich auf die Naturwissenschaften einlassen, aber nur die Geistes- und Sozialwissenschaften sind in der Lage, vollumfänglich zu artikulieren, was für ein Verlust uns drohen könnte.[4]

Tatsächlich wurde ungefähr zu dem Zeitpunkt, als der vierte Sachstandsbericht des IPCC erschien, in einem der ersten sich an die Allgemeinheit wendenden Bücher über das Problem des anthropogenen Klimawandels, Tim Flannerys *Wir Wettermacher*, darauf hingewiesen, dass die Entität, für die der Klimawandel eine wirkliche Bedrohung darstellt, die menschliche Zivilisation sei, wie wir sie verstehen und rühmen.[5] *Zivilisation* ist nun aber keineswegs ein wertneutrales und deshalb ein umstrittenes Wort, um dessen Entmystifizierung sich Geisteswissenschaftler:innen in den letzten Jahrzehnten sehr bemüht haben.[6] Ich erwähne das hier nur, um vorzuführen, was für ein zentrales Anliegen die Definition eines der schwerwiegendsten Probleme, vor dem die Menschen im 21. Jahrhundert stehen, für die Geistes- und Humanwissenschaften gewesen ist. Dieser Punkt wird unterstrichen, wenn Moralphilosoph:innen wie Peter Singer den Klimawandel als »größte ethische Herausforderung« beschreiben, der sich die Menschheit je gegenüber gesehen hat.[7] Es stimmt, dass wir den »von Menschen herbeigeführten, planetarischen Klimawandel« nicht ohne die Hilfe der naturwissenschaftlichen Großforschung definieren können; und es stimmt auch, dass so das Problem der »zwei Kulturen« der Natur- und der Geisteswissenschaften bestehen bleibt.[8] Aber die Gerechtigkeitsfragen, die aus der Klimaforschung resultieren, verlangen von uns eine Fähigkeit, die nur die Geisteswissenschaften befördern können: die Fähigkeit, etwas vom Standpunkt eines anderen zu betrachten. Mit anderen Worten die Fähigkeit, »sich in die Notlage eines anderen Menschen zu versetzen«.[9]

Diese moralische Anforderung an die heutigen Menschen bekommt einen zusätzlichen Schwierigkeitsgrad durch die Überlegung, dass eine ungebremste globale Erwärmung langfristig gesehen durchaus das ohnehin zunehmende, durch Menschen herbeigeführte Aussterben nichtmenschlicher Arten beschleunigen könnte, was traurige Folgen für die Menschen selbst hätte. Es sind Stimmen laut geworden, darunter auch die von Papst Franziskus, die eine Ausweitung menschlicher Gerechtigkeit nicht bloß auf Tiere empfehlen, die eine bestimmte Empfindungsschwelle überschritten haben (wie Tierrechtler:innen früher angeführt haben), sondern auf die gesamte Welt sich auf natürliche Weise reproduzierenden Lebens – auf das, was Aristoteles als *zoe* bezeichnet hat. Dieser Vorschlag, der faktisch den Bereich des biologischen Lebens der Zuständigkeit menschlicher Sittlichkeit unterstellt, markiert meiner Meinung nach einen entscheidenden Wendepunkt für die heutigen Geisteswissenschaften, weil er sich radikal von einer – unter anderem von Immanuel Kant begründeten – Tradition abwendet, die eine strikte Trennungslinie zwischen unserem »moralischen« und unserem »tierischen« (d. h. biologischen) Leben gezogen hat, weil sie davon ausging, dass die natürliche Ordnung der Dinge immer für Letzteres Sorge tragen würde. Immerhin hat diese Trennungslinie mehr als 100 Jahre lang die vielkritisierte Lücke zwischen den Geisteswissenschaften und der physikalischen oder biologischen Forschung untermauert. Ökologische Denkströmungen haben diese Kluft in Frage gestellt und gelegentlich versucht, sie zu schließen, doch die Lücke bleibt und es ist nicht leicht, sie zu überwinden.

Unsere heutige Frage, wie die Menschen die Ressource ihres moralischen Vermögens zur Steuerung ihres Lebens als einer biosozialen Spezies unter anderen Arten nutzen können, bringt etwas in den Geltungsbereich menschlicher Sittlichkeit hinein, das immer außerhalb ihrer Reichweite gelegen hat: die Geschichte des natürlichen Lebens auf diesem Planeten. Was über ein erweitertes Verständnis des Rechts bestimmter Tiere geschrieben worden ist, war keine angemessene Reaktion auf dieses Problem, weil erstens die Zahl der in diesem Zusammenhang berücksichtigten Tiere durch eine »Empfindungsschwelle« begrenzt wurde und zweitens weil der überwiegende Teil des Lebens auf diesem Planeten – wie wir heute wissen – mikrobiell ist.[10] Die – mindestens seit der Aufklärung unterstellte und heute noch in vielen sozialwissenschaftlichen Fächern, einschließlich Zweigen der Mainstream-Ökonomie und des politischen Denkens vorherrschende – Annahme, dass die Biosphäre des Planeten schon für unser »tierischen Leben« sorgen werde, während wir angestrengt und ohne Berücksichtigung unseres kollektiven Lebens als biologischer Spezies nach einem kollektiven moralischen Leben suchen, ist mittlerweile stark unter Druck geraten. Dies hat schwerwiegende Folgen für die Geisteswissenschaften, die traditionell als das Gebiet fungieren, auf dem moralische Fragen getrennt vom biologischen Leben erörtert werden. Ich führe dies zunächst durch einen Blick in einige einschlägige Schriften von Kant im Kontext der Diskussion über den Klimawandel und einer möglichen menschlichen Patenschaft für das Leben auf diesem Planeten aus und werde mich dann abschließend mit dem Werk von Bruno Latour befassen, um zu zeigen, welche seiner Überlegungen zukunftsweisend sind.

Zwei Klimawandel-Narrative

Anfangen möchte ich mit den beiden vorherrschenden Herangehensweisen an das Problem des Klimawandels.[11] Bei der einen Herangehensweise wird das Phänomen einfach als eindimensionale Herausforderung betrachtet: Wie können die Menschen eine Verringerung ihrer Emissionen von Treibhausgas (THG) in den kommenden Jahrzehnten erreichen? Der Klimawandel erscheint dieser Herangehensweise als Frage nach der besten Energiequelle für das menschliche Streben nach universell akzeptierten Zielen ökonomischer Entwicklung, um Milliarden von Menschen aus der Armut zu befreien. Die dafür vorgeschlagene Lösung besteht in der Hauptsache darin, dass die Menschheit so schnell auf erneuerbare Energien umsteigt, wie Technologien und Marktsignale es zulassen. Die damit einhergehenden Gerechtigkeitsprobleme betreffen das Verhältnis von armen und reichen Nationen und von gegenwärtigen und künftigen Generationen: Wie sähe eine faire Verteilung des »Rechts auf THG-Emission« – da THGs als knappe Ressourcen gelten – unter den Nationen während dieses Umstiegsprozesses auf erneuerbare Energien aus? Die Frage, wie viele Opfer die Lebenden zur Drosselung der Emissionen bringen sollen, um sicherzustellen, dass noch nicht geborene Menschen eine bessere Lebensqualität erben als die gegenwärtige Generation, ist deutlich schwerer zu lösen, weil ihre politische Durchschlagskraft dadurch verringert wird, dass die Ungeborenen nicht zugegen sind, um ihrem Fall Nachdruck zu verleihen. »[D]as Nichtexistente hat keine Lobby«, hat Hans Jonas einmal gesagt, »und die Ungeborenen sind machtlos.«[12]

Innerhalb dieser groben Beschreibung der ersten Herangehensweise bleibt viel Raum für Meinungsverschiedenheiten, die von kapitalistischen bis zu nichtkapitalistischen Utopien einer nachhaltigen Zukunft reichen. Die meisten meinen, das Problem bestehe in der Hauptsache darin, auf Brennstoffen beruhende Energiequellen durch erneuerbare Energien zu ersetzen. Manch anderer – auf der Linken – wäre damit einverstanden, dass eine Hinwendung zu erneuerbaren Energien angezeigt ist, würde aber weiterhin die These vertreten, dass die Klimakrise selbst, weil sie vom nicht nachlassenden »Akkumulationsbedürfnis« des Kapitalismus herbeigeführt wurde, nur ein weiterer Anlass sei, Marx' Kritik am Kapital wiederzubeleben und zu bekräftigen. Und dann sind da noch jene, die tatsächlich darüber nachdenken, die Ökonomie zurückzufahren und zu schrumpfen, um dadurch den ökologischen Fußabdruck der Menschheit zu verringern und gleichzeitig eine Welt zu entwerfen, die sich durch Gleichheit und soziale Gerechtigkeit für alle auszeichnet. Wiederum andere beabsichtigen – nach einem Szenario, das sich »Konvergenz-Szenario« nennt –, auf globaler Ebene einen Zustand ökonomischer Ausgewogenheit zu erreichen, damit alle Menschen mehr oder weniger denselben Lebensstandard besitzen. Die Rolle der Geisteswissenschaften ist dabei im Wesentlichen auf Fragen der Klimagerechtigkeit beschränkt, zu deren Erörterung sowohl politische Ökonomen als auch Philosoph:innen (Rawls'scher und utilitaristischer Prägung) beitragen.[13] Trotz all ihrer Unzulänglichkeiten hat die Verkürzung der Klimakrise auf das Problem erneuerbarer Energien den Vorteil, dass wir auf ihrer Grundlage sowohl strategische als auch politische Rahmenbedingungen entwickeln können.

Man kann den Klimawandel jedoch auch nicht bloß als solchen, sondern als Teil einer Familie miteinander verzahnter Probleme betrachten. Exponentielles Bevölkerungswachstum, Nahrungsunsicherheit, Wasserknappheit, Ausweitung der Rohstoffmärkte und zunehmende ökonomische Ungleichheit – alle diese Faktoren, die zu Konflikten zwischen Mensch und Tier, zum Lebensraumverlust anderer Arten, zu THG-Emissionen und so weiter beitragen, sind von ihrem Umfang planetarisch und sprechen für eine tatsächliche Überschreitung aller ökologischen Grenzen von Seiten der Menschheit, durch die die Verteilung des natürlichen Lebens auf diesem Planeten in Mitleidenschaft gezogen wird. So gesehen, scheint die globale Erwärmung eher eine allen Menschen – von anderen Arten ganz zu schweigen – gemeinsame Notlage als ein bloßes Problem des Umsteigens auf erneuerbare Energien zu sein. Hinzu kommt noch die knifflige Frage der menschlichen »Handlungsmacht«, die von vielen Wissenschaftler:innen hervorgehoben worden ist, also die neue geophysische Handlungsmacht der Menschheit in einer Größenordnung, die ihr bereits eine Änderung des Klimas auf diesem Planeten für die nächsten 100000 Jahre ermöglicht hat, wodurch sich die nächste Eiszeit um etwa 50000 bis 500000 Jahre verschiebt.[14] Aus dieser Perspektive, deren Blick sowohl in die tiefe Vergangenheit als auch in die ferne Zukunft reicht, ergibt sich eine ganz besondere Herausforderung für unsere Vorstellung von der Moderne. Wenn das Problem des planetarischen Klimawandels darauf zurückzuführen ist, dass unser Energiebedarf immer größer wird, könnte man nämlich die überschüssigen THGs in der Atmosphäre leicht als den daraus resultierenden »Abfall« betrachten, der sich bisher noch nicht in einem dem menschlichen Gedeihen entsprechenden Zeitrahmen ordnungsgemäß recyceln lässt (denn für die menschlichen Bedürfnisse ist der Planet viel zu langsam!). Da dieser menschliche »Abfall« – durch die Versauerung der Ozeane oder durch das Steigen der Durchschnittstemperatur auf der Erdoberfläche – andere Lebensformen in Mitleidenschaft zieht, verlangt die Krise von uns, etwas zu tun, für das uns die Geisteswissenschaften schulen, uns nämlich »in die Notlage […] [von] anderen […] zu versetzen«, wobei in diesem Fall zu den einschlägigen »anderen« nicht bloß Menschen, sondern auch Nichtmenschen gehören.

Natürlich wurde diese Verschiebung unserer moralischen Orientierung nicht allein vom physischen Phänomen der Erwärmung verursacht. Wenn jemand vorstellbar wäre, der den evolutionären Maßstab in den Blick nimmt, nach dem die Entwicklung des Lebens auf diesem Planeten abläuft, würde er uns eine Geschichte über den *Homo sapiens* erzählen, der sich innerhalb dieser Historie binnen sehr, sehr kurzer Zeit an die Spitze der Nahrungskette gesetzt hat. »Wenn wir uns«, schreibt John Brooke in seiner meisterlichen Studie über menschliche Geschichte und Klimawandel, »die fünf Millionen Jahre der menschlichen Evolution als einen 24-Stunden-Zeitraum vorstellen, betragen die 300000 Jahre der modernen Menschheit insgesamt etwa eineinhalb Stunden, die 135000 Jahre, seit der moderne Mensch Afrika verlassen hat, umfassen ungefähr eine halbe Stunde und die 12 000 Jahre seit Ende des Pleistozäns [...] etwas mehr als vier Minuten. [...] Erst vor etwa 6000 Jahren, das heißt mehr als die Hälfte der Zeit, die seit Ende des Pleistozäns vergangen ist, nahm ein nennenswerter Teil der Menschheit eindeutig Kurs auf den Ackerbau.« Zudem, merkt er an, »scheint der Aufstieg sesshafter Agrargesellschaften gemessen an der Länge der Geschichte des Erdsystems nur eine kurze, explosionsartige Aufbruchsphase gewesen zu sein, die von der Entstehung des modernen Menschen mitsamt seiner globalen Kolonisierungen und Verdichtungen bis zur hoch technologisierten, überbevölkerten und klimatisch unausgewogenen Lage unserer Gegenwart reicht«.[15]

In der Großgeschichte, die Brooke erzählt, würde die noch verwickeltere Geschichte der Unterschiede von Arm und Reich eine feinere Auflösung benötigen. Wie ich anderenorts gesagt habe, verlangt die Überschreitung der ökologischen Grenzen durch die Menschheit gleichzeitig von uns, dass wir uns an die Einzelheiten der Ungerechtigkeit zwischen den Menschen heranzoomen – sonst würden wir nicht sehen, dass viele Menschen leiden – und dass wir uns aus dieser Geschichte herauszoomen – anderenfalls würden wir nicht sehen, dass andere Arten leiden oder dass sozusagen der Planet leidet.[16] Beim Heran- und Herauszoomen geht es darum, zwischen verschiedenen Maßstäben, Perspektiven und unterschiedlichen Abstraktionsebenen hin und her zu pendeln. Eine Abstraktionsebene hebt die andere nicht auf oder macht sie gegenstandslos. Und eine solche Trennung der Ebenen leugnet auch nicht den Umstand, dass wir in unserem Alltagsleben zuweilen Freude an der geologischen Handlungsmacht der Menschheit haben, ohne es zu wissen oder sie so zu bezeichnen (siehe meine Einleitung). Aber in diesem ganzen Buch kommt es mir darauf an, dass die Geschichte der Menschheit sich nicht mehr aus der Perspektive von (höchstens) 500 Jahren Kapitalismus erzählen lässt.

Trotz aller Ausdifferenzierungen bleiben die Menschen eine Spezies. Nehmen wir einmal an, all die radikalen Argumente, dass die Reichen immer über Rettungsboote verfügen werden und sich deshalb aus allen misslichen Lagen freikaufen können, einschließlich eines Massensterbens, würden zutreffen. Und man stelle sich eine Welt vor, in der irgendein sehr weiträumiges Artensterben stattgefunden hat und nur die Menschen überlebt haben, die zufällig privilegiert waren und den reicheren Klassen angehörten. Würde ihr Überleben nicht *auch* ein Überleben der Spezies bedeuten (selbst wenn die Überlebenden sich irgendwann in herrschende und untergeordnete Gruppen ausdifferenzieren würden, wie es bei Menschen üblich zu sein scheint)?

Ohne Verweis auf das Leben anderer Arten ergibt die Überschreitung der ökologischen Grenzen durch die Menschheit keinen Sinn. Zudem sind die Menschen in dieser Geschichte ebenfalls eine Spezies, wenn auch eine dominante. Dies macht die Geschichte von der kapitalistischen Unterdrückung nicht hinfällig. Und es läuft auch nicht auf die Behauptung hinaus, dass irgendeine Einzeldisziplin einen besonders guten Zugriff auf die Erfahrung hat, was es heißt, ein Mensch zu sein. Die Biologie oder eine andere Naturwissenschaft, die der existentiellen Dimension des Menschseins keine Beachtung schenkt, wird die menschliche Erfahrung, sich zu verlieben oder Liebe für Gott zu empfinden, niemals auf dieselbe Weise erfassen, wie Dichtung oder Religion es vermögen. Ein großes Gehirn verleiht uns die Fähigkeit, etwas von wirklich riesenhafter Größenordnung zu erkennen. Doch es macht auch unsere zutiefst subjektive Selbsterfahrung möglich und verleiht uns das Vermögen, unser individuelles Leben als sinnvoll bzw. bedeutsam zu erleben. Wir sind nicht in der Lage, alle Wissensformen zusammenzuführen, aber ohne Zweifel können wir uns selbst und die Geschichte des Menschen aus vielen Perspektiven gleichzeitig betrachten.

In Bezug auf das Phänomen des Aufstiegs der Menschen in

eine Herrschaftsposition – das sich möglicherweise der Entwicklung eines großen Gehirns verdankt, mit dessen Hilfe der Mensch über Zehntausende von Jahren hinweg Bindungen und Zugehörigkeiten zu imaginierten Gemeinschaften weit über den Face-to-Face-Maßstab von Sippen oder Verwandtenhorden hinaus schuf – gehen mittlerweile viele davon aus, dass dieser Aufstieg über einen sehr langen historischen Zeitraum stattfand, der bis in die Zeit zurückreichte, die Daniel Smail als unsere »Tiefenhistorie« bezeichnet.[17] In seinem Buch *Eine kurze Geschichte der Menschheit* erklärt der israelische Historiker Yuval Noah Harari den Sachverhalt gut. Eine der Hauptverwendungsweisen der frühen »Steinwerkzeuge«, schreibt Harari, bestand darin, »Knochen zu knacken und an das Mark in deren Inneren zu gelangen. Einige Wissenschaftler meinen, dies sei unsere ökologische Nische gewesen.« Warum? Weil, erklärt Harari, »sich die Gattung *Homo* [bis vor kurzem] irgendwo in der Mitte der Nahrungskette [befand].«[18] Der Mensch konnte tote Tiere erst dann essen, wenn Löwen, Hyänen und Füchse ihre Portion bereits gehabt und die Knochen von allem Fleisch gesäubert hatten, das an ihnen hing. »Erst in den vergangenen 100 000 Jahren«, sagt Harari, »mit dem Aufstieg des *Homo sapiens*, schaffte die Gattung Mensch den Sprung an die Spitze der Nahrungskette.«[19] Evolutionär gesehen, war das keine Änderung, wie Harari erklärt:

> Andere Raubtiere wie Löwen oder Haie hatten sich [ganz allmählich] über Jahrmillionen hinweg hochgebissen und angepasst. Das versetzte das Ökosystem in die Lage, ein sich wechselseitig kontrollierendes System wie bei der Gewaltenteilung zu entwickeln. […] Je tödlicher die Löwen wurden, desto schneller rannten die Gazellen, desto kooperativer zeigten sich die Hyänen und desto schlechter gelaunt wurden die Nashörner. Die Menschen dagegen fanden sich fast von einem Tag zum anderen an der Spitze wieder und hatten kaum Gelegenheit, sich darauf einzustellen.[20]

Harari erwähnt noch eine weitere bedeutende Tatsache. Infolge ihres überhasteten Aufstiegs an die Spitze der Fleischfresser, schreibt Harari, »misslang [den Menschen] die Anpassung.« Und er fügt hinzu: »Die meisten großen Raubtiere auf dem Planeten sind Ehrfurcht gebietende Geschöpfe. Jahrmillionen der Herrschaft haben ihnen Selbstvertrauen gegeben. Dagegen wirkt der *Homo sapiens* eher wie ein Diktator in einer Bananenrepublik.«[21]

Der ökologische Fußabdruck des Menschen, kann man sagen, vergrößerte sich mit der Erfindung des Ackerbaus (vor mehr als 10 000 Jahren, aber verstärkt in den folgenden Jahrtausenden) weiter und dann noch einmal, nachdem die Ozeane (vor etwa 6000 Jahren) ihren heutigen Pegel erreicht hatten und wir unsere antiken Städte, Imperien und urbanen Ordnungen errichteten, während wir in alle Winkel des Planeten ausschwärmten. Wiederum größer wurde er in den letzten 500 Jahren durch die europäische Expansion und Kolonisierung entlegener Länder, die von anderen Völkern bewohnt wurden, und dem darauf folgenden Aufstieg der industriellen Zivilisation. Dramatisch weitete er sich dann aber nach dem Ende des Zweiten Weltkriegs aus, als die Zahl der Menschen und der Konsum dank des großflächigen Einsatzes fossiler Brennstoffe nicht nur im Transportwesen, sondern auch in Landwirtschaft und Medizin exponentiell wuchs, was es schließlich sogar den Armen auf der Welt erlaubte, länger – wenn auch nicht gesund – zu leben.[22]

Von Seiten der Wissenschaft ist dafür der Begriff »Overshoot« vorgeschlagen worden, also »Fälle« von Grenzüberschreitung, wie William R. Catton Jr. 1980 in einem Buch gleichen Titels vorgebracht hat, »in denen Organismuspopulationen ihre eigene Umwelt so veränderten, dass sie ihr eigenes Leben untergruben«.[23] In der Literatur über Tierbefreiung bzw. -rechte, die die moralische Gemeinschaft der Menschen so erweitert, dass sie auch (einige) Tiere umfasst, werden Probleme sowohl der Grausamkeit gegenüber Tieren als auch der Grenzüberschreitung der menschlichen Konsumbedürfnisse gewürdigt.[24] Forscher:innen, die das von Menschen im Zusammenhang mit dem anthropogenen Klimawandel herbeigeführte Artensterben untersuchen, haben schon vor langer Zeit erkannt, dass die Menschen, häufig zu ihrem eigenen Nachteil, in den verschiedenen Ökosystemen, die sie bewohnen, »übers Ziel hinausschießen« (*overreach*).[25] Hinzu kommt, dass auch in den weithin bekannten, von einigen Geowissenschaftler:innen und anderen Gelehrten vorgebrachten Argumenten über »die große Beschleunigung« und »planetarische Grenzen« nichts anderes festgestellt wird als die Überschreitung der ökologischen Grenzen von Seiten der Menschheit. Wie einer der Urheber der These von der »großen Beschleunigung« es ausgedrückt hat, »soll der Ausdruck ›Große Beschleunigung‹ das ganzheitliche und übergreifende Wesen miteinander verketteter Veränderungen nach 1950 einfangen, die gleichzeitig über den sozioökonomischen und über den biophysikalischen Bereich des Erdsystems hinweggefegt sind und weit mehr umfassen als den Klimawandel.«[26] Ihre Daten dokumentieren den exponentiellen Anstieg der menschlichen Population, des realen Bruttoinlandsprodukts, der Stadtbevölkerung, des Primärenergieverbrauchs, des Düngereinsatzes, der Papierherstellung, des Wasserverbrauchs, des Verkehrs und so weiter – all dies geschah nach den 1950er Jahren. Parallel dazu nehmen die »Erdsystemtrends« exponentiell zu, die mit dem Ausstoß von Kohlenstoffdioxid, Methan, Stickstoffoxid zu tun haben; mit der Versauerung der Ozeane, mit dem Verlust der Ozonschicht, mit Meeresfischkulturen, Garnelenzucht, den Regenwäldern, mit dem Verfall der terrestrischen Biosphäre und so weiter.[27] Auf ähnliche Weise war auch der von Johan Rockström und seinen Kolleg:innen am Stockholm Resilience Center im Jahr 2009 vorgebrachte Gedanke von neun »planetarischen Grenzen«, deren Überschreitung die Menschen vermeiden sollten, ein Messversuch, wie weit die Menschen ökologisch übers Ziel hinausgeschossen sind.[28] Einige Erdsystemforscher:innen haben jüngst zu Protokoll gegeben, dass »die gegenwärtige anthropogene Freisetzungsrate von Kohlenstoff [ungefähr 10 Petagramm

C jährlich; 1 Petagramm = 10^{15} Gramm] während des [gesamten] Känozoikums (in den letzten 66 Millionen Jahren) beispiellos ist« und dass »das gegenwärtige/künftige Tempo von Klimawandel und Ozeanversauerung für die Adaptation vieler Arten zu rasch vor sich geht«, sodass es wahrscheinlich in der Zukunft zu »einem umfassenden Aussterben in der marinen und in der terrestrischen Umwelt« kommen wird. Faktisch befinden wir uns in »einem Zeitalter der Unverhältnismäßigkeit, was für zwingende, die Zukunft betreffende Klimaprognosen eine grundsätzliche Herausforderung darstellt«.[29]

Nicht nur haben Meerestiere und viele andere terrestrische Arten über nicht genügend evolutionäre Zeit verfügt, um sich unserer wachsenden Fähigkeit anzupassen, sie zu jagen oder ihrer Existenz ein Ende zu setzen, unsere THG-Emissionen bedrohen mittlerweile auch die Biodiversität der Weltmeere und bringen so eben das Nahrungsnetz in Gefahr, aus dem unsere Lebensmittel stammen. Jan Zalasiewicz und seine Kollegen von dem Unterausschuss der Internationalen Stratigraphischen Kommission, der für die Dokumentation des Anthropozäns zuständig ist, machen darauf aufmerksam, dass sich das Anthropozän langfristig möglicherweise eher durch den Fußabdruck nachweisen lassen wird, den der Mensch in Gestalt von Fossilien und anderen Anhaltspunkten – wie etwa der Terraformierung des Meeresbodens – im Gestein dieses Planeten hinterlässt, als durch das überschüssige Kohlenstoffdioxid in der Atmosphäre. Wenn das vom Menschen vorangetriebene Aussterben anderer Arten – zum Beispiel in einem der nächsten Jahrhunderte – zu einem großen Massensterben führen wird, könnte sich sogar die Benennung des Anthropozäns als einer Epochenschwelle auf der Stufenleiter der geologischen Zeitalter als eine nicht weit genug gehende Kategorie erweisen.[30] Im Rahmen eines Aufsatzes über den Klimawandel hat der Musikhistoriker und -theoretiker Gary Tomlinson das Problem kürzlich aus dem Blickwinkel des Erdsystems gut zusammengefasst:

Über Millionen von Jahren der biokulturellen Evolution […] sind bestimmte Systeme *außerhalb* der Rückkopplungszyklen der hominiden Nischenkonstruktion verblieben. Im Wesentlichen wurden astronomische Dynamiken, tektonische Verschiebungen, Vulkanismus, Klimazyklen und ähnliche Kräfte von menschlicher Kultur und menschlichem Verhalten nicht angetastet (bzw. wenn sie angetastet wurden, geschah das in verschwindend geringerem Grade). Systemtheoretisch gesprochen, waren alle diese Kräfte nämlich Elemente zur *Vorwärtskopplung*: externe Steuerungselemente, welche die Rückkopplungszyklen von außen ›einstellten‹, indem sie auf deren Binnenelemente einwirkten, von der Rückkopplung selbst aber nicht tangiert wurden. […] Im Anthropozän […] ist eine systemische Neuanordnung zu verzeichnen, durch die *Systeme, die immer von außerhalb der menschlichen Nischenkonstruktion als Vorwärtskopplungselemente fungiert haben, in Rückkopplungselemente in deren Innerem umgewandelt worden sind.*[31]

So gesehen, meint Zalasiewicz im Schlussabsatz eines neueren Aufsatzes, »besteht der Wert des – ob nun formal anerkannten oder informellen – Anthropozäns eindeutig darin, dass es uns vor dem größtmöglichen Gesamthintergrund mit einer Perspektive in Bezug auf den Maßstab und das Wesen des Unternehmens Mensch und in Bezug darauf ausstattet, wie dieses sich mit anderen Prozessen des Erdsystems überschneidet (mittlerweile ›mit ihnen verflochten‹ ist, würde es vielleicht besser ausdrücken).«[32] Deshalb ist der anthropogene Klimawandel kein Problem, das sich isoliert vom Gesamtkomplex der ökologischen Probleme untersuchen lässt, mit denen die Menschen mittlerweile auf verschiedenen Ebenen – vom Lokalen bis zum Planetarischen – konfrontiert sind, wodurch neue Konflikte entstehen und alte sich zwischen und innerhalb von Nationen verschärfen. Die eine Wunderwaffe, die alle Probleme auf einmal löst, gibt es nicht; nichts, was funktioniert wie das Mantra des Umsteigens auf erneuerbare Energien, um einen Anstieg der durchschnittlichen Oberflächentemperatur auf diesem Planeten um 2 °C zu verhindern. Allem Anschein nach stehen wir tatsächlich vor einem vertrackten Problem und sind in der Bredouille. Wir mögen in der Lage sein, es zu diagnostizieren, aber wir können es nicht endgültig »lösen«.[33]

Wenn, wie ich behauptet habe, die Herausforderung, vor die die Größenordnung der von unserer Animalität (d. h. vom Menschen als Konsumenten, als *animal laborans*, wie Hannah Arendt es formuliert) geschaffenen Probleme unsere Moralität stellt, die unterstellte Trennung unseres »moralischen« Lebens von unseren »tierischen« Leben durchbricht und von uns verlangt, dass wir »moralische« Lösungen für Probleme finden, die die »Naturgeschichte« der menschlichen Spezies geschaffen hat, dann stehen die Humanwissenschaften und ganz besonders die Geisteswissenschaften fraglos heute vor einer neuen Aufgabe. Denn auf eben diese Trennung des tierischen und des moralischen Lebens der menschlichen Spezies stützte sich zu weiten Teilen des 20. Jahrhunderts die Trennung der Humanwissenschaften von der physikalischen und biologischen Forschung.[34] Das Thema verdient eine eingehendere Untersuchung. Aber ältere Leser:innen werden sich daran erinnern, wie laut – und oftmals bissig – die Stimmen waren, die sich für eine solche Trennung aussprachen, als Edward O. Wilson 1975 sein Buch *Sociobiology* veröffentlichte, in dem er einige steile Thesen über den Zusammenhang von Biologie und Kultur aufstellte und es bei dieser Gelegenheit fertigbrachte, Marxist:innen und Sozialwissenschaftler:innen vieler anderer Glaubensrichtungen gegen sich aufzubringen.[35]

Die anhaltende Bedeutung der unterstellten Trennung der Moralität des Menschen von seiner Animalität oder Kreatürlichkeit in den Moderne-Narrativen nach der Aufklärung lässt sich möglicherweise am besten unter Bezugnahme auf eine Fabel untersuchen, die Immanuel Kant in einem 1786 erschienenen kleinen Aufsatz mit dem Titel »Mutmaßlicher Anfang der Menschengeschichte« ausbuchstabiert hat. Im Zentrum dieses Aufsatzes, in dem Kant eine faszinierende Deutung der biblischen Schöpfungsgeschichte und der Frage der Herrschaft des Menschen über die Erde vorlegt, stand der Gegensatz der Animalität der menschlichen Spezies und ihrer Moralität.[36] Ziel von Kants Unterfangen war es, das »unter sich und mit der Vernunft in Einstimmung zu bringen«, was seiner Einschätzung nach die »so oft gemißdeuteten, dem Scheine nach einander widerstreitenden Behauptungen des berühmten *J. J. Rousseau*« waren:

> In seiner Schrift *über den Einfluß der Wissenschaften* und der *über die Ungleichheit der Menschen* zeigt er [Rousseau] ganz richtig den unvermeidlichen Widerstreit der Kultur mit der Natur des menschlichen Geschlechts als einer *physischen* Gattung, in welcher jedes Individuum seine Bestimmung ganz erreichen sollte; in seinem *Emil* aber, seinem *gesellschaftlichen Kontrakte* und anderen Schriften sucht er wieder das schwere Problem aufzulösen: wie die Kultur fortgehen müsse, um die Anlagen der Menschheit als einer sittlichen Gattung zu ihrer Bestimmung gehörig zu entwickeln, sodaß diese jener als Naturgattung nicht mehr widerstreite.[37]

Dieser Widerstreit – der sich im Menschen daran entzündet, dass die menschliche Spezies gleichzeitig ein »physisches/natürliches/tierisches« (diese Wörter werden in seinem Aufsatz synonym verwendet) Leben und ein moralisches Leben besitzt – nahm in Kants Augen entscheidenden Einfluss auf die menschliche Geschichte. Denn alle »Anreize« zum »Laster« entsprängen »Naturanlagen«, die dem Menschen im »bloßen Naturzustand« verliehen worden seien; sie würden notwendig mit der »fortgehende[n] Natur« in Konflikt geraten. »[D]as letzte Ziel der sittlichen Bestimmung der Menschengattung« könne erst erreicht werden, wenn »vollkommene Kunst«, so Kant wörtlich, »wieder Natur« werde.[38]

Kants Reaktion auf die Denkaufgabe, vor die Rousseaus Werk ihn stellt, ist in der umfangreichen Literatur über den Königsberger Philosophen vielfach erörtert worden, wobei bestimmte kritische Elemente seiner Reaktion in einigen Fällen auf alte unter anderem von Thomas von Aquin postulierte Prinzipien zurückgeführt wurden.[39] Ich habe hier allerdings nicht die Absicht, die historischen Wurzeln von Kants Denken auszugraben, vielmehr möchte ich Kants Argumentation rekonstruieren, um im Einzelnen zu erklären, welches Verständnis des Verhältnisses der tierischen und der moralischen Aspekte des Menschen er genau anstrebte. Zu Beginn seines Aufsatzes erklärte Kant, warum er so frei sein könne, die Schöpfungsgeschichte als »*mutmaßliche Geschichte*« zu deuten, wobei er klarstellte, dass Mutmaßungen nicht dasselbe wie »*Erdichtung[en]*« seien.[40] Mutmaßungen könnten »von der Erfahrung hergenommen werden«, die fragliche Erfahrung sei aber etwas, das in der »Natur« gründe und in Kants Augen von seiner Wesensstruktur gleich bliebe. Wenn also die Menschengeschichte eine Geschichte der Freiheit sei, könnten über ihren »*ersten Anfang*« (vernunftgeleitete) Mutmaßungen angestellt werden, wenn wir uns dabei auf unsere Erfahrung der (*per definitionem* gleichbleibenden) Natur stützen würden und nur sofern der fragliche Anfang von niemand anderem als der Natur selbst gemacht werde. Kant hat das folgendermaßen ausgedrückt: »Eine Geschichte der ersten Entwickelung der Freiheit aus ihrer ursprünglichen Anlage in der Natur des Menschen ist daher *etwas ganz anderes*, als die Geschichte der Freiheit in ihrem Fortgange, die nur auf Nachrichten gegründet werden kann« und deshalb zum Tätigkeitsgebiet des Historikers wird.[41]

Natürlich ging Kant von einigen Vorannahmen in Bezug auf den ursprünglichen Zustand des Menschen aus, damit wir nicht »in Mutmaßungen schwärmen«. Er hielt eine bestimmte Gestalt des Menschen für selbstverständlich – »so muß der Anfang von dem gemacht werden, was keiner Ableitung aus vorhergehenden Natururschen durch menschliche Vernunft fähig ist« – und fing deshalb »nicht von der gänzlichen Rohigkeit seiner Natur an«, sondern mit dem Menschen »in seiner *ausgebildeten Größe*, weil er der mütterlichen Beihilfe entbehren muß«. Außerdem ging er davon aus, dass der »*Mensch*« eigentlich »in einem *Paare*« seinen Anfang nehme, »damit er seine Art fortpflanze«, und zwar in

»nur *einem einzigen Paare*, damit nicht sofort der Krieg entspringe, wenn die Menschen einander nahe und doch einander fremd wären«. Diese Voraussetzung stellte in Kants Augen sicher, dass »die Natur nicht beschuldigt werde, sie habe […] es an der schicklichsten Veranstaltung zur Geselligkeit […] fehlen lassen«, die Kant als »größten Zweck […] der menschlichen Bestimmung« betrachtete (denn der Wunsch nach Geselligkeit werde durch »die Einheit der Familie, woraus alle Menschen abstammen sollten«, verstärkt). Davon abgesehen, ging er von weiteren Vorannahmen aus, um der Logik seiner Mutmaßungen ohne Umwege folgen zu können: »Der erste Mensch konnte also *stehen* und *gehen*; er konnte *sprechen* (1. B. *Mose* Kap. II, v. 20), ja *reden*, d.i. nach zusammenhängenden Begriffen sprechen (v. 23), mithin denken.« Diese Schwelle aus Vorannahmen in Bezug auf die menschlichen »Geschicklichkeiten«, überlegte er, würde es ihm erlauben, »bloß die Entwickelung des Sittlichen in seinem [des Menschen] Tun und Lassen […] in Betrachtung zu ziehen«. Nachdem er das ursprüngliche Menschenpaar auf diese Weise rekonstruiert hat, versetzt Kant es direkt in etwas, das wir heute als geologisches Zeitalter des Holozäns betrachten würden, das in Sachen »menschlicher Zivilisation« bereits beträchtliche Fortschritte erzielt hat: »Ich setze dieses Paar in einen wider den Anfall der Raubtiere gesicherten und mit allen Mitteln der Nahrung von der Natur reichlich versehenen Platz, also gleichsam in einen *Garten*, unter einem jederzeit milden Himmelsstriche.«[42] Kant wusste das nicht, aber der »Mensch«, den er voraussetzt, konnte erst existieren, nachdem die letzte Eiszeit vorbei war!

Kants »Mensch« trat seine Reise in völliger Versunkenheit im tierischen Leben der Spezies an, wo nur der Instinkt – »diese *Stimme Gottes*, der alle Tiere gehorchen« – »den Neuling anfänglich leite[t]«. Doch zu dem Zeitpunkt, als Kant seinen Blick auf den Menschen richtet, hatte bereits ein sich gewissermaßen jenseits des tierischen Lebens befindendes und gleichwohl von einem Plan der Natur dort vorgesehenes Vermögen, nämlich die Vernunft, angefangen, sich im Menschen »zu regen« und – gemeinsam mit einem sie begleitenden menschlichen Vermögen, der Einbildungskraft – »Begierden […] *ohne* einen darauf gerichteten Naturtrieb« zu »erkünsteln«, was dazu führte, dass der Mensch »sich seiner Vernunft als eines Vermögens bewußt [wurde], das sich über die Schranken, worin alle Tiere gehalten werden, erweitern kann«.[43] Dem folgte eine Entdeckung von entscheidender Bedeutung: »Er [der Mensch] entdeckte in sich ein Vermögen, sich selbst eine Lebensweise auszuwählen und nicht gleich anderen Tieren an eine einzige gebunden zu sein.«[44] Die Vertiefung dieser »inniglichen« Neigung verlieh dem Menschen das Vermögen, sich bloß tierischen Begierden zu verweigern – woraus sich die Liebesfähigkeit entwickelte. »*Weigerung*«, schrieb Kant, »war das Kunststück, um von bloß empfundenen zu idealischen Reizen, von der bloß tierischen Begierde allmählich zur Liebe, und mit dieser vom Gefühl des bloß Angenehmen zum Geschmack für Schönheit […] überzuführen.« Zusammen mit der Entwicklung eines Sinns für »Anstand« gab dies »den ersten Wink zur Ausbildung des Menschen als eines sittlichen Geschöpfs«. – »Ein kleiner Anfang«, der aber in Kants Augen »Epoche macht«.[45] Außerdem lenkte die Vernunft die Menschen hin zur »überlegte[n] *Erwartung des Künftigen*« und dann auf eine Ebene, die »den Menschen über die Gesellschaft mit Tieren gänzlich« erhob, weil sie ihn in die Lage versetzte, sich selbst – »wiewohl nur dunkel« – als eigentlichen »*Zweck der Natur*« zu begreifen. Jetzt vermochte der Mensch zu erkennen, dass »*die Natur*« den Schafen ihren Pelz nicht für sie selbst, sondern für ihn »*gegeben*« habe. Damit hatte seine Herrschaft über die Erde begonnen, von der in der Schöpfungsgeschichte die Rede ist. Doch führte dies auch zur Idee der Gleichheit aller Menschen – »*Menschen* [haben einen anderen Menschen] als gleichen Teilnehmer an den Geschenken der Natur anzusehen« – und, wichtiger noch, zu dem Gedanken, dass »der Mensch in eine *Gleichheit mit allen vernünftigen Wesen*, von welchem Range sie auch sein mögen, getreten (III, 22)« sei, insbesondere im Hinblick auf seinen Anspruch, »*selbst Zweck zu sein*«.[46] Diese Formulierung weist natürlich eine enge Verwandtschaft mit Kants berühmtem Diktum auf, dass jeder Mensch als Zweck an sich selbst und nicht instrumentell als Mittel zum Zweck behandelt werden sollte.[47]

Kant war sich sehr wohl bewusst, dass »diese[...] Darstellung der ersten Menschengeschichte« offenbarte, »daß der Ausgang des Menschen aus dem [...] Paradiese nicht anders als der Übergang aus der Rohigkeit eines bloß tierischen Geschöpfes in die Menschheit, aus dem Gängelwagen des Instinkts zur Leistung der Vernunft, mit einem Worte: aus der Vormundschaft der Natur in den Stand der Freiheit gewesen sei«.[48] Sittlich gesehen, erzählt diese Geschichte zwangsläufig von einem »Fall«, wie Kant erklärt. Ehe die Vernunft sich in der menschlichen Brust zu regen begann, »war noch kein Gebot oder Verbot, und also noch keine Übertretung«. Doch konnte die Vernunft sich »mit der Tierheit und deren ganzen Stärke« verbünden, sodass »bei kultivierter Vernunft Laster entspringen« (es zum Beispiel zu Kriegen kommt). »[A]uf der sittlichen Seite«, schreibt Kant, war »[d]er erste Schritt also aus diesem Stande [dem Stand der Unschuld] [...] ein *Fall*; auf der physischen waren eine Menge nie gekannter Übel des Lebens [Naturkatastrophen, Not] die Folge dieses Falls, mithin *Strafe*.«[49] Ein Großteil der uns bekannten menschlichen Geschichte war eine Folge dieses Falls: Es kam zu Not, Ungleichheit – »diese reiche Quelle so vieles Bösen, aber auch alles Guten« –, Kriegen, und Menschen ließen sich »in das glänzende Elend der Städte ziehen«.[50] Doch machte dies die Rolle der Vernunft in der Geschichte der menschlichen Freiheit auch komplizierter. Die Menschen konnten die Vernunft auf eine ihre Bestimmung als Spezies beschleunigende Weise benutzen, die der Schöpfungsgeschichte zufolge in der Herrschaft des »Menschen«

bestand: »über die Erde zu herrschen, nicht viehisch zu genießen und sklavisch zu dienen«.[51] Doch die Vernunft führt nicht direkt dazu, dass die Menschen ihre Bestimmung erkennen (auch wenn Kant in anderen Aufsätzen erklären wird, warum die Menschen letzten Endes trotzdem ihre Bestimmung erfüllen). Deshalb schreibt Kant: »Die Geschichte der *Natur* fängt also vom Guten an, denn sie ist das *Werk Gottes*; die Geschichte der *Freiheit* vom Bösen, denn sie ist *Menschenwerk*.«[52]

***

Der Schlüssel zum Erfolg des Menschen liege darin, »*mit der Vorsehung zufrieden zu sein*«, schreibt Kant am Schluss dieses Aufsatzes.[53] Doch genau dies ist den Menschen nie leichtgefallen. Die Vorsehung zeigte sich an Dingen, die die Menschen als Widrigkeiten auffassten: Kriege (die am Ende »den Oberhäuptern der Staaten [...] *Achtung für die Menschheit*« abnötigten), die Kürze des Lebens (die sicherstellt, dass der Fortschritt nicht Einzelpersonen, sondern der Spezies zukommt) und das Ausbleiben eines goldenen Zeitalters reinen Müßiggangs ganz ohne Mühseligkeiten.[54] Kant hat das folgendermaßen formuliert: »Zufriedenheit mit der Vorhersehung und dem Gange menschlicher Dinge im ganzen, der nicht vom Guten anhebend zum Bösen fortgeht, sondern sich vom Schlechtern zum Bessern allmählich entwickelt; zu welchem Fortschritte denn ein jeder an seinem Teile, soviel in seinen Kräften steht, beizutragen durch die Natur selbst berufen ist.«[55]

Der späte Kant wird diese grundlegenden Punkte in der dritten *Kritik* (im Abschnitt über das teleologische Urteil) und in mehreren Aufsätzen, darunter »Idee zu einer allgemeinen Geschichte in weltbürgerlicher Absicht« (1784) und »Über den Gemeinspruch: Das mag in der Theorie richtig sein, taugt aber nicht für die Praxis« (1793), vorwegnehmen, wiederholen und weiterentwickeln. Folgendes schreibt Kant zum Beispiel in der dritten *Kritik* über das Thema der Trennung von menschlicher Sittlichkeit und der Naturgeschichte des Menschen:

> Andererseits ist soweit gefehlt, daß die Natur ihn [den Menschen] zu ihrem besonderen Liebling aufgenommen [...] habe: daß sie ihn vielmehr in ihren verderblichen Wirkungen in Pest, Hunger, Wassergefahr, Frost, Anfall von anderen großen und kleinen Tieren u. dgl. ebensowenig verschont, wie jedes andere Tier; noch mehr aber, daß das Widersinnische der *Naturanlagen* in ihm ihn noch in selbstersonnene Plagen, und noch andere von seiner eigenen Gattung durch den Druck der Herrschaft, die Barbarei der Kriege usw. in solche Not versetzt [...]. Er ist also immer nur Glied in der Kette der Naturzwecke; [...] Als das einzige Wesen auf Erden, welches Verstand, mithin ein Vermögen hat, sich selbst willkürlich Zwecke zu setzen, ist er zwar betitelter Herr der Natur und, wenn man diese als ein teleologisches System ansieht, seiner Bestimmung nach der letzte Zweck der Natur; aber immer nur bedingt, nämlich daß er es verstehe und den Willen habe, dieser und ihm selbst eine solche Zweckbeziehung zu geben, die unabhängig von der Natur sich selbst genug, mithin Endzweck sein könne, der aber in der Natur gar nicht gesucht werden muß.[56]

Wichtig an dieser Stelle ist die Trennung, die Kant zwischen Animalität und Sittlichkeit des Menschen vornahm, um seine Theorie menschlicher Freiheit voranzutreiben. Er ging davon aus, dass das tierische Leben des Menschen gegeben sei, gleich bleibe und vom Planeten (von der *Biosphäre*, würden wir heute sagen) gewährleistet werden würde. Die Geschichte und das Denken des Menschen seien in der Hauptsache mit der beständigen Anstrengung der Menschen befasst, ihrer moralischen Bestimmung »vollkommener« und gerechter Geselligkeit gerecht zu werden: »[D]ie Natur [hat] in uns zwei Anlagen zu zwei verschiedenen Zwecken, nämlich der Menschheit als Tiergattung und ebenderselben als sittlicher Gattung, gegründet.«[57]

Der Druck, den das »tierische Leben«, also die Animalität der menschlichen Spezies – unser (trotz schwerwiegender Ungerechtigkeiten in den menschlichen Gesellschaften) materielles Gedeihen und demografisches Wachstum – inzwischen auf die Verteilung des sich auf natürliche Weise reproduzierenden Lebens auf der »Erde« ausübt und die menschliche Existenz als solche gefährdet, wird mit jedem Tag deutlicher. Deshalb ist es nicht überraschend, dass Denker:innen und Philosoph:innen den Klimawandel als größte ethische Herausforderung unserer Zeit bezeichnet und maßgebliche moralisch-theologische Fragen aufgeworfen haben, die in säkularer Form auf den biblischen Plan der »Herrschaft des Menschen über die Erde« zurückkommen: Was soll der Mensch dagegen tun, dass unser tierisches/natürliches Leben die natürliche Lebensgrundlage der nichtmenschlichen Wesen unter sich begräbt? In diesem moralisch aufgeladenen Zusammenhang stellt sich auch die Frage des Kapitalismus neu. Sollen wir mit dem Kapitalismus aber ohne fossile Brennstoffe weitermachen? Sollen wir nach Alternativen zum Kapitalismus suchen? Sollen die Menschen sich zu kleinen Gemeinschaften zurückbilden? Sollen die Reichen ihren Konsum einschränken?

Diese moralischen Fragen zeugen von der langen Lebensdauer einer von Kants Behauptungen: dass nämlich menschliche Sittlichkeit unterstellt, der Mensch könne »sich selbst eine Lebensweise aus[…]wählen und« sei »nicht gleich anderen Tieren an eine einzige gebunden«.[58] Doch wenn meine obige Argumentationsweise zutrifft, könnte man auch behaupten, dass die von mir geschilderte Kantische Fabel von der Menschengeschichte inzwischen auf beispiellose Weise unter Druck geraten ist. Einerseits bedienen viele Denker:innen sich weiterhin (implizit Kantischer) Vorstellungen darüber, dass unser moralisches Leben ein Gebiet der Freiheit darstellt, doch können wir uns die Vorannahme nicht länger erlauben, von der Kant mit vielen anderen ausging, dass sich nämlich der Planet selbst um die Bedürfnisse unseres tierischen Lebens kümmern werde. Heute möchten wir, dass unser moralisches Leben auch unser natürliches Leben, wenn nicht sogar die natürlichen Leben aller nichtmenschlichen Wesen in die Hand nimmt. Die biblische Frage menschlicher Herrschaft hat heute die Gestalt säkularer Fragen nach menschlicher Patenschaft und Verantwortung für den Planeten angenommen.[59]

Aus Platzgründen möchte ich es an dieser Stelle bei zwei prominenten Beispielen für solch ein Denken bewenden lassen: bei Papst Franziskus' jüngster, nicht zu übersehender Enzyklika an die katholischen Bischöfe und einem neueren Aufsatz von Amartya Sen. Die Enzyklika des Papstes ist möglicherweise der einzige bisher vorliegende westliche/europäische Versuch, die derzeitige Klimakrise der Menschheit als eine tiefreichende geistige Krise der modernen Zivilisation zu deuten – dass sie nicht über den Rahmen der katholischen Theologie hinausgeht, schmälert ihren Wert nicht. (Einen indischen Gelehrten wie mich erinnert sie an einen berühmten Aufsatz mit dem Titel »Die Krise der Zivilisation«, den Rabindranath Tagore in seinem Todesjahr, 1941, schrieb.) Der Papst übt darin ziemlich radikale Kritik an den Exzessen des kapitalistischen Konsums, und zwar besonders an dem, was in seinen Augen ein »fehlgeleiteter«, »despotischer«, »exzessiver« und »moderner« Anthropozentrismus der »Wegwerfkultur« ist, die der Kapitalismus hervorgerufen und gefördert hat.[60] In diesem Zusammenhang greift er die Frage menschlicher »Herrschaft« wieder auf: »Eine unangemessene Darstellung der christlichen Anthropologie konnte dazu führen, eine falsche Auffassung der Beziehung des Menschen zur Welt zu unterstützen. Häufig wurde ein prometheischer Traum der Herrschaft über die Welt vermittelt, der den Eindruck erweckte, dass die Sorge für die Natur eine Sache der Schwachen sei. Die rechte Weise, das Konzept des Menschen als ›Herr‹ des Universums zu deuten, besteht hingegen darin, ihn als verantwortlichen Verwalter zu verstehen.«[61] »Wir sind nicht Gott«, schreibt Papst Franziskus an anderer Stelle in dem Buch, an der er indirekt, aber entschieden der Auffassung entgegentritt, Menschen seien heute die Gottes-Spezies: »Diese Verantwortung gegenüber einer Erde, die Gott gehört, beinhaltet, dass der Mensch, der vernunftbegabt ist, die Gesetze der Natur und die empfindlichen Gleichgewichte unter den Geschöpfen auf dieser Welt respektiert.«[62]

Amartya Sen verfolgt eine ähnliche Argumentationslinie, die aber in einem nichtchristlichen Rahmen an einige buddhistische Lehrsätze anknüpft. In seinem Text über die Klimakrise und die menschliche Verantwortung für andere Arten tritt Sen dafür ein, dass die Debatte über den Klimawandel einen normativen Rahmen benötigt, der seines Erachtens – und ich stimme dem zu – den wachsenden menschlichen Energiebedarf würdigen sollte, der entsteht, wenn die Massen in Afrika, Asien und Lateinamerika in den Genuss der Früchte der menschlichen Zivilisation kommen und die für wirklich demokratische Entscheidungen erforderlichen Fähigkeiten erwerben. Doch Sen erkennt auch den Umstand an, dass das menschliche Gedeihen andere Arten teuer zu stehen kommen kann, und setzt sich deshalb für eine Art von menschlicher Verantwortung gegenüber nichtmenschlichen Wesen ein. Sen argumentiert folgendermaßen:

> In Anbetracht unserer Verantwortung für Arten, die vom Untergang bedroht sind, dürfen wir dem Erhalt dieser Arten nicht bloß Bedeutung beimessen, weil ihr Vorhandensein auf der Welt unseren eigenen Lebensstandard in manchen Fällen verbessern könnte. […] An dieser Stelle wird die Argumentation direkt und unmittelbar relevant, die Gautama Buddha im *Sutta Nipata* vorgelegt hat. Er argumentierte, dass die Mutter nicht bloß deshalb für ihr Kind verantwortlich ist, weil sie es geboren hat, sondern auch weil sie viele Dinge für das Kind tun kann, die das Kind nicht zu tun vermag. […] In Bezug auf die Umwelt kann man argumentieren, dass die Tatsache, dass wir so viel mächtiger sind als andere Arten, […] [ein Grund dafür sein kann], dass wir treuhänderische Verantwortung für andere Geschöpfe übernehmen, deren Leben wir stark zu beeinflussen vermögen.[63]

Die Tatsache, dass eine der »[zumindest teilweise] vom Untergang bedroht[en]« Arten die menschliche Spezies selbst ist, entbehrt natürlich nicht einer gewissen Ironie. Die Menschen müssen auch Verantwortung für sich selbst übernehmen, was leichter gesagt als getan ist, wie die Geschichte der Menschheit zeigt. Doch bedenke man die Probleme, die sich ergeben, wenn Menschen auf solch eine anthropozentrische Weise gegenüber den »Geschöpfe[n] [...], deren Leben wir stark zu beeinflussen vermögen«, die Stelle der Eltern einnehmen. Wir kennen nicht einmal alle Arten, die durch unser Handeln stark beeinflusst werden; oftmals finden wir erst nachträglich heraus, um welche es sich gehandelt hat. Der kanadische Ökologe Peter Sale führt zum Beispiel »all jene Arten« an, »die sich möglicherweise als Güter [für Menschen] anbieten würden, aber erst noch entdeckt und genutzt werden müssen, und jene, die Dienste leisten, die uns schlicht und einfach nicht bewusst sind.«[64]

In noch größerem Maße gilt dies für die Lebensform, die für sich genommen »den überwiegenden Teil der Biomasse auf der Erde« ausmacht: das mikrobielle Leben (Bakterien und Viren). Martin J. Blaser merkt in seinem Buch *Antibiotika-Overkill* an: »[Z]ählt man [...] alle zusammen, dann sind es mehr als alle Mäuse, Wale, Menschen, Vögel, Insekten, Würmer und Bäume zusammengenommen – die Zahl der Mikroben übertrifft tatsächlich die aller sichtbaren Lebewesen, die wir auf der Erde kennen, selbst an Gewicht.«[65] Werden wir je zur Wertschätzung der Existenz von uns feindlich gegenüberstehenden Viren und Bakterien in der Lage sein, wenn sie keinen – negativen oder positiven – Einfluss auf unser Leben nehmen? Auch diese Frage gewinnt dadurch an Komplexität, dass die Perspektiven, die Ökologie und Pathologie uns auf sie vermitteln, sich häufig ändern und oftmals gegensätzlich sind. Bakterien und Viren haben für die menschliche Evolution eine entscheidende und oftmals positive Rolle gespielt, wie zum Beispiel das seit jeher im

Magen vorkommende Bakterium *Helicobacter pyroli*. Seit die Antibiotika ihren Siegeszug angetreten haben, wodurch die biotische Umwelt unserer Mägen sich veränderte, gilt *H. pyroli* jedoch als Krankheitserreger.[66] Auch wenn wir kognitiv über die entscheidende Rolle Bescheid wissen, die sie für die Naturgeschichte des Lebens, einschließlich der des menschlichen Lebens selbst gespielt haben – und weiterhin spielen werden –, können wir für diese Lebensformen keine verantwortungsvollen Paten sein.[67]

Das hieße nun aber, dass Menschen der Verantwortung, mit der Sen sie betraut, nie ganz gerecht werden können, da sie nie vollumfänglich wissen werden, wer genau ihre Schützlinge sind und für wen sie in einem treuhänderischen Sinne Verantwortung zu übernehmen vermögen. Darin liegt tatsächlich ein Beleg für den Druck, an dem die Kantische Fabel von der Menschengeschichte sich derzeit abarbeitet. Kant hatte nicht verlangt, dass menschliche Moralität die Naturgeschichte des Lebens in ihre eigene Sichtweise einbeziehe, denn natürlich beruhte sein Denkhorizont auf einem vordarwinistischen Verständnis der Geschichte des sich auf natürliche Weise reproduzierenden Lebens und reichte in eine Zeit zurück, bevor die Menschen anfingen, die Rolle der Mikroben für die Geschichte des Lebens zu entdecken und zu verstehen. Heute sind wir jedoch an einem Punkt angelangt, an dem wir die Frage erörtern, wie man den Bereich menschlicher Moralität und Gerechtigkeit so ausweiten kann, dass er das Gebiet des sich auf natürliche Weise reproduzierenden Lebens einschließt.

Natürlich lässt es sich nicht leugnen, dass Gerechtigkeitsfragen zwischen Menschen für die geisteswissenschaftliche Tradition nach dem Krieg zentral gewesen sind. Die globale Intensivierung kapitalistischer Formen der Gesellschaftsorganisation haben die politischen Instinkte der Humanwissenschaftler:innen geschärft. Zudem haben wir uns in Anbetracht der Geschichte der menschlichen Werte in der zweite Hälfte des 20. Jahrhunderts und unabhängig von der Gesamtzahl der Menschen und deren Implikationen für die Biosphäre im Prinzip der Gewährleistung jedes einzelnen Menschenlebens und der Sicherstellung ihres moralischen und ökonomischen Gedeihens verschrieben.[68] Jeder praktische Vorschlag, die Zahl der Menschen tatsächlich zu reduzieren, kommt ohnehin einem sich gegen Arme richtenden Unterfangen gleich und ist deshalb moralisch verwerflich. Gleichzeitig scheint ein eindimensionaler Fokus auf menschliche Wohlfahrt und Gerechtigkeit zwischen den Menschen zunehmend unangemessen zu sein. Auf dieses Dilemma müssen die Geisteswissenschaftler:innen, die über Fragen der Moderne nachdenken, eine Antwort finden. Die Frage lautet: Können die Geistes- und Humanwissenschaften, da sie die Perspektiven für die Erörterung der Fragen unserer Zeit bereitstellen, ihren altehrwürdigen und tiefsitzenden Anthropomorphismus überwinden und lernen, die menschliche Welt auch von einem nichtmenschlichen Standpunkt aus zu betrachten?

Latours Weitblick

Bruno Latour entwickelte sein kunstvolles Denken bereits lange bevor viele von uns sich des Problems bewusst wurden, auf das er reagierte: das Problem, vor das die unhaltbare Entgegensetzung von Natur und Wissenschaft auf der einen und von Kultur und Gesellschaft auf der anderen Seite das moderne Denken gestellt hat. Er hat sein Denken in einer Reihe von Texten entfaltet, darunter auch seine jüngsten Erkundigungen über *Existenzweisen*.[69] Da ich aber in diesem Kapitel das Leben der Mikroben erörtert habe, möchte ich mich seinem Klassiker *The Pasteurization of France* (frz.: *Les Microbes*) zuwenden, in dem von Mikroben die Rede ist, um zu zeigen, wie sein Denken den Weg zu einer Herangehensweise freimacht, die menschliche Lebens- und Wissensformen in Frage stellt und dazu beiträgt, dass wir erkennen, an welcher Stelle der Mensch eben gerade im letzten Endes weiterhin nur allzu menschlichen Rauschen der Sprache erste Hinweise auf das Nicht-Anthropozentrische erhält.[70] Davon abgesehen, ist es unbestreitbar eine schöne Koinzidenz für dieses Kapitel, dass der antikoloniale Humor von Latours Buch teilweise auf den guten alten Philosophen aus Königsberg zielt, dessen titanischer Präsenz in allen Diskussionen über die Moderne man sich trotz aller Spitzen, die wir gegen ihn richten mögen, unmöglich entziehen kann.

Schon ziemlich zu Beginn seiner Studie über Pasteur lenkt Latour unsere Aufmerksamkeit auf die Präsenz von Mikroben als einer Handlungsmacht nicht nur unter eingeschränkten Laborbedingungen, sondern im menschlichen Alltagsleben. »Ein Händler schickt einem Kunden ein vollkommen einwandfreies Bier«, schreibt Latour, doch »es kommt verdorben an.« Warum? Weil »zwischen Bier und Brauer manchmal etwas aktiv wurde und manchmal nicht. Etwas Drittes, ein *tertium quid*: ›Hefe‹, meinte der Enthüller der Mikroben.«[71] Der Präsenz von Mikroben entnimmt Latour, dass »allein das Soziale keine Gesellschaft ausmacht«. Wir müssen noch »das Handeln der Mikroben« einbeziehen.[72] Zum Beispiel »organisiert man eine Eskimo-Schau in einem Museum. Sie gehen nach draußen, um der Öffentlichkeit zu begegnen, aber sie begegnen *auch* der Cholera und sterben. Das ist sehr unerfreulich, denn man wollte sie bloß zeigen und nicht töten.« Auf ähnliche Weise »ist Kuhmilch nicht ohne ein anderes ungezähmtes Tier zu haben, den Tuberkelbazillus, der sich in jemandes Wunsch einschleicht, sein Kind zu füttern. Ihrer beider Ziele unterscheiden sich so sehr voneinander, dass das Kind stirbt«.[73] Erst nachdem die Milch dem Pasteurisierungsprozess – und dem Reinigungsprojekt, das die Kommodifizierung mit sich bringt (Kap. 4) – unterzogen wurde und die Mikrobe

»ausgemerzt« worden ist, kann sie also für das rein »Soziale«, das heißt »ökonomische und soziale Verhältnisse im strengen Sinne« stehen, die sich nur unter höchst eingeschränkten und technisch hergestellten Bedingungen ergeben.[74] Latour beschließt den ersten Teil seines Buches mit folgender Feststellung: »Sobald wir aufhören, die Wissenschaften auf einige wenige Autoritäten zu reduzieren, die stellvertretend für sie stehen, treten nicht nur die Menschenmengen wieder in Erscheinung, […] sondern auch das ›Nichtmenschliche‹.«[75] So wird »die Emanzipation, also die Befreiung nichtmenschlicher Wesen« aus der von ihm so genannten »doppelten Herrschaft von Gesellschaft und Wissenschaft« zu seinem Projekt.[76]

Aus den Mikroben spricht die Tiefenzeit in der Geschichte des Lebens. »Rund drei Milliarden Jahre lang«, schreibt Blaser, »waren Bakterien die einzigen Lebewesen auf der Erde. Sie eroberten jeden Winkel des Landes, der Luft und des Wassers, sie leiteten die chemischen Reaktionen ein, die unsere Biosphäre und damit die Grundvoraussetzung für die Evolution des mehrzelligen Lebens schufen.«[77] Bei der Befreiung solcher nichtmenschlichen Wesen aus der »doppelten Herrschaft von Gesellschaft und Wissenschaft« kann es sich nicht um eine politische Aufgabe in irgendeinem institutionalisierten Sinne des Politischen handeln. Aus ihr geht auch kein aktivistisches Sofortprogramm hervor. In erster Linie und angesichts des derzeitigen Entwicklungsstands der menschlichen Steuerungsinstitutionen geht es um die Entwicklung einer nicht-anthropozentrischen Perspektive auf die menschliche Welt.

Im zweiten Teil des Buches, »Irreduktionen«, betrachtet Latour dieses Projekt einer »Emanzipation« bzw. Befreiung nichtmenschlicher Wesen als etwas, das einem geistigen Dekolonisierungsakt ähnelt. »Dinge an sich?«, lautet mit dem für ihn typischen Witz seine rhetorische Frage an Kant, und er erwidert: »Vielen Dank, es geht ihnen gut. Und wie geht es Ihnen? Sie beschweren sich über Dinge, denen die Ehre Ihres Blicks nicht zuteil geworden ist?« In seiner Kritik am Anthropozentrismus von Kants Denken verwendet Latour den Begriff der Kolonisierung als Metapher, um dem Nichtmenschlichen Handlungsspielraum zu verschaffen. »Dingen an sich fehlt nichts, genauso wie die Weißen vor ihrer Ankunft Afrika nicht gefehlt haben«, schreibt er. »Es ist allerdings möglich, jemanden, der ohne einen sehr gut zurechtgekommen ist, dazu zu zwingen, es zu bedauern, dass man nicht da ist. Sobald Dinge auf ein Nichts reduziert worden sind, betteln sie darum, dass jemand sie wahrnimmt, und sie bitten darum, dass jemand sie kolonisiert.« Im Weiteren reiht er Kant dann unter die Kolonialhelden ein: »Ihr seid die Zorros, Tarzans, Kants, die Beschützer der verwitweten und verwaisten Dinge.«[78] »Was würde passieren«, fragt er weiter, »wenn wir stattdessen annehmen würden, dass den sich selbst überlassenen Dingen gar nichts fehlt?«

An dieser Stelle wird denn auch der Gedanke der Tiefenzeit zu einem Bestandteil seiner Kritik. »Wie steht es zum Beispiel um diesen Baum, den andere *Wellingtonia* nennen? [...] Falls ihm irgendetwas fehlen sollte, sind Sie es höchstwahrscheinlich nicht. Wer wie Sie Wälder abholzt, ist nicht der Gott der Bäume. [...] Er ist älter als Sie. [...] Bald werden Sie keinen Treibstoff für Ihre Säge mehr haben. Das könnte den Baum und seine Kohlenstoff produzierenden Verbündeten in die Lage versetzen, *Ihnen* den Saft zu entziehen.« Und dann macht er die Grenzen geltend, die eine reine Berechnung nach menschlichen Zeitmaßstäben (die wir anstellen, wenn wir politisch denken) aufweist: »Bisher hat [der Baum] weder verloren noch gewonnen, denn jeder definiert das Spielfeld und den Zeitraum, an dem sein Sieg oder seine Niederlage sich bemisst.«[79]

Daraufhin folgt pfeilschnell die Frage, die genauso auf das Kernstück des alten biblischen Denkens wie auf dessen Heideggerianische Mutation zielt, die den Menschen als in besonderem

Maße dazu bestimmt erklärt hatten, über den Planeten zu herrschen:

> Wer hat gesagt, der Mensch sei der Hirte des Sein? Viele Kräfte wären gerne Hirte und würden andere in Scharen zu ihren Pferchen führen, wo sie geschoren und desinfiziert werden. Wir sind zu viele und wir sind auch zu unentschlossen, um uns zu einem einzigen Bewusstsein zusammenzufinden, das stark genug ist, alle anderen Akteure zum Schweigen zu bringen. Anstatt die Dinge zum Schweigen zu bringen, über die Sie sprechen, warum lassen Sie sie nicht für sich selber sprechen und sagen, was sie auf dem Herzen haben? Genießen Sie das doppelte Elend von Prometheus so sehr?[80]

Ich halte dies für die wichtigste zivilisatorische Frage unserer Zeit, die auch der Papst in den Grenzen seiner Religion aufgeworfen hat.

Latours epochale Frage erinnert uns daran, dass tiefe Vergangenheit und ferne Zukunft dem menschenzentrierten politischen Denken oder Handeln nicht zugänglich sind. Das soll nicht heißen, dass unsere üblichen Wortgefechte über (Un-)Gerechtigkeit, Ungleichheiten und Unterdrückungsverhältnisse zwischen den Menschen nicht weitergehen werden. Das werden sie. Doch jetzt, wo sich das moralische und das biologische Leben der Spezies *Homo sapiens* nicht mehr voneinander trennen lassen, müssen wir lernen, auf Denkformen zurückzugreifen, die über menschliche Politik hinausgehen – sie aber nicht verwerfen. Die miteinander zusammenhängenden Geschichten der Evolution dieses Planeten, seines Klimas und seines Lebens können aus einer anthropozentrischen Perspektive nicht erzählt werden. Diese andersartigen Geschichten wurzeln notwendig in der Tiefenzeit. Sie machen uns darauf aufmerksam, dass die Menschen erst sehr spät zur Geschichte dieses Planeten dazugestoßen sind, dass der Planet keineswegs dazu verpflichtet war, sich für unsere Ankunft bereitzumachen, und wir auch keinen Höhepunkt der Historie von diesem Planeten darstellen. An diesem Punkt hilft Latours

Versuch – neben denen einiger anderer –, aussichtsreiche ästhetische, philosophische und ethische Denkhorizonte zu eröffnen, uns bei der Entwicklung von Standpunkten, von denen aus die derzeitige Umweltkrisenkonstellation sich in den breiter gefassten Kontext der weiter zurückreichenden, »tieferen« Geschichte des sich auf natürliche Weise reproduzierenden Lebens auf diesem Planeten stellen lässt. Damit kommen wir auf unsere Auseinandersetzung mit der Planetarität zurück, die ich im Schlussteil dieses Buches wieder aufgreifen möchte.

TEIL III

SICH DEM PLANETARISCHEN STELLEN

Kapitel 7

Die Zeit des Anthropozäns

Mehrere Anthropozäne?

Anthropozän ist wahrscheinlich der einzige geologische Periodisierungsbegriff, der von Geisteswissenschaftler:innen ohne formale Schulung in Stratigraphie – das heißt dem Zweig der Geologie, der sich mit dem Aufbau der Erdschichten und ihrem Verhältnis zur geologischen Zeit befasst – ausgiebig diskutiert worden ist. »Wir haben es mit mehreren Anthropozänen zu tun, die in verschiedenen, jeweils anderen Logiken folgenden Fächern verschiedenen Zwecken dienen«, schreibt der Geowissenschaftler Jan Zalasiewicz.[1] In den Humanwissenschaften kursieren die verschiedenen Anthropozäne, die Zalasiewicz erwähnt, in Form von parteiischen und leidenschaftlichen Ausführungen darüber, was das Anthropozän bewirkt hat, auf wann man seinen Beginn datieren soll, wer für das Anbrechen dieses Zeitalters verantwortlich ist, ja sogar darüber, welches die richtige Bezeichnung für es sein könnte. Über die Namenspolitik hat es viel Streit gegeben. Zum Beispiel wurde vorgeschlagen, eine treffendere Bezeichnung für dieses Zeitalter sei »Kapitalozän« oder »Ökonozän«, sodass für die Herbeiführung so unsicherer Zeiten nicht eine unbestimmte und undifferenzierte Menschheit verantwortlich gemacht werden würde, sondern die Schuld direkt vor der Tür eines Systems abgeladen wird: des Kapitalismus bzw. des globalen Wirtschaftssystems.

Die Debatte über das Anthropozän bringt also ständige Begriffsverhandlungen in Bezug auf Erdgeschichte und Weltgeschichte mit sich. Weithin anerkannt wird mittlerweile, dass wir eine einzigartige Phase der Menschheitsgeschichte durchlaufen, da wir zum ersten Mal überhaupt Ereignisse, die nach gewaltigen geologischen Maßstäben ablaufen – wie Veränderungen des gesamten Klimasystems auf dem Planeten –, bewusst mit etwas in Verbindung bringen, das wir im Alltagsleben als Individuen, Kollektive, Institutionen und Nationen zu tun vermögen (wie etwa fossile Brennstoffe verbrauchen). Es besteht ebenfalls – wenn auch einstweilige – Einigkeit unter den Gelehrten, die über den Begriff *Anthropozän* debattieren, dass wir uns unabhängig von dessen Datierungszeitpunkt (der Erfindung des Ackerbaus, der europäischen Expansion und Kolonisierung, der industriellen Revolution oder der ersten Atombombentests) bereits *im* Anthropozän befinden.

Das Anthropozän zwingt uns, dass wir in zwei zutiefst unterschiedlichen Zeitmaßstäben denken, die jeweils mit der Erdgeschichte und mit der Weltgeschichte verbunden sind: die zehn Millionen von Jahren, die ein geologisches Zeitalter gewöhnlich umfasst (das Holozän scheint ein besonders kurzes Zeitalter gewesen zu sein, wenn die These vom Anthropozän stimmt), gegenüber den höchstens 500 Jahren, von denen sich behaupten lässt, dass sie die Geschichte des Kapitalismus ausmachen. In den meisten Diskussionen über das Anthropozän geraten die geologischen Zeitfragen allerdings aus dem Blick und steht die Zeit der menschlichen Weltgeschichte im Vordergrund. In intellektueller Hinsicht fordert eine solch einseitige Umwandlung der erdhistorischen Zeit in welthistorische Zeit ihren Preis, denn wenn wir den erdhistorischen Prozessen nicht Rechnung tragen, die den Maßstab unseres menschlichen Zeitgefühls als solches übertreffen, können wir das Ausmaß der Notlage nicht wirklich erkennen, mit der die Menschen heute konfrontiert sind. Zalasiewicz' faszinierende Feststellung, dass die Verknüpfung des Problems der stratigraphischen Grenze, die das Anthropozän von dem ihm vorhergehenden Zeitalter, dem Holozän, trennt, mit welthistorischen Ereignissen, die ausschließlich die Menschheit betreffen, »einer Eigentümlichkeit der geologischen Zeit zuwiderläuft, die im Kern darin besteht, dass es sich bei dieser *schlicht und einfach um Zeit* handelt – wenn auch in sehr großen Mengen«, dient mir als Einstiegspunkt in die Anthropozän-Debatte.[2] In diesem Kapitel werde ich eine Unterscheidung weiter ausarbeiten, die Zalasiewicz in diesem Zusammenhang zwischen menschenzentriertem und planetenzentriertem Denken eingeführt hat.

Doch bevor wir die Logik von Zalasiewicz' Argumentation weiterverfolgen, die den geologischen Aspekt der Zeit des Anthropozäns sichtbar macht, müssen wir zu Beginn eine Erklärung dafür finden, warum die Zeit der Geologie unserer Aufmerksamkeit gegenwärtig immer wieder entgleitet.

Warum die geologische Zeit aus der Anthropozän-Debatte herausfällt

Obwohl er sich auf einen neuen Zeitraum in der geologischen Geschichte des Planeten und folglich auf die geologische Zeit bezieht, wurde der Begriff *Anthropozän* von Anfang an als Maß nicht der geologischen Zeit – er ist keine Zeiteinheit –, sondern des *Ausmaßes* des menschlichen Einwirkens auf den Planeten verwendet. Laut John Bellamy Foster fiel das Erscheinen des bahnbrechenden Buches *Biosfera* des sowjetischen Geochemikers Wladimir I. Wernadski im Jahr 1926 »zeitlich mit der erstmaligen Einführung des Begriffs Anthropozän (gemeinsam mit dem Begriff Anthropogen) durch seinen Kollegen, den sowjetischen Geologen Alexej Pawlow zusammen«.[3] Von Anbeginn an bezog der Begriff sich auf die außergewöhnliche Größenordnung der menschlichen Einflussnahme auf den Planeten. Diesbezüglich zitiert Foster Wernadski: »Ausgehend von dem Gedanken, dass der

Mensch geologisch eine Rolle spielt [...], pflegte der Geologe A.P. Pawlow [1854-1929] davon zu sprechen, dass wir in einem anthropogenen Zeitalter leben. [...] Er hob zu Recht hervor, dass der Mensch [...] dabei ist, zu einer mächtigen, immer stärkeren geologischen Kraft zu werden.«[4]

Die jüngste Wiederbelebung des Begriffs geht auf eine Konferenz von Erdsystemforscher:innen in Mexiko zurück, auf der der berühmte Chemiker Paul Crutzen wütend gesagt haben soll: »Hören Sie auf, das Wort Holozän zu verwenden! Wir befinden uns nicht mehr im Holozän, sondern im ... im ... im ... Anthropozän!«[5] Als Crutzen und der auf die Großen Seen spezialisierte Biologe Eugene J. Stoermer später – im Jahr 2000 – eine allseitige Übernahme des Anthropozän-Gedankens vorschlugen, stand das Problem der Zeit in ihren Überlegungen nicht an erster Stelle. Sie betrachteten das Wort als passendes Kürzel, um auf die Größe des menschlichen Fußabdrucks auf dem Planeten hinzuweisen: »In Anbetracht [...] der [großen] und immer weiter zunehmenden, [...] sich auf allen Ebenen, auch der globalen, bemerkbar machenden Auswirkungen der menschlichen Aktivitäten auf die Erde und die Atmosphäre«, empfahlen sie den Begriff *Anthropozän* für »das gegenwärtige geologische Zeitalter«, um »die zentrale Rolle der Menschheit für Geologie und Ökologie« zum Ausdruck zu bringen.[6]

Der Begriff *Anthropozän* trug dazu bei, die öffentliche Aufmerksamkeit auf die Möglichkeit zu lenken, dass die Herrschaft der Menschen über den Planeten Formen angenommen hatte, die ihr kollektives Einwirken mit den Auswirkungen der sehr großformatigen planetarischen Kräfte vergleichbar machte. Der Paläoklimatologe David Archer sah den Begriff *Anthropozän* eindeutig als grobes Maß für das menschliche Einwirken auf Erdprozesse an: »In der Vergangenheit wurden die geologischen Zeiträume in der Regel durch bedeutende Klimaveränderungen oder durch biologisches Artensterben voneinander abgegrenzt. Die mutmaßliche Neueinstufung der Erde vom Holozän zum Anthropozän ist deshalb eine Aussage darüber, dass die Menschheit im Rahmen der Evolution der Erde zu einer gewaltigen Kraft geworden ist.«[7] Er gab sogar eine genaue Einschätzung ab, zu welcher Art von planetarischer, geophysischer Kraft die Menschheit geworden war:

> Die tiefreichendsten und nachhaltigsten Klimaveränderungen scheinen in Zeiträumen von Jahrtausenden von Jahren oder länger zu erfolgen. In einer gewaltigen Reaktion auf Schwankungen der Erdumlaufbahn wachsen und tauen die großen Eisplatten gewöhnlich im Verlauf von Jahrtausenden. Der natürliche Kohlenstoffkreislauf fungierte als positive, die Reaktion auf die Umlaufbahn verstärkende Rückkopplung. [...] Menschliche Klimazwänge besitzen das Potenzial, die von der Umlaufbahn ausgehenden Klimazwänge zu übertrumpfen, sodass sie die Kontrolle über die Eiszeiten übernehmen. Die Menschheit ist dabei, zu einer klimatischen Kraft zu werden, die sich mit den orbitalen Abweichungen vergleichen lässt, die hinter den Glazialzyklen stehen.[8]

Zur Erklärung des Begriffs *Anthropozän*, gut zehn Jahre nachdem er erstmals vorgeschlagen wurde, haben Will Steffen, Jacques Grinevald, Paul Crutzen und John McNeill im Jahr 2011 wiederholt, dass der »Begriff des *Anthropozän*s [...] eingeführt wurde, um eine quantitative Verlagerung des Verhältnisses der Menschen zur globalen Umwelt abzubilden. [...] In ihrem Einwirken auf die Funktionsweise des Erdsystems kann [...] die Menschheit [...] es mit einigen der großen Naturkräfte aufnehmen« und ist »selbst zu einer globalen geologischen Kraft« geworden.[9] Die Rede von einem neuen geologischen Zeitalter war eine Möglichkeit, die schiere Größenordnung des menschlichen Einwirkens auf den Planeten hervorzuheben.

Diskussionen über das menschliche Einwirken auf den Planeten ließen sich unabhängig davon, ob sie wissenschaftlich waren oder nicht, nie vollständig von moralischen Bedenken trennen. Sollen die Menschen überhaupt einen so großen Einfluss haben? Können sie sich einen solchen Einfluss überhaupt leisten, ohne ihre eigene Existenz aufs Spiel zu setzen? Diese und ähnliche Fragen lagen den Belangen der oben erwähnten Forscher nie ganz fern. Aus diesem Grund schlüpften sie in die Rolle von Bürgern und veröffentlichten ihre Untersuchungsergebnisse. Solche moralischen Bedenken sind wahrscheinlich immer mit den Versuchen einhergegangen, das menschliche Einwirken auf die »Erde« zu quantifizieren. Sie bilden zum Beispiel den Rahmen von John R. McNeills wegweisendem Buch *Something New Under the Sun. An Environmental History of the Twentieth-Century World*, das im Jahr 2000 erschien und wahrscheinlich der bis heute bemerkenswerteste Versuch eines Historikers ist, das menschliche Einwirken auf die Ressourcen, auf die Atmosphäre und auf die Biosphäre des Planeten akribisch zu dokumentieren. Den Rahmen des Buches bildet ein moralisches Urteil, das McNeill gleich zu Beginn fällt: »Bekanntlich hat Albert Einstein sich geweigert zu glauben, dass ›Gott würfelt‹. Doch im 20. Jahrhundert hat die Menschheit angefangen, mit dem Planeten Würfeln zu spielen, ohne die Spielregeln zu kennen.«[10] Selbst die Autoren eines bahnbrechenden wissenschaftlichen Aufsatzes von 1957 über den Anstieg von CO_2 in der Atmosphäre während der letzten Jahrzehnte (der mittlerweile als von historischer Bedeutung für die Entstehung der wissenschaftlichen Erforschung des anthropogenen Klimawandels gilt), Roger Revelle und Hans E. Suess, kamen nicht umhin, Wörter zu benutzen, die eindeutig über reine Wissenschaftlichkeit hinausgehen. »Die Menschen«, schrieben sie, »führen gerade ein groß angelegtes geophysisches Experiment durch, wie es in der Vergangenheit nicht möglich gewesen wäre und wie es auch in der Zukunft nicht wiederholbar sein wird. Binnen weniger Jahrhunderte geben wir den über Hundertemillionen von Jahren im Sedimentgestein gespeicherten, konzentrierten organischen Kohlenstoff zurück in die Atmosphäre und Ozeane.«[11] Als die Klimaforschung in den 1970er und 1980er Jahren Fortschritte machte, führte die zunehmende Alarmstimmung 1989 zur Gründung des IPCC. Was nach Revelles und Suess' Worten im Jahr 1957 noch ein großes »Experiment« von Seiten der Menschheit gewesen war, verwandelte sich in ein Warnsignal an die Regierungen über die Risiken eines der Menschheit bevorstehenden »gefährlichen« Klimawandels, als der IPCC in den 1990er und 2000er Jahren seine verschiedenen Sachstandsberichte vorlegte.

Schon ganz am Anfang seiner Laufbahn hatte das Anthropozän also zwei Gesichter – manchmal sogar im selben Text: eine wissenschaftliche Seite, die mit Messungen und Debatten unter ausgebildeten Wissenschaftler:innen einherging, und eine populärere Seite als moralisch-politisches Problem. So lange das Anthropozän hauptsächlich als Maß für das menschliche Einwirken galt – wenn auch eingestandenermaßen als ein Einwirken, das eine neue Phase in der Geschichte des Planeten einläutete –, richtete die Aufmerksamkeit sich auf die Kraft und auf das, was sie besaß (Menschheit, kapitalistische Klassen, reiche Nationen, Kapitalismus); geologische Zeitfragen gerieten dabei schlicht ins Hintertreffen. Diese Debatte wurde zwangsläufig von moralischen Fragen nach Schuld und Verantwortung beherrscht. Wahrscheinlich ist das nicht überraschend, wenn man an Sheila Jasanoffs Beobachtung denkt, dass »Vorstellungen über die natürliche Welt Stabilität und Überzeugungskraft […] nicht dadurch gewinnen, dass man sie gewaltsam aus ihrem Kontext herauslöst, sondern durch ununterbrochene, sich wechselseitig bestärkende Interaktionen zwischen unserem Gefühl für das *Sein* und für das *Sollen*: dafür, wie die Dinge sind und wie sie sein sollten.«[12]

Die Verwandlung von »Kraft« in »Macht«: Von der Erdgeschichte zur Weltgeschichte

Die moralische Seite der Anthropozän-Debatte – Fragen der historischen Verantwortung für die bisherige Erwärmung – verlangt, dass wir Vorstellungen, die eng mit Erdgeschichte, Geologie und geologischer Zeit zusammenhängen, in die Sprache der Welt- bzw. Menschheitsgeschichte übersetzen.[13] Dies zieht nun aber zwei erhebliche Verlagerungen nach sich: erstens die Verlagerung bzw. Übersetzung der Kategorie der »Kraft« – die sich auf die physische Wirkung bezieht, die ein materieller Körper auf einen anderen ausübt (um beim Newton'schen Verständnis von Kraft zu bleiben), also die Menschheit als geologische Kraft – in die menschlich-existentielle Kategorie der Macht und deren soziologisch-institutionelle Entsprechungen sowie zweitens die damit einhergehende Umsiedlung des Problems des Anthropozäns vom Bereich der geologischen Zeit in die Menschheits- oder Weltgeschichte.[14]

Dass die Kategorie physischer Kraft eine Verlagerung in die historisch-existentielle Kategorie der Macht erfährt, wird in den Texten von zwei Gruppen von Wissenschaftler:innen und Aktivist:innen sichtbar: bei denen, die Schuldzuweisungen für das Vergehen, die globale Umweltkrise verursacht zu haben, vornehmen möchten, und bei denen, die in der Erderwärmungskrise nach einem ethischen Horizont für die Zukunft der gesamten Menschheit suchen. Manchmal können beide Tendenzen im selben Text vertreten sein. Nehmen wir zum Beispiel zwei Schriftstücke, die in den frühen 1990er Jahren veröffentlicht wurden: der allererste Bericht des IPCC, der 1990 erschien, und die Abhandlung *Globale Erwärmung in einer ungleichen Welt*, die zwei indische Umweltaktivist:innen, der verstorbene Anil Agarwal und Sunita Narain, denen wir oben schon begegnet sind (z.B. in Kap. 4), 1991 verfasst haben. »Es gibt *Bedenken*«, heißt es in der Zusammenfassung des ersten Berichts des IPCC für politische Entscheidungsträger:innen, »dass menschliche Aktivitäten das globale Klima aufgrund der Erhöhung des Treibhauseffekts ungewollt verändern könnten, […] was einen Temperaturanstieg auf der Erdoberfläche verursachen würde. […] Wenn dies eintritt, könnten sich daran anschließende Veränderungen beträchtliche Auswirkungen auf die Gesellschaft haben.«[15] Agarwal und Narain widersprachen einer solch pauschalen Verwendung des Wortes »Mensch«, obwohl die unmittelbare Zielscheibe ihrer Streitschrift nicht der erste Bericht des IPCC, sondern ein Bericht des World Resources Institute (WIR) über die »globale Umwelt« war, der im selben Jahr erschien wie der Bericht des IPCC (1990).[16] Wie meine Leser:innen sich erinnern werden, hatten Agarwal und Narain diesen Bericht als »hervorragendes Beispiel von Öko-Kapitalismus« bezeichnet.[17]

Wie wir oben festgestellt haben, hatten Agarwal und Narain den Eindruck gewonnen, als riefe die Rede vom Klimawandel ein grausames und unfaires »Geschichtlichkeitsregime« ins Leben – um François Hartogs Ausdruck zu verwenden –, das die welthistorische Zeit für Entwicklung für beendet zu erklären drohte, in der sich eine von den Vereinigten Staaten und der Sowjetunion nach dem Zweiten Weltkrieg inspirierte Zukunftsaussicht auf Modernisierung eröffnet hatte.[18] Was heute nach einer asiatischen Zukunft für die Klimakrise aussehen könnte, war für sie noch nicht erkennbar. Sie teilten die »Furcht« »[v]iele[r] Entwicklungsländer«, dass die Klimaverhandlungen darauf abzielten, durch Beschränkungen der »Energiegewinnung, vor allem durch Kohle«, »ihre Entwicklungsbestrebungen erheblich zu behindern«.[19] Aus diesem Grund könnte man das Eintreten für »Klimagerechtigkeit« als welthistorisches Argument betrachten (was den Punkt der Entwicklungsländer in Bezug auf Klimagerechtigkeit nicht leugnen soll). Im Verweis auf den »Kolonialismus« schon im Titel von Agarwals und Narains Abhandlung und in dem ausdrücklichen Dritte-Welt-Vokabular, das sie in ihrem Text verwendeten, verbarg sich ein bestimmtes, uns vertrautes Narrativ über den europäischen Imperialismus. Dadurch wurde das Problem direkt als welthistorisches Problem formuliert.

Nachdem die Diskussion über den Anthropozän-Gedanken erst

einmal Fahrt aufgenommen hatte, gehörten die schwedischen Forscher Andreas Malm und Alf Hornborg zu den ersten, die eine Salve gegen den Vorschlag abfeuerten, die globale Erwärmung sei »anthropogener« Natur. Ähnlich wie bei Agarwal und Narain bezog ihr Einwand sich auf die Verwendung des Wortes *anthropos*. »Den Klimawandel als ›anthropogen‹ zu verstehen«, schrieben sie, »heißt eigentlich, ihn als *soziogen* einzuschätzen.«[20]

Die auf die Dampfmaschine folgenden Energietechnologien – Elektrizität, Verbrennungsmotor, Erdölanlagen: Autos, Tanker, Luftfahrt – sind ausschließlich aufgrund von Investitionsentscheidungen eingeführt worden – in einigen Fällen mit maßgeblichen Zuschüssen bestimmter Regierungen –, aber selten aufgrund demokratischer Deliberation. Das Privileg, Neuerungen in Umlauf zu bringen, scheint dauerhaft bei der Klasse verblieben zu sein, die über die Warenproduktion bestimmt.

Unter Anführung der Tatsache, dass »ab 2008 die fortgeschrittenen kapitalistischen Länder bzw. der ›Norden‹ 18,8 Prozent der Weltbevölkerung stellten, aber für 72,7 [Prozent] des CO_2-Ausstoßes seit 1850 verantwortlich waren«, fragten sie: »Ist diese Tatsache mit der Betrachtung der *Menschheit* als neuem geologischen Handlungsträger vereinbar?« Im Ausgang von der Prämisse, dass »uneinheitliche Verteilung eine Bedingung für die *Existenz* der modernen Brennstofftechnologie *als solcher* ist«, sprachen sie sich für die »Notwendigkeit« aus, »die Untiefen der Sozialgeschichte zu erkunden«, für »deren Untersuchung Geolog:innen, Meteorolog:innen und ihre Kolleg:innen nicht unbedingt gut gerüstet sind«.[21] Das Gebot der Stunde sei, »den grundsätzlichen Anliegen der Sozialwissenschaften, zu denen maßgeblich auch die theoretische Erschließung von *Kultur und Macht* gehört«, die Treue zu halten und sie nicht »aufzugeben«.[22] Wie sonst, fragten sie am Ende ihres Aufsatzes, »sei ein Abbau der fossilen [Brennstoff-]Wirtschaft auch nur vorstellbar?« »In Bezug auf den Klimawandel führt Speziesdenken zu Verwirrung und politischer Lähmung.«[23]

Viele andere folgten ihrem Beispiel. Darunter war namentlich der Soziologe Jason Moore, der für das neue geologische Zeitalter eine Namensgebung empfahl, die auf die es seiner Meinung nach unmittelbar bewirkenden Faktoren hindeutete: Kapitalozän.[24] Moore räumte ein, dies sei »ein hässliches Wort in einem hässlichen System«, aber einen »ästhetisch befriedigenden Namen hat das Zeitalter des Kapitalismus nicht verdient«.[25] Ich möchte die Benennung, für die Moore sich entschieden hat, hier weder gutheißen noch kritisieren; vielmehr will ich darauf hinaus, dass durch die Verwendung einer solchen Bezeichnung der Begriff der »Kraft« – von Menschen als geophysischer Kraft – abermals auf die menschlich-existentielle Kategorie der Macht heruntergebrochen wird, die der Weltgeschichte intrinsisch ist. Folgendes sagt Moore über das Thema, das er mit einem kleinen Wortgeplänkel angeht: »[Das vorherrschende Anthropozän-Narrativ] erzählt, dass die Ursprünge der modernen Welt in England zu finden seien […]. Die Antriebskraft hinter dem Epochenwechsel? Kohle und Dampf. Die Antriebskraft hinter Kohle und Dampfkraft? Nicht die Klasse. Nicht das Kapital. Nicht der Imperialismus. Noch nicht einmal die Kultur. Sie ahnen es schon: Es ist der *Anthropos*, die Menschheit als undifferenziertes Ganzes.« Und dann kommt seine Kritik: »Mit dem Anthropozän haben wir eine bequeme Erzählung zur Hand […], weil sie die für natürlich erklärten Ungleichheiten, Entfremdungen und Gewaltformen, die in den strategischen *Macht- und Produktionsverhältnissen* der Moderne eingeschrieben sind, nicht in Frage stellt. […] Diese Tilgung und die Erhebung des *Anthropos* zum kollektiven Akteur hat […] eine Meta-Theorie von Menschheit als kollektivem Akteur, unter Verkennung der Kräfte – Kapital und Imperium – [veranlasst], die die *moderne Weltgeschichte* zusammengehalten haben.«[26] Selbstverständlich verwendet Moore das Wort *Kraft* in Bezug auf das Kapital hier nicht in seiner Newton'schen Bedeutung.

Ian Angus, der eine nachdenkliche, marxistisch-historische

Analyse des Anthropozäns vorgelegt hat – und der im Übrigen den Ausdruck *Kapitalozän* nicht mag und einräumt, dass die die Bezeichnung »Anthropozän« empfehlenden Erdsystemforscher:innen Fragen der Klimagerechtigkeit und der Differenzierung zwischen Menschen nicht zwangsläufig leugnen –, nimmt die gleiche Verlagerung vor, indem er das Anthropozän in zwei separate Phänomene aufspaltet: in ein »biophysikalisches« Anthropozän und in ein »sozioökonomisches«.[27] Das biophysikalische Anthropozän – »ein qualitativer Wandel der entscheidendsten physischen Wesensmerkmale der Erde, der tiefgreifende Auswirkungen auf alle Lebewesen hat« – sei wichtig, »aber wenn wir das Anthropozän richtig verstehen wollen, müssen wir es als *sozioökologisches* Phänomen betrachten«, als »Kulminationspunkt von zwei Jahrhunderten kapitalistischer Entwicklung«, also als eine Zeit des »ökonomischen und sozialen Wandels, in dessen Verlauf das Holozän endete und das Anthropozän begann«.[28]

Die Verlagerung bzw. Übersetzung von »Kraft« in »Macht« wird auch von denjenigen in Angriff genommen, die an das menschliche Gespür für die eigenen Zeitmaßstäbe appellieren, um die Menschen dazu zu bewegen, aktiv zur Abmilderung der Folgen ihres planetarischen Fußabdrucks beizutragen. Sogar Erdsystemforscher:innen, die für die Idee geologischer Zeit eintreten, haben es aus strategischen Gründen für wichtig erachtet, in dem Punkt nachzugeben, dass »geologische Zeitmaßstäbe in größeren Gesellschaften häufig als Gründe dafür herangezogen werden, auf ein Handeln nach gesellschaftlichen, generationenübergreifenden und individuellen Zeitmaßstäben zu verzichten (›das Klima hat sich schon immer gewandelt‹, ›Korallenriffe sind schon mehrmals abgestorben, haben sich aber immer wieder erholt‹ und so weiter)«.[29]

Das Gefühl, dass der Wissenschaftler als Überbringer der Nachricht vom anthropogenen Klimawandel sich ständig zwischen unterschiedlichen Zeitmaßstäben hin und her bewegen muss, treibt zum Beispiel auch Archers Buch *The Long Thaw* um. Als Geologe sind Archers Augen geschult genug, um erkennen zu können, dass die Menschen das Klima auf diesem Planten bereits mindestens für die nächsten 100 000 Jahre verändert haben. Und doch fragt er im allerersten Kapitel seines Buches: »Warum sollte uns als einfache Sterbliche die Änderung des Klimas in 100 000 Jahren bekümmern? [...] Die ökonomischen Regeln, denen ein großer Teil unseres Verhaltens gehorcht, versuchen unsere Aufmerksamkeit sogar auf noch kürzere Zeitspannen zu begrenzen.« Archer verwendet also zeitliche Maßstäbe, die für das Ehr- und Schamgefühl der Leserschaft anschlussfähig sind. »Wie würde es sich anfühlen«, fragt er seine Leser:innen, »wenn zum Beispiel die alten Griechen einige Jahrhunderte lang die Gelegenheit zu einem lukrativen Geschäft im vollen Bewusstsein potenzieller Kosten – wie etwa von mehr Stürmen auf der Welt oder dem Verlust von zehn Prozent der landwirtschaftlichen Produktion durch steigende Meeresspiegel – genutzt hätten, die bis heute anhalten könnten? So möchte ich nicht in Erinnerung bleiben.«[30] Dies mag keine wirkungsvolle Rhetorik sein, um Menschen zum Handeln anzuspornen, aber die Übersetzung von physischer »Kraft« in die sehr menschlichen Begriffe von »Macht« und »Verantwortung« ist erkennbar in allen Texten am Werk, die gegenwärtig auf der Suche nach einer planetarischen menschlichen Ethik sind.

Sowohl in geologischer als auch in historischer Zeit kommen menschliche Kategorien zum Ausdruck, auf der affektiven Ebene sind sie aber unterschiedlich eingefärbt. Natürlich können wir nur im Rahmen des die Weltgeschichte erfüllenden Zeitgefühls von Hoffnung oder Verzweiflung sprechen. Deshalb empfehlen sogar einige Erdsystemforscher:innen, den Anthropozän-Gedanken bis zu einem gewissen Grad metaphorisch zu verwenden. Man beachte dabei ihr schnelles Umschwenken von »Kraft« auf »Macht«: »Als Metapher könnte das Anthropozän ein neues normatives und ethisches Denken fördern. Wenn die Menschheit inzwischen die *Macht* besitzt, eine ›geologische Kraft‹ zu sein, folgt daraus, dass eine solche Macht vorsichtig und sparsam eingesetzt werden sollte. [...] Zumindest dies könnte dazu führen, dass das Anthropozän eher Hoffnung als Verzweiflung symbolisiert.«[31] Dies setzt natürlich voraus, dass die Menschheit »eins« ist und dass diese »Einheit« so handeln kann wie eine Einzelperson, die ihr Vermögen (die »Macht, eine geophysische Kraft zu sein«) besonnen und verantwortungsvoll einsetzt. Das jüngste Buch des Astrobiologen David Grinspoon mit dem vielsagenden Titel *Earth in Human Hands* liefert uns ein weiteres Beispiel für das, was ich mittlerweile als Codeswitching zwischen der physikalischen Kategorie der Kraft und den sozial-existentiellen Kategorien von »Bewusstheit« und »Macht« betrachte. »Niemand kann glaubhaft bestreiten«, schreibt er, »dass wir uns in einer Zeit der ungezügelten Einflussnahme des Menschen auf die Erde befinden. Dieser groben Definition zufolge existiert das Anthropozän offenbar, warum also darauf bestehen, dass es schlecht sein muss? Was würden Sie vorschlagen? Dass wir jeden davon überzeugen, sich aufgrund seiner verkommenen Spezies schlecht zu fühlen?« Nach Grinspoons Ansicht besteht die ethische Aufgabe der Menschheit darin, eine *bewusste* geologische Kraft zu sein: »Wir haben die Wahl, welche Art von Einfluss wir Menschen auf die Erde nehmen werden. Wir können über diese Tatsache lamentieren, aber die Option, keine geologischen Handlungsträger des Wandels zu sein, haben wir nicht mehr. [...] Wie wir es richtig machen – *das* sollte unser Anliegen sein.«[32] Die Menschen, schreibt der Geowissenschaftler Daniel Schrag, seien an einem »Punkt angelangt, an dem es kein Zurück mehr gibt«. »Im Anthropozän«, fügt er hinzu, »könnte das Überleben der Natur, wie wir sie kennen, von der Steuerung der Natur [durch die Menschen] abhängen – eine prekäre Lage für die Zukunft der Gesellschaft, der biologischen Vielfalt und der geobiologischen Kreisläufe, auf die sich das Erdsystem stützt.«[33] Clive Hamilton, der in den geisteswissenschaftlichen Diskussionen über den Klimawandel eine Vorreiterrolle gespielt hat, spricht sich in seinem Buch *Defiant Earth* für einen »neuen Anthropozentrismus« aus und vergleicht die Menschheit mit einer »bewussten Kraft«. In einem »geologischen Zeitalter, in dem die Menschen es mittlerweile mit den großen Naturkräften aufnehmen können«, hänge die »Zukunft des gesamten Planeten und vieler Lebensformen inzwischen von den Entscheidungen *einer bewussten Kraft* ab, auch wenn Anzeichen für deren konzertiertes Handeln bloß keimhaft vorhanden sind (und sich als Totgeburt erweisen könnten). Angesichts dieser ungeschminkten Tatsache [...] wirkt die Leugnung der Einzigartigkeit und Macht des Menschen wie eine Perversion.«[34]

Wenn ich unter den Welthistoriker:innen einen Schutzheiligen für die Vision solch einer welthistorischen Zukunft für die Menschheit nennen müsste, in der Menschen gemeinsam die Verantwortung für ihr physisches Einwirken auf den Planeten übernehmen, wäre es William H. McNeill. Auf einer 1994 an der Wesleyan University abgehaltenen Weltgeschichte-Konferenz hat er sogar den Welthistoriker:innen eine welthistorische Rolle zugedacht: »Durch eine weitsichtige und exakte Auslegung der Weltgeschichte können Historiker:innen einen bescheidenen, aber nützlichen Beitrag zur Ermöglichung einer erträglichen Zukunft für die Menschheit als ganze und für alle ihre verschiedenen Teile leisten, [...] insofern ein klares und lebendiges Gespür für die gesamte menschliche Vergangenheit hilfreich sein kann, künftige Konflikte dadurch abzuschwächen, dass es deutlich macht, was wir alle teilen.«[35] Dies mache eine geistige Partnerschaft zwischen Wissenschaftler:innen und Welthistoriker:innen erforderlich, wie McNeill einige Jahre später in einem Aufsatz von 2002 darlegte: »Es ist an der Zeit, dass die Historiker:innen [...] anfangen, eine Verbindung zwischen dem Denken und Schreiben ihrer eigenen Profession und der entsprechend bearbeiteten naturwissenschaftlichen Version des Wesens der Dinge herstellen.«[36]

Die Gattungsgeschichte sei eine Gesamtgeschichte der Menschheit: »Genau wie [...] unsere Vorgänger versinken wir in Prozessen, über die wir keine Kontrolle haben und die wir nur schemenhaft verstehen – und trotzdem hat ein solcher Prozess uns geschaffen [...:] den störendsten [...] und [...] außerordentlich mächtigen Faktor, der auf ganz verschiedenen Ebenen [...] die Gleichgewichte durcheinanderbringt, die unsere Existenzgrundlage bilden. [...] Eine weitsichtige Geschichtsschreibung, wie wir an den Punkt gelangt sind, an dem wir uns befinden, könnte sogar die Überlebenschancen der Menschheit erhöhen.«[37] Ein Jahr später, im Jahr 2003, schrieb er: »Unsere Spezies [ist] als Ganze zu einer beispiellosen Bedrohung für andere Lebensformen [geworden]. Langfristig mag sich durchaus ein Unheil zusammenbrauen; doch dies einmal dahingestellt, [...] könnte das großartigste Zeitalter der Menschheit noch vor uns liegen. Oder wir könnten, was genauso wahrscheinlich ist, raschen Schrittes und Hals über Kopf auf einen von mehreren möglichen verheerenden Endpunkten unserer insgesamt außergewöhnlichen irdischen Laufbahn zusteuern.«[38]

Diese Hinwendung zu den menschlichen Fähigkeiten als Lösung für unsere globale Umweltkrise kennzeichnet auch das Ende von John L. Brookes meisterlichem Überblick über die Geschichte der Menschheit auf diesem Planeten durch verschiedene Klimasysteme hindurch. »Im Endeffekt«, schreibt Brooke,

> muss man unsere gegenwärtige Situation gleichzeitig als Krise im Hinblick auf das Verhältnis der Menschheit zum Erdsystem und als einen Moment innerhalb des langfristigen Wandels ökonomischer Systeme betrachten, der auf einer Stufe mit allen großen Umbrüchen in der menschlichen Vergangenheit steht. [...] Was wir benötigen, woran alle Pragmatiker arbeiten, die Pessimisten verzweifeln und was die Leugner von sich weisen [...], ist eine globale Lösung. *Gemeinsam besitzen wir die Fähigkeit, uns der Krise des Erdsystems, in die wir geraten sind, zu stellen.* Ein sachkundiger politischer Wille muss diese Fähigkeit aktivieren.[39]

Die Lösung für Probleme von erdhistorischer Größenordnung wird hier abermals in den menschlichen Zeitmaßstäben von Politik und Weltgeschichte gesucht. Auf die dabei vorgenommene Verlagerung muss ich noch ausführlicher eingehen.

Die Zeit der Weltgeschichte

Letzten Endes entspricht die Zeit der Weltgeschichte dem, was Reinhart Koselleck als Zeit der menschlichen Geschichte bestimmt hat. Kosellecks berühmtem Vorschlag zufolge sind in der menschlich-historischen Zeit zwei grundlegende Kategorien eng miteinander verwoben, die in Kosellecks Augen »eine anthropologische Vorgegebenheit« von Geschichte überhaupt darstellen: »Erfahrungsraum« und »Erwartungshorizont«.[40] Koselleck hat auf überzeugende Weise zum Ausdruck gebracht, was im Laufe der Zeit viele Denker:innen über das historische Zeitgefühl des Menschen gedacht haben. Man erinnere sich zum Beispiel an Augustinus: »Gegenwart des Vergangenen ist die Erinnerung, Gegenwart des Gegenwärtigen ist die Anschauung, Gegenwart des Zukünftigen die Erwartung.«[41]

Da sie beide menschliche Hervorbringungen darstellen, sind weder die menschlich-historische Zeit noch die Zeit der Geologie frei von Affekten. Doch gehen mit ihnen, wie gesagt, ganz verschiedene Arten von Affekten einher. Natürlich hat es Auseinandersetzungen darüber gegeben, ob man die reine Chronologie der Weltgeschichte als eine Art leeren Sack Zeit betrachten sollte, der den Ereignissen, mit denen wir ihn füllen, gleichgültig gegenübersteht, oder nicht. Aus moralischen Gründen haben einige Gelehrte ein solches Denken empfohlen:

> Leere Zeit muss in einem Sinne verstanden werden, der mit mehr verbunden ist als mit einer mathematischen Methode, die gegebene Daten in eine abstrakte Ordnung bringt. Zeit muss als ein potenzielles Band des Lebens

> verstanden werden, Geschichte als ein Garten, der auf einem gemeinsamen Begriff des Lebens, des wirklichen Lebens beruht. Allein auf diese Weise steht eine gemeinsame Grundlage für historische Narrative, für den Zusammenhalt der Geschichte als universeller Wirklichkeit bereit. Wir mögen alle möglichen Arten von historischen Begriffen und historischer Zeitlichkeit hervorbringen, aber der Notwendigkeit, am Begriff leerer Zeit als dem offenen Feld festzuhalten, auf dem miteinander zusammenhängende Geschichten entstehen können, entgehen wir nicht.[42]

Es lohnt sich, auch an Kosellecks vorweggenommene Widerlegung dieses Punkts zu erinnern. Er zeigt sich einverstanden, dass man für die Konstruktion historischer Zeit, die immer »an soziale und politische Handlungseinheiten gebunden [ist], an konkrete handelnde und leidende Menschen, an ihre Institutionen und Organisationen«, durchaus »Zeitmaße und Zeiteinheiten« benötigen mag, »die der mathematisch-physikalischen Natur entnommen sind: die Daten oder die Dauer eines Lebens oder einer Institution, die Knoten- oder Wendepunkte politischer oder militärischer Ereignisreihen [...] [und so weiter].« Doch solch ein mathematisch-physikalisches Zeitverständnis kann nicht als Grundlage der menschlichen Geschichte fungieren: »[...] schon eine Interpretation der Zusammenhänge, die sich aus den genannten Faktoren ergeben, führt über die natürlichen, physikalischen oder astronomisch aufbereiteten Zeitbestimmungen hinaus. Politische Entscheidungszwänge [...] [und andere Erwägungen] in gegenseitiger Wechselwirkung oder Abhängigkeit zwing[en uns] zu [sozialen und politischen] Zeitbestimmungen, die zwar von der Natur her bedingt sind, aber doch als spezifisch geschichtlich definiert werden müssen.«[43]

Erfahrung, erklärt Koselleck, ist »gegenwärtige Vergangenheit« und könne ebensowohl eine »rationale Verarbeitung« der Vergangenheit »wie unbewußte Verhaltensweisen, die nicht oder nicht mehr im Wissen präsent sein müssen«, umfassen. Erwartung ist »vergegenwärtigte Zukunft«, sie zielt auf »das Noch-Nicht, auf das nicht Erfahrene, auf das nur Erschließbare«.[44] Die beiden können sich durchdringen – »Überraschen kann nur, was nicht erwartet wurde: dann liegt eine neue Erfahrung vor« – und Koselleck verwendet viele Seiten auf die Erklärung, wie sich in der Neuzeit* »die Differenz zwischen Erfahrung und Erwartung zunehmend vergrößert« und begierige »Erwartungen« sich außerdem »immer mehr von allen bis dahin gemachten Erfahrungen entfern[en] können«.[45] Und er fasst zusammen: »Der umständlichen Rede kurzer Sinn: Es ist die Spannung zwischen Erfahrung und Erwartung, die in jeweils verschiedener Weise neue Lösungen provoziert und insoweit geschichtliche Zeit aus sich hervortreibt.«[46] Das bedeutet, dass historische Zeit sich nicht von bestimmten menschlichen Affekten trennen lässt: In die Entstehung historischer Zeit geht »hoffnungsträchtige oder angstvolle, die vorsorgende oder planende Gespanntheit in die Zukunft« ein.[47] Darin besteht auch die »Weltgeschichtlichkeit« des Klimawandels: Er bietet dem Spiel verschiedener menschlicher Emotionen eine Bühne, darunter auch Hoffnung und Verzweiflung. Das Pariser Klimaabkommen von 2015 ließe sich denn auch als solch ein intensives und leidenschaftliches welthistorisches Stück betrachten.[48]

Im Gegensatz dazu könnte man sagen, dass die Zeit der Geologie gewöhnlich mit einem ganz anderen menschlichen Affekt verbunden ist. Natürlich sind mehrere geologische Zeiträume, Persönlichkeiten und Ereignisse als kulturell verarbeitete Phänomene Teil der menschlichen Zeit geworden – zum Beispiel die Jurazeit der Dinosaurier oder der Ausbruch des indonesischen Tambora-Vulkans im Jahr 1815.[49] Doch die meisten geologischen Ereignisse werden nicht auf eine solche Weise affektiv verarbeitet. Wir verfügen über keine merklichen Emotionen in Bezug auf die Große Sauerstoffkatastrophe vor 2,5 Milliarden Jahren – obwohl menschliches Leben ohne sie undenkbar wäre – oder im Hinblick auf das Ordovizische Massenaussterben, das vor mehr als 440 Millionen Jahren stattfand.

Wie fügt sich nun aber die Frage »einfacher« geologischer Zeit – der die Geschichte des Erdsystems mit ihren sich über Millionen von Jahren erstreckenden Kohlenstoffkreisläufen eigentlich zuzurechnen ist – in diesen Verstehenshorizont ein, in dessen Rahmen sowohl der Gedanke, dass die Menschen als geophysische Kraft auftreten, als auch das neue geologische Zeitalter des Anthropozäns im Affekthaushalt von vergangener, gegenwärtiger und zukünftiger menschlicher Macht und Verantwortung unablässig neu verortet werden?

In der jüngsten Geschichte des Anthropozäns hat sich das gewohnte Verhältnis zwischen der Arbeit der Geolog:innen und den großen Themen der menschlichen, ja sogar anderer Arten von Geschichte umgekehrt.[50] »Geologen neigen nicht dazu, viel über Geschichte nachzudenken«, schreibt Zalasiewicz, denn die Geschichte, die sie am Ende erzählen wollen, betreffe nicht nur die Geologie dieses Planeten, sondern auch die »der Milliarden festen« Planeten und Monde, die »andere Sterne in der Galaxie« umkreisen, ganz zu schweigen von den »planetaren Körpern, die es in den etwa 100 Milliarden anderen Galaxien innerhalb des bekannten Universums geben dürfte«, in die wir noch gar keinen Einblick haben. Wie gelingt es einem Geologen also, »ein merkwürdiges und neuartiges Ereignis« – »wie zum Beispiel die außergewöhnlichen Prozesse, die wir Menschen in Gang gesetzt haben« – in einer groß angelegten Geschichte unterzubringen? An welchem Punkt fängt ein praktizierender Geologe an, über das vorgeschlagene neue geologische Zeitalter des Anthropozäns nachzudenken?

Für einen Geologen, schreibt Zalasiewicz, ist der übliche Ausgangspunkt selten die groß angelegte Geschichte selbst, sondern »Bruchstücke« – »kleine Splitter des größeren Ganzen, welche die Aufmerksamkeit eines zufällig vorbeikommenden Geologen erregt haben, wobei ›Geologe‹ im weitesten Sinne zu verstehen ist.« Eine Gesamtsynthese »ergibt sich typischerweise« erst, wenn genügend Details »gesammelt« worden sind, die erkennbare Muster in etwas erzeugen, »das anfänglich bestürzend chaotisch aussah«.[51] Als Beispiel nennt er das Karbon-Zeitalter, das ungefähr vor 359 Millionen begann und vor 299 Millionen Jahren endete und in dem kohlereiche Gesteinsschichten entstanden. Generationen von Geolog:innen haben dieses Gestein in all seinen Einzelheiten nach »höchst gegenwärtigen« Gesichtspunkten erfasst. Die größer angelegte Geschichte, dass »in diesem Karbongestein etwas ganz anderes gespeichert ist – eine Welt urzeitlicher Sumpfwälder mit Amphibien und riesigen Libellen, ohne Blumen, Vögel oder Säugetiere« –, war selten das Hauptanliegen der geologischen Arbeit. Die groß angelegte Geschichte jener entfernten Vergangenheit, die sich mittlerweile als »ein etwa 60 Millionen Jahre währendes Zeitsegment abtrennen lässt« – als Geschichte des Karbon-Zeitalters –, »kann heute« anhand dieser Gesteine »in der Vorstellung rekonstruiert«, aber »niemals wieder berührt, gesehen oder erlebt werden«.[52]

Solange wir jedoch den Namen und den Begriff des Anthropozäns für eine Maßeinheit – und eine Kritik – des menschlichen Einwirkens auf die Geobiologie dieses Planeten halten, können wir der moralischen Sogwirkung der Weltgeschichte nicht entkommen, weil Fragen nach Imperien, Kolonien, Institutionen, Klassen, Nationen, bestimmten Interessengruppen – kurz gesagt, nach dem weltweiten System, das die europäischen Imperien und der Kapitalismus geschaffen haben – dann für uns niemals ganz ohne Belang sind. Das ist eindeutig der Grund, warum das Anthropozän möglicherweise der einzige für ein geologisches Zeitalter vorgeschlagene Name ist, der kritische Reaktionen – wenn nicht Empörung – bei so vielen Humanwissenschaftler:innen hervorgerufen hat. So sieht zum Beispiel die Archäologin und Anthropologin Kathleen D. Morrison die vordringliche Aufgabe darin,

»das Anthropozän zu provinzialisieren«, um den »versteckten Eurozentrismus« des Begriffs offenzulegen. Ihrer Einschätzung nach steht er für »den Versuch, (ziemliche homogene) europäische historische Erfahrungen, Rahmenbedingungen und Zeittafeln auf den Rest der Welt auszuweiten«. In ihren Augen besteht das Problem nach wie vor darin, dass »die meisten Vorschläge für ein Zeitalter namens Anthropozän eine ziemlich eingeschränkte historische Perspektive einnehmen, wenn sie davon ausgehen, dass das maßgebliche Einwirken auf die Umwelt erst mit der industriellen Revolution (in Europa und besonders in Großbritannien) begonnen hat«. »Das Anthropozän zu provinzialisieren«, heiße deshalb, »dass uns die europäische Agrar- bzw. Industriegeschichte nicht länger als Ausgangspunkt dient.«[53] Stattdessen hat Morrison auf andere mögliche Anfänge aufmerksam gemacht: »von Menschen gelegte Großbrände« zum Beispiel, die sehr lange für die »Regeneration der Vegetationssysteme« gesorgt haben, oder Ackerbau als »ein weiteres wichtiges Mittel, mit dessen Hilfe unsere Spezies nicht nur der Vegetation, sondern auch den Böden, Hängen, Gewässern, Umweltfaktoren sowie der Verteilung der Wildpflanzen und -tiere eine neue Gestalt verliehen hat, und das es der menschlichen Population erlaubt hat, sich neu zusammenzusetzen«.[54] Man könnte diese Liste noch um das Aussterben der Megafauna, die Reisproduktion und andere Großereignisse ergänzen, einschließlich der Kontrolle und der Verwaltungsgewalt über das Feuer, die darauf hindeuten, wie stark das menschliche Einwirken auf den Planeten ist.

Im Ausgang von der Prämisse, »dass die formelle Einführung eines Zeitalters namens Anthropozän einen grundsätzlichen Wandel des Verhältnisses zwischen Menschen und Erdsystem markieren würde«, haben die beiden britischen Geographen Simon L. Lewis und Mark A. Maslin in einem im Jahr 2015 veröffentlichten, wichtigen Text zwei mögliche Anfangsdaten für das Anthropozän vorgeschlagen: 1610 und 1964. Sie stimmten zu, dass die Definition einer geologischen Zeiteinheit »formale Kriterien erfüllen muss«. Trotzdem blieb die Datierung des Beginns des Anthropozäns in ihren Augen auch eine notwendig moralisch-politische Aufgabe: »Wenn man den Beginn auf einen frühen Zeitpunkt datiert, könnte dies in politischer Hinsicht zu einer ›Normalisierung‹ des globalen Wandels der Umwelt führen. Die Einigung [auf] ein späteres Anfangsdatum im Zusammenhang mit der industriellen Revolution kann indes zum Beispiel genutzt werden, um bestimmten Ländern oder Regionen historische Verantwortung für Kohlenstoffdioxidemissionen während des Industriezeitalters zuzuweisen.« Darüber hinaus, fügten sie hinzu, »macht die formale Definition des Anthropozäns die Wissenschaftler:innen in gewissem Grade zu Schiedsrichtern über das Verhältnis von Mensch und Umwelt, was wiederum Folgen über die Geologie hinaus hat. Von daher besteht mehr Interesse am Anthropozän als an anderen Epochendefinitionen.«[55]

Letzten Endes haben Lewis und Maslin 1610 als Anfangspunkt für das Anthropozän gegenüber 1964 den Vorzug gegeben. Für diese Präferenz führten sie evidenzbasierte wissenschaftliche Beweisgründe an: einen Rückgang des CO_2 in der Atmosphäre (7-10 ppm zwischen 1570 und 1620), der zeitlich mit dem massiven Bevölkerungsrückgang in den Amerikas infolge des Eintreffens der Europäer zusammenfiel (von 64 Millionen im Jahr 1492 auf 6 Millionen, »weil die Bevölkerung Krankheiten [...], Kriegen, Versklavung und Hungersnöten ausgesetzt war«).[56] Doch zur Rechtfertigung ihrer Wahl boten sie auch welthistorische Argumente auf.

> Die Wahl zwischen 1610 und 1964 [als nach der Detonation von Atombomben ein »deutlicher Höchstwert an Radioaktivität« verzeichnet wurde] würde wahrscheinlich die Wahrnehmung beeinflussen, wie menschliches Handeln sich auf die Umwelt auswirkt. [...] [1610] hieße, dass Kolonialismus, globaler Handel und Kohle das Anthropozän herbeigeführt haben. Im Allgemeinen stehen dabei soziale Belange im Vordergrund, insbesonde-

re die *ungleichen Machtverhältnisse* zwischen verschiedenen Menschengruppen, Wirtschaftswachstum, die Auswirkungen des globalisierten Handels und unsere derzeitige Angewiesenheit auf fossile Brennstoffe. [...] Die Entscheidung für den Spitzenwert an Radioaktivität erzählt die Geschichte einer *von einer Elite vorangetriebenen technologischen Entwicklung*, die den ganzen Planeten zu zerstören droht.[57]

Lewis und Maslin betrachten das Anthropozän als etwas, das Erdgeschichte und Weltgeschichte zusammenführt: »Die Auswirkungen des Zusammentreffens der menschlichen Populationen der Alten und der Neuen Welt – einschließlich einer geologisch beispiellosen Homogenisierung der irdischen Biota – könnten den Anfang des Anthropozäns markieren. [...] Sie stellen [gleichzeitig] ein welthistorisches Großereignis dar.«[58]

Lewis' und Maslins Sichtweise ist sowohl heftig kritisiert als auch verteidigt worden.[59] Doch solange das Anthropozän als Maßeinheit für das menschliche Einwirken auf den Planeten betrachtet wird, kann es nur mehrere Anfänge haben und muss es eher eine informelle als eine formale geologische Kategorie bleiben, die eine Vielzahl von Geschichten über menschliche Institutionen und Moral in sich birgt. Die Angelegenheit lässt sich nicht von politischen und moralischen Anliegen trennen. Fragen von stratigraphischer Bedeutung – wie etwa ob in den Gesteinsschichten des Planeten genügend Belege vorhanden sind, damit Stratigraph:innen die These vertreten können, dass die Schwelle des Holozän-Zeitalters überschritten worden sei – werden dann mit ganz verschiedenen, tiefschürfenden und oberflächlichen, großen und kleinen menschlichen Geschichten überschrieben. Aus ebendiesem Grund ist der Text von Zalasiewicz, aus dem ich eingangs zitiert habe, von Interesse für diese Debatte: Er entfernt – möglicherweise zum ersten Mal in der seit einem Jahrzehnt schwelenden Kontroverse über das Anthropozän – die Spinnweben (aber vielleicht sollte ich eher von einem Menschennetz als von einem Spinnennetz sprechen) der welthistorischen Zeit, um das ins Blickfeld zu rücken, was er »einfache« geologische Zeit nennt.

Zalasiewicz macht einige entscheidende Schachzüge, die besondere Erwähnung verdienen. Er räumt ein, dass »die gewöhnlichen Abläufe durch Paul Crutzens einfallsreiche Improvisation auf einer Konferenz in Mexiko auf den Kopf gestellt wurden, als er vor gerade einmal 15 Jahren das Anthropozän – zumindest im praktischen Sinne – aus der Taufe hob«.[60] Die Idee dazu kam »aus der den planetarischen Wandel in Echtzeit aufzeichnenden geowissenschaftlichen Community«, es handelte sich aber nicht zwangsläufig um Stratigraphen. Als die Anthropozän-Arbeitsgruppe der Unterkommission für Quartärstratigraphie – »eine Teilkörperschaft der Internationalen Stratigraphischen Kommission (des Entscheidungsgremiums, das die Geologische Zeitskala überwacht)« – eingerichtet wurde, bestand die »erste Aufgabe« der Gruppe darin, »herauszufinden, ob es auf der Erde tatsächlich eine systematisch erkennbare Gesteinsschicht gibt, die sich dem Zeitalter des Anthropozäns *als materieller Körper* zuordnen lässt«. Im Geologenjargon würde solch eine »materielle Zeit-Gestein-Einheit entsprechend der ›Zeit‹-Einheit anthropozäne Serie heißen«.[61] In diesem speziellen Aufsatz, aber auch an anderen Stellen haben Zalasiewicz und seine Kolleg:innen große Anstrengungen unternommen darzulegen, aus welchen Materialien (einschließlich Techno-Fossilien) solch eine Zeit-Gestein-Einheit höchstwahrscheinlich bestehen würde.[62]

Eine solche Suche nach einschlägigen stratigraphischen Belegen für das Anthropozän konzentriert sich auf die Frage, ob man die These vertreten kann, dass es genügend Anhaltspunkte in der Lithosphäre und auf der Planetenoberfläche gibt, auf die sich die Behauptung stützen lässt, dass der Planet die Grenzen des Holozän-Zeitalters hinter sich gelassen hat. Fragen danach, »welche globale Bedeutung« die neue Grenze – für den Menschen – hat, oder »wann es erste Anzeichen für den Einfluss eines wichtigen neuen Faktors auf das Erdsystem gegeben hat«, die verständlicherweise viele beschäftigt haben, die über die moralischen Aspekte des Anthropozän-Gedankens stritten, sind für Stratigraphen nicht maßgeblich. Wie Zalasiewicz es formuliert, »[geht es] bei der Definition eines ›stratigraphischen Anthropozäns‹ […] eher um Veränderungen des Erdsystems als darum, dass sich das Ausmaß verändert hat, in dem [wir] menschlichen Einfluss erkennen können«. Entscheidend sei, ob man in der Lage ist, anhand stratigraphischer Belege zu zeigen, dass »das planetarische System sich *erkennbar* ändert«. Um eine formelle Aussage über das Anthropozän zu treffen, ist es nicht unbedingt erforderlich, dass der Stratigraph sich dafür interessiert, wer schuld an der Geschichte ist. Es kommt auf das Einwirken auf die Lithosphäre an; wer diese Einwirkung verursacht, ist nicht wichtig. Für Stratigraph:innen ist mit dem Namen Anthropozän keine besondere wörtliche Bedeutung mit Blick auf den Menschen verbunden, weil »die Aktivitäten der menschlichen Spezies momentan bloß zufällig der größte Störfaktor sind«. »Aufgrund der Größenordnung der planetarischen (also die Gesteinsschichten betreffenden) Auswirkungen«, schreibt Zalasiewicz, »wäre das Anthropozän geologisch genauso wichtig, wenn es eine andere Ursache hätte« als menschliche Aktivitäten. »In diesem Fall«, führt er aus, »wäre der Begriff für Menschen sogar leichter verständlich, und eine Reaktion darauf würde ihnen leichter fallen.«[63] Aus dieser stratigraphischen Perspektive – die für eine formale Anerkennung des neuen geologischen Zeitalters eingenommen werden müsste – ist das Anthropozän, wie Zalasiewicz es ausdrückt, »eher als planetenzentriertes denn als menschenzentriertes Phänomen zu betrachten«.[64]

Seine Beschäftigung mit dem, was er als »stratigraphisches Anthropozän« bezeichnet, erlaubt es Zalasiewicz herauszuarbeiten, dass die geologische Zeit sich von der Zeit der menschlichen Geschichte unterscheidet. »Die Frage der [Epochen-]Grenze hat eine ganze Reihe von Kommentaren auf den Plan gerufen«, schreibt er, »nicht zuletzt im Hinblick auf die sich lange hinziehende und immer weiter zunehmende, beträchtliche Einflussnahme des Menschen auf die Erde, die vom Aussterben der ersten terrestrischen Megafauna, das bereits vor 50 000 Jahren einsetzte, [...] über die Entstehung und Verbreitung des Ackerbaus, die vor etwa 10 000 Jahren begann, bis zum Ursprung und zur Ausbreitung der Urbanisierung etwas später reicht.« Die sich daraus ergebende »zeittransgressive, durch den Menschen geformte Oberflächenschicht«, die man als Archäosphäre bezeichnet, wird gelegentlich als »sichtbarste Widerspiegelung« des Anthropozäns betrachtet. Doch »würde dies«, kommentiert Zalasiewicz, »*archäologischen Zeiteinteilungen* wie dem ›Paläolithikum‹, der ›Bronzezeit‹ und so weiter entsprechen, in denen sich je nach dem kulturellen Stand [und den Machtbeziehungen, könnte man hinzufügen] der lokalen menschlichen Population in verschiedenen Regionen ein anderes Alter widerspiegelt«. Diese Liste von eher menschen- als planetenzentrierten Definitionen des Anthropozäns ließe sich noch um »Kapitalozän« ergänzen. Sie alle würden, behauptet Zalasiewicz, »einer Eigentümlichkeit der geologischen Zeit zuwiderl[aufen], die im Kern darin besteht, dass es sich bei dieser *schlicht und einfach um Zeit* handelt – wenn auch in sehr großen Mengen. Eine (ob nun geochronologische oder chronostratigraphische) Zeitgrenze ist bloß eine zeitliche Schnittstelle zwischen einem Zeitintervall (das Millionen Jahre lang sein kann) und einem anderen, die selbst keine Dauer hat – sie ist kürzer als ein Augenblick. In dem Gebiet, auf dem sie gilt, das heißt auf dem Heimatplaneten, verläuft sie grundsätzlich synchron.«[65]

Ich möchte kurz bei der Unterscheidung innehalten, die Zalasiewicz zwischen menschen- und planetenzentrierten Denkweisen vorgenommen hat. Teilweise zieht die These, dass die Menschen eine geologische Kraft darstellen, die sich mit dem Milanković-Effekt vergleichen lässt, der die Glazial-Interglazial-Zyklen steuert, nämlich ein Denken in Zeitmaßstäben nach sich, die in jedem Fall zu umfangreich für die politisch-affektive Fassungskraft und folglich für politische Entscheidungen und Strategien sind. Nach menschlichen Begriffen sind einige Erdprozesse extrem langsam. Wie David Archer schreibt, ist der Millionen Jahre beanspruchende Kohlenstoffzyklus des Planeten »für menschlichen Zeitmaßstäben folgende politische Erwägungen über den Klimawandel nicht relevant«, aber »im Endeffekt wird das Klimaphänomen globaler Erwärmung anhalten, bis diese langsamen Prozesse Wirkung zeigen«.[66] Nach menschlichen Zeitmaßstäben sind Erdreich, fossile Brennstoffe und Biodiversität nicht erneuerbar. Frühere Katastrophen, schreiben Charles H. Langmuir und Wally Broecker in ihrem Buch *How to Build a Habitable Planet*, zeigen, dass die »Biodiversität sich nur in Zeiträumen von Millionen von Jahren erholt«.[67] Alle diese Phänomene oder Prozesse werden von der menschlichen Aktivität in Mitleidenschaft gezogen, laufen aber selbst nicht nach dem Zeitmaßstab der Weltgeschichte, sondern nach geologischen Zeitmaßstäben ab.

Geologische Zeit ist nicht mit absoluter mathematischer Zeit identisch. Für Geolog:innen behält Zeit eine *materielle* Seite, weil es ohne geologische Objekte keine geologische Zeit gibt. Für die Zwecke unserer Diskussion lässt diese Zeit sich letztendlich an den Gesteinsschichten des Planeten ablesen. »Es sind nämlich genau diese Schichten mit ihren Radionukliden, ihrer Flugasche, Mikroplastik, ihren Hühnerknochen aus dem Supermarkt und so weiter, die den Kern der Argumente für ein ›geologisches [stratigraphisches] Anthropozän‹ bilden«, schreibt Zalasiewicz.[68]

Doch was wir auch immer von geologischer Zeit halten mögen – an deren Geschichte christliche Theologie (Geologie als Buch der Natur), Astronomie, Physik, Evolutionsbiologie und andere Bereiche des Denkens viele Jahre lang mitgewirkt haben –, ist sie zum Teil einer Zeitklasse zuzuordnen, die immer schon (lange vor der Geologie) als Gegensatz zum Zeitgefühl bzw. -maßstab der menschlichen Geschichte galt.[69] In den Augen von Augustinus handelte es sich dabei um eine »nicht mehr in Zahlen auszudrückende[…] Zeit«; Buffon hielt sie für eine sich nicht »den begrenzten Fähigkeiten unserer Intelligenz fügende« Zeit; Darwin nannte ihre »Unermesslichkeit« »unergründlich«; im frühen 19. Jahrhundert kamen selbsternannte Geologen nicht umhin, sie als etwas hinzunehmen, das – in den Worten eines ihrer großen Historiker – »im wahrsten Sinne des Wortes jenseits der menschlichen Vorstellungskraft« liege, selbst wenn »ihr [noch] keine quantitativen Zahlen beigelegt werden konnten«.[70] Selbstverständlich ist in all diesen Beschreibungen nicht von »leerer« und in dieser Eigenschaft aller menschlichen Affekte beraubten Zeit die Rede. Augustinus, Buffon und Darwin sprechen über diese Zeit ausschließlich in ihrem Verhältnis zum Menschsein und geben so zu erkennen, dass sie für die historische Zeit eine Grenze darstellt, einen begrifflich-zeitlichen Ort, an dem die »Sinnbildung« menschlicher Geschichte – die Spannung zwischen Erwartungshorizont und Erfahrungshorizont – nicht mehr funktioniert.[71]

Inzwischen kollidiert das welthistorische Narrativ (in unseren Köpfen) mit der sehr viel längeren geologischen Geschichte des Planeten bzw. – in heutiger Benennung – des Erdsystems.[72] Die sich auf planetarische Geschichten stützende Erdsystemwissenschaft stellt eine späte und durchführbare Variante der Gaia-Hypothese dar, die James Lovelock in den 1960er Jahren aufgestellt hat. Wenn wir nicht in der Lage wären, den Planeten als eine Art von System zu betrachten – als ein System »stabilen Ungleichgewichts«, das von einer externen Energiequelle (der Sonne) aufrechterhalten wird, die miteinander verzahnte, auf lange Sicht für das Leben förderliche Prozesse und Rückkopplungsschleifen in Bewegung setzt –, hätte es keine Erforschung des planetarischen Klimawandels und auch keine wissenschaftliche Formulierung des Problems gegeben.[73] Die Publikationsgeschichte von Langmuirs und Broeckers Buch *How to Build a Habitable Planet* hält so etwas wie die frühen Jahre des Faches Erdsystemwissenschaft fest. Broecker veröffentlichte dieses Buch 1984 unter demselben Titel als alleiniger Autor. Doch zu dieser Zeit, heben Langmuir und Broecker in der zweiten Auflage hervor, »waren Dunkle Energie und Dunkle Materie noch nicht entdeckt worden, die Ozeanrücken kaum kartiert, die hydrothermalen Schlote auf dem Meeresboden waren so gut wie unbekannt, der antarktische Eiskern war noch nicht angebohrt worden, die Hypothese vom ›Schneeball Erde‹ war nicht in vollem Umfang formuliert worden, die globale Erwärmung war noch kein dringliches Thema und kein Exoplanet war entdeckt worden«. Im Stil von Latour könnte man sagen, dass alle diese Technologien und Entdeckungen erforderlich waren, damit Forscher:innen das »Erdsystem« als Untersuchungsgegenstand herbeidenken konnten. In die überarbeitete Fassung des Buches von 2012 fügten die Autoren »Erörterungen über das Leben, […] Erdgeschichte, Sauerstoffanstieg, […] Vulkanismus und die Rolle Fester Erde für die Bewohnbarkeit« ein. Außerdem wählten sie »eine ›systemische‹ Herangehensweise an die Geschichte und das Verständnis unseres Planeten«. »Wenn es ein Leitmotiv gibt, das wir in dem Buch deutlich gemacht zu haben hoffen«, schreiben sie im Vorwort, »ist es das eines vernetzten Universums, in dem Menschen ein Auswuchs und ein integraler Bestandteil sind.«[74]

Während die Erdsystemwissenschaft für Überlegungen zum

planetarischen Klimawandel und zum Verständnis des Anthropozäns zentral ist, betrifft, wie in Kapitel 3 deutlich geworden ist, die Schlüsselfrage, die hinter diesem interdisziplinären Wissenschaftszweig steht, die Geschichte des Lebens auf der Erde und für es förderliche Erdsystemprozesse, für die ausnahmslos geologische, wenn nicht gar astronomische Zeitmaßstäbe gelten. Was macht einen Planeten nicht nur für menschliches, sondern für komplexes Leben im Allgemeinen bewohnbar? Haben die Menschen zwangsläufig einen Platz in der planetarischen Evolution inne? Gibt es irgendwo da draußen andere, die so sind wie wir?[75] »Eine entscheidende Unbekannte«, wenn wir uns die Worte von Langmuir und Broecker ins Gedächtnis rufen, »ist der Bruchteil an planetarischer Lebenszeit, den die technologische Zivilisation einnimmt. Zerstört eine solche Zivilisation sich in wenigen Hundert Jahren selbst oder wird sie sich Millionen von Jahren halten? Damit eine solche Zivilisation sich hält, muss die [...] Spezies die planetarische Bewohnbarkeit erhalten und fördern, anstatt die planetarischen Ressourcen zu plündern.«[76]

Mit dem für die Astrobiologie so zentralen und sich so stark vom menschenzentrierten Nachhaltigkeitsgedanken unterscheidenden Bewohnbarkeitsproblem muss noch nicht einmal die Unterstellung verbunden sein, dass es Menschen auf anderen Planeten gibt. Um sich technologische Zivilisationen an anderen Orten vorzustellen, brauchen die Astrobiolog:innen lediglich die Existenz von etwas vorauszusetzen, das sie SWEIT nennen: »Species with Energy-Intensive Technology«.[77] Die Astrobiologie betrachtet die Erde und andere Planeten von einem imaginären Fluchtpunkt im Weltraum aus: »Damit eine technologische Zivilisation bestehen bleibt, muss sie zu einem Planeten als einem natürlichen System passen.«[78] Je nachdem, wie eine SWEIT sich verhalte, könne ein Planet sich von einem »›bewohnbaren Planeten‹ zu einem ›bewohnten Planeten‹, das heißt zu einem Planeten entwickeln, auf dem Intelligenz und Bewusstsein in globaler Größenordnung vorhanden sind, was dem Planeten und dem gesamten Leben auf ihm zugutekommt«. Es könne aber auch zu einer »missglückten, erfolglosen Mutation« kommen und ein Planet würde in ein früheres Evolutionsstadium des Lebens zurückfallen, eine Verringerung der Biodiversität erleiden oder sogar mehr oder weniger absterben.[79]

In dem von mir erörterten Aufsatz gibt Zalasiewicz einen ähnlichen Blick auf den Planeten von außen zu erkennen, als würde er ihn mit Hilfe einer Reihe von Fotos im Zeitraffer betrachten. Als nach der Großen Sauerstoffkatastrophe vor 2,5 Milliarden Jahren Mineraloxid- und Hydroxidschwaden entstanden, »wechselte die Farbe einer auf die Grau- und Grüntöne ihrer chemischen Bestandteile reduzierten Welt zu Rot-, Orange- und Brauntönen«.[80] Auf ähnliche Weise kommt Langmuirs und Broeckers Sichtweise eines »bewohnten Planeten«, der technische Intelligenz verinnerlicht hat, der Behauptung des Geologen Peter Haff nahe, dass die »Erde« über eine Technosphäre verfügt, also über eine Schicht, die sich seines Erachtens analytisch von der Lithosphäre, Atmosphäre oder Biosphäre unterscheiden lässt und für deren Erforschung man einen extraterrestrischen Standpunkt einnehmen muss: »Die Menschen sind in die technologische Matrix hineingezogen worden und werden mittlerweile von einer sich daraus ergebenden Dynamik getragen, der sie nicht entrinnen können, ohne ihr Leben zu verlieren. [...] Technologie ist die neue Biologie.«[81]

Die Zeit einer solchen Geschichte ist die für die Belange der menschlichen Geschichte unermessliche und unergründliche, unserem kognitiven und affektiven Vermögen aber zugängliche Zeit der Erdsystemwissenschaft. Mit Althussers Worten von ehedem ausgedrückt, ist die Geschichte des Erdsystems reiner »Prozess ohne Subjekt«. In Bruno Latours Vokabular handelt es sich um ein Narrativ vieler verstreuter und vernetzter Akteure, von denen keiner mit dem Gefühl von innerer Autonomie agiert, die in den

Augen humanistischer Historiker:innen das Wort *agency*, Handlungsmacht, erfüllt. Trotzdem überschreibt die menschliche Zeit der Weltschichte in den sozialwissenschaftlichen Debatten über das Anthropozän die geologische Zeit, und treten die Menschen nicht nur in den humanwissenschaftlichen Schriften, sondern auch in den Texten der Erdwissenschaftler:innen als Subjekte im Drama des Anthropozäns auf. Dies liegt eindeutig daran, dass die Erdsystemwissenschaft historisch durch dieselben Technologien möglich geworden ist, die auch die schädlichen Auswirkungen des Komplexes aus Arten und Lebensformen auf die Biosphäre hervorgebracht, kartiert und gemessen haben, für den die Menschen, die auf sie angewiesenen oder mit ihnen koevoluierenden Lebewesen und ihre Technologie stehen. Dieser Spezies-Technologie-Komplex hat sich auf Kosten vieler anderer Arten entfaltet und droht mittlerweile, das Erdsystem in eine völlig neue Phase zu versetzen.

Die Texte, die Erdsystemforscher:innen wie Langmuir und Broecker zur Übermittlung der Nachricht von der derzeitigen planetarischen Umweltkrise verfassen, sprechen notgedrungen mit gespaltener Zunge. Sie denken sozusagen auf zwei verschiedene Weisen gleichzeitig: menschenzentriert und planetenzentriert – zum einen die überwältigende Geschichte des Lebens auf diesem Planeten und allgemeine Fragen der Bewohnbarkeit eines Planeten, für die der Mensch nicht zentral ist; zum anderen aber das Motiv der Auswirkungen der menschlichen Aktivitäten auf die Erde. »Die menschliche Zivilisation hat zur ersten globalen Gemeinschaft einer einzigen Spezies geführt, zur Zerstörung von Ressourcen, die Milliarden Jahre lang akkumuliert worden sind, zu einer veränderten Zusammensetzung der Atmosphäre, einer vierten planetarischen Energierevolution und zu einem Massensterben. [...] Das Potenzial zu einem planetarischen Wandel ist beinahe ebenso groß wie das vom Ursprung des Lebens oder vom Sauerstoffanstieg erzeugte Potenzial«, schreiben Langmuir und

Broecker. Sie regen sogar an, dass die Bezeichnung des neuen geologischen Zeitalters unter Umständen um eine Stufe auf die Ebene einer anthropozoischen Ära heraufgesetzt werden müsste. Eine anthropozoische Ära, warnen sie, könne »eine missglückte, erfolglose Mutation sein, wenn die intelligente Spezies sich selbst und ihre Umwelt zerstört«. »Sollten wir scheitern«, schreiben Langmuir und Broecker, »und sollte in einigen zehn Millionen Jahren eine andere Form von intelligentem Leben auftreten, würde diese einen Planeten vorfinden, dessen Schatztruhen größtenteils leer sind«, was »eine zweite planetarische Zivilisationsanstrengung entsprechend erschweren würde«.[82]

Auf den Schlussseiten ihres Buches über die tiefenzeitlichen Dimensionen des Anthropozäns sprechen der Geowissenschaftler und Paläoklimatologe Andrew Glikson und der Primatologe und Säugetierforscher Colin Groves eine ähnliche Warnung aus:

> Der *Homo sapiens* hat nicht begriffen, dass die Biosphäre analog zu seinen eigenen, auf den über die Lungen vermittelten Sauerstoff-Kohlenstoff-Kreislauf angewiesenen Lebensprozessen vom planetarischen Sauerstoff- und Kohlenstoffkreislauf abhängt. Das Phänomen, dass eine Säugetierart ein Massensterben anrichtet, lässt sich im Rahmen darwinistischer Evolution nicht erklären. […] Da sie jedes Gefühl von Ehrfurcht gegenüber der Erde verloren haben, gibt es keinen Anhaltspunkt dafür, dass die Menschen im Begriff sind, das Reich der Vorstellungen, Träume, Mythen, Legenden und Verleugnung hinter sich zu lassen. […] Weil eine Mehrheit das sich rasch wandelnde Klima nicht zur Kenntnis nimmt, durch Interessengruppen und deren Medienkanäle fehlinformiert wird, sich von feigen Führern betrügen und durch die schiere Größe des die Macht des Menschen überschreitenden Ereignisses entmutigen lässt, […] treibt die Menschheit auf eine beispiellose Katastrophe zu.[83]

Und diesen katastrophischen Prozess taufen sie auf den Namen Planetizid.[84]

Ich kann mir viele Sozialwissenschaftler:innen vorstellen, die Glikson und Groves entweder ins Gebet nehmen wollen, weil sie aus dem *Homo sapiens* das Subjekt einer möglichen planetarischen

Tragödie machen oder weil sie die gesamte Menschheit als »eins« betrachten. Einige könnten sogar Einwände gegen den »Katastrophismus« ihrer Ausführungen erheben. Ginge es nach dem Willen vieler Sozialwissenschaftler:innen, würde ein anderes Subjekt angeklagt, wie wir gesehen haben: die Klasse, die entwickelten Nationen, patriarchische Entscheidungsstrukturen, kapitalistische Akkumulation, europäische Imperien und Kolonisierung von Ländern und Völkern und so weiter. Manche, wie Christophe Bonneuil und Jean-Baptiste Fressoz, würden sogar die Befugnis und die Autorität in Frage stellen, die Naturwissenschaftler:innen im Hinblick auf die Definition des Anthropozäns für sich beanspruchen: »Schließlich handelt es sich um ein prophetisches Narrativ, das den Erdsystemwissenschaftler:innen und ihren neuen Anhänger:innen in den Humanwissenschaften auf einem zerzausten Planeten den Befehlsstand über die auf ihm umherirrende Menschheit überträgt. Eine Georegierung aus Naturwissenschaftler:innen!«[85] Sie sind dagegen, »den Expert:innen einen Freibrief zu erteilen und so die spezifischen Ressourcen einzubüßen, über die alle Gemeinschaften verfügen, die in ihrer Diversität und lokalen Gebundenheit unverzichtbare Antriebskräfte für einen gerechten ökologischen Wandel sind«.[86] Und am anderen Ende stehen wohl diejenigen, die im Anthropozän eine Gelegenheit für die Menschen sehen möchten, sich dadurch zu rehabilitieren, dass sie zu erfolgreichen Paten des Planeten, zu einer Art Gottes-Spezies werden.[87]

Diese unterschiedlichen menschlichen Anliegen sind völlig legitim, sogar die Anliegen der sogenannten Klimawandelleugner – vor allem dann, wenn den Wissenschaftler:innen nicht die unangefochtene Autorität zugesprochen wird, das Problem der anthropogenen globalen Erwärmung zu definieren. In Anbetracht nicht nur planetarischer Umweltprobleme, sondern auch enormer Ungerechtigkeiten in der menschlichen Welt ist es nur vernünftig, dass die Menschen über ihre Optionen streiten: über das

Tempo des Umsteigens auf erneuerbare Energien, über Geoengineering, Klimagerechtigkeitsprobleme, Kohlenstoffsequestrierung, Regenwasserspeicherung, Nahrungssicherheit, Klimaflüchtlingspolitik, Anpassungs- und Vorbeugungsmaßnahmen und ähnliche Fragen. Ob die Menschen am Ende notwendig zum Besseren fortschreiten und sich als »kluge« Spezies zu erweisen vermögen, ist eine Frage, die an den Witz erinnert, den Kant in seinem *Streit der Fakultäten* erzählt: »Ein Patient, den sein Arzt von Tag zu Tag auf baldige Genesung vertröstete: den einen, daß der Puls besser schlüge; den anderen, daß der Auswurf, den dritten, daß der Schweiß Besserung verspräche usw., bekam einen Besuch von einem seiner Freunde. Wie geht's, Freund, mit eurer Krankheit? war die erste Frage. Wie wird's gehen? *Ich sterbe vor lauter Besserung!*«[88] Wie hinreichend bekannt ist, machte Kant seine Hoffnung auf menschlichen Fortschritt von einer Reihe von Faktoren abhängig: (a) von der »Belehrung [der Menschheit] durch öftere Erfahrung«, (b) von »einer Weisheit von oben herab ([...]Vorsehung)« und (c) von der »Aussicht in eine unabsehliche Zeit [...], wofern nicht etwa [sagt er mit einem Seitenblick auf die Evolutionsgeschichte des Lebens] auf die erste Epoche einer Naturrevolution, die [...] bloß das Tier- und Pflanzenreich, ehe noch Menschen waren, vergrub, noch eine zweite folgt, welche auch dem Menschengeschlecht ebenso mitspielt, um andere Geschöpfe auf diese Bühne treten zu lassen«.[89] Ob die Menschen weiterhin Aussichten auf »eine unabsehliche Zeit« haben, ist natürlich ein strittiger Punkt in der gegenwärtigen Debatte über den Klimawandel.

Bonneuil und Fressoz fürchten, dass die Geolog:innen und Forscher:innen, die die globale Erwärmung sowohl als geologisches Ereignis als auch als etwas betrachten, für das »der Mensch« bzw. der *Homo sapiens* verantwortlich ist, das Ende der Politik einläuten. »Was bleibt nach dem geologischen Maßstab, auf den das Anthropozän uns verpflichtet, von der Politik übrig?«, fragen sie. »Was können wir angesichts der gewaltigen Größenordnung des Anthropozäns auf individueller und kollektiver Ebene überhaupt noch tun? Es besteht die Gefahr, dass das Anthropozän und sein bombastischer Zeitrahmen die Politik *anästhesiert*. Dadurch würde den Naturwissenschaftler:innen eine Monopolposition zukommen, sowohl was die Definition dessen anbelangt, was uns widerfährt, als auch in Bezug darauf, wer bestimmt, was zu tun ist.«[90] Wie Kant spüren sie, dass angesichts der »Allgewalt der Natur [...] der Mensch [...] nur eine Kleinigkeit« ist.[91] Dabei übersehen sie allerdings, dass ihre Verurteilung von Konsumdenken und Kapitalismus auf derselben zeitlichen Grundlage beruht wie die Argumente, mit deren Hilfe nach einer politischen Lösung für das Anthropozän gesucht wird, für die Klimaforscher:innen und ein kollektives Verantwortungsgefühl (wie zum Beispiel bei den Pariser Klimagesprächen im Jahr 2015) sich einsetzen. All ihrer Unterschiede zum Trotz siedeln diese unterschiedlichen Positionen die Diskussion ausschließlich in der Zeit der Weltgeschichte an.

Der Verlagerungsprozess, der hier am Werk ist und die Zeit der Geologie in den Hintergrund drängt, ist deutlich zu erkennen – auf diese Weise werden »die Menschen als geologische Kraft« und das Anthropozän zu Motiven, die von Macht- und Verantwortungsfragen durchdrungen sind. Zunächst einmal tritt durch diese Verlagerung so etwas wie eine einzige, autonome Handlungsmacht (ob es sich dabei um die als Einzelfigur verstandene Menschheit oder um eine bestimmte Klasse handelt, spielt keine Rolle), der sowohl Schuld als auch Verantwortung zugeschrieben werden kann, an die Stelle der (noch einmal in Latours Worten) überall verteilten Handlungsmacht der »Erd«prozesse. Der Handlungsträger steht dabei immer in einem synekdochischen Verhältnis zur verteilten Handlungsmacht der Erdprozesse. Die Seinsweise, in deren Rahmen Menschen kollektiv als geologische Kraft agieren können, ist mit anderen Worten nicht die Seinsweise, in deren Rahmen Menschen sich – individuell oder kollektiv – bewusst zu machen vermögen, dass sie eine solche Kraft sind. In der Rede von einer »bewussten« oder verantwortlichen »Kraft« fallen – vor jeder tatsächlichen Geschichte, die eine solche Verschmelzung zulassen würde – die beiden unterschiedlichen Weisen des Menschseins zusammen.

Die hier vorgenommene Verlagerung lässt sich folgendermaßen beschreiben: Auch wenn es in der Erdsystemwissenschaft darum geht, planetarische Prozesse (an denen Intelligenz einen Anteil hat) aufzuzeigen und zu beobachten, sodass sie folglich kein Subjekt (den Menschen, eine Klasse und dergleichen) beschreibt, sondern ein »Es«, dessen innerer Aufbau pluraler Natur ist – als instabiles System besteht der Planet aus unvollkommen miteinander verzahnten Prozessen (zu denen auch der Mensch als planetarische Kraft gehört) –, wird der Platz dieses »Es« jetzt von einem Subjekt, einem »Ich« eingenommen. Dies erinnert an Lacans sich Freud bedienender psychoanalytische Lesart des Wesens des Subjekts: »wo es war, […] soll das Subjekt ankommen.«[92] Bonneuil und Fressoz bezeichnen die Erdsystemwissenschaft – nicht ohne Grund – als »Blick aus dem Nirgendwo« (auch wenn die Menschen dieses Nirgendwo mittlerweile kognitiv bewohnen) und fragen: »Was wäre, wenn die ›Aus dem Nirgendwo betrachtete Erde‹ und das Narrativ der ›Interaktionen zwischen menschlicher Spezies und Erdsystem‹ nicht der interessanteste Blickwinkel ist, um das zu schildern, was uns in den letzten zweieinhalb Jahrhunderten widerfahren ist, geschweige denn, um die Zukunft vorherzusagen? Möglicherweise sollten wir den Begriff des Anthropozäns anerkennen, ohne auf sein vorherrschendes Narrativ hereinzufallen[,] […] ohne den Expert:innen einen Freibrief zu erteilen.« Die Erdsystemforscher seien gut darin, uns vor Gefahren »zu warnen«, aber »sie kommen ›vom anderen Abhang‹«, behaupten sie mit einem Zitat aus René Chars Gedicht »Les Inventeurs« von 1949.[93] Ihre Worte helfen uns, die zweite Verlagerung zu erkennen, die hier erfolgt und die vorgenommen werden muss, wenn die (für Menschen) abgründige Zeit der Geologie durch die Zeit menschlicher Belange überschrieben werden soll. Die »Inside-Out«-Perspektive menschlicher Kombattanten um Macht und Widerstand tritt an die Stelle des »Outside-In«-Blickwinkels der Erdsystemwissenschaft. Wenn wir uns die Erdsystemforscher:innen – im Stil von Latour – als Sprachrohre des »Erdsystems« vorstellen, bewirkt das Herunterbrechen der geobiologischen Zeit der Geschichte des Planeten auf die welthistorische Zeit der Menschheit eine weitere faszinierende Verschiebung. Es ist so, als würde das Erdsystem, der Planet, zu seinen bewussten Bestandteilen – den Menschen – sagen – um noch einmal eine Anleihe bei Lacans Ausdrucksweise zu machen –, dass *»Du mich nie da erblickst, wo ich Dich sehe«*.[94]

Geologische Zeit, der Alltag und die Frage des Politischen

Wie Nigel Clark es unverblümt ausgedrückt hat, konfrontiert das Anthropozän »das Politische mit Kräften und Ereignissen, die das Politische aufzulösen vermögen«. Indem er die Humanist:innen »dauerhaft mit Zeiten und Räumen in Berührung« bringt, »die radikal über jedes vorstellbare menschliche Dasein hinausgehen«, lädt er sie ein, »das durch und durch *Inhumane*« in ihr Denken »einzubeziehen«.[95] Einer Lesart zufolge ist das Anthropozän eine Geschichte über Menschen, aber nach einer anderen Lesart ist es auch eine Geschichte, von der die Menschen nur ein Bestandteil, ja sogar nur ein kleiner Bestandteil sind und für die sie nicht allein verantwortlich zeichnen. Wie dieses zweite Anthropozän so bewohnt werden soll, dass menschliche Wohnstätten das Geologische in sich aufnehmen, ist eine offene Frage. Tatsächlich könnte es »Jahrzehnte, wenn nicht Jahrhunderte« dauern, warnt Jasanoff, »sich auf eine revolutionäre Neuausrichtung des Verhältnisses von Mensch und Natur [...] einzustellen«.[96]

Wie ich zu zeigen versucht habe, besteht ein Hindernisgrund, eine solche Anpassung – und die damit zusammenhängende Frage menschlicher Verletzbarkeit – in Erwägung zu ziehen, darin, dass ein Großteil des zeitgenössischen Denkens an einer ganz bestimmten Deutung »des Politischen« festhält, obwohl uns möglicherweise gerade seine Neugestaltung aufgegeben ist. Dieses Festhalten dient als ängstlicher und besorgter Vorbehalt, das Geobiologische zu denken, damit wir am Ende nicht das Politische als solches »anästhesieren« oder »lähmen«.[97] Das Politische (und unsere Forderungen nach Gerechtigkeit zwischen den Mächtigeren und den nicht so Mächtigen) aufzugeben, kann der Mensch sich nicht leisten, aber angesichts der Notlage, in der die Menschheit sich befindet, müssen wir es in einen anderen Zusammenhang stellen. Bisher ist das politische Denken humanozentrisch gewesen; es hat die »Welt« stets aus den menschlichen Belangen herausgehalten oder ihr Hereinbrechen über die Zeit der menschlichen Geschichte als Einmischung von »außen« behandelt. Ein solches »Außen« gibt es nicht mehr. Was in einem bestimmten Zeitraum für Menschen »richtig« ist, könnte in einem anderen unsere Existenz gefährden. Davon abgesehen, hat die Erdsystemwissenschaft die unwiderrufliche Verwobenheit des menschlichen Lebens mit den geo-biochemischen Prozessen des Planeten deutlich gemacht. Bei unserer Sorge um Gerechtigkeit darf es nicht mehr allein um den Menschen gehen, aber wir wissen noch nicht, wie wir dieses Anliegen auf das Universum nichtmenschlicher Wesen (d. h. nicht gerade weniger Arten) ausweiten sollen. Außerdem stehen wir vor der Aufgabe, die gewaltigen Zeitmaßstäbe der Geobiologie, auf die unsere affektiven Strukturen im Allgemeinen nicht ausgerichtet sind, in die Reichweite eben dieser Strukturen der menschlich-historischen Zeit bringen zu müssen. Auch auf diese Aufgabe hat unsere Evolution uns nicht vorbereitet, wie der Biologe David Reznick erklärt:

Um eine Vorstellung davon zu bekommen, was ›plötzlich‹ in der Geologie bedeutet, ist es sinnvoll zu bedenken, wie die Welt sich heute verändert. Wir befinden uns mitten im sechsten Massensterben. In 100 Millionen Jahren werden die fossilen Belege aus unserer Zeit dramatische Anhaltspunkte für die Ausbreitung der Menschheit [...] vor etwa 100 000 Jahren [...] enthalten, für die Verbreitung des Ackerbaus, die vor etwa 10 000 Jahren begann, für das Einsetzen der industriellen Revolution und dann für das superexponentielle Wachstum der menschlichen Population. Das derzeitige Aussterben begann während des Pleistozäns, als die Säugetiermegafauna anfing abzunehmen. [...] Dann kam es zum globalen Rückgang der Wälder, zur Vergrößerung der Wüsten und Ausweitung des Weidelands, zur Anhäufung von Industrieabfällen und zur Beschleunigung des Aussterbens. [...] Der Grund, warum wir den Kataklysmus nicht spüren, obwohl die geologischen Belege ihn mit Sicherheit als solchen konservieren werden, liegt darin, dass der Zeitrahmen unserer Leben sich vom Zeitrahmen der geologischen Belege unterscheidet. Für uns sind 100 Jahre eine lange Zeit. In den fossilen Belegen können 100 000 oder sogar eine Million Jahre wie ein Augenblick wirken.[98]

Man kann sehen, warum es heute so reizvoll ist, das Klimawandelnarrativ auf die vertrauten Strukturen zwischenmenschlicher Belange des Politischen herunterzubrechen, die seit dem 17. Jahrhundert Teil der Moderne sind und in der Zeit ausgeweitet und vertieft wurden, die große Dekolonisierungswellen, Bürgerrechtsbewegungen, feministische Bewegungen, Kämpfe um Menschenrechte und die Globalisierung erlebte. Doch all dies geschah, bevor die Nachricht vom anthropogenen Klimawandel die humanistische Welt erreichte. Die Zeit des Anthropozäns verleiht einer anderen Frage Nachdruck: Was heißt es zu wohnen, politisch zu sein, nach Gerechtigkeit zu streben, wenn wir unseren Alltag in dem Bewusstsein erleben, dass etwas, das nach menschlichen und welthistorischen Begriffen »langsam« wirkt, nach erdhistorischem Maßstab möglicherweise eigentlich »instantan« ist, und das Leben im Anthropozän bedeutet, in beiden Gegenwarten gleichzeitig zu wohnen? Ich kann diese Frage noch nicht vollständig oder gar zufriedenstellend beantworten, aber wir können mit Sicherheit nicht einmal zu einer Antwort ansetzen, wenn »das Politische« weiterhin für ein ängstliches Verbot steht, über etwas nachzudenken, das in uns das Gefühl hinterlässt, größenmäßig übertroffen oder »ausgestochen« zu werden.[99]

Unser Verständnis des Planeten beruht in höchstem Maße auf etwas, das Edmund Husserl mit einem berühmten Ausdruck einmal als »Seinsgewissheit« der Welt bezeichnet hat, in deren Genuss die Menschen kämen. »Die Welt«, schrieb er, »ist uns, den wachen, den immerzu irgendwie praktisch interessierten Subjekten [...] vorgegeben. Leben ist ständig In-Weltgewißheit-leben. Wachleben ist, für die Welt wach sein, [...] und seiner selbst als *in* der Welt lebend ›bewußt‹ sein, die Seinsgewißheit der Welt wirklich erleben, wirklich vollziehen.«[100] Er wird diesen Punkt in seinem kurzen Aufsatz über den »Ursprung der Geometrie« wiederholen, dem berühmten Text von 1936, der als Beilage III in Husserls *Krisis*-Buch aufgenommen wurde.[101] Die Erde, die unserem alltäglichen Welthorizont entspricht, kann nicht Gegenstand einer objektiven Wissenschaft sein.

Jacques Derrida zitiert aus einem »Fragment« von Husserl, das im Original den Titel »Grundlegende Untersuchungen zum phänomenologischen Ursprung der räumlichen Natur« trägt und in dem Husserl zwischen der kopernikanischen Weltsicht – (in der so etwas wie die von Zalasiewicz angeführte »planetenzentrierte« Sichtweise zum Ausdruck kommt und) derzufolge »[w]ir Kopernikaner, wir Menschen der Neuzeit sagen: Die Erde ist nicht die ›ganze Natur‹, sie ist einer der Sterne im unendlichen Weltraum« – und unserem alltäglichen Verhältnis zur Erde unterscheidet. »Die Erde ist ein kugelförmiger Körper, freilich nicht auf einmal und von Einem wahrnehmbar in seiner Gänze«, führt er aus. Sie ist nur »in einer primordialen Synthesis als Einheit aneinandergeknüpfter Einzelerfahrungen« wahrnehmbar, obwohl sie »der Erfahrungsboden für alle Körper in der Erfahrungsgenesis unserer Weltvorstellung« sein kann. Diese »Erde«, versichert Husserl, sei unbeweglich: »Auf der Erde, oder an der Erde, von ihr weg, auf sie hin findet Bewegung statt. Erde selbst in der ursprünglichen Vorstellungsgestalt bewegt sich nicht und ruht nicht, in bezug auf sie haben Ruhe und Bewegung erst Sinn.« Die Einheit dieser primordialen »Erde« ergibt sich aus der Einheit der gesamten Menschheit. Selbst wenn wir von einem anderen Planeten aus auf die Erde sähen, hätten wir »[z]wei Stücke einer Erde mit einer Menschheit«, denn, wie Derrida anmerkt, »[d]ie Einheit der ganzen Menschheit [...] bestimmt die Einheit des Bodens [der Erde] als solche«.[102]

Der Klimawandel stellt diese Seinsgewissheit der Erde in Frage, in deren Genuss die Menschen während des Holozäns und vielleicht sogar noch länger gekommen sind. Unser *Alltagsdenken* hat – abermals dank der momentanen Weiterverbreitung geologischer Termini wie dem des Anthropozäns in der kulturellen Öffentlichkeit – angefangen, sich an der geologischen Tatsache zu orientieren, dass die Erde, die Husserl als stabile und unerschütterliche Grundlage für selbstverständlich hielt, von der das gesamte menschliche Denken (sogar das kopernikanische) seinen Ausgang nimmt, auf ihrer langen Reise durch die Untiefen der geologischen Zeit in Wirklichkeit immer eine unbeständige und ruhelose Entität gewesen ist.[103] Es ist keineswegs so, dass wir nicht von Katastrophen in der geologischen Geschichte des Planeten gewusst hätten. Das haben wir, aber dieses Wissen ließ unser alltägliches Gefühl einer angeborenen Sicherheit unberührt, dass die Erde eine stabile Grundlage abgibt, auf die wir unsere politischen Zwecke projizieren können. Das Anthropozän stört diese Gewissheit, weil es das Geologische im Alltag zum Thema macht. Nigel Clark nimmt eine solche Beobachtung in seinem faszinierenden Buch *Inhuman Nature* zum Ausgangspunkt, wenn er festhält, dass wissenschaftliche Tatsachen das »instinktive Vertrauen in Erde, Himmel, Leben und Wasser«, das Menschen eigen ist, nie ganz zu verdrängen vermögen. Und doch ist nicht zu übersehen, dass alle vier Begriffe von Clark heute in Fragen stehen: Wir wissen nicht, ob die Erde (bzw. das Erdsystem) unser Vertrauen honorieren wird, wenn wir sie durch die Freisetzung von Treibhausgasen in den Himmel aufwärmen; ob Trinkwasser knapp werden wird; und ob dem Leben, wie manche vorhersagen, ein sechstes großes Aussterben droht.[104]

Wittgenstein hat einmal gesagt: »Wir sehen Menschen Häuser bauen und zerstören und werden zu der Frage geleitet: ›Wie lange steht dieses Haus schon?‹ Aber wie kommt man darauf, dies von einem Berg, z. B., zu fragen?«[105] Nach Bergen haben wir seit Ewigkeiten nicht gefragt, weil wir sie für einen Teil von dem hielten, was den Menschen von der Erde vorgegeben war. Doch dieses Gefühl von Gegebenheit steht in Frage. Vielleicht kann ich als Historiker eine Antwort auf Wittgensteins Frage wagen. Wir sind an einem Punkt angelangt, an dem das Geologische und das Planetarische in unserem Alltagsbewusstsein Spuren hinterlassen, wenn zum Beispiel die Rede vom »überschüssigen« Kohlenstoffdioxid in der Atmosphäre – nur nach dem Maßstab menschlicher Belange »überschüssig« – oder von erneuerbaren und nicht erneuerbaren Energiequellen ist (nicht erneuerbar nach menschlichen Zeitmaßstäben). Für heute lebende Geisteswissenschaftler:innen, die über das Anthropozän nachdenken, gehören Fragen nach der Geschichte der Vulkane, Berge, Ozeane und Plattentektonik – kurz gesagt, nach der Geschichte des Planeten – inzwischen genauso zu den Routinen kritischen Denkens wie Fragen des globalen Kapitals und der zwangsläufigen Ungerechtigkeiten in der von ihm geschaffenen Welt.

Kapitel 8

Auf eine anthropologische Lichtung zu

Wobei man am Ende nicht weiß, was man sich von unserer auf ihre Vorzüge so eingebildeten Gattung für einen Begriff machen soll.
Immanuel Kant, »Idee zu einer allgemeinen Geschichte in weltbürgerlicher Absicht« (1784)

Ich habe dieses Buch mit der Behauptung begonnen, dass wir uns nicht mehr ausschließlich im globalen Zeitalter befinden, das als logisches und historisches Ziel der modernen europäischen Imperien betrachtet werden könne. Das hohe Tempo der Globalisierung, der Rohstoff-Kapitalismus und die schnelle technologische Weiterentwicklung in den Jahrzehnten nach dem Zweiten Weltkrieg haben sogar den über die menschliche Lage Forschenden die Arbeitsweise des Erdsystems klargemacht, was bisher den Fachwissenschaften vorbehalten gewesen war. Bei der Anthropozän- Hypothese geht es um unsere Einmischung in planetarische Prozesse, die entscheidenden Anteil daran haben, diesen Planeten für komplexes Leben bewohnbar zu machen. Der Planet eröffnet uns einen Blickwinkel auf die Menschen, der die üblichen Vorannahmen in Frage stellt, die der Art von Beziehung zugrunde liegen, in der moderne Menschen – nach ihrem eigenen Verständnis – zur Erde stehen. Das wachsende und doch plötzliche, binnen nur eines Jahrzehnts von populärwissenschaftlichen Büchern unter Geisteswissenschaftler:innen erzeugte Bewusstsein einer planetarischen Tiefenhistorie ließe sich mit Heideggers Begriff der Erfahrung der »Geworfenheit« vergleichen. Aus ihm spricht die schockartige Erkenntnis der Andersheit des Planeten als solchem, obwohl wir die Welt-Erde als *unsere* Wohnstätte betrachten: ein erwachendes Bewusstsein, dass wir nicht immer in einem praktischen und/oder ästhetischen Verhältnis zum Planeten stehen und doch ohne ihn nicht existieren würden.

Wie ich in Kapitel 3 angedeutet habe, macht der Planet die übliche Vorannahme zu Makulatur, dass zwischen den Menschen und der »Erde« als dem Ort, an dem sie sich befinden, eine Wechselbeziehung im Sinne eines Verhältnisses auf Gegenseitigkeit, *mutuality*, besteht. Ich verwende das Wort *mutual* hier in der Bedeutung eines »wechselseitigen Geben und Nehmens«, die es im 14. und 15. Jahrhundert hatte, und nicht in der späteren Bedeutung eines gemeinsamen Besitzes oder gemeinsamer Erfahrungen, die es im 17. Jahrhundert angenommen hat und wie sie zum Beispiel in Ausdrücken wie *mutual society* oder *mutual funds* vorkommt.[1]

Diesen Gedanken einer zwischen Menschen und Natur unterstellten Wechselseitigkeit findet man in den Schriften vieler Philosoph:innen, wenn auch nicht unter dieser Bezeichnung. In Kants *Kritik der Urteilskraft* erlangt er zum Beispiel Apriori-Status. In seiner Einleitung zu diesem Buch schreibt Kant, wir müssten »aus gegebenen Wahrnehmungen einer allenfalls unendliche Mannigfaltigkeit empirischer Gesetze enthaltenden Natur eine zusammenhängende Erfahrung [...] machen, welche Aufgabe a priori in unserem Verstande liegt«.[2] Wie der Kantspezialist Douglas Burnham anmerkt, »tritt Natur [in Kants Philosophie] auf, *als ob* sie von den Menschen verstanden werden könne«.[3] Jedes Mal, wenn wir sie ansehen, hat Heidegger gesagt, erhebt die Erde sich, um die Menschen zu begrüßen. Zwischen der Welt der Menschen und der Erde bestehe ein Verhältnis des Streits und doch seien sie wechselseitig aneinandergebunden. Um seine Worte zu wiederholen: »Das Gegeneinander von Welt und Erde ist ein Streit.«[4] Das Wort *Streit* – wobei das englische *striving* Verbindungen zum Wort *strife*, Kampf, aufweist – fungiert als Erinnerung daran, dass die Wechselbeziehung zwischen menschlichen Individuen und Erde *nicht zwangsläufig harmonisch sei* und »Betriebsstörungen« auftreten können – Momente, die durch das gekennzeichnet sind, was Heidegger – und vor ihm Kierkegaard – Furcht oder Angst nennen würde.

Die modernen Europäer habe die »Tiefenzeit« – als Zeit der Geologie und biologischen Evolution – im 18. Jahrhundert entdeckt und doch ging es in der Moderne darum, sie umgehend wieder zu vergessen bzw. sie als bloßen Hintergrund des menschlichen Wohnens auf dem Planeten zu behandeln. Bisher haben tiefenzeitliche Ereignisse die erlebte Zeit der Wechselseitigkeit zwischen Erde und Menschen nicht grundsätzlich in Mitleidenschaft gezogen. Doch ist dieses unterstellte Verhältnis Belastungen ausgesetzt. Was wir für den – in menschlicher Zeit – unbeweglichen Hintergrund menschlichen Handelns gehalten haben, ist dabei, sich aufgrund des menschlichen Handelns zu verändern, und gefährdet die Menschheit. Wie Benjamin über augenblickshafte Gefahr gesagt hätte, »blitzt« in dem Moment, wo wir in den Abgrund der Tiefenzeit stürzen, vor unseren Augen eine alternative Geschichte der Moderne auf und mit ihr die Möglichkeit eines neuen Verständnisses der menschlichen Vergangenheit.[5]

Wenn die Menschen heute tatsächlich einige Naturkräfte in einem solchen Maße übertreffen, dass das »Lebenserhaltungssystem« des Planeten – das System, das alles Leben, nicht bloß das menschliche Leben, gewährleistet – immer weiter kaputtgeht und so möglicherweise ein sechstes großes Massensterben in die Wege geleitet wird, was würde es für die Menschen – für endliche menschliche Individuen – bedeuten, den planetarischen Aspekten ihres eigenen Lebens ins Gesicht zu sehen? Die Zeiten, als Tagore seine Planetarität dichterisch zum Ausdruck gebracht hat oder Vemula die seine – ungefähr 100 Jahre nach Tagore –

auf utopisch-politische Weise (Kap. 5), liegen hinter uns. Wie erleben die Menschen ihre individuellen, endlichen und einzigartigen Leben heute, wo sie sich der durch die menschlichen Aktivitäten verursachten Zerstörung von Leben bewusst werden? Über diese Art von Problem haben Tagore und Vemula nicht nachdenken müssen. Mit Leben meine ich hier natürlich eine metaphysische und undefinierbare Kategorie, die oftmals als der Punkt verstanden wird, an dem Chemie in Biologie übergeht, was in der Tiefenzeit tatsächlich bei vielen verschiedenen Lebensformen von der Mikrobe bis zur Megafauna geschehen ist. Und doch erlaubt diese Kategorie uns Aussagen wie »das Leben hat bisher fünf Massensterben überstanden« oder die Frage, ob es an einem anderen Ort im Universum Leben gibt.[6] Dass die Definition von Leben auf der metaphysischen Ebene in eine Krise geraten ist, spiegelt sich in unserem alltäglichen Lebensgefühl in vielen Formen wider, nicht zuletzt in der zunehmend wichtiger werdenden Frage nach der Migration und den sowohl menschlichen als auch nichtmenschlichen Flüchtlingen.[7]

Untermauerung der Wechselseitigkeit

Wie wir im zweiten und sechsten Kapitel dieses Buches gesehen haben, wurde in vielen der großen, sogenannten achsenzeitlichen Weltreligionen die Vorstellung vertreten, dass der Mensch in einer besonderen Wechselbeziehung zur Erde stehe. Ich möchte aber mit einer säkularen und modernen Form dieser Debatte in der ersten Hälfte des 20. Jahrhunderts beginnen. Während des Ersten Weltkriegs und in der Zwischenkriegszeit, besonders in den späten 1920er und in den 1930er Jahren, als die Frage »des Menschen« und seiner Kultur von vielen modernen Denker:innen in Europa und anderenorts aufgeworfen wurde, entwickelte sich die Beziehung zwischen »Mensch« und Erde bzw. Welt zu einem heftig diskutierten Gegenstand. Dabei gaben in Europa offenbar deutsche Denker:innen den Ton an. Diesbezüglich fallen einem unter anderem Max Scheler, Helmuth Plessner, Karl Jaspers, Martin Heidegger und Sigmund Freud ein. Die überragende Sartre-Biografin Annie Cohen-Solal hat die sechs Jahre in den 1930er Jahren dokumentiert, als Sartre sich in das deutsche Denken versenkte, in erster Linie in Husserl und Jaspers, später auch in Heidegger.[8] Doch die Tragweite dieser Überlegungen wurde weit über Europa hinaus empfunden. In den Hibbert-Vorlesungen, die er im Mai 1930 an der Oxford University hielt, schnitt der Inder Rabindranath Tagore diese Thematik an. Tagores Vorlesungen erschienen 1931 unter dem Titel *The Religion of Man* und einige Jahre später in überarbeiteter Form unter dem Titel *Manusher dharma* auf Bengalisch. Es gibt keine annotierte Ausgabe von Tagores Vorlesungen, aber er kann vom zeitgenössischen Denken nicht unbeeinflusst geblieben sein.[9] Einige Ähnlichkeiten – unter Berücksichtigung tiefgreifender Ausbildungsunterschiede – zwischen seinen Überlegungen und den Ideen der europäischen Denker:innen, die in den Jahren zwischen den beiden verheerenden Weltkriegen im 20. Jahrhundert Fragen der philosophischen Anthropologie nachgingen, springen denn auch ins Auge.[10]

Ich werde diesen Text von Tagore an den Anfang meiner Auseinandersetzung mit dem Thema stellen. Tagore war gewiss kein ausgebildeter Philosoph oder Theologe und auch kein systematischer Denker. Zu seiner eigenen Verteidigung hat er gesagt, »daß meine Religion die Religion eines Dichters ist. Alles, was ich von Religion fühle, stammt aus Schau und nicht aus Erkenntnis. Ich gebe ganz unumwunden zu, daß ich keine Fragen über das Böse oder über das, was nach dem Tode sein wird, befriedigend beantworten kann.«[11] Zudem bestand die politische Stoßrichtung seiner Vorlesung eigentlich in einer Kritik an aggressiven Formen imperialistischer und nationalistischer Ideologien. Trotzdem tragen einige Stellen seiner Vorlesungen entscheidend dazu bei, dass wir zumindest drei herausstechende Stränge und Vorannahmen bestimmen können, die den damaligen Überlegungen weitgehend gemeinsam sind. Dabei handelt es sich zugleich um die Prinzipien, die dem zugrunde liegen, was ich hier als Wechselseitigkeitsstruktur bezeichne.[12] Diese Vorannahmen sind (a) die Besonderheit des Menschen, (b) die Zentralität des Menschen für das große Ganze und (c) die Vorstellung, dass Menschen das Vermögen besitzen, die ganze Welt, wenn auch in unterschiedlichen Formen von Totalität zu überblicken. In den untenstehenden Ausführungen verwende ich Mensch und Natur in dem terminologischen Sinn, in dem auch Tagore und seine Zeitgenossen diese Begriffe zur Bezeichnung der ganzen Menschheit und der Natur verwendeten, weshalb sie im Englischen *Man* und *Nature* großschrieben.

Die Besonderheit des Menschen oder: Der Mensch als Ausnahme

Tagore nutzte seine Lesart der Geschichte der biologischen Evolution des *Homo sapiens* für einige wirkmächtige säkulare Behauptungen darüber, warum den Menschen unter allen Geschöpfen die größte Besonderheit zukommt. Der einschlägige Teil seiner Vorlesung begann mit etwas, das wir heute *Big History*, also Großgeschichtsschreibung nennen würden: »Das Licht als die strahlende Kraft der Schöpfung begann den Kreistanz der Atome in einem Miniaturhimmel [...]. Die Planeten kamen aus ihrem Feuerbad und wärmten sich weltalterlang in der Sonne. [...] Dann kam eine Zeit, als das Leben [...] auf den Kampfplatz trat.« Doch für die Geschichte des Lebens war der Mensch etwas Besonderes: »Ehe dieser Abschnitt [der Evolution] endete, erschien der Mensch und wendete die Richtung seiner Entwicklung von einem Marsch ins Unbegrenzte physischer Vergrößerung in die Freiheit einer feineren Vollkommenheit.«[13] Während »Tiere und

Menschen […] gleichermaßen Intelligenz und Körperkräfte entfalten [müssen], um die Ziele des Lebens zu erreichen«, ist »am Menschen« »[e]inzigartig […], daß er sein Bewußtsein entfaltet, welches fortschreitend die Verwirklichung seines unsterblichen Wesens vertieft und erweitert«.[14]

Tagores Argumentation stützte sich auf die Geschichte der Zweifüßigkeit, soweit sie ihm bekannt war. Dieses Wissen verleitete ihn zu der Ansicht, dass ein zweifüßiges Dasein allein dem Menschen vorbehalten war. Doch die von ihm durchdeklinierte Evolutionsgeschichte war falsch. Zweifüßigkeit war ein Merkmal der Hominiden (»spätestens vor etwa fünf Millionen Jahren«, das heißt vor der Evolution der Gattung *Homo* vor ungefähr 1,8 Millionen Jahren), und es gab sogar prähistorische Affen, die Ansätze zu dieser Entwicklung aufwiesen.[15] Aber Tagore argumentierte nun einmal so: »Im ersten Beginn seiner Laufbahn behauptete der Mensch in seiner körperlichen Struktur seine erste Proklamation der Freiheit gegenüber der gültigen Ordnung der Natur. An einer bestimmten Biegung des Weges der Entwicklung weigerte er sich, ein vierfüßiges Geschöpf zu bleiben, und die Haltung, welche er seinen Körper einnehmen ließ, drückte für Dauer eine Geste der Widersetzlichkeit aus«, heißt es bei Tagore.[16] Er war sich darüber im Klaren, dass Zweifüßigkeit für einen Affen nicht »natürlich« war: »Denn es konnte gar keine Frage sein, daß die Natur selbst den Plan hatte, alle auf dem Lande lebenden Säugetiere mit zwei paar Beinen auszurüsten, die gleichmäßig an ihrem länglichen Rumpf verteilt waren, der durch einen Kopf an einem Ende schwer belastet war. Das war der freundschaftliche Kompromiß mit der Erde, als das Tier von ihrer konservativen herabziehenden Kraft bedroht war, die von jeder Bewegung ihre Steuer fordert.« Doch aus geistiger Selbstbehauptung trotzte der Mensch dem Diktat der Natur. Tagore fuhr fort: »Die Tatsache, daß der Mensch diese offensichtlich vernünftige Anordnung aufgab, beweist seine angeborene Manie für wiederholte Reformen der Körperbeschaffenheit, für kümmerliche Verbesserungen bei jedem von der Vorhersehung nahegelegten Entschluß.«[17]

Tagores Argumentation fehlte es nicht an Humor. »Wenn wir einen vierfüßigen Tisch fänden«, schrieb er augenzwinkernd, »der auf zweien seiner Stümpfe aufrecht umherschritte, während die beiden anderen närrisch an beiden Seiten baumelten, würden wir fürchten, es sei entweder ein Gespenst oder irgendeine unnatürliche Laune dieses Möbelstücks, das sich einen derben Witz über des Tischlers Vorstellung von Brauchbarkeit erlaubte«. Die ähnlich gelagerte »Narretei«, dass Menschenaffen gerne aufrecht auf zwei Füßen stehen, würdigte er folgendermaßen: »Das ähnlich närrische Verhalten des menschlichen Körperbaus ermutigt uns zu der Annahme, daß er unter dem Einfluß eines Kometen des Widerspruches geboren wurde, der seinen exzentrischen Kurs gegen die von der Natur geregelten Bahnen erzwingt.« Auch der physische Preis, den die Menschen evolutionsgeschichtlich für ihre Einnahme der zweifüßigen Haltung zahlten, war Tagore nicht völlig unbekannt. Er merkte an: »Und es ist bezeichnend, daß der Mensch in seiner Tollkühnheit beharrt, trotz der Strafe, die er dafür bezahlt, daß er der orthodoxen Regel der Bewegung im Tierreich zuwiderhandelt. Er mildert die Hilfe einer leichten Balance seiner Muskeln um die Hälfte herab. Er ist bereit, während seiner Kindheit durch gefährliche Versuche zu wanken, seine Fortschritte mit ungenügender Unterstützung zu machen, sein ganzes Leben von dem Hange verfolgt, plötzlich zu stürzen mit all den tragischen oder heiteren Folgen, denen ein den Naturgesetzen treu gebliebener Vierfüßler nicht ausgesetzt ist.«[18] Doch dies war ein Preis, den Tagores Mensch für seine Freiheit zu zahlen bereit war.

Der Mensch im Zentrum der Dinge

Dafür fand Tagore einfache Worte: »Diese Fähigkeit, aufrecht zu stehen, hat unserem Körper seine Freiheit der Haltung gegeben und es uns leicht gemacht, uns nach allen Seiten zu wenden und uns selbst als Mitte aller Dinge wahrzunehmen.«[19] In erster Linie scheint die Welt für uns zu existieren. »Irgendwie scheint in der Anordnung dieser Welt größter Wert darauf gelegt zu werden, *uns* Freude zu geben. Das beweist, daß im Weltall weit über die Bedeutung von Stoff und Kraft hinaus durch die magische Berührung der Persönlichkeit eine Botschaft vermittelt wird.«[20] »Als ich 18 Jahre alt war«, schrieb er mit etwa 70 unter Berufung auf einen Moment der Erleuchtung in seiner Jugend, »drang plötzlich zum erstenmal ein Frühlingsausbruch religiöser Erfahrung in mein Leben ein […]. Als ich nämlich eines Tages im ersten Morgendämmern beobachtete, wie die Sonne ihre Strahlen hinter den Bäumen emporsandte, fühlte ich plötzlich, wie […] das Morgenlicht über dem Angesicht der Welt […] mir ein inneres Strahlen der Freude [offenbarte].«[21]

Der Mensch als Betrachter des Ganzen

Die dritte Vorannahme, dass die Welt sich allein dem Menschen als Ganzheit darstelle, folgte einfach aus dem bisher Gesagten. Tagore stellte allerdings klar, dass es sich dabei nicht um die natürliche »Welt« handele, die Gegenstand der wissenschaftlichen Arbeit sei: »Ich meine nicht jene Welt, die in abstrakten Symbolen verschwindet hinter ihrem Selbstzeugnis an die Wissenschaft, sondern diejenige, welche ihren Reichtum an Wirklichkeit unserem persönlichen Selbst verschwenderisch darbietet und unserer menschlichen Natur dauernd auf ihre Weise antwortet.«[22]

Und zum krönenden Abschluss seines Arguments richtete Tagore sein Augenmerk auf die Funktionsweise des menschlichen Sehvermögens: »von der höheren günstigen Gelegenheit unseres physischen Wachtturmes aus haben wir unsere *Schau* gewonnen, die nicht nur Unterrichtung über die örtliche Lage der Dinge ist, sondern über ihre Wechselbezogenheit und Einheit.«[23] Diese Stelle im gedruckten Text war eine ausgearbeitete Version dessen, was Tagore in der ersten Vorlesung gesagt hatte, die er tatsächlich vor Publikum in Oxford gehalten hatte: »Das Objektbewusstsein, das Tiere durch Gerüche und Blicke erlangen, dient im Wesentlichen den Interessen der unmittelbaren Bedürfnisse. Durch den aufrechten Gang sah der Mensch nicht mehr bloß voneinander getrennte Einzelobjekte; er hatte auch die Einheit mannigfaltiger Dinge vollständig im Blick. Er sah sich selbst im Zentrum einer ungeteilten Weite. Der aufrecht Stehende schätzte die Entfernung höher als die Nähe.«[24] Dass die zweite und dritte Vorannahme über den Menschen eng zusammenhängen, sollte anhand dieser Zitate klar geworden sein.

Die materielle Leere der Welt der Wechselseitigkeit

Ironischer-, aber typischerweise war die »Welt«, zu der »der Mensch« in Tagores Augen eine enge Beziehung unterhielt, sehr materialitätsarm. In ihrem unermesslichen, ausdruckslosen Einssein hat die relativ leere, aber weitgefasste Kategorie »der Welt« – in ihrem Verhältnis zum Menschen – die reichhaltige, fremde und eigenwillige Diversität des tatsächlich Existierenden absorbiert und ausgelöscht. (Tagores Gedichte bzw. Gesänge würden dagegen diesen Kritikpunkt nicht auf sich ziehen.) Wir haben es hier mit einer Erfahrung der Welt zu tun, der jedes Gefühl für die Andersheit des Planeten, das sich aus einem historischen Sinn für Tiefenzeit hätte ergeben können, abhandengekommen ist; übrig bleibt das metareligiöse Gefühl von unwandelbarer Unendlichkeit, in der Strukturen sich bloß unendlich wiederholen. Hier noch einmal Tagore, der um 1914/1915 herum schrieb: »Am Allererstaunlichsten [ist], […] welche unerschöpfliche Formenvielfalt fortwährend aus dem formlosen Einen hervorgeht. […] Ich habe festgestellt, dass die Sonne heller scheint und das Licht des Mondes sich süßer anfühlt, wenn mein Herz voller Liebe ist. […] Daher weiß ich, dass die Welt sich nicht von meinem Geist und von meinem Herzen trennen lässt.«[25]

Tagores eigene Version der Wechselbeziehung zwischen Menschen und Welt – »diese Welt, die wir durch unsere Sinne, durch Geist und Lebenserfahrungen wahrnehmen, ist im tiefsten eins mit uns selbst« – mag zu idealistisch gewesen sein, aber das oben erörterte Gerüst aus Vorannahmen macht sich in vielen geisteswissenschaftlichen Texten als ein Leitmotiv bemerkbar, das beträchtliche räumliche und zeitliche Gräben überdauert hat.[26] Besonders deutlich werden diese Vorannahmen in einer ästhetisierten und vergeistigten Landschaftserfahrung, von der einfache, volkstümliche Versionen oftmals in Hochglanzreiseführern für Weltenbummler auftauchen, in denen die ungestümen Bewegungen der geologischen Geschichte zur menschlich-ästhetischen Kategorie der Landschaft erstarren. Man könnte sogar behaupten, dass die ästhetisch-vergeistigte Kategorie »Landschaft« als eine Art Aussiebevorrichtung für die Mechanismen der von mir so genannten »Wechselseitigkeit« fungiert: Sie verbirgt vor uns, dass die kontingente Geschichte von Geologie und Leben so reich an Katastrophen ist.

Nehmen wir zum Beispiel einen Abschnitt aus Martin Hägglunds neuestem Buch *This Life. Secular Faith and Spiritual Freedom*, das scharfe Einwände gegen Religion erhebt. »An einem Spätsommernachmittag«, schreibt Hägglund, »sitze ich auf einem Berggipfel in Nordschweden. Der Ozean unter mir ist ruhig und erstreckt sich weit bis zum Horizont. Kein anderer Mensch ist zu sehen und kaum ein Geräusch zu vernehmen. Nur eine Möwe segelt im Wind.« Hägglund ist nicht zum ersten Mal an diesem Ort, aber jede Begegnung ist neu und einzigartig. Die Welt stellt eine Struktur dar, die sich wiederholt und sich zugleich immer wieder erneuert: »*Wie so viele Male zuvor* fasziniert es mich, eine durch die Luft schwebende und über der Landschaft verweilende Möwe zu beobachten. So lange ich denken kann, sind Möwen Teil meines Lebens gewesen. [...] Doch *so wie an diesem Nachmittag bin ich noch nie einer Möwe begegnet.* Als die Möwe mit einem Flügelschlag auf einen angrenzenden Berg zufliegt, versuche ich mir vorzustellen, wie der Wind sich anfühlen und wie die Landschaft *der Möwe* erscheinen mag.«[27] Natürlich räumt Hägglund sogleich ein, dass er »nie wissen wird, wie es ist, eine Möwe zu sein.« Doch in seinem Kopf beschwört diese einsame Begegnung mit einem anderen Geschöpf – deren »Einsamkeit« in diesem Fall auf der Unermesslichkeit einer scheinbar leeren Landschaft beruht – eine grundsätzliche Seinsfrage im Stil von Heidegger herauf: Er macht sich Gedanken darüber, »wie es ist, eine Möwe zu sein«.[28]

Wie der Leser an dem Abschnitt aus Hägglunds Buch feststellen wird, bezieht sein Gefühl einer Wechselbeziehung mit der Erde sich auf eine Erfahrungsstruktur, die sich wiederholen kann: »Wie so viele Male zuvor«. Wechselseitigkeit besteht für ein einzelnes menschliches Wesen, das sich in der Einsamkeit seines einzelnen menschlichen Lebens seiner Umgebung gegenübersieht und diese Umgebung nicht nur als etwas erfährt, das seinem Blick entgegenkommt, sondern auch – was genauso wichtig ist – als dauerhaft. Denn die Dauerhaftigkeit der Landschaft erlaubt die Wiederholung der Erfahrung. Von einem solchen Wechselseitigkeitsgedanken ging auch William James aus, als er ziemlich am Anfang seiner Vorlesungsreihe über die Vielfalt religiöser Erfahrung sagte, Religion solle »für uns bedeuten: die *Gefühle, Handlungen und Erfahrungen von einzelnen Menschen in ihrer Abgeschiedenheit, die von sich selbst glauben, daß sie in Beziehung zum Göttlichen ste-*

hen«.[29] Martin Bubers klassische und viel gepriesene Auffassung der Ich-Du-Beziehung ist nur ein weiteres Beispiel für das, was ich Wechselseitigkeit nenne und in die jedes einzelne, endliche menschliche Leben eingebettet ist.[30]

In ästhetisch-vergeistigten Landschaftserfahrungen steht der Mensch »in Beziehung zur« Landschaft und im James'schen Schema nimmt diese den Platz des Göttlichen ein. Charles Taylors Gedanke einer »Fülle des menschlichen Lebens«, die in seinen Augen entscheidend für dieses »säkulare Zeitalter« ist, nimmt Bezug auf die Lebenserfahrung von Einzelpersonen, da sich sonst die Frage der »Erfahrung« nicht stellen würde. Taylor zitiert einen Abschnitt aus der Autobiographie des in Großbritannien geborenen Benediktinermönchs und Yogis Bede Griffiths (*The Golden String* [1979]), der bemerkenswerte Ähnlichkeiten mit dem Passus aufweist, den ich aus Hägglunds Buch zitiert habe, obwohl vier Jahrzehnte zwischen den beiden liegen. Als er gegen Ende seiner Schulzeit einmal »allein spazieren[ging]«, erlebte Griffiths den Gesang der Vögel auf eindrucksvolle neue Weise:

> Auf einmal flog eine Lerche neben dem Baum, an dem ich stand, vom Boden auf und ließ ihr Lied über mir erklingen, bis sie nach wie vor singend herabflog, um zu schlafen. Dann wurde alles still, als die letzten Sonnenstrahlen verschwanden und der Schleier der Dämmerung die Erde bedeckte. […] Ich entsinne mich des Gefühls der Ehrfurcht, das über mich kam. Ich wollte auf dem Boden niederknien, so als sei ein Engel gegenwärtig. Ich wagte es kaum, zum Himmel (*face of the sky*) aufzublicken, denn es kam mir vor, als wäre er nur ein Schleier vor dem Angesicht (*face of*) Gottes.[31]

Griffiths' Bezugnahme auf die »Angesichter« (*faces*) – Gottes und des Himmels – beruft sich auf jenen wechselseitigen Akt, einander ins Gesicht zu sehen (*facing*), der eine enge Beziehung zum Göttlichen aufweist.

Wir könnten sogar noch weiter zurück-, zu einem Tagebucheintrag von Søren Kierkegaard am 29. Juli 1835 gehen, in dem es heißt: »Wenn man vom Gilleleie-Krug über Schwarzenbrück (sogenannt, weil die Pest seinerzeit hier haltgemacht haben soll) in die kahlen Felder hineingeht, die sich am Strand entlangziehen, ungefähr eine Viertelmeile gegen Norden, so kommt man zu dem höchsten Punkt hier [...]. *Dieser Punkt ist ständig einer meiner Lieblingsstellen gewesen.*« »Und wenn ich hier eines stillen Abends stand, wenn das Meer mit tiefem, aber stillem Ernst seinen Sang anstimmte; wenn mein Auge keinem einzigen Segler auf der ungeheuren Fläche begegnete, sondern das Meer den Himmel begrenzte und der Himmel das Meer; wenn auf der andern Seite des Lebens emsige Geschäftigkeit verstummte und die Vögel ihr Abendgebet sangen.« Man beachte die Wiederholungsstruktur, die durch das Wort »ständig« und durch die ungeheure begrenzte Fläche heraufbeschworen wird, welche uns auf Landschaftsbilder zurückverweist. Dann setzt der Prozess ein, den ich oben als Ausdünnung oder Entleerung der »Welt« bezeichnet habe. Kierkegaard dürfte nicht allein in der Landschaft gewesen sein. Andere Geschöpfe umgaben ihn – er selbst räumt die Gegenwart einiger Vögel ein –, doch bei Einbruch der Dunkelheit verliert er sie aus den Augen, als solle so die Struktur einer unsichtbaren Wechselseitigkeit zwischen diesem Menschen und der Welt aufrechterhalten werden, der er sich gegenübersieht: »Wenn ich [...] einsam und verlassen dort stand und des Meeres Gewalt und der Kampf der Elemente mich an meine Nichtigkeit erinnerten, und auf der andern Seite der sichere Flug der Vögel mich an Christi Wort erinnerte: ›Nicht ein Sperling fällt auf die Erde ohne den Willen eures himmlischen Vaters‹, da fühlte ich auf einmal, wie groß und wie klein ich sei.«[32]

***

Natürlich muss das Wechselseitigkeitsproblem nicht schematisch die Frage eines Sich-Ansehens oder Sich-Gegenüberstehens (*facing*) nach sich ziehen. Man könnte es auch auf Levinas'sche Weise nicht als zwei sich einander notwendig zuwendende Gesichter verstehen, sondern als das Antlitz als solches, das darin besteht, der Andersheit ausgesetzt zu sein.[33] Der grundsätzlichere Punkt ist, dass die Wechselseitigkeitsstruktur nur funktioniert, wenn das Wort *Leben* sich auf das einzelne Leben eines endlichen Individuums bezieht, denn die ontologische Projektion, in deren Rahmen die »Erfahrung« der Wechselbeziehung zur Erde sich tatsächlich vollziehen kann, ist eine Frage, die sich nur im Fall eines menschlichen Individuums stellt. Nachdem sie ausgesprochen und geteilt worden sind, können solche Erfahrungen dann freilich kollektive Gefühls- und Erfahrungsgemeinschaften begründen. Doch was wird aus diesem Gefühl von Wechselseitigkeit, wenn wir aufgrund einer allgemeinen Lebenskrise – der Möglichkeit eines weiteren Massensterbens – vor der unmöglichen Aufgabe stehen, Zeugnis von der konvulsiven geologischen Geschichte des Planeten abzulegen, die für unser eigenes und für das Gedeihen anderer Lebensformen so entscheidend ist?

In der »Erde« den Planeten sehen

Im Planetarischen ist die Tiefenzeit am Werk. Normalerweise denken wir nicht über die Tiefenzeit nach. Sie bleibt ein Teil dessen, was wir für gegeben halten. Man erinnere sich an Wittgensteins Frage in Kapitel 7: Bei Häusern fragen wir nach ihrem Alter, warum stellen wir bei Bergen nicht dieselbe Frage? Anscheinend tun wir das nicht, weil wir die Berge – oder die Landschaft – für den bloßen Hintergrund halten, vor dem wir unsere Wechselbeziehung zur Erde erfahren können. Gebirge sind Teil der Landschaft. Was wäre, wenn wir die Landschaft als solche in der historischen Tiefenzeit in – häufig verhängnisvoller – Bewegung sehen könnten: steigende, das Land überschwemmende Meeresspiegel oder Dürren, die es verwüsten, Rohstoff-Kapitalismus, der in den Meeren und an Land »tote Zonen« hinterlässt, artspezifische Lebensräume, die zerstört werden, Landschaften, die nicht mehr bloß den Hintergrund für menschliches Handeln abgeben?[34] Der bekannte Photograph Edward Burtynsky hat die Beziehung zwischen Menschen und Landschaft in einem bemerkenswerten Bild festgehalten: Ein Paar genießt die Sonne am felsenumsäumten Itzurun-Strand im spanischen Baskenland. Unbeachtet legen hinter ihm die Gesteinsschichten Zeugnis sowohl vom Massensterben vor 65 Millionen Jahren ab, das die Dinosaurier auslöschte, als auch vom Temperaturmaximum (PETM), das sich zehn Millionen Jahre später ereignete und 200 000 Jahre lang anhielt. Wann wird das Paar die in den Felsen um es herum konservierte Vergangenheit bemerken?[35]

Diese Art von Problem hat J. B. Haldane 1926 in seinem berühmten Essay »On Being the Right Size« erörtert.[36] Unabhängig davon, ob moderne Medizin und öffentliches Gesundheitswesen ihnen beistehen, erstrecken menschliche Leben sich normalerweise über wenige Jahrzehnte. Darin besteht die phänomenologische Grundlage, auf der wir stehen. Schon ein paar Tausend Jahre, ganz zu schweigen von Millionen sind einfach zu gewaltig für unsere Erfahrung. Dadurch wird die für den Gedanken der Wechselbeziehung zur Erde charakteristische Wiederholungsstruktur möglich, wie das Motiv, während eines individuellen Lebens immer wieder in dieselbe Landschaft zurückzukehren, anschaulich macht, das in den obigen Zitaten von Kierkegaard, Griffiths und Hägglund zu Tage trat. Man stelle sich ein unmögliches Szenario vor, nämlich dass menschliche Individuen nach geologischen oder unmenschlichen Zeitmaßstäben leben könnten. Was würde aus der Wechselseitigkeit werden, wenn wir alle als Einzelpersonen 20 000 Jahre lang leben würden? Die in meiner Kommentierung der Zitate von Hägglund, Griffiths und Kierkegaard erörterte Wiederholungsstruktur würde niemals zustande kommen. Letztere würden keine Naturziele nennen können, zu denen sie immer wieder zurückkehren, um dieselbe Erfahrung noch einmal zu erleben! Wenn sie alle länger als 12 000 Jahre gelebt hätten – was nach geologischen Maßstäben kein besonders langer Zeitraum ist –, hätten sie gesehen, wie instabil die Landschaft ist, weil sich aufgrund umwälzender geomorphologischer Veränderungen von Zeit zu Zeit ihre Form wandelt. Es hätte keine gleichbleibenden Merkmale gegeben, zu denen man hätte zurückkehren können. Die Wechselseitigkeitsstruktur wird dadurch möglich, dass die menschliche Zeit, so wie sie ist, uns erlaubt, nicht an die Tiefenzeit zu denken, indem wir sie unbewusst in eine räumliche Figur verwandeln: in die scheinbar dauerhafte Landschaft.

Doch dies ändert sich gerade. Es sieht so aus, als würde die Krise des Anthropozäns – die Aussicht, einen weniger bewohnbaren Planeten zu bewohnen – uns auf unsere Kreatürlichkeit reduzieren, auf den Zustand des »ersten Menschen«, den die Aufklärungsphilosophen sich mit Blick auf die menschliche Zivilisation so oft ausgemalt haben, wie etwa in der »Siebente[n] und letzte[n] Epoche« von Buffons Geschichte der Erschaffung der Welt: »Die ersten Menschen zeugen von den noch frischen und so oft wiederholten Zerrüttungen der Erde, hatten keine anderen Zufluchtsörter bey den Ueberschwemmungen, als die Gebürge, und wurden auch oft von eben diesen Zufluchtsörtern durch das Feuer der Vulcane vertrieben. Zitternd auf einer unter ihren Füßen zitternden Erde, [...], dem Ungestüm aller Elemente ausgesetzt, [...], alle gleichmäßig von der gemeinschaftlichen Empfindung eines verderblichen Schreckens durchdrungen.«[37] Heute beginnt das Werk der Tiefenzeit über unser Alltagsbewusstsein der menschlich-historischen Zeit hereinzubrechen und fordert uns auf, vom konvulsiven Charakter dieses Planeten Zeugnis abzulegen wie Buffons erster Mensch. Darin besteht *der* »Schock des Anthropozäns«, der eine Lücke in der menschlich-historischen Zeitstruktur und in der Wechselseitigkeitsstruktur anzeigt und eine Auseinandersetzung mit der Tiefenzeit und der Geschichte des Lebens auf diesem Planeten erzwingt. Eugene Thacker legt seinen Finger in die Wunde, wenn das Problem sich in seinen Augen auch in einem verwandten, aber anderen Kontext stellt:

> Wenn das Vorhandensein von Katastrophen, Pandemien und nichtmenschlichen Netzwerken uns überhaupt etwas sagt, dann dass es zusätzlich zu der Welt, die ›für uns‹ da ist, eine weitere Welt gibt. Dabei handelt es sich nicht einfach um eine Welt an sich und auch nicht um eine Welt, die für uns bestimmt ist; vielmehr lässt uns diese Welt an die Grenzen unseres Vermögens geraten, sie nach Begriffen zu verstehen, die eben gerade nicht dem Begriff eines ›an sich‹ oder eines ›für uns‹ entsprechen. Es handelt sich um eine Welt ›ohne uns‹ (das Leben *sans soi*). Die Herausforderung besteht darin, über einen Begriff des Lebens nachzudenken, der grundsätzlich und nicht nur zufällig ein nicht- oder unmenschlicher Begriff des Lebens ist.[38]

In Anknüpfung an Thacker könnte ich die Frage stellen, wie eine ethisch-geistige Beziehung zum Planeten – weder »an sich« noch »für uns« – aussehen würde, die uns die übliche Zusicherung einer imaginierten Wechselbeziehung zur Erde verweigert, die wiederum älter sein mag als die Moderne, aber stets mit unserem Modernitätsverständnis einhergegangen ist.

Eine Beziehung zum Planeten als Erdsystem aufbauen

Für eine Antwort auf die eben gestellte Frage wende ich mich an die Planetenforscher:innen selbst, denn wie wir in Kapitel 3 gesehen haben, finden sich bei ihnen Anhaltspunkte für die zutiefst phänomenologischen und menschlichen Reaktionen, die ihre kognitive Begegnung mit dem Planeten bzw. mit dem Erdsystem in ihnen auslöst. Viele dieser Reaktionen machen sich zum Beispiel an der Frage des Geoengineering fest, das heißt an den verschiedenen Plänen, die mittlerweile ernsthaft in Erwägung gezogen werden, wie das Klima des ganzen Planeten, wenn nicht das Erdsystem selbst ›gemanagt‹ werden soll.

Die Wissenschaftler:innen, die sich für Geoengineering einsetzen, kommen in der Regel aus Fächern, deren analytischer Ansatz ahistorisch ist – wie etwa Physik oder Chemie. Die Forscher:innen, die den Planeten historisch untersuchen, wie Geolog:innen oder Evolutionsbiolog:innen, stehen solchen Maßnahmen gewöhnlich misstrauisch gegenüber.[39] Ich möchte hier ohne Wenn und Aber klarstellen, dass ich mich nicht in die laufende Debatte über Wünschbarkeit oder Nichterwünschtsein von Geoengineering einmischen werde. Dafür bin ich nicht qualifiziert. Ich werde lediglich die ganz unterschiedlichen geistigen Beziehungen zur Kategorie des Planeten (bzw. des Erdsystems) schildern, zu denen diese Art von Wissenschaften die Einzelpersonen zu veranlassen scheinen, die sie praktizieren. Nach meinem Eindruck sieht es so aus, als ob einige dieser Wissenschaftler:innen sich als menschliche Individuen bemühen, das Planetarische auf das Globale und damit auf eine Wechselseitigkeitsstruktur herunterzubrechen.

Dafür liefert die einleuchtende und mitreißende Verteidigung des »Klima-Engineering« in einem populärwissenschaftlichen Buch des Harvard-Physikers David Keith über dieses Thema ein Beispiel.[40] Eine seiner Grundannahmen ist, dass die Natur den Menschen etwas bedeutet (Wechselseitigkeit) und dass genau diese Fürsorglichkeit sich im Geoengineering fortsetzt. »Eine verschwommene Naturliebe«, schreibt Keith, »ist unstrittig.« »Ich vermute«, fügt er hinzu, »dass der Insektenkundler und Autor Edward O. Wilson mit seiner Biophilie-Hypothese, der zufolge Menschen ein angeborenes Bedürfnis verspüren, sich anderen Lebensformen anzuschließen, mehr als ein Körnchen Wahrheit erfasst hat.« Nach Keiths Meinung besteht also zwischen Naturfürsorge und Geoengineering-Projekt kein Konflikt, solange man keine »naiven Behauptungen über eine scharfe Unterscheidung von Natur und Kultur« aufstellt.[41] Da es keine von menschlicher Aktivität unberührte Natur gebe, gehe es beim Klima- oder Geoengineering bloß darum, ob die Menschen in der Lage sind, mit einer Großversion dieser Tatsache umzugehen.

Keiths Sichtweise des Geoengineering als einer Ausdrucksform von »Biophilie« ist bezeichnend. Biophilie ist ein Bestandteil der Wechselseitigkeitsstruktur. Wilson hat den Begriff *Biophilie* 1979 in einem Artikel über Naturschutz für die *New York Times* geprägt. »Er bezeichnet«, schrieb er später, nachdem er 1984 ein ganzes Buch über das Thema verfasst hatte, »die angeborene Affinität des Menschen zu anderen Lebensformen, die [...] durch Freude, ein Gefühl der Geborgenheit, Ehrfurcht oder sogar mit Abscheu vermischte Faszination hervorgerufen wird. Eine elementare Erscheinungsform von Biophilie ist [...] eine Vorliebe für bestimmte natürliche Lebensräume als Wohnstätte.« Dieser Gedanke ging auf die Arbeit von Gordon Orians, einem Zoologen an der University of Washington zurück, der Menschen nach ihren »idealen« Lebensräumen gefragt und festgestellt hatte, dass die meisten von ihnen, wenn sie die Wahl hätten, gerne »auf einer Anhöhe inmitten einer Parklandschaft, in der Nähe eines Sees, Meeres oder sonstigen Gewässers« leben würden. »Von ihren Häusern aus möchten sie auf Bäume mit breitwüchsigen Kronen schauen, deren zahlreiche Äste in Bodennähe am Stamm entspringen, horizontal verlaufen und dicht mit kleinen oder feingegliederten Blättern besetzt sind.« Wilson wurde klar, dass »dieser Archetyp einer tropischen Savanne [entspricht], wie sie in Afrika, der Wiege der Evolution des Menschen, weit verbreitet ist.«[42] Doch Biophilie reproduziert nur die begrenzte »Welt« der Wechselseitigkeit. Sie kann sich nur auf Lebensformen erstrecken, die für Menschen sichtbar sind, nicht auf Mikroben und Bakterien, die den überwiegenden Teil des Lebens ausmachen. Cary Wolfe hat denn auch überzeugend dargelegt, dass es vom menschlichen Standpunkt aus nicht möglich ist, allen Lebensformen den gleichen Wert beizumessen: »Werden wir Anthrax oder Cholera-Mikroben erlauben, sich dadurch selbst zu verwirklichen, dass sie ganze Schafherden oder menschliche Kindergärten auslöschen? Werden wir Salmonellen oder Botulismus-Mikroorganismen auch in Zukunft ihre gleichen Rechte verweigern, wenn wir die Skelette toter Tiere und die Überreste der Pflanzen weiterverarbeiten, die wir essen?«[43]

Im Gegensatz zu Physikern wie David Keith empfiehlt der Geologe Andrew Glikson eine ehrfürchtige Haltung gegenüber der Erde, obwohl sich dies bei ihm im Rahmen eines Verlustnarrativs äußert. Ich habe ihn im letzten Kapitel zitiert, aber im Zusammenhang mit dem hier Erörterten sind seine Worte eine Wiederholung wert: »Da sie jedes Gefühl von *Ehrfurcht* gegenüber der Erde *verloren* haben, gibt es keinen Anhaltspunkt dafür, dass die Menschen im Begriff sind, das Reich der Vorstellungen, Träume, Mythen, Legenden und Verleugnung hinter sich zu lassen. [...] Vielleicht ist es zu viel verlangt, von irgendeiner lebenden Spezies zu erwarten, so viel Weisheit und Verantwortlichkeit an den Tag zu legen, wie für die Kontrolle über die eigenen Erfindungen erforderlich ist. [...] [Doch] ohne Ethik kann der *Homo sapiens* nicht überleben.«[44] Auch die Geologin Marcia Bjornerud empfiehlt einen vorsichtigen Umgang mit dem Planeten. In Bezug auf die »Idee, den Planeten mit Schwefelaerosolen zu kühlen, die in die Stratosphäre geschossen werden«, was David Keith als Maßnahme befürwortet, weist sie darauf hin, dass »der Himmel dann nicht mehr blau, sondern ständig weiß wäre.« Man stelle sich eine Erde ohne blauen Himmel vor und was dann aus unserem Gefühl von Wechselseitigkeit werden würde! »[D]ie meisten lautstarken Verfechter der stratosphärischen Sulfatinjektion«, fügt sie hinzu, kommen »entweder aus den Wirtschaftswissenschaften [...] und [sind] daran gewöhnt [...], die natürliche Welt als ein Warensystem zu betrachten, [...] oder aus der Physik und [behandeln] daher die Erde als leicht verständliches Labormodell

[…]. Für die meisten Geowissenschaftler, die Einblick in die lange und komplexe Geschichte der Atmosphäre, Biosphäre und des Klimas […] haben, ist die Vorstellung, der Mensch könnte den Planeten ›managen‹, wahnhaft und *gefährlich*.«[45] Außerdem sei noch einmal an die im zweiten Kapitel zitierten Worte des Klimaforschers Wallace Broecker erinnert: »Ab und zu […] entschließt sich die Natur, der Klimabestie einen kräftigen kurzen Tritt zu verpassen. Und wie wilde Tiere das tun, hat das Biest heftig und schlecht vorhersagbar reagiert.«[46] In seinem neuesten Buch *Die Hälfte der Erde* hat sogar Wilson im Zusammenhang mit den »gigantischen und gefährlichen großtechnischen Methoden des Geo-Engineering«, die heute diskutiert werden, das Wort *gefährlich* verwendet und stattdessen vorgeschlagen, dass die Menschen zur Rettung der Biodiversität aus Vorsicht dem »Präventionsprinzip« folgen und die Hälfte der Landfläche auf dem Planeten anderen Lebensformen als der menschlichen überlassen sollten.[47]

Die Moderne und der Verlust der Ehrfurcht

Von wo aus und wie soll ein humanistischer Historiker anfangen, über einen Beitrag zu der neuartigen politischen Aufgabe der Schaffung von Gemeingut im Sinne einer »Allmende« nachzudenken, die Bruno Latour und andere als Option für die Zukunft vorgeschlagen haben, ohne dabei all das zu leugnen, was die Menschen im Raum des Politischen jetzt schon voneinander trennt? Wie auch immer man die Zukunft des Menschen einschätzt, steht außer Frage, dass jede Definition des Politischen an einer von europäischen politischen Denkern der Moderne festgelegten Bedingung festhalten muss: dass die Menschen Schutz vor Räubern benötigen. Beim menschlichen Wohnen geht es immer darum, sich sicher zu fühlen. Obwohl ein bloßes Obdach in Heideggers Philosophie noch kein Wohnen ausmacht, beinhaltet Wohnen das Prinzip des »Obdachs«; es verschont die Menschen:

> Doch worin besteht das Wesen des Wohnens? Hören wir noch einmal auf den Zuspruch der Sprache: Das altsächsische ›wunon‹, das gotische ›wunian‹ bedeuten ebenso wie das alte Wort bauen das Bleiben, das Sich-Aufhalten. Aber das gotische ›wunian‹ sagt deutlicher, wie dieses Bleiben erfahren wird. Wunian heißt: zufrieden sein, zum Frieden gebracht, in ihm bleiben. Das Wort Friede meint das Freie, das Frye, und fry bedeutet: bewahrt vor Schaden und Bedrohung, bewahrt – vor … d.h. geschont.[48]

Diese grundlegende Anforderung an das Wohnen, dass es nämlich die Frage des Sich-sicher-Fühlens umfassen sollte, reicht weit, ganz weit in die Tiefenhistorie des Menschen zurück. Als er über die Aufenthaltsorte des südafrikanischen Australopithecus (einem zweifüßigen Primaten sowohl mit Affen- als auch mit Menschenmerkmalen) schreibt, erwähnt Robin Dunbar, dass es sich dabei häufig um »an Flusstäler grenzende« Kalksteinhöhlen handelte, die diese Geschöpfe warm hielten und ihnen »in Gegenden, in denen es nur wenige große Bäume zum Schlafen [gab], Sicherheit vor Räubern« boten.[49] Das Bedürfnis, vor Räubern sicher zu sein, dürfte sich durch die Domestizierung bestimmter Tiere, den Siegeszug des Ackerbaus und schließlich die Schaffung der Städte noch weiter erhöht haben, sodass jede »moderne« menschliche Ansiedlung oder Zivilisation – wie sich anhand der Geschichte von der großangelegten Abschlachtung von Dingos durch europäische Siedler in Australien veranschaulichen ließe – letztendlich als von Menschen dominierte Lebensordnung definiert ist, das heißt als eine Ordnung, die sich dadurch definiert, dass sie den Menschen vor großen oder kleinen Räubern zu bewahren vermag.[50]

Doch heute geht es um die Frage, sich auf einem Planeten sicher zu fühlen, auf dem viele Regionen – nicht nur für Menschen, sondern auch für viele andere Arten – unbewohnbar werden könnten. Deshalb darf der Schutz sich nicht einfach auf die Bürger:innen eines Nationalstaats erstrecken, sondern muss auf Immigrant:innen, Flüchtlinge und Fremde ausgeweitet werden, deren Zahl höchstwahrscheinlich in den einzelnen Nationen und nationenübergreifend steigen wird – den Hauptentwicklungslinien der Antieinwanderungspolitik so vieler heutiger Nationen genau entgegengesetzt. Und die Politik des menschlichen Wohls darf den Bezug zum Problem der »Bewohnbarkeit« dieses Planeten nicht verlieren, das Bewusstsein, dass die menschliche Geschichte nur einen Teil der Geschichte des komplexen Lebens auf diesem Planeten ausmacht und Biodiversität entscheidend dazu beiträgt, diesen Planeten bewohnbar zu machen. Wir müssen anfangen, die Menschheit nicht nur als eine über den ganzen Planeten verstreute biologische Spezies zu betrachten, sondern diese Diaspora auch für eine minoritäre Lebensform zu halten, da Mikroben die tragende Säule des biologischen Lebens auf dem Planeten sind. Wir müssen uns einen Weg zu einer Ordnung bahnen, die gegenwärtig unvorstellbar erscheint: eine Ordnung, die nicht notwendig von Menschen dominiert wird. Unser neuartiges politisches Denken muss also auch an das geistige Erbe des minoritären Denkens anknüpfen und seinen Ausgangspunkt nicht von der Position derjenigen nehmen, die Herrschaft über die Ordnung der Dinge beanspruchen.[51] Pfade dorthin sind noch nicht abgesteckt worden. Uns wird zunehmend klar, wie hoffnungslos humanozentrisch alle unsere politischen und ökonomischen Institutionen immer noch sind. Letzten Endes wird das Politische auf der Basis eines neuartigen philosophischen Verständnisses der menschlichen Lage neu begründet werden müssen.

Auf eine anthropologische Lichtung zu

Deshalb möchte ich mit einer besonderen Denkaufgabe schließen. In gewisser Weise ähnelt sie der Denkanstrengung, die der deutsche Philosoph Karl Jaspers in der Zwischenkriegszeit des 20. Jahrhunderts unternommen hat, als er seine Idee des »epochalen Bewusstseins« entwickelte. Dass ich nicht in allen Hinsichten mit Jaspers übereinstimme, muss uns hier nicht aufhalten, denn in meinen Augen lässt sein Denken etwas von dem Geist erahnen, der die besagte Aufgabe beseelt.

Natürlich stehen Jaspers' Überlegungen in einem ganz anderen Kontext. »Atomare Vernichtung« deutet nicht auf dieselbe Art von Krise hin wie globale Erwärmung. Beide mögen zwar anthropogener Natur sein, aber bei einer atomaren Krise könnte es sich um ein einmaliges Ereignis katastrophischen Ausmaßes handeln, während globale Erwärmung eine Reihe von Geschehnissen benennt, die sich im Laufe des Lebens vieler Generationen und darüber hinaus abspielen. Weil aber beide die Zivilisation, wie wir sie kennen, zu zerstören vermögen, lenken sie unsere Aufmerksamkeit auf das Problem des Gemeinguts bzw. der Gemeingüter, und an dieser Stelle könnten Jaspers' Überlegungen immer noch etwas zu bieten haben. Zwei Aspekte seines Denkens scheinen für das, was ich hier anstrebe, besonders relevant zu sein: (a) sein Gedanke eines »epochalen Bewusstseins« geht auf eine bestimmte (im Wesentlichen deutsche) Tradition zurück, in einem Moment globaler Krisenhaftigkeit oder Not die gesamte Menschheit zum Gegenstand der Philosophiegeschichte zu machen, und weite Teile meiner Überlegungen in diesem Buch beerben diese Tradition; und (b) die Tatsache, dass Jaspers jene Kategorie des »epochalen Bewusstseins« erfand, um einer Art von Denken eine Heimstatt zu bieten, das Raum für die eigentliche Politik ließ, aber trotzdem so etwas wie einen perspektivischen und ethischen Blickwinkel schuf, den er als »vorpolitisch« bezeichnete. Vorpolitisch im ganz besonderen Sinne einer Bewusstseinsform, welche die Entzweiungen in der politischen Welt nicht leugnet, anprangert oder verurteilt und doch versucht, sich selbst als etwas zu positionieren, das der Politik oder dem politischen Denken *vorausliegt*, sozusagen als Prä-position im Vorfeld des Politischen.

In seinem Buch *Die geistige Situation der Zeit* von 1931, das 1933 unter dem Titel *Man in the Modern Age* auf Englisch erschien, stellte Jaspers die Idee des »epochalen Bewusstseins« als ein Problem dar, das die europäischen Intellektuellen »[s]eit mehr als einem Jahrhundert« umgetrieben habe. Darüber hinaus behauptete er, es sei ein Problem, das »seit dem Kriege [dem Ersten Weltkrieg]« dringend geworden sei, weil seither »die Bedrohung [der Menschheit] [...] fast jedermann« deutlich geworden sei.[52] Den Kontext des »epochalen Bewusstseins« erklärte Jaspers folgendermaßen: »Der Mensch ist das Wesen, das nicht nur ist, sondern weiß, daß es ist. Selbstbewußt erforscht er seine Welt und verwandelt sie planend. Er ist hindurchgebrochen durch das Naturgeschehen.«[53] Epochales Bewusstsein war also ein »modernes« Phänomen, das erst möglich wurde, nachdem der Mensch gelernt hatte, durch das »Naturgeschehen [...] hindurch[zu]br[e-]chen«.

Während es schon vorher – etwa im Christentum, Judentum und Islam – »transzendente« und universelle Geschichtskonzeptionen gegeben hatte, die »in der Folge der Generationen« weitergegeben wurden, »riß« diese kontinuierliche Kette, wie Jaspers behauptete, im 16. Jahrhundert »mit der bewußten Säkularisierung menschlichen Daseins«.[54] In diesem Moment setzte der Prozess der europäischen Herrschaft über den Globus ein: »Durch die Jahrhunderte ging ein Entdecken: der Erde in allen ihren Meeren und Ländern, der astronomischen Welt, der Naturwissenschaft, der Technik, der Rationalisierbarkeit der Staatsverwaltung.«[55] Die Französische Revolution war womöglich das erste Ereignis, das in Form »epochalen Bewusstseins« Ausdruck im Werk von Philosophen fand. »Erst die französische Revolution geschah in dem Bewußtsein, durch die Vernunft das menschliche Dasein aus der Wurzel umzuschaffen, nachdem seine als schlecht erkannte historische überkommene Gestalt zerstört wäre.« Auch wenn der »Wille zur Herstellung menschlicher Freiheit [...] zum Terror, der alle Freiheit zerstörte, [wurde]«, hinterließ die Revolution, so Jaspers, in den Menschen »eine Unruhe um das Ganze ihres Daseins, für das sie [jetzt] selbst die Verantwortung tragen, da es nach Plan zu verändern und auf das Beste einzurichten sein könnte.«[56] Jaspers nennt Kant, Hegel, Kierkegaard, Goethe, Tocqueville, Stendhal, Niebuhr, Talleyrand, Marx und unter anderem Nietzsche als Träger unterschiedlicher Formen von epochalem Bewusstsein und beendet die Reihe mit Walther Rathenaus *Zur Kritik der Zeit* (1912) und Oswald Spenglers *Untergang des Abendlandes* (1918) als zwei Büchern, die vor seinem eigenen Versuch in *Die geistige Situation der Zeit* Formen epochalen Bewusstseins aufwiesen.[57] Und natürlich können wir dieser Liste weitere Namen aus dem 20. Jahrhundert hinzufügen, darunter Martin Heidegger, Hannah Arendt und, wie die obigen Ausführungen nahelegen, Rabindranath Tagore.

Als Denkform sollte epochales Bewusstsein zwei Wesenszüge besitzen. Es war ein nichtspezialisiertes Denken und, wichtiger noch, es war nicht auf das Finden von Lösungen ausgerichtet.[58] Epochales Bewusstsein, heißt es bei Jaspers, ist »dem Menschen vergönnt [...], aber ohne ihm die Ruhe des Abschlusses zu bringen«. Über ein solches Bewusstsein zu verfügen, »fordert langen Atem«, denn es »fordert auszuhalten in den Spannungen des Unlösbaren«.[59] Letzten Endes ist epochales Bewusstsein ethisch. In ihm geht es darum, wie wir uns gegenüber einer Welt verhalten, die sich augenscheinlich gerade in einer globalen – und inzwischen planetarischen – Krise befindet. Es bildet die Grundlage unseres Handlungshorizonts. Folgendes soll deshalb eine Art Dialogangebot an den Leser sein. Denn wie schon Jaspers, mit einem Nietzsche-Zitat, geschrieben hat: »Die Wahrheit beginnt zu zweien.«[60]

Ich möchte noch einmal an die Worte des Geologen Andrew Glikson erinnern: »Da sie jedes Gefühl von *Ehrfurcht* gegenüber der Erde *verloren* haben, gibt es keinen Anhaltspunkt dafür, dass die Menschen im Begriff sind, das Reich der Vorstellungen, Träume, Mythen, Legenden und Verleugnung hinter sich zu lassen. [...] Vielleicht ist es zu viel verlangt, von irgendeiner lebenden Spezies zu erwarten, so viel Weisheit und Verantwortlichkeit an den Tag zu legen, wie für die Kontrolle über die eigenen Erfindungen erforderlich ist. [...] [Doch] ohne Ethik kann der *Homo sapiens* nicht überleben.«[61] Ehrfurcht, Weisheit, Verantwortlichkeit, Ethik – all dies sind säkulare Wörter zur Bezeichnung einer geistigen Beziehung zur Erde. Es steht außer Frage, dass wir damit die Sprache der Geologie weit hinter uns gelassen haben und uns in der Nähe der Theologie befinden. Bei der Ehrfurcht geht es nicht einfach um Neugier, Erstaunen oder Biophilie. Ehrfurcht deutet auf ein respektvolles, mit Furcht und Schaudern vermischtes Verhältnis hin. Das englische Wort für Ehrfurcht, *reverence*, hat protolateinische Wurzeln, die »auf der Hut sein« bedeuten.[62] Wir verstehen den Planeten und seine Prozesse nicht vollständig. Er ist kein Bestandteil der Wechselseitigkeitsstruktur, die Heidegger, Tagore und andere umrissen haben. Wir können nicht einmal seinen »Groll« immer vorhersehen, deshalb müssen wir auf der Hut vor ihm sein. Wie die australischen Buschfeuer des Jahres 2019 vor Augen geführt haben, kann der Planet uns auf unsere Kreatürlichkeit reduzieren, wo wir mit anderen Arten ums nackte Überleben konkurrieren (zum Beispiel um Wasser mit Kamelen in Australien). Sich vor etwas in Acht zu nehmen, das gleichzeitig ein Wunder (weil es komplexes Leben hervorbringt) und gefährlich – nicht immer in die Wechselseitigkeit einbezogen – ist: Das ist der Geist, von dem Glikson spricht, wenn auch auf nostalgische, zur Vorsicht mahnende Weise. Nostalgisch, weil die Menschen allem Anschein nach vergessen haben, dass der Planet etwas von dem an sich hat, was Rudolf Otto in *Das Heilige* als »mysterium tremendum« – als etwas »Drängende[s] Tätige[s] Bezwingende[s] Lebendige[s]« – bezeichnet. Der Planet vermag einen »Zorn« zum Ausdruck zu bringen, der nichts Moralisches an sich hat – er bestraft die Menschen nicht für etwas, das sie falsch gemacht haben könnten –, denn er ist in der Lage, uns auf das Gefühl von kläglicher Kreatürlichkeit zu reduzieren, weil seine Gegenwart so übermächtig sein kann.[63]

In Menschen, die das Phänomen der Biodiversität untersuchen, weckt diese das Gefühl, dass hier ein Wunder geschehen sei, denn die Entstehung komplexen Lebens auf diesem Planeten war keineswegs unausweichlich. Das Erdsystem hat eine fein abgestimmte Atmosphäre – unsere »moderne« Atmosphäre – hervorgebracht, die komplexes tierisches und pflanzliches Leben gedeihen ließ. Diese Atmosphäre ist etwa 400 Millionen Jahre lang bestehen geblieben. Wir sind auf sie angewiesen, aber *sie wurde nicht mit uns vor Augen geschaffen*. Theoretisch gesehen, wäre sie auch da, wenn es keine Menschen gegeben hätte. Als die Menschen in ihrer Eigenschaft als Tiere die Bühne betraten, erfüllte Furcht unser tierisches Leben – nach dem Muster von William James könnte man sagen, dass dem eine Vielfalt altertümlicher religiöser Erfahrungen entsprang. Vor allem fürchteten wir uns vor anderen Tieren und vor Geistern, Ehrfurcht bestand gegenüber dem Nichtmenschlichen und Nichtlebendigen. Die alten Religionen Afrikas, der Amerikas und Australasiens erwecken nicht die Vorstellung, dass die Welt in erster Linie oder gar ausschließlich für den Menschen erschaffen wurde. Furcht war entscheidend für das Überleben der Spezies, denn Furcht regelte die Beziehungen zwischen den Arten. Dann kamen Holozän und menschliche Zivilisation. Die Achsenreligionen vermittelten uns das Gefühl, im Mittelpunkt des Wunders der Schöpfung zu stehen. Was den Platz und die Aussichten der Menschheit anbelangte, zeigten sich die europäischen Denker im 17. und 18. Jahrhundert – also in einer Zeit, in der Europäer das Land anderer Völker an sich rissen und zunehmend im Luxus schwelgten – mitunter allzu zuversichtlich. In seiner *Zweiten Abhandlung über die Regierung* verkündete Locke – und dachte dabei weitestgehend an die Neue Welt –, Land sei für Menschen genauso reichlich vorhanden wie Wasser: »Es gereichte auch niemandem zum Schaden, wenn man sich derart, indem man es bebaute, irgendein Stück *Land aneignete*, denn es war noch genügend und ebenso gutes Land vorhanden – und mehr sogar, als die nutzen konnten, die noch ohne Land waren. [...] Niemand kann sich geschädigt fühlen, wenn ein anderer trinkt – mag dieser auch einen mächtigen Schluck tun –, solange ihm selbst ein ganzer Fluß desselben Wassers bleibt, um seinen Durst zu stillen. Wo aber von beidem genügend vorhanden ist, kann man Land und Wasser wie ein und denselben Fall betrachten.«[64] In *Mare liberum* (*Von der Freiheit des Meeres*, 1609) erklärte Grotius die Ozeane nicht nur zum gemeinsamen Eigentum aller Menschen, sondern auch für unerschöpflich im Hinblick auf die Menge an Nahrung, die sie für uns bereithielten: »Denn es ist sicher, daß, wenn viele auf dem Lande jagen oder im Flusse fischen, leicht der Wald seiner Tiere und der Fluß seiner Fische beraubt wird, was im Meere nicht der Fall ist.«[65] Und im Jahr 1735 katalogisierte der europäische Gelehrte Carl von Linné uns, seine eigene Spezies, sogar unter der Rubrik »Der vernünftige Mensch«, *Homo sapiens*, mit einem kleinen Seitenvermerk, wie für ihn selbst, der lautete: *Nosce te ipsum* (»Ein jeder kenne sich selbst«), und nahm dies in die zehnte Auflage seines *Systema naturae* (1758) auf.[66] Im weiteren Verlauf des Jahrhunderts tat Kant voller Selbstvertrauen kund, dass der Pelz auf dem Rücken der Schafe für uns Menschen gedacht sei.[67] Und zum Schluss kam die industrielle und kapitalistische Moderne gefolgt von der intensiven Globalisierung und Demokratisierung des Konsums in den letzten vier Jahrzehnten. Die Kultur der

Ehrfurcht, auf der alle alten, indigenen, ja sogar bäuerlichen Religionen beruhten, haben wir dabei allmählich vergessen.[68]

Von Ehrfurcht vor dem Planeten spricht Glikson zu Recht in einem nostalgischen Ton, denn beim Modern-Werden ging es – ob in Europa oder seinen Kolonien – in ganz verschiedenen Hinsichten grundsätzlich um eine Überwindung der Furcht (darunter auch die Furcht vor ausländischen oder einheimischen Unterdrückern). Die Leser:innen werden sich erinnern, dass Horkheimer und Adorno ihre *Dialektik der Aufklärung* mit folgender Feststellung eröffneten: »Seit je hat Aufklärung im umfassendsten Sinn fortschreitenden Denkens das Ziel verfolgt, von den Menschen die Furcht zu nehmen und sie als Herren einzusetzen.«[69] Im Zuge der Modernisierungswellen des 19. und 20. Jahrhunderts überwanden die Menschen dank einer Kombination aus Elektrizität und Technik sowie der wachsenden Zahl der Städte und von deren Einwohner:innen ihre Furcht – und Ehrfurcht – vor anderen Lebensformen und vor den Bestandteilen ihrer Welt, die sie für vorgegeben hielten.

Modern zu sein, hieß also, sich ein aristotelisches Gefühl des Erstaunens und der Neugierde gegenüber der Welt und dem Universum zu bewahren, aber jedes Gefühl von Furcht als einem Wert (im Unterschied zur Furcht als einem Instinkt oder Trieb) zu verlieren – mit Ausnahme der politischen Gesetzes- und Staatsfurcht des Bürgers, wie Hobbes sagen würde. Wenn das stimmt, steht der Historiker des Anthropozäns vor folgender Aufgabe: Als Bedingung für ihr Gedeihen und gleichzeitig als Folge desselben haben die modernen Menschen die Furcht vor anderen Arten zwar verloren. Unser Leben in den Bahnen der sogenannten menschlichen Zivilisation ist entscheidend darauf angewiesen, dass wir uns vor den meisten anderen Lebensformen nicht fürchten müssen, wenn wir unseren Alltagsgeschäften nachgehen. Dies ist eine Grundbedingung des modernen Lebens. Doch auf welche Weise haben wir diese Furcht verloren? Ich stelle diese

Frage, weil dies nicht überall zur selben Zeit geschah. Als ich in den 1950er Jahren in Kalkutta aufwuchs, war die Furcht vor wilden Tieren – im Wesentlichen vor Füchsen, Schlangen, Fledermäusen und Fröschen aller Art – genauso real wie die Furcht vor Gespenstern und Geistern. Als wir später Elektrizität hatten und die Menschen Häuser bezogen, für deren Bau Land gerodet wurde, verschwanden diese Geschöpfe. Die Vielfalt der Vögel, die in den Städten zu sehen waren, nahm ab. In Indien ist dieser Prozess noch nicht abgeschlossen. Wie die Arbeit von Annu Jalais über die Dorfbewohner des Ganges-Deltas in den südbengalischen Sundarbans zeigt, gibt es in Indien und Bangladesch immer noch Gegenden, in denen Tiere (im vorliegenden Fall Tiger) nach wir vor gefürchtet und manchmal auch angebetet werden.[70]

Dies wäre in der Tat ein Projekt zur Provinzialisierung Europas. Wie schreibt man die Geschichte des Prozesses, der zweifellos in Europa begonnen hat und in dessen Verlauf die modernen Menschen ihre Furcht – als Wert und nicht als Instinkt – verloren haben? Die Begründer des modernen (europäischen) politischen Denkens gingen im 17. Jahrhundert davon aus, dass die menschliche Furcht vor wilden Tieren per definitionem ein Bestandteil der »natürlichen« Ordnung sei. Deshalb war in ihren Texten mit dem Schutz des menschlichen Lebens und Besitzes ein Schutz vor den räuberischen Praktiken anderer Menschen und nicht vor wilden Tieren gemeint.[71] Hobbes' Ausführungen zum »Recht über Lebewesen, die der Vernunft ermangeln«, in seiner Schrift *De cive* (Vom Bürger, 1642) unterstellten zum Beispiel, dass an den menschlichen Wohnorten bereits keine Furcht vor wilden Tieren mehr bestand. Dies war eine Bedingung des Politischen: »Wenn jeder im natürlichen Zustand nämlich, auf Grund des Krieges aller gegen alle, andere Menschen unterwerfen oder sie sogar töten darf, sofern ihm dies vorteilhaft erscheint, so ist das um so mehr Tieren gegenüber erlaubt. Das heißt, man kann Tiere, die sich zähmen und zu Diensten gebrauchen lassen, nach Gutdünken in das Joch spannen und die übrigen in einem fortwährenden Krieg als schädlich verfolgen und vernichten. Die *Herrschaft* über die Tiere hat deshalb ihren Ursprung im *Naturrecht*, nicht im *gegebenen, göttlichen Recht.*«[72] Und er fügte hinzu: »Von Tieren verschlungen werden zu können, ohne daß Unrecht geschieht, Tiere ihrerseits aber nicht verzehren zu dürfen, wäre [im Naturzustand] eine für die Menschen sehr mißliche Lage gewesen. Wenn es also nach dem natürlichen Recht geschieht, daß ein Tier einen Menschen töten kann, so geschieht es nach demselben Recht, daß der Mensch Tiere schlachten darf.«[73] Für Hobbes gehörten »wilde Tiere« also bereits zum Urzustand der Menschen, nicht zu ihrer Lage, nachdem sie einen Staat gegründet hatten.

Heute erinnert uns der Planet daran, dass dieses Streben, das Gefühl der Ehrfurcht vor der uns umgebenden Welt zu überwinden, zwar wertvoll gewesen sein mag, in der Wertsphäre aber auch mit einem Verlust verbunden war. In gewisser Weise sogar mit einem entscheidenden Verlust. Wenn wir eine neue Tradition des politischen Denkens begründen wollen, in der es nicht bloß um die Herrschaft des Menschen über die Erde geht, müssen wir Wege finden, wie wir gegenüber den Orten, die wir bewohnen, ein Verhältnis eingehen können, das Elemente sowohl des Erstaunens als auch der Ehrfurcht kombiniert. Auch wenn diese Aufgabe kollektiv und historisch im Rahmen des bestehenden Raums des Politischen bewältigt werden muss, ohne dass eine Erfolgsgarantie besteht, bietet Hobbes uns zumindest auf rhetorischer Ebene einen Ansatzpunkt. Doch finden wir diesen Ansatzpunkt nur, wenn wir ihn gegen den Strich lesen. Im *Leviathan* setzt Hobbes seinen Leser:innen zwei lateinische Begriffe auseinander: *prudentia* (Klugheit) und *sapientia* (Weisheit). Er schreibt: »Wie reiche Erfahrung *Klugheit* ist, so ist Reichtum an Wissenschaft *Weisheit*. Denn obwohl wir gewöhnlich den Namen Weisheit für beides anwenden, so unterschieden doch die Römer immer zwischen *prudentia* und *sapientia*, wobei sie das Erste der Erfahrung, das Letzte der Wissenschaft zuschrieben.« Hobbes schätzte »Wissenschaft« mehr als Erfahrung. Klugheit bzw. Erfahrung sei »nützlich«, Wissenschaft aber »unfehlbar«. Daran lässt er keinen Zweifel: »*Vernunft* ist der *Schritt*, die Mehrung der *Wissenschaft* der *Weg* und die Wohlfahrt der Menschheit das *Ziel*.«[74] Wo Wissenschaft fehlt, könne man sich von Erfahrung und »natürliche[m] Urteil« leiten lassen, denn in Hobbes' Augen bestand das schlimmste Vergehen im dogmatischen Kleben an Texten, im Vergehen der Buchstabengelehrtheit: »Aber es ist in allen Handlungen, bei denen man nicht nach einer unfehlbaren Wissenschaft vorgehen kann, ein Zeichen von Narrheit, die man allgemein verächtlich Buchstabengelehrtheit nennt, wenn man sein eigenes natürliches Urteil aufgibt und sich von den allgemeinen Sätzen anleiten läßt, die man in Büchern gelesen hat und die vielen Ausnahmen unterliegen.«[75] Doch sei Erfahrung der Wissenschaft unterlegen. Sie habe nicht die »Unfehlbarkeit« der Wissenschaft, ja schütze nicht einmal vor der Zweideutigkeit der Sprache und biete aus diesem Grund keine Grundlage für eine Ordnung. Deshalb zog Hobbes immer Wissenschaft, *Weisheit*, als etwas vor, das für seine Philosophie der politischen Ordnung einen höheren Wert besaß als reine *Klugheit* bzw. Erfahrung. »Klare Wörter sind das Licht des menschlichen Geistes«, schreibt er im *Leviathan*, »aber nur, wenn sie durch exakte Definitionen geputzt und von Zweideutigkeiten gereinigt sind. […] Und im Gegensatz dazu sind Metaphern und sinnlose und zweideutige Wörter wie *Irrlichter*, und sie dem Denken zugrunde legen heißt durch eine Unzahl von Widersinnigkeiten wandern, und an ihrem Ende stehen Streit und Aufruhr oder Ungehorsam.«[76] *Klugheit* definiert er als »*Mutmaßung* der *Zukunft* […], die aus der *Erfahrung* der *Vergangenheit* abgeleitet wurde« – doch ist eine solche Mutmaßung schwach, da sie »nur auf Erfahrung gründe[t].«[77]

Es ist unwahrscheinlich, dass es heute jemand für möglich halten würde, Wörter von den ihnen innewohnenden Zweideutigkeiten zu bereinigen oder eine politische Ordnung auf solch eine imaginäre Reinigung zu gründen. Auch würde Wissenschaft nicht mit derselben Gewissheit einhergehen wie einstmals bei Hobbes. Ihr Anspruch, der Erfahrung überlegen zu sein, würde ebenfalls nicht unwidersprochen bleiben, weil gerade die – indirekte und direkte – »Erfahrung« der Auswirkungen unserer Wissenschaft und Technik auf die Biosphäre uns deren Fehlbarkeit verrät und bei vielen Menschen die tiefe Ambivalenz verstärkt, die sie zu Recht schon sehr lange gegenüber ihrer eigenen Macht empfinden. Doch wer würde andererseits leugnen, dass Wissenschaft und Technik zentral für das menschliche Gedeihen sowohl im Hinblick auf unsere Zahl als auch in Bezug auf die Lebensqualität gewesen sind, in deren Genuss heute eine große Zahl von Menschen kommen? Im Guten wie im Schlechten – möglicherweise im Guten *und* im Schlechten – sind wir Bewohner:innen einer Welt, die unsere Gehirne gerade dank unserer technischen Erfindungen in weit höherem Maße anregt, als es zu jeder anderen Zeit in der Menschheitsgeschichte möglich gewesen ist. Und eben diese blühende Zeit der »großen Beschleunigung« der menschlichen Ökonomie und Zahl der Menschen hat auch unser derzeitiges Gefühl einer planetarischen Krise hervorgerufen.

Hobbes' Ausführungen stellen uns vor folgende Frage: Können die Menschen aus der Erfahrung des Anthropozäns etwas lernen, damit sie das moderne politische Denken erneuern können, ohne – wie Tagore und andere – vorauszusetzen, dass wir für die Geschichte des komplexen Lebens eine besondere Rolle spielen oder zentral für das große Ganze, ja sogar in der Lage sind, das Ganze zu überblicken? Kann der *Homo sapiens* lernen, ungeachtet der politischen Schlachten, die uns trennen, ein *Homo prudens* zu werden? Ich sollte klarstellen, dass ein Projekt, das den menschlichen Verlust der Ehrfurcht vor der Welt, in der wir uns wiederfanden, zu verstehen versucht, nicht die Absicht verfolgt, den moralischen Mut in Abrede zu stellen, den die Menschen immer gebraucht haben, um gegen verschiedene Herrschafts- und Ausbeutungsformen zu kämpfen, einschließlich derjenigen, die der verschwenderische Gebrauch von fossilen Brennstoffen durch den modernen Menschen möglich gemacht hat. Ein solcher moralischer Mut kann nämlich ohne Probleme neben dem Geist der Ehrfurcht bestehen, dessen Verlust Glikson beklagt. In vielerlei Hinsichten hat eine Persönlichkeit wie Mohandas Gandhi diese beiden Werte verkörpert.[78] Zu lernen, ein *Homo prudens* zu werden, heißt nicht, den moralischen Mut zu verlieren, im Gegenteil: Moralischen Mut zu haben – zum Beispiel den Mut einer Rachel Carson – heißt, aus der menschlichen Erfahrung zu lernen und Visionen menschlicher Dominanz in Frage zu stellen.

Die Visionen menschlicher Dominanz lassen sich nicht mehr vom Überhandnehmen des globalen Rohstoff- und Konsumkapitalismus trennen, das den Menschen die kalte Indifferenz dessen offenbarte, was ich das Planetarische genannt habe, und sie ihr gleichzeitig aussetzte. Mittlerweile finden die Menschen sich außerdem in einer Zeitmanagement-Krise wieder, denn der planetarische Kalender (von dem der IPCC spricht) und der Zeitplan des Globus (den die UN zu verwalten versuchen) lassen sich nicht immer synchronisieren. Zudem habe ich angedeutet, dass es sich dabei für Menschen um eine zutiefst phänomenologische Herausforderung handelt, weil die Größenordnung einiger der Probleme, vor denen wir stehen, unsere Größenmaßstäbe übertrifft. Unser verkörpertes Selbst und unsere Institutionen haben sich nicht so entwickelt, dass sie mit Problemen fertig werden, die sich über geologische Zeitspannen erstrecken. Wir haben uns dadurch entwickelt, dass wir das Werk der Tiefenzeit als gegeben ansahen und sind in den letzten hundert Jahren »modern« geworden, weil wir die Welt um uns herum als etwas betrachtet haben, das »für uns« existiert. Es gab und gibt immer noch Menschengruppen, die diese Annahme nicht teilen, aber sie haben den Kampf um die Welt gegen die »Modernen« verloren. Die Annahme, dass die Welt im Wesentlichen dazu da ist, um einen Hintergrund für den Ablauf des Dramas der menschlichen Geschichte abzugeben, ist in ihren Grundfesten erschüttert worden (was die massiven und tragischen Feuer in Australien 2019-2020 auf dramatische Weise anschaulich gemacht haben). Uns wird immer klarer, dass der Planet nicht mit uns Menschen vor Augen geschaffen wurde. Seit wir gezwungen sind, uns aufgrund von Problemen wie dem Klimawandel, dem Artensterben, dem Steigen des Meeresspiegels, der Versauerung der Meere, Extremwetterlagen, der Wasser- und Nahrungssicherheit und so weiter mit dem Planeten zu befassen, lassen sich im Grunde genommen zwei Arten von Forderungen vernehmen. Beide entspringen der Anerkennung der gegenwärtigen Notlage der Menschheit. Zum einen wird gefordert, die Herrschaft des Menschen über den Planeten auszuweiten und aus diesem Planeten einen »intelligenten« Planeten zu machen, indem sichergestellt wird, dass sogar dort, wo (nach menschlichem Dafürhalten) einmal »Natur« gewesen ist, nur noch Technologie und menschliche Gerechtigkeit walten.[79] Dies würde bedeuten, das Werk des Globalen fortzusetzen, zu intensivieren und zu versuchen, das Planetarische auf seine Reichweite herunterzubrechen. Zum anderen ergeht die – gegenwärtig utopische, aber meiner Einschätzung nach absolut entscheidende und bei vielen der in diesem Buch Zitierten laut gewordene – Forderung, auf einen Planeten hinzuarbeiten, der nicht länger Teil der von Menschen dominierten Ordnung ist, die von europäischen Imperien, postkolonialen und sich modernisierenden Nationalismen und dem globalisierten Kapitalismus und Konsum in den letzten 500 Jahren geschaffen wurde, wobei das Tempo der Ereignisse seit den 1950er Jahren zugenommen hat. Wie auch immer die Menschen im Weiteren mit dieser Situation umgehen – höchstwahrscheinlich werden sie beide Optionen auf verschiedenen Organisationsebenen auf verschiedene Weisen mischen –, werden sie sich an zwei zusammenhängenden, aber unterschiedlichen begrifflichen Entitäten – dem Globus und dem Planeten – orientieren müssen; Ersterer bleibt eine humanozentrische Konstruktion und Letzterer dezentriert den Menschen in unseren Narrativen über die Welt.

In seinem nachdenklichen Buch *Learning to Die in the Anthropocene* hat Roy Scranton vorgeschlagen, dass wir uns auf den Untergang dieser kapitalistischen Konsumkultur vorbereiten sollten.[80] Der Untergang *dieser* Kultur oder Zivilisation bedeutet jedoch nicht den Untergang aller möglichen Vorstellungen von Zivilisation. Jede richtige Auffassung einer zivilisierten menschlichen Zukunft müsste in meinen Augen drei Prinzipien aufgreifen: (a) alle Menschenleben müssten geschützt und ihr Gedeihen ermöglicht und sichergestellt werden; (b) Biodiversität – die für einen bewohnbaren Planeten sorgt – müsste geschützt werden; und (c) müssten Rückzugsprozesse aus der derzeitigen, von Menschen dominierten Ordnung auf der Erde angestoßen und vorangetrieben werden. Mit anderen Worten wird der humanozentrische Gedanke der Nachhaltigkeit für den planetozentrischen Gedanken der Bewohnbarkeit sprechen müssen. Denn wenn meine Behauptung zutrifft, dass die Intensivierung des Globalen zu unserer Begegnung mit dem Planeten geführt hat, ist das von den europäischen Imperien und vom Kapitalismus geschaffene Zeitalter des *rein* Globalen, über das die Theoretiker:innen sich seit den 1990er Jahren den Kopf zerbrochen haben und das von Historiker:innen dokumentiert und analysiert worden ist, jetzt vorbei. Wir leben am Scheitelpunkt von Globalem und Planetarischem.

Postskriptum

Im Globalen offenbart sich das Planetarische

Ein Gespräch mit Bruno Latour

Bruno Latour: Ich möchte Sie fragen, wie wir uns in den planetarischen Konflikten zurechtfinden sollen. Sie sagen, es gebe viele verschiedene Vorstellungen vom Planeten, verschiedene Weisen, die planetarische Dimension der Politik zu empfinden oder sich ihrer bewusst zu werden. Deshalb möchte ich Sie zunächst nach den mit der derzeitigen konservativen Revolution verbundenen Sichtweisen fragen, und immer wenn dieser Ausdruck Erwähnung findet, spaziert ein paar Minuten später Heidegger durch die Tür herein. Wie würden Sie also diesen Typus »Erde« definieren, den man als Alte Erde oder Reaktionäre Erde bezeichnen könnte, denn dann wird es uns leichter fallen, die anderen Positionen einzubeziehen, die gegenüber dem eingenommen werden, was Sie »das Aufkommen des Planetarischen« nennen.

Dipesh Chakrabarty: Wenn ich der Einfachheit halber aus heuristischen Gründen mit der Geschichte der Arbeit und des Kapitalismus anfange und die »Erde« und den Planeten damit in Verbindung bringe, fällt auf, dass Arbeit in den meisten europäischen Sprachen etymologisch mit Mühe im Sinne von mühsamem Broterwerb zusammenhängt. Man hat es dabei wirklich mit der physischen, anstrengenden Arbeit eines physischen Körpers zu tun. Dabei kann es sich um ein Pferd handeln oder auch um ein Kind. Das deutsche Wort arbeiten* ist etymologisch mit dem indoeuropäischen Wort für das (hart arbeitende) »Waisenkind« verwandt.

Die entscheidende Gleichsetzung in Karl Marx' Kapitalismusanalyse erfolgt zwischen Maschine und Mensch, ja sogar Tieren. Im ersten Band des *Kapitals* beschreibt er, wie einige Großmaschinen sich erst die Bewegungen von Pferdebeinen zu eigen machen und dann die von menschlichen Armen und anderen Körperteilen.[1] Aus diesem Grund heißt es bei Marx mit einem Goethe-Zitat, dass die Maschine dem Arbeiter seinen Körper raube. Das englische Wort für Arbeit, *work*, hängt dagegen etymologisch mit dem griechischen Wort für Energie zusammen. Darauf beruht Newtons Definition von »Arbeit« im 17. Jahrhundert: Energieverbrauch. Meiner Meinung nach beginnt die Geschichte des Kapitalismus mit mühsamer Arbeit. Doch im Zuge der technischen Entwicklung findet man heraus, dass keine körperliche Arbeit nötig ist, um Arbeiten zu erledigen. Ein Wasserfall kann die Arbeit tun oder der Wind. Eine Maschine kann die Arbeit tun oder Künstliche Intelligenz. Im Kapitalismus erfährt der Bereich der Arbeit eine Erweiterung. In den letzten Jahrzehnten hat die Verwendung von KI deutlich gemacht, dass die Zukunft der als mühsamer Broterwerb verstandenen Arbeit ungewiss ist. Dies führt zu Debatten über ein allgemeines Grundeinkommen. Was soll mit den Menschen geschehen, die keine bezahlte Anstellung mehr haben? Nur noch wenige Menschen werden für ihre mühsame Arbeit bezahlt werden. Durch die Ausweitung des Bereichs der Arbeit erhöht sich die Reichweite des Kapitals und unsere Inanspruchnahme der Biosphäre wird größer. Dies wirkt sich direkt auf die Biosphäre aus und aufgrund der Ressourcenmobilisierung auch auf das Erdinnere.

BL: Auf die Extraktion von Dingen.

DC: Das stimmt. Der extraktive oder Rohstoff-Kapitalismus ist in immer höherem Maße auf die Biosphäre angewiesen. Je weiter der Kapitalismus in Gestalt von Arbeit ins Erdinnere vordringt, desto häufiger begegnet er dem, was ich als Planeten bezeichne.

BL: Ist Biosphäre dafür ein guter Begriff?

DC: Die Biosphäre ist Teil der kritischen Zone. Der Kapitalismus nimmt also die kritische Zone und das Erdinnere stärker in Anspruch.

BL: Erlaubt die Arbeit uns also die Entdeckung des Planeten? Oder tut das ihre märchenhafte Ausweitung durch den Kapitalismus?

DC: Tatsächlich geht es um den Bedeutungsrückgang des mühsamen Broterwerbs (*labor*) und die zunehmende Bedeutung von Arbeit (*work*). Dadurch wird Marx an einigen Stellen obsolet, weil alle seine Vorstellungen von Wert, abstrakter Arbeit (*labor*), lebendiger Arbeit auf der Anwesenheit von Menschen beruhen, während menschliche Präsenz für Arbeit (*work*) nicht im selben Maße erforderlich ist. Ich kann einen Berg die Arbeit für mich tun lassen. Das Hebelprinzip macht im Grunde nichts anderes. An dieser Stelle führt die Ausweitung des Kapitalismus zu einer Krise. Diese Krise entspricht oftmals dem, was wir in der Soziologie das Problem der Zukunft der Arbeit nennen. Wenn die Rede davon ist, wie die Zukunft der Arbeit aussieht, ist damit eigentlich die Zukunft des mühsamen Broterwerbs, von bezahlter Arbeit gemeint. Doch der Kapitalismus erfährt eine Ausweitung, verursacht diese Krise und dadurch wird die geomorphologische Rolle der Menschen tatsächlich größer. Das heißt die Weise, in der wir die Oberfläche des Planeten transformieren. Weshalb es heißt, dass die Menschen im Anthropozän die größten Erdbeweger sind.

BL: Moment! Das geht zu schnell. Wir sind noch gar nicht beim Anthropozän, bisher haben wir nur einen Typen, der sich auf einem Feld abmüht.

DC: Und nicht mehr gebraucht wird.

BL: Es ist noch kein »Planet« in Sicht.

DC: Es beginnt also mit Heideggers »Erde« und mit der Entdeckung der Bodenchemie im 18. Jahrhundert sowie dem Begriff der Nachhaltigkeit. An dieser Stelle setzt jedenfalls eine Ebene des Kapitalismus an. Angestoßen wird so die Geschichte der von uns so genannten Technik.

BL: Im Wesentlichen Produktion.

DC: Doch mit Carl Schmitt gesprochen, geht es um das, was er in dem Text, auf den Sie mich hingewiesen haben, als Geschichte der »entfesselten Technik« bezeichnet hat.[2] Erstaunlich, nicht wahr? Er betrachtet Schiffe als entfesselte Technik, weil das Leben auf einem Schiff vollständig von der Technik des Schiffes abhängt. Diese Technik, sagt er, sei entfesselt, weil sie gesellschaftlich nicht so eingebettet ist, wie Technik an Land es sein kann. Doch die Technik wird sogar noch weiter entfesselt, und je entfesselter sie ist, desto stärker lässt der Bereich der Arbeit sich erweitern.

BL: Bis man feststellt, dass die Biosphäre Grenzen hat.

DC: Ja, aber gleichzeitig wird so eine Begegnung mit dem Erdinneren möglich, das ein Bestandteil dessen ist, was ich als Planeten bezeichne. Auf dieser Ebene kann Arbeit zu mehr Erdbeben führen. Bedenken Sie Folgendes: Der Verbrauch von fossilen Brennstoffen hat den Ausstoß von CO_2 zur Folge. Für die Gewinnung von fossilen Brennstoffen muss man tief graben und man benötigt eine ausgefeilte Technik und Ausrüstung, um die Arbeit zu erledigen. Die Aufheizung der Planetenoberfläche trägt zu geophysikalischen Ereignissen wie Erdbeben und Tsunamis bei. Der Geologe Bill McGuire hat darüber ein Buch mit dem Titel *Waking the Giant* geschrieben, dessen Untertitel *How a Changing Climate Triggers Earthquakes, Tsunamis, and Volcanos* lautet.[3]

BL: Ist dies der Schritt zum Globalen?

DC: Dies ist der Punkt, an dem im Globalen das Planetarische ins Spiel kommt.

BL: Okay. Weil Sie sagten, im Globalen offenbare sich das Planetarische.

DC: Das Globale gibt das Planetarische zu erkennen.

BL: Können Sie das in irgendeiner Form datieren?

DC: Ich würde sagen, die »Erde«, wie Heidegger sie versteht, ist älter.

BL: In Bezug auf ihre ursprüngliche Reichweite.

DC: Ja. Das Globale ab dem 15. Jahrhundert. Meines Erachtens beginnt das Planetarische mit der Stickstofffixierung nach dem Haber-Bosch-Verfahren Anfang des 20. Jahrhunderts, weil auf diese Weise tatsächlich in planetarische Prozesse eingegriffen wird. Natürlich geht die Erde aus dem Planetarischen hervor. Das Globale geht aus einem historischen Prozess hervor, zu dem die europäische Expansion und die Entwicklung einer Technik gehören, die aus der Kugel, auf der wir leben, einen Globus für uns zu machen vermag.

BL: Klar. Ohne das Globale hätten wir das Planetarische nicht entdeckt. Und dann erstreckt sich das Planetarische retrospektiv über Milliarden von Jahren.

DC: Genau. Das eröffnet die historische Perspektive.

BL: Der Planet geht dem Globalen also voraus.

DC: Richtig.

BL: Außer, dass er natürlich sehr spät kommt.

DC: Ja. Wir werden uns seiner Gegenwart erst spät bewusst.

BL: O.K.

DC: Gemeint ist damit Folgendes: Ich besitze zwei Fotos – ich habe sie jetzt nicht bei mir, aber sie sind sehr aufschlussreich –, ich habe zwei Fotos eines Kindes aus der Nachbarschaft nebeneinandergestellt: Auf dem einen geht der vierjährige Junge an einem Schaufelbagger (*earthmoving machine*) vorbei, ohne von ihm Notiz zu nehmen, und kurze Zeit später sitzt er auf dem anderen Foto in einer Sandkiste und schaufelt mit einem Miniaturschaufelbagger Sand hin und her. In meinen Augen zeigen diese Bilder, dass das Anthropozän bzw. die Handlungsmacht der Menschheit, Erde zu bewegen (*earthmoving agency*), in einem

Maße naturalisiert worden ist, dass ein kleiner Junge, der einen solchen Spielzeugbagger benutzt, mit dem Gedanken aufwächst, dass Menschen so etwas tun. In diesem Sinne kann die planetarische Rolle der Menschen tatsächlich im Leben einer Einzelperson, in ihrer Biografie zum Vorschein kommen. Das betreffende Kind ist das Kind eines Kollegen. Als ich sie einmal zu Hause besuchte, sah ich diese Art von Spielzeug und rief im Beisein meines Kollegen aus: »Das ist ja Anthropozän-Spielzeug!« So fing der Kollege, der Vater dieses Kindes an, sich für das Problem zu interessieren und schickte mir diese Fotos.

BL: Moment einmal: Als das Kind spielte, war das doch etwas Gutes. Heute könnten wir dagegen in eine Situation mit demselben Spielzeugbagger geraten, in der umweltbewusste Eltern dem Kind eine Ohrfeige verpassen und sagen könnten: »Spiel nicht mit so schrecklichen Dingen!«

DC: Weil sie nicht als Anthropozän-Spielzeug, sondern Entwicklungsspielzeug bezeichnet wurden.

BL: Wann hat diese Bedeutungsverlagerung von der Entwicklung zum Anthropozän stattgefunden? Ab wann war die große Beschleunigung nichts Gutes mehr, sondern grauenvoll?

DC: Ich würde sagen, es – das Bewusstsein (ohne gleich wie Hegel reden zu wollen) – begann mit Sicherheit, weshalb von beginnendem Bewusstsein zu sprechen nicht die richtige Ausdrucksweise ist, zwischen Rachel Carson und *Die Grenzen des Wachstums*, also zwischen 1962 und 1972.[4] In jenem Jahrzehnt kommt es zu einer gewissen Verschiebung oder Verlagerung. Bis nach Asien reicht die Verschiebung nicht. China ruft das Programm der »Vier Modernisierungen« sogar erst 1978 ins Leben. Indien liberalisiert sich 1991 und meint, sich zu modernisieren. Die Verschiebung findet größtenteils im Westen statt, aber ich würde sagen, damals kamen wirklich Zweifel auf. Wie in dem Kampf, den Rachel Carson gegen die Behörden führen musste, weil sie angeblich keine richtige Wissenschaftlerin war.

BL: Das Planetarische macht sich also in Gestalt des Gefühls bemerkbar, dass zwischen dem Globalen – im Wesentlichen Modernisierung – und dem Planeten ein Konflikt besteht. Historisch ist es höchst differenziert, da es sich in jeder Nation anders verhält.

DC: Differenzierter als die Globalisierung, weil die Entwicklungsgeschichte parallel zum Imperialismus verläuft. Die Imperien behaupten, dass sie dich entwickeln. Rostows Wachstumsstadien in den 1950er Jahren, insbesondere 1958. Ich wuchs in Indien in der Meinung auf, dass wir die Entwicklung/Modernisierung organisieren. Modernisierung war unser Ziel. Wenn man in die 1950er Jahre zurückgeht, bestand eine populäre Verteidigungsstrategie von Technik wie zum Beispiel den großen Staudämmen darin, dass sie die Menschen mit Nahrung versorgte.

BL: War das die Grüne Revolution?

DC: Die war später, 1968 oder 1969, aber schon in den 1950er Jahren gab es zum Beispiel die Dämme. Die Rechtfertigung der Dämme war Nahrungsbeschaffung für die Menschen. Seit den 1930er Jahren kommen Fachleute für Bevölkerungsfragen zusammen und fragen sich, ob die Nahrung ausreicht. Ist die Erde belastbar genug? Besonders interessant finde ich, dass das Modernisierungsnarrativ mit einer bestimmten Art von säkularer Ethik verbunden ist – mit einer säkularen, nichtreligiösen Weise, für die Armen zu sorgen. Die Rhetorik, dass dies ja schließlich die Menschen ernähren werde, ist in rechts- und in linksgerichteten Schriften anzutreffen.

BL: Hier sehen wir also zumindest Ansätze zu einer Art von Planet, noch nicht für »das Planetarische« – das ist dem Anthropozän vorbehalten, oder?

DC: Ja.

BL: Man fühlt den Planeten bereits, doch fungiert dieser Planet als Hintergrund und Ressource.

DC: Richtig.

BL: Und die Frage lautet: »Wie groß ist diese Ressource?«

DC: Und so kommt die Frage nach den Grenzen auf, also die Frage der Endlichkeit.

BL: Die Entwicklung ist noch nicht zu Ende. Es ist immer noch das Globale. Das Globale verfügt also über einen Planeten.

DC: Das Globale wird von seinem eigenen Planeten beschattet.

BL: Und dann wird plötzlich in den 1970er/1980er Jahren im Westen der Planet als Ressource und gleichzeitig das Planetarische als etwas Negatives oder Rätselhaftes empfunden.

DC: Es hat sich James Lovelock und seinen Kollegen in den 1960er Jahren offenbart, aber wir waren uns dessen nicht bewusst.

BL: Doch die Verbindung zu Gaia ist Ihrer Ansicht nach nicht so stark wie zur Erdsystemwissenschaft [ESS].

DC: Zu der Gaia mutiert.

BL: Und dann geraten beide in Konflikt miteinander. Ich möchte aber auf einen der anderen Wesenszüge der verschiedenen Definitionen des Planetarischen zurückkommen, und zwar auf die Frage der Handlungsmacht, weil Ihr Interesse an Klimafragen ja schließlich von ihr seinen Ausgang genommen hat. Der das Globale vorantreibende historische Handlungsträger war eindeutig die Industrie.

DC: Und für Marx die Arbeit.

BL: Und dadurch entstand natürlich die Möglichkeit des Sozialismus. Es tut mir leid – diese Frage haben Sie schon viele Male beantwortet: Was ist jetzt beim Planetarischen der neue historische Handlungsträger? Wer ist der Handlungsträger? Haben wir es mit einem Handlungsträger zu tun, den wir schon aus der Geschichte des Sozialismus kennen? Handelt es sich um einen vollkommen neuen Menschentyp?

DC: Ich verstehe die Situation folgendermaßen: Seit den 1970er Jahren ist etwas mit der Figur des »Handlungsträgers« passiert – mit dem autonomen Handlungsträger, den jedes menschliche Wesen darstellt und der sich im sich demokratisierenden, postimperialen Westen der 1960er Jahre so großer Beliebtheit erfreut hatte. Die komplexen westlichen Gesellschaften verfuhren mit der Frage der Handlungsmacht zunehmend so, dass sie sie auf verschiedene Lebenssphären verteilten. Wenn man in etwas verwickelt war, das sich rechtlich dadurch klären ließ, dass man dafür verantwortlich gemacht wurde oder Schuld daran war, legten die meisten Gesetze weiterhin einen Locke'schen Personenbegriff zugrunde. Man galt als eine über Autonomie verfügende Person, man konnte zur Rechenschaft gezogen werden. Bei einer Geisteskrankheit würde einem vergeben. Als dagegen die Ärzte in den späten 1970er/1980er Jahren [Mitte der 1980er Jahre] entdeckten, dass Magengeschwüre nicht durch Stress, sondern durch Bakterien hervorgerufen werden, würde der behandelnde Arzt einen nicht als Locke'sche Person behandeln, sondern eher sagen…

BL: Sie haben sich infiziert…

DC: Sie haben ein Mikrobiom, in Ihnen leben andere Lebewesen. In gewisser Weise handelt es sich dabei um die Welt, die Sie [BL] und andere beschrieben haben, also eine vernetzte Welt und das, was Sie als verteilte Formen von Handlungsmacht bezeichnen. Die Welt, von der bei Ihnen und anderen die Rede gewesen ist, wurde im Grunde genommen immer sichtbarer, aber die politischen und rechtlichen Institutionen machten so weiter wie vorher.

BL: Mit Locke'schen Subjekten.

DC: Als ob jenes Wissen keinerlei politische Relevanz hätte. Vor diesem Problem stehen wir meiner Meinung nach heute in einem noch viel höheren Maße.

BL: Es gibt also nirgendwo mehr Locke'sche Subjekte?

DC: Aber wir müssen so tun, als seien wir weiterhin Locke'sche Subjekte. Als solche gehen wir zur Wahl. Als solche reden Nationen miteinander. Bei den Vereinten Nationen ist jede Nation eine juristische, politische Person. Wenn wir sagen, die großen Nationen seien verantwortlich, oder wenn wir sagen, der Kapitalismus sei verantwortlich für den Treibhausgasausstoß, reden wir über den Kapitalismus, als sei er eine moralische/juristische Person.

BL: Es besteht also keine Verbindung zwischen den anerkannten Handlungsträgern der Vergangenheit und den neuen Handlungsträgern des Planetarischen?

DC: Die Verbindung ist tatsächlich abgerissen und wir sind noch nicht in der Lage, den Graben politisch zu überbrücken.

BL: Historische Handlungsträger sind also nicht die Menschen, sondern »Erdgebundene«?

DC: Sie sind erdgebunden, es sind nicht bloß Menschen, und das politische Denken hat bisher nicht versucht, Anknüpfungspunkte zwischen den Menschen und diesen weiter gefassten Komplexen zu finden, zu denen auch die Menschen gehören. Wir wissen noch nicht, wie wir diesen Handlungsträger politisch anerkennen sollen, der nicht bloß menschlich ist, aber notwendig die Menschheit einschließt.

BL: Würde Ihnen das Adjektiv *terrestrisch* zusagen?

DC: Ja.

BL: Kein Locke'sches, sondern ein terrestrisches Subjekt – mit einem Adjektiv, das nicht spezifiziert, ob es sich um Menschen handelt oder nicht.

DC: Genau. Sie aber als Subjekte betrachten.

BL: Sie sind nicht da.

DC: Sie sind nicht da und das Wort *Subjekt* muss eine neue Bedeutung annehmen.

BL: Vielleicht können wir jetzt die verschiedenen Bestandteile der die Handlungsmacht betreffenden Argumentation durchgehen. Was wäre der menschliche Handlungsträger der Erde – jener ursprünglichen Erde, die Husserl, Heidegger und in gewisser Weise Schmitt und viele andere Deutsche umgetrieben hat – gewesen? Was wäre die politische Konstruktion – der historische Handlungsträger – gewesen?

DC: Man erinnere sich bloß an einige Sätze von Heidegger – ich habe vergessen, in welchem Aufsatz –, in denen er zwei Arten, sich auf die Erde zu beziehen, vergleicht bzw. eine Unterscheidung zwischen ihnen entwickelt: dass man die Erde herausfordert*, wie es im Deutschen heißt, ihr etwas abverlangt, und dass man der Erde etwas überlässt. Wenn ein Bauer einen Samen aussät, meint Heidegger, überlässt er ihn der Erde, aber wenn ich künstlichen Dünger verwende, bearbeite ich den Boden heftig, als fordere ich die Erde heraus, als ob man jemandem eine Pistole an den Kopf hält, um ihn auszurauben. Heidegger gibt eindeutig der Einstellung, dass man sich der Erde überlässt, den Vorzug.

BL: Was gar nicht so weit von dem Handlungsträger entfernt ist, der nach vielen hegelianischen Drehungen und Wendungen im planetarischen Zeitalter lebt.

DC: Ja, der Handlungsträger, der feststellt, dass er/sie dem Planetarischen ohnehin ausgeliefert ist und sich ihm überlassen muss.

BL: Das ist also Ihrer Meinung nach der Punkt, wenn man Ihnen vorwirft, den revolutionären, emanzipatorischen historischen Handlungsträger preisgegeben zu haben, und Sie so viel über das neue planetarische Zeitalter sprechen, soll das heißen, dass Sie sozusagen ...?

DC: Ich zerbreche mir über folgendes Problem den Kopf und muss einen Weg finden, es zu durchdenken: Wenn Sie sagen, »Wir sind nie modern gewesen«, haben Sie in Bezug auf ihre eigene Definition der Konstitution der Moderne recht. In dieser Hinsicht liegen sie richtig. Doch am Ende des Buches sagen Sie, dass Sie von der Konstitution der Moderne zwei Dinge beibehalten möchten. Zum einen die Vermehrung der hybriden Wesen, die von den Menschen hervorgebracht worden sind, und dann die Fähigkeit, hybride Wesen zu vermehren. Mit anderen Worten sagen sie sogar am Ende des Buches, in dem Sie, wie ich meine, zu Recht behaupten, dass wir nach ihrem Verständnis nie modern gewesen sind, nicht, dass wir über keine Kernspintomografen verfügen oder keine Chemotherapien machen sollten, das sagen Sie nicht. Zumindest deute ich Ihren Wunsch, diesen Bestandteil der Konstitution beizubehalten, so.

BL: Ihre Definition des Planetarischen weist aber eine gewisse Erdnähe auf.

DC: Ja, lassen Sie mich diesen Punkt zu Ende bringen, dann komme ich darauf zu sprechen. Die Paradoxie des menschlich-politischen Denkens besteht in Folgendem – ich werde versuchen, sie in einen Satz zu fassen: Das aus dem 17. Jahrhundert stammende politische Denken beruht auf der Annahme, dass die Rolle des Staates darin besteht, für die Sicherheit des Lebens und Eigentums zu sorgen, doch bei dem Versuch, das Leben einer immer größeren Zahl von Menschen für sehr viel längere Zeit sicherer zu machen als vorher, haben wir das Leben faktisch unsicherer gemacht. Das Streben nach Sicherheit hat mittlerweile für Menschen eine höchst unsichere Zone hervorgebracht. Gleichzeitig ist die Verpflichtung gegenüber dem individuellen Leben in die Ziele aller unserer Institutionen eingebaut. Wenn meine Frau Krebs hat oder ich Krebs habe, lassen wir uns im Krankenhaus behandeln. Wir sind alle der Verlängerung des Lebens jedes einzelnen Individuums verpflichtet und weil das moderne politische Denken, wie gesagt, von Anfang an das Individuum als Inhaber des Lebens und der Rechte sowie Wohlfahrtsempfänger in den Mittelpunkt gestellt hat, hat diese Fokussierung auf das Individuum zu Indifferenz gegenüber der Gesamtzahl der Menschen geführt. Unabhängig davon, wie viele Menschen es gibt, werden wir sagen, dass sie alle über dieselben Rechte verfügen müssen. Im Grunde genommen ist also in das politische Denken eine Indifferenz gegenüber der Biosphäre eingebaut.

BL: Bis zum Globalen bestand darin die logische Denkweise.

DC: Bis der Globus auf den Planeten stieß.

BL: Wenn nämlich die meisten Menschen die Idee der Modernisierung für alle unterstützten, wird sie von allen aufgegeben.

DC: Darin besteht die konservative Revolution. Das Dilemma lautet also wie folgt: Nach meinem Eindruck ist es sehr schwer, eine neue Vorstellung von Politik zu entwickeln, die nicht von derselben Prämisse eines sicheren Lebens ihren Ausgang nimmt. Weil wir ihr meines Erachtens alle verpflichtet sind.

BL: Wir wollen geschützt, verteidigt und abgesichert werden.

DC: Genau. Und sogar in Heideggers Auffassung, was heimelig* bzw. »Heimat« im Sinne von Zuhause heißt, werden wir immer feststellen, dass Zuhause-Sein auch mit einem Gefühl der Sicherheit zusammenhängt. Doch gleichzeitig haben wir das Problem, dass das gegenwärtige Arrangement der Dinge, von dem wir meinten, es würde uns absichern, die Dinge tatsächlich für uns unsicher macht. Wie sich also das politische Denken mit der Art von Texten zusammenbringen lässt, die Sie, Jane Bennett und andere, die sogenannten neuen Materialisten, verfasst haben, ist eine offene Frage. Meines Erachtens wissen wir es noch nicht – und an dieser Stelle fand ich die Lektüre ihrer Einleitung zum Katalog der Ausstellung »Critical Zones« am ZKM Karlsruhe interessant, weil sie es auch offenlassen. Sie sagen, Sie könnten die kritische Zone der anderen nicht definieren, jeder müsse sie selbst herausfinden.

BL: Man muss sich eine Vorstellung davon machen, was es bedeuten könnte, kein Locke'scher Mensch mehr zu sein, sondern ein erdgebundener oder terrestrischer Mensch, der immer noch am Schutz durch eine Art von Entität interessiert ist, die wir lieber nicht als Staat bezeichnen möchten. Wir wissen es noch nicht.

DC: Wir wissen nicht, wie der Mensch in spe tatsächlich aussehen wird, und wir müssen außerdem davon ausgehen, dass es bei jeder Übereinkunft im weitesten Sinne, die Menschen treffen, so viele verschiedene Deutungen dieser Übereinkunft geben wird, dass sie hinfällig wird, sobald wir sie getroffen haben, was Schmitts Punkt hinsichtlich des Pluriversums war. Ich bin nicht in der Lage, eine Beschreibung abzugeben, wie die Menschen in Zukunft leben werden, aber ich habe das Gefühl, dass unser derzeitiges sozioökonomisch-technologisches Arrangement nicht unbegrenzt so weitergehen kann. Der Spätkapitalismus ist antipolitisch geworden, weil er nicht allen Schutz gewähren kann, und deshalb müssen die planetarischen Prozesse der ESS in irgendeiner Form anerkannt werden. Wir kommen jetzt auf Gaia, auf die kritische Zone und die Frage der Anerkennung dieser Variablen zurück.

BL: Eine Weise, wie die Frage sich neu stellen lässt, besteht darin, dass man sich fragt, welche jener planetarischen Sichtweisen die Möglichkeit von Politik mit sich bringt. Mit dieser Fragestellung haben Sie natürlich häufig gearbeitet, dass nämlich das Globale auf wirkmächtige Weise politische Handlungsmacht zugeschrieben und die politische Richtung in Gestalt der – entweder kapitalistischen oder kommunistischen – Entwicklung vorgegeben hat – aber wegweisend war es trotzdem. Wir wussten, was politisch zu tun war und was es hieß, sich zu empören, politische Plattformen aufzubauen und für sie zu kämpfen. Die Erde, die ursprüngliche Erde, über die wir am Anfang gesprochen haben, wurde sehr schnell reaktionär, weil sie keinen Widerstand gegen den Kapitalismus begründete, sondern so etwas wie einen Traum, ihm zu entkommen. Und jetzt offenbart sich plötzlich das Planetarische im Globalen; es gibt Dinge, die eindeutig nicht politisch sind. Die ESS – die einen Planeten untersucht, der bloß ein Planet von vielen ist, die wir mit dem übrigen Kosmos vergleichen, das heißt, politisch lässt sich nicht viel damit anfangen.

DC: Ich meine aber, das Politische folgt aus dem Planetarischen, weil es bereits ein konservatives, rechtsgerichtetes Verständnis von planetarischer Politik gibt.

BL: Ja natürlich, Entschuldigung, das hatte ich vergessen. Es ist nicht reaktionär im Sinne der Erde, der ursprünglichen Erde, sondern im hypermodernen Sinne, global in eine Richtung die ganze Strecke bis zum Planetarischen weiterzumachen.

DC: In gewisser Weise ist die Frage, die Sie stellen – um welche Form von Politik es sich handeln würde –, keine Frage, die sich im luftleeren Raum stellt, tatsächlich stellt sie sich in einer Welt, in der es mächtige Menschen mit Geld und mächtige Institutionen gibt. Zum Beispiel hat der Harvard-Physiker David Keith ein für Geoengineering eintretendes Buch geschrieben und von der Gates Foundation beträchtliche Mittel für die Entwicklung der Technik erhalten, mit deren Hilfe wir in der Stratosphäre Sulfat-Aerosole versprühen können. Doch eine Geologin hat darauf aufmerksam gemacht, dass der Himmel, wenn man Sulfat-Aerosole versprüht, und das muss man 100 Jahre lang tun, um Raum zum Atmen zu bekommen, diese 100 Jahre lang aufgrund von Streulicht dauerhaft weiß sein würde!

BL: Nach ihrer Definition ist das also bloß das Globale.

DC: Es ist die Ausweitung von Gaia.

BL: Die sich das Planetarische gleich miteinverleibt. Und nur Menschen politische Handlungsmacht zuspricht, die Situation also politisch nicht gerade erneuert.

DC: Nein, das tut sie nicht. Doch dagegen muss man ankämpfen. Ich würde jedoch behaupten, dass in vielen Hinsichten, weil das Geld/Kapital bereits eine planetarische Politik in Form einer Ausweitung dieser Logik hervorgebracht hat…

BL: Politik in Form von Machtverteilung. Aber nicht in Form von Handlungsträgern, die dazu in der Lage sind, etwas aus ihrer eigenen Existenz zu machen…

DC: Nein. Überhaupt nicht. Überhaupt nicht. Aber meines Erachtens besteht der negative Teil der derzeitigen progressiven Politik darin, dass sie gegen all dies ankämpft. Zudem sind zwei weitere Dinge interessant, über die wir noch nicht gesprochen haben. Man denke an die Zeit, als die Nachricht vom Klimawandel nicht die Wissenschaftler:innen, sondern die Politiker:innen erreichte, zum Beispiel als der Klimaforscher der NASA, James Hansen, 1988 vor einem Ausschuss des US-Senats zur von Menschen herbeigeführten globalen Erwärmung Rede und Antwort stand und die UN kurz darauf noch im selben Jahr den IPCC ins Leben rief. Warum wurde der IPCC eingesetzt? Er wurde eingesetzt, weil das Montreal-Protokoll erfolgreich gewesen war. Wir nahmen nämlich an – und dies ist nicht der politische Teil der Geschichte –, nach dem Zweiten Weltkrieg nahmen wir an, dass die Vereinten Nationen die richtige Form seien…

BL: Richtig, alles wie gehabt.

DC: …, um sich um die gesamte globale Politik zu kümmern, und die Vereinten Nationen nahmen überdies an, dass der Zeitplan für die Bearbeitung globaler politischer Probleme unbefristet sei.

BL: Wenn Sie global sagen, meinen Sie also, dass die globale Politik das zu jener Zeit aufkommende Planetarische absorbiert hat?

DC: Ja, aber ich bin der Ansicht, die UN gehen davon aus, dass es wie zum Beispiel bei der Israel-Palästina-Frage in der Politik keinen befristeten oder begrenzten Zeitplan gibt. Doch als die Klimakrise ausbrach, prallten zwei verschiedene Zeitpläne aufeinander, weil die Wissenschaftler:innen einen begrenzten Zeitplan aufstellten, der im Wesentlichen besagte, wenn man binnen dieser Frist nicht *x* machen würde, dies *y* zur Folge hätte. Sogar die Zahl eines Temperaturanstiegs um 2 °C war bekanntlich eine Zahl, die nach einem begrenzten Zeitplan politisch ausgehandelt wurde. Das Klimaproblem war ein Problem, für das es keinerlei Steuerungsmodell gab. Die Vereinten Nationen waren keine Steuerungsinstitution, die für die Bewältigung von planetarischen Problemen gedacht war. Sie boten uns ein Steuerungsmodell für globale Probleme. Nach dem Loch in der Ozonschicht war das Klimaproblem das zweite planetarische Problem, mit dem wir uns innerhalb der Parameter von UN-Prozessen befasst haben.

BL: Wann begann das Planetarische denn in Ihren Augen auch innerhalb des UN-Formats als unlösbare Frage in Erscheinung zu treten? Lag es bloß an der Ineffizienz?

DC: Es trat ganz allmählich in Erscheinung, und es zeigt sich unmissverständlich im Pariser Klimaabkommen von 2015, das davon ausgeht, dass wir, selbst wenn alle seine Vorgaben eingehalten werden sollten, nicht in der Lage sein werden, die Gefahren des Klimawandels abzuwenden, wenn wir keine Technik entwickeln, die Treibhausgase aus der Luft abzieht, und eine solche Technik gibt es noch nicht. Langsam wird sichtbar, dass alle Nationen versuchen zu handeln, als würden sie weiterhin demselben globalen Zeitplan folgen. Ich kann hier um [etwas] Zeit feilschen und da um etwas Zeit. Tatsächlich zeigt sich daran, dass wir in einer tiefen Steuerungskrise stecken. Die Klimakrise hat den Planeten ins Blickfeld gerückt, aber wir verfügen über keine planetarische Steuerungsform. Geoengineering und all diese Dinge treten an die Stelle einer solchen Form von Politik. Vor Ort wird bereits dafür plädiert, nicht globale, sondern lokale, heterogene und ganz unterschiedliche Widerstandsformen gegen Maßnahmen aufzubieten, die auf dem Argument vom »guten Anthropozän« beruhen.

BL: So wie Sie das Planetarische charakterisieren, müssen wir den Rhythmus der Geschichte als Faktor mit einbeziehen. Die ursprüngliche Erde ist demnach per definitionem immer dieselbe, dasselbe Dorf, dieselbe Kirchenglocke, sie haben keine Geschichte – den Rhythmus des Globalen kennen wir: Es musste sich vorwärtsbewegen, und es gab die Formulierung von der »Beschleunigung der Geschichte«, die heute merkwürdig klingt.

DC: Damit bringen Sie Fernand Braudel ins Spiel – Braudel ist außerordentlich faszinierend, weil ihm jeglicher Glaube an das Individuum als historischem Handlungsträger fehlt. In seinen *Schriften zur Geschichte* heißt es tatsächlich, das Individuum sei »nur allzuoft eine Abstraktion«.[5] Es gebe alle diese großen

Dinge, aber die großen Dinge seien alle sehr stabil. Das sind sie aber nicht.

BL: Die Beschleunigung der Geschichte sei also etwas für die Geologie, aber nicht für …

DC: Genau. Das scheint er gedacht zu haben. Für die Menschen habe sie keine Rolle gespielt. Vor kurzem habe ich darüber nachgedacht, ob man nicht Wittgensteins Aphorismen in *Über Gewissheit* als seine Denkweise über das deuten sollte, was Menschen für selbstverständlich halten. Wie Sie sich erinnern werden, lautet eine Frage, die er stellt, warum man nach dem Alter eines Gebäudes fragt, das man sieht, aber niemals danach fragt, wie alt ein Berg ist.

BL: Das ist seltsam.

DC: Und es liegt daran, dass der Berg ein Teil der gegebenen Welt ist. Wenn man nun aber heute etwas über die Gletscher und die Klimakrise in Südasien liest, wird einem klar, dass der Himalaya ein junger Gebirgszug ist. In Australien liegt die Kohle nah an der Oberfläche, weil die Berge alt und erodiert sind. Unsere »Gewissheiten« werden mittlerweile durch etwas erschüttert, das ich als Einsickern eines geologischen Bewusstseins in unser Geschichtsverständnis bezeichne. Diese Verschiebung der historischen Tektonik findet gerade statt.

BL: Doch darüber haben wir schon viel gearbeitet und die Frage, die ich zusätzlich dazu stellen möchte, lautet, was hier die anderen ablöst.

DC: Das Globale und der Planet?

BL: Wohl eindeutig das Globale, wenn wir uns Ihrem Argument anschließen, dass Geoengineering der Versuch des Globalen ist, das Planetarische zu absorbieren.

DC: Das Gleiche gilt für die Solarenergie. Dasselbe Muster. Sie versucht, das Planetarische ins Globale zu absorbieren.

BL: Und es gibt noch weitere Versionen, die ich eher als auf Gaia-Linie bezeichnen würde, womit ich meine, dass es nicht möglich ist – das Planetarische ist immer da gewesen und es ist einzigartig. Es ist mit Einzigartigkeit verbunden, weshalb die ESS überall gleich ist.

DC: Gaia gehört uns. Sie ist einzigartig.

BL: Gaia ist singulär. Wir tauchen immer tiefer in ihre Singularität ein.

DC: Das ist sehr interessant. Sie setzen sie der Astrobiologie und der Suche nach Exoplaneten entgegen. Die Astrobiologie geht davon aus, dass wir nicht singulär sind. Dass es eines Tages eine Serie geben wird. Und jede Gaia wird auf einzigartige Weise eigenwillig sein. Die Planeten werden sich ähneln, doch selbst wenn es Leben auf einem anderen Planeten geben sollte, wäre seine Gaia auf einzigartige Weise eigenwillig.

BL: Timothy Lenton und Sébastien Dutreuil vertreten die These, es sei eine Sache, auf anderen Planeten nach Leben zu suchen, aber nach Gaia zu suchen, sei absurd. So wird die Frage nach der Normativität auf andere Weise gestellt, denn wenn dieses Gefühl sich bei uns einzustellen beginnt und wir uns für seine Geschichtlichkeit interessieren, lernen wir eine neue Geschichtlichkeit kennen, die das Globale nicht gehabt hat. Diese Geschichtlichkeit will uns auch irgendeine Art von Normativität vermitteln. Es ist nicht mehr so wie früher, als wir uns natürlich verhalten sollten, denn als wir uns natürlich verhalten sollten …

DC: Ich stimme dieser Beschreibung zu, deshalb spreche ich in meiner Auseinandersetzung mit Gaia und der ESS auch davon, dass in der ESS eine poetische Intuition herumspukt, der Gaia-Moment. Vielleicht haben Lenton und Sie Gaia deshalb wiedererweckt. Das Entscheidende an ihrer Singularität ist eben gerade ihre Poesie.

BL: Es geht nicht um Natur.

DC: Es geht um reine Poesie, nicht um einen wissenschaftlichen Gegenstand, der sich wiederholt. In diesem Sinne handelt es sich um Singularität. Das Problem ist, wann wir Menschen davon erfahren, und es steht außer Frage, dass man es als eine Art Wunder empfindet, wenn man davon weiß – ich meine, dass dieser Planet ein Achtel seines Lebens lang für jene plötzliche Explosion von Lebensformen gesorgt hat, das hat etwas von einem Wunder an sich. Deshalb reicht es meiner Meinung nach bis zu Ihren Kampf-um-Gaia-Vorlesungen zurück. Es ist sehr schwer, diesen Moment, in dem man ein Wunder spürt, nicht mit einem religiösen Gefühl zu verwechseln. Ich mache einen Unterschied zwischen Staunen und Ehrfurcht. Ich habe festgestellt, dass ein Geologe davon spricht, die Menschen hätten den Sinn für Ehrfurcht vor dem Planeten verloren. Die lateinische Wurzel des englischen Wortes für Ehrfurcht, *reverence*, deutet darauf hin, dass damit ein mit Furcht vermischter Respekt gemeint ist, so etwas wie das Gefühl, dass dies viel größer ist als ich. Zu dieser Frage habe ich Rudolf Otto gelesen.

BL: Damit kehren wir zu der sehr alten Vorstellung einer furchteinflößenden Natur zurück.

DC: Ich bin in Kalkutta aufgewachsen – dieser angeblich modernen Stadt, die von den Briten erbaut wurde, aber schon 250 Jahre alt war, als ich geboren wurde. Als ich ein Kind war, hatte ich noch Angst vor wilden Tieren in der Stadt, vor Füchsen und Schlangen. Als ich heranwuchs, verschwanden die Füchse, Schlangen und seltsamen Frösche – sie alle verschwanden und heute fürchtet sich kein Kind mehr vor wilden Tieren. Ich schlug die *Dialektik der Aufklärung* von Horkheimer und Adorno auf, und im ersten Satz steht, dass eines der wesentlichen Ziele der Aufklärung darin bestände, den Menschen die Furcht zu nehmen.[6] Ich begann mich sehr für die Frage zu interessieren, wann das politische Denken sich eine solche Überwindung der Furcht zu eigen gemacht hat. Ich las Hobbes' *De cive* von 1642 und stellte fest, dass Hobbes wilde Tiere mit zum Naturzustand zählte. Für einen Historiker gibt es deshalb nur diese eine Aufgabe. Ich bin einverstanden, dass es in der Moderne um die Überwindung der

Furcht gegangen ist. Wir können uns auf nostalgische Weise daran erinnern, doch als Historiker sind wir auch in der Lage, die Geschichte aufzuschreiben, wie wir die verschiedenen Arten von Furcht überwunden haben, denn dies geschah nicht überall auf der Welt zur selben Zeit. Ich wuchs an einem Ort auf, an dem Furcht noch einen sehr großen Anteil meines Lebens ausmachte. Zur Ergänzung unseres sehr aristotelischen Gefühls des Staunens über das Wunder der Biodiversität muss etwas von jener Ehrfurcht wiedererweckt werden.

Dank

Wie vielen Menschen ich im Zusammenhang mit dem Schreiben dieses Buches zu Dank verpflichtet bin, lässt sich kaum noch zählen. Ich werde einige erwähnen und bitte diejenigen um Verzeihung, an deren Großzügigkeit ich hier nicht ausdrücklich erinnere. Von einigen weiß ich nicht einmal den Namen! Wie soll ich den Herrn nennen, der mir, nachdem er einen Vortrag von mir in Düsseldorf gehört hatte, beim Händewaschen auf der Toilette empfahl, Eugene Thacker zu lesen, ohne sich vorzustellen, und dann ging! Ich bin ihm enorm dankbar für diesen Tipp, den ich befolgt habe, aber ich kenne den Namen meines Wohltäters nicht. Charles Bonner, den ich nicht kannte und der mir nach der Lektüre meines Aufsatzes »The Climate of History« im Jahr 2009 ganz altmodisch einen Brief schrieb, hat mich mit dem Werk von Reiner Schürmann bekannt gemacht, von dem ich zu meiner Schande vorher nichts gelesen hatte. Es gibt viele weitere solcher Beispiele, an die ich mich entsinne und an die ich mich nicht erinnern kann.

Wenn ich auf meine Dankesschuld zurückblicke, gilt mein erster Dank im Zusammenhang mit dem Schreiben dieses Buches einigen australischen Freund:innen – der jüngst verstorbenen Meredith Borthwick, Stephen Henningham, John Hannoush, Roger Stuart, Robin Jeffrey (einstmals Australier ehrenhalber), Katherine Gisbon, Sally Hone, Julie Stephens, Marina Bollinger und Fiona Nicoll –, die in den Jahren, als ich an meiner Doktorarbeit schrieb, und danach ihre Liebe für ihr Land, dessen Licht, den Busch, den Strand und das Meer, das ihren Kontinent umspült, auf mich übertragen haben. Die Feuerstürme, die im Jahr 2003 weite Teile von Canberra und des umliegenden Buschlandes zerstörten, haben mein Interesse am Phänomen des Klimawandels geweckt. Als ich dieses Buch beendete, brannte Australien von neuem. Doch dieses Mal sah es so aus, als stände der ganze Kontinent in Flammen. Die Arbeit an diesem Buch begann und endete mit dem Gefühl eines schmerzlichen Verlusts, allerdings hatte meine Beschäftigung mit der wissenschaftlichen Literatur über Klimawandel und Erdsystemwissenschaft da bereits mein humanistisches Bild vom Menschen und seinen Vergangenheiten von Grund auf in Frage gestellt. *Das Klima der Geschichte im planetarischen Zeitalter* reagiert auf diese Herausforderung. Doch ohne die Liebe zu einem fremden Land, die mir als Immigrant wie ein Erbe zufiel, würde es dieses Buch nicht geben.

Der Dank, den ich einigen Freund:innen schulde, deren Arbeit dieses Buch inhaltlich direkt beeinflusst hat, muss gleich zu Beginn abgestattet werden. Der begnadete Geowissenschaftler Jan Zalasiewicz, der Vorsitzender der Anthropozän-Arbeitsgruppe in London ist, hat mit Zeit und Ratschlägen nicht gegeizt, wenn immer ich sie brauchte. Einer der einfallsreichsten und anspruchsvollsten Intellektuellen unserer Zeit, Bruno Latour, ist seit Beginn an dem Projekt interessiert und beteiligt geblieben. Der bedeutende Historiker und Geschichtsphilosoph François Hartog wurde im Zuge der Ausarbeitung dieses Projekts zu einem weiteren geschätzten Freund. Das tiefe Interesse meines Kollegen Bill Brown an Materialität und seine Erkundungen auf diesem Gebiet waren Inspirationsquelle und Nährstoff für dieses Projekt – möglicherweise mehr, als ihm klar ist. Außerdem denke ich mit Vergnügen an die vielen Gespräche und an die Korrespondenz zurück, die ich mit Clive Hamilton geführt habe, während er an seinem Buch *Defiant Earth* arbeitete. Ewa Domanska hat die ganze Zeit über gleichermaßen gute Ratschläge, Ermutigung, Kommentare, Kritikpunkte und Vorschläge in das Projekt eingebracht. Eine erste Fassung dieses Buches, besonders des letzten Kapitels, habe ich im September 2019 abgeschlossen, als ich auf Einladung von Frédéric Worms an der École normale supérieure in Paris zu Gast war. Am Ende war dies ein magischer Monat, nicht zuletzt aufgrund der spontanen Warmherzigkeit und Liebenswürdigkeit, mit denen der Direktor der École, Mark Mézard, und seine Frau, die unübertroffene Sartre-Biografin Annie Cohen-Solal, Rochona und mich in ihr soziales und intellektuelles Leben aufnahmen, und der vielen anregenden Gespräche, die ich in jenem Monat mit ihnen und anderen Personen an der École und in Paris geführt habe, insbesondere mit Frédéric Worms, Pierre Charbonnier, Christophe Bonneuil, Christophe Bouton, Hannes Bajohr (in Berlin) und natürlich Hartog und Latour. Besonderer Dank gebührt auch Annebelle Milleville, ohne deren Organisationsgeschick unser Aufenthalt in Paris schlicht und einfach nicht die transformative Erfahrung gewesen wäre, als die er sich herausstellte. Außerdem bin ich dem Geowissenschaftler Andrew Glikson aus Canberra zutiefst dankbar, dass er mich an seinen Überlegungen und Schriften über das Anthropozän hat teilhaben lassen.

Nicht ganz so weit weg von zuhause sehe ich mich mit großem Vergnügen genötigt, der Art und Weise Anerkennung zu zollen, wie die gescheiten und fürsorglichen Kolleg:innen, die die wunderbare geisteswissenschaftliche Zeitschrift *Critical Inquiry* am Laufen halten, dieses Projekt vom ersten Augenblick an gehegt und gepflegt haben. Ihre Kommentare und Kritikpunkte sowie die Anregungen, die ihre eigenen Arbeiten lieferten, boten das förderlichste Umfeld, das ich mir nur wünschen konnte. Mein tief empfundener Dank gilt (in beliebiger Reihenfolge) Bill Brown, Tom Mitchell, Laurent Berlant, Hank Scotch, Jay Williams, Françoise Meltzer, Richard Neer, Frances Ferguson, Daniel Morgan, Patrick Jagoda, Haun Saussy, Orit Bashkin, Elizabeth Helsinger und Heather Keenleyside. Die Kolleg:innen am Chicago Center for Contemporary Theory – insbesondere Lisa Wedeen, William Mazzarella, Bill Sewell, der verstorbene Moishe Postone, Jennifer Pitts, Shannon Dawdy, Jo Masco, Kaushik Sunder Rajan und andere – haben das Projekt ebenfalls unterstützt. Zwei vielbeschäftigte Kollegen, James Chandler und David Nirenberg, haben sich die Zeit genommen, einzelne Kapitelentwürfe zu lesen und zu kommentieren. Zudem hatte ich eine eigene, mir sehr wertvolle »Klimagruppe« an der Universität: Fredrik Albritton Jonsson, Emily Osborn, Benjamin Morgan und Julia Adeney Thomas (von der University of Notre Dame), die mit Unterstützung des Neubauer Collegiums der Universität regelmäßig Lesungen und Seminare über das Thema organisiert haben. Fredrik ist mein Mitstreiter am Fachbereich Geschichte und darüber hinaus gewesen. Das Vergnügen, diesen Personen meine Dankbarkeit auszusprechen, ist groß, aber noch größer ist die Schuld, in der ich bei ihnen stehe. Diesen Freund:innen sowie den beiden Dekanen und den beiden Vorsitzenden, meinen fantastischen Kolleg:innen und den Mitarbeiter:innen an den beiden Fachbereichen, denen ich angehöre – Geschichtswissenschaft und Südasiatische Sprachen und Kulturen – ein großes »Dankeschön« für ihre Unterstützung und Kollegialität im letzten Vierteljahrhundert.

Freund:innen an der Australian National University (ANU) – Assa Doron, Kirin Narayan, Kenneth George, Meera Ashar, Margaret Jolly, Shameem Black, Chiragh Kasbekar, Will Steffen, Libby Robin, Tom Griffiths, Kuntula Lahiri-Dutt, Fiona Jenkins sowie Iain McCalman und Debjani Ganguly, bevor die letzten beiden die ANU verließen – und an der University of Technology in Sydney – Devleena Ghosh, James Goodman, Tom Morton, Jonathan Marshall, Linda Connor, Stuart Rosenwarne, Ilaria Vanni – boten diesem Projekt nichts weniger als eine zweite Heimat. Wie dankbar ich ihnen für die vielen Gespräche bin, die wir über mehrere Jahrzehnte geführt haben, kann ich gar nicht angemessen zum Ausdruck bringen. Ich danke auch der Leitung und der Belegschaft dieser Institutionen für ihre nicht nachlassende Unterstützung.

Außerdem ist es mir ein Vergnügen, noch einigen anderen Einzelpersonen und Institutionen zu danken, bei und an denen ich mit diesem Projekt zu Gast war und die Einfluss auf seine Entwicklung genommen haben. Ein Jahr als Fellow am Wissenschaftskolleg zu Berlin von 2007 bis 2008 verhalf mir zu einigen großartigen Gesprächspartner:innen, insbesondere Eva Illouz, Michel Chouli, Andrea Büchler, Kristopher König, Axel Meyer und James Mullet. Ab 2008 hat Bernd Scherer mich in mehrere Veranstaltungen über das Anthropozän am Haus der Kulturen der Welt in Berlin einbezogen. Teile dieses Buches habe ich 2013 auf Einladung des verstorbenen Krzysztof Michalski und von Klaus Nellen als jährliche IWM-Vorlesung am Institut für die Wissenschaften vom Menschen in Wien vorgetragen. Gary Tomlinson und seine Kolleg:innen an der Yale University haben mich eingeladen, im Jahr 2014-2015 die Tanner Lectures in Human Values zu halten, bei denen Michael Warner, Wai Chee Dimock, Daniel Lord Smail und Gary selbst grandiose Diskussionspartner:innen gewesen sind. Thomas Lekan von der University of South Carolina lud mich 2015 ein, dort eine Woche als Fellow des Kanzlers zu verbringen, und organisierte gemeinsam mit Robert Emmett vom Rachel Carson Center in München einen fruchtbaren Workshop über meinen ersten Aufsatz »The Climate of History«. Ein Besuch am College of the Atlantic im Jahr 2016 auf Einladung von Netta van Vliet und Sarah Hall führte zu einem höchst lehrreichen, engagierten und nachhaltigen Austausch über Klima, Geowissenschaft und Geisteswissenschaften. Ethan Kleinberg lud mich ein, 2017 die jährliche »History and Theory«-Vorlesung zu halten, die zur Grundlage von Kapitel 7 wurde. Ich habe darin auch Material einbezogen, das Teil der Mandel-Vorlesungen an der Brandeis University gewesen ist, die ich 2017 auf Einladung von Ramie Targoff gehalten habe. 2018 hat Elisabeth Décultot mich eingeladen, die erste Halle Lecture an der Universität von Halle zu halten, und die Gespräche, die ich dort mit ihr, Christian Helmreich, Daniel Cyranka und anderen geführt habe, sind mir in guter Erinnerung geblieben. Auch von den Diskussionen im Anschluss an meine Jahresvorlesung am Helsinki Collegium für Advanced Studies im Jahr 2018 habe ich profitiert. Teile des letzten Kapitels habe ich 2019 als Williams James Lecture an der Harvard Divinity School vorgetragen. Ich hoffe, Charles Hallisey, Janet Gyatso und David Lamberth werden sehen, wie das, was ich von ihnen bei diesem Besuch gelernt habe, Eingang in dieses Buch gefunden hat. Durch eine Einladung von Hortense Spillers zu einem Vortrag auf einer Konferenz über African und African-American Studies habe ich 2018 viel über das Verhältnis zwischen Rasse und der Welt des Anthropozäns erfahren, die wir in zunehmendem Maße bewohnen.

Ausgesprochen gewinnbringend waren für mich auch Einladungen zur Vorstellung dieses Werks an verschiedene andere Institutionen, die ich erhalten habe: ans Center for Policy Research und an die Jawaharlal Nehru University in Delhi, ans Mahindra Center for the Humanities der Harvard University, an die Ludwig-Maximilians-Universität in München, die Universität Leiden, die Queen's University, Kanada, die University of Toronto, das Schweizer Portal Info-Clio, an die Universität von Warschau, Polen, die Rice University in Houston, die Tate Modern in London, an die Bangladesh History Association, die University of Sydney, die Presidency University in Kalkutta, die University of Calcutta, die Kunstsammlung Nordrhein-Westfalen, K 20, in Düsseldorf, Deutschland, auf den vom Center for the History of Science and Technology an der Universität von Lissabon, Portugal, betriebenen »Anthropocene Campus«, an die Mahatma Gandhi University in Kottayam, Indien, ans Humanities Program der University of Pennsylvania, an das Reed College in Oregon, die University of California in Berkeley und in Los Angeles, die Stanford University, zum Kolkata Literary Festival in Kalkutta und von den Organisator:innen der Samar Sen und Pranabesh Sen Memorial Lectures in Kalkutta.

Außerdem ist es mir ein Vergnügen, einigen unerschütterlichen alten Freund:innen zu danken, die sich in verschiedenen Stadien seiner Entwicklung auf dieses Buch eingelassen haben. Homi K. Bhabha, Sanjay Seth, Rajyasree Pandey, Saurabh Dube, Ajay Skaria, Sheldon Pollock, Arjun Appadurai, Amitav Ghosh, Partha Chatterjee, Gautam Bhadra und Shadid Amin waren beständige Leser:innen und Sparringpartner:innen, die viele Aspekte meiner verschiedenen Projekte mit mir debattiert und diskutiert haben. Die beiden Physiker Sabyasachi Bhattacharya und Soumya Chakravarti, deren Freundschaft schon so viele Jahre währt und sich so stark anfühlt wie eine Eiche, haben für mich als Brücke in die physikalischen Wissenschaften fungiert. Viele meiner früheren und gegenwärtigen Student:innen haben diese Arbeit freundlicherweise in Gestalt von Gesprächen innerhalb und außerhalb der Seminarräume unterstützt. Gesonderte Erwähnung muss indes Nazmul Sultan finden, der meine Aufmerksamkeit auf einige hervorragende Bücher über Arendt lenkte und mit dem ich viele Diskussionen über den gegenwärtigen Zustand der Theorie in den Geistes- und Sozialwissenschaften geführt habe. Ich bin dankbar für die Ermutigungen und Kommentare, die ich von verschiedenen anderen Kolleg:innen erhalten habe, von denen mir folgende aus dem Stand einfallen: Navroz Dubash, Liz Chatterjee, Emma Rothschild, Joyce Chaplin, Stephen Greenblatt, Sheila Jasanoff, Sverker Sörlin, Neil Brenner, Stephen Muecke, Norman Wirzba, Awadhendra Saran, Sebastian Conrad, Andreas Eckert, Uma Das Gupta, Henning Trüper, Kunal und Shubhra Chakrabarti, Daniel und Ellen Eisenberg, Prathama Banerjee, Dominic Boyer, Cymene Howe, Timothy Morton, Eric Santner, Robert Pippin, Raghuram Rajan, Dilip Gaonkar, Chandi Prasad Nanda, Judit Carrera, Peter Wagner, Thomas Blom Hansen, Aniket De, Bernhard Malkmus, Raghabendra Chattopadhyay, Bo Stråth, Rita Brara, Sunil Amrith, Eva Horn, Helge Jordheim, Franz Mauelshagen, Shruti Kapila, Faisal Devji, Miranda Johnson, Arvind

Elangovan, Arnab Dey, Dwaipayan Sen, Minal Pathak sowie Sumit und Tanika Sarkar. Es war eine Freude, Samuel Garrett Zeitlin kennenzulernen, der sich als ausgezeichneter Cicerone bei der Schmitt-Lektüre entpuppte. Großzügigerweise hat Ian Baucom ein tiefes Interesse an diesem Projekt entwickelt. Es tut mir leid, dass sowohl Ians neues Buch *History 4° Celsius. Search for a Method in the Age of the Anthropocene* (Duke University Press, 2020), das meine Arbeit auf überzeugende Weise kritisiert, als auch Achille Mbembes neuere Texte über Planetarität zu spät in meine Hände gelangt sind, als dass ich sie hätte einbeziehen können. Außerdem erinnere ich dankbar und traurig an drei Freunde, die sich für dieses Buch interessiert haben, sein Erscheinen aber nicht mehr erlebten: Christopher Bayly, Don Willard und Raghab Bandyopadhyay. Mein langjähriger Freund und Forschungsassistent in den letzten Jahren, Gerard Siarny, war mir bei der Forschung und in Bezug auf meinen Stil, meine Darstellung und Argumentation immer eine große Hilfe. Auch ihm vielen, vielen Dank.

Mein Lektor und Freund Alan Thomas ist ein Ausbund an Geduld und Verständnis gewesen, als er diesem Projekt die Zeit gab, die es brauchte, um Gestalt anzunehmen. Gleichzeitig haben seine klugen editorischen Ratschläge mich vor vielen Fehlern bewahrt. Ich bin ihm und seinen Kolleg:innen von der University of Chicago Press, insbesondere Randolph Petilos, zutiefst für ihr Interesse an diesem Buch und für die Unterstützung dankbar, die sie mir gewährt haben. Außerdem danke ich den beiden anonymen Gutachter:innen des Verlags, die einen Manuskriptentwurf gelesen und nützliche Kommentare dazu abgegeben haben.

Jetzt komme ich zu den ganz persönlichen Dankesworten: an Rochona, die von 2018 bis 2019 tapfer gegen den Krebs gekämpft und mir bei der Bewältigung meiner Arbeit und meines Lebens geholfen hat; an Kaveri, die sich mit ihrem eigenen Krebs herumschlug, und Arko für ihr Interesse an diesem Buch und an der

Bekämpfung des Klimawandels; an Roopa Majumdar, Boria Majumdar, Sharmistha Gooptu-Majumdar, Aisha Gooptu-Majumdar und Shyamapada Ray, deren Anwesenheit Schwung in mein Leben bringt, wenn ich in meinem geliebten und unmöglichen Kalkutta bin; an Partha Sen Gupta, Utpalendu Gupta, Ashoka Chatterjee, Subir Chakrabarti, Neptune Srimal, Aditi Mody, Payal Chawla, Debiprakash und Tandra Basu, Rita Chattopadhyay, Raja und Chaitali Dasgupta, Anil Acharya, Semanti und Tridibesh Ghosh, Durba Bandyopadhyay, Shahduzzaman, Chinmoy Guha, Sanjib Mukhopadhyay, Sabbir Azam und Ahmed Kamal für ihre Ermutigung und Freundschaft; an Saptarshi Ghatak, der mir aus dem fernen Kalkutta musikalisch Gesellschaft leistete, als ich mich im November und Dezember 2019 von einem schlimmen Verkehrsunfall erholte; an Barbara Willard, Lisa Wedeen und Don Reneau, Neeraj und Meenakshi Jolly, Mohan und Lalitha Gundeti, Bill Brown und Diana Young, James und Elizabeth Chandler, Muzaffar und Rizwana Alam sowie unsere vielen Doktorand:innen für ihre Präsenz in unserem Alltagsleben; an Kurshid und Peter Roeper, Siddhartha und Chandana De sowie Gautam und Ruplekha Biswas, die meine erweiterte bengalische Familie in Canberra darstellen.

Mein letzter Dank gilt denen, aus deren Schriften ich gelernt habe, den Reichtum und die Prekarität des Lebens wertzuschätzen. Ich bin froh, mit ihnen und mit den hier Erwähnten oder versehentlich Vergessenen diese Erde, meine Welten, einen Globus und einen Planeten zu teilen.

***

Ich danke mehreren Lektor:innen, Herausgeber:innen und Verlagen für die Erlaubnis, in dieses Buch Ideen einzubeziehen, die ich zuerst in Aufsätzen ausprobiert habe, die in ihren Zeitschriften und Veröffentlichungen erschienen sind:

* Ein Abschnitt der Einleitung enthält Material, das erschienen ist in »Museums between Globalization and the Anthropocene«, in: *Museum International* 71 (2009), S. 12-19.
* Kapitel 1 ist eine aktualisierte und überarbeitete Version von »The Climate of History. Four Theses«, in: *Critical Inquiry* 35, Nr. 2 (Winter 2009), S. 197-222. [Dt. in der Übersetzung von Sebastian Wessels erstmals in Harald Welzer, Hans-Georg Soeffner, Dana Giesecke (Hg.), *KlimaKulturen. Soziale Wirklichkeiten im Klimawandel*, Frankfurt/M., New York 2009, S. 270-301, und wiederabgedruckt in Dipesh Chakrabarty, *Europa als Provinz. Perspektiven postkolonialer Geschichtsschreibung*, Frankfurt/M., New York 2010, S. 169-196. Die Übersetzung von Sebastian Wessels liegt dem hier abgedruckten Text zugrunde, wurde aber in Wortlaut und Terminologie der vorliegenden Buchfassung angepasst. Verlag und Übersetzerin danken dem Campus Verlag und vor allem dem Übersetzer Sebastian Wessels für die freundliche Genehmigung zur Verwendung der früheren Übersetzung.]
* Kapitel 2 ist eine überarbeitete Version von »Climate and Capital. On Conjoined Histories«, in: *Critical Inquiry* 41, Nr. 1 (Herbst 2014), S. 1-23.
* Kapitel 3 ist ursprünglich unter dem Titel »The Planet. An Emergent Humanist Category?« erschienen in: *Critical Inquiry* 46, Nr. 1 (Herbst 2019), S. 1-31.
* Kapitel 4 stützt sich auf meinen Aufsatz »Planetary Crisis and the Difficulty of Being Modern«, in: *Millennium. Journal of International Studies* 46, Nr. 3 (2018), S. 1-24.
* Kapitel 5 ist ursprünglich unter dem Titel »The Dalit Body. A Reading for the Anthropocene« erschienen in: Martha Nussbaum, Zoya Hasan (Hg.), *The Empire of Disgust. Stigma and the Law*, Delhi 2018, S. 1-20.
* Eine erste Fassung von Kapitel 6 wurde ursprünglich unter dem Titel »Humanities in a Warming World. The Crisis of

an Enduring Kantian Fable« veröffentlicht in: *New Literary History* 47, Nr. 2/3 (2016), S. 377-397.

* Kapitel 7 ist ursprünglich unter dem Titel »Anthopocene Time« erschienen in: *History and Theory* 57, Nr. 1 (März 2018), S. 5-32.
* Einige Teile von Kapitel 8 stützen sich auf meinen Vortrag »The Human Condition in the Anthropocene«, in: Mark Matheson (Hg.), *The Tanner Lectures on Human Values*, Bd. 35, Salt Lake City 2016, S. 137-188, und auf »The Planet. An Emergent Matter of Spiritual Concern?«, in: *Harvard Divinity Bulletin* 47, Nr. 3/4 (Winter 2019), S. 28-38.
* Das Postskriptum ist ein Wiederabdruck aus Bruno Latour, Peter Weibel (Hg.), *Critical Zones. The Science and Politics of Landing on Earth*, Cambridge, Mass., 2020, S. 24-31.

Chicago, den 26. Mai 2020

Anmerkungen

Einleitung

1 Baruch den Spinoza an Heinrich Oldenburg, Anfang Oktober 1665, in: ders., *Briefwechsel.* Neu übersetzt, mit einer Einleitung und Anmerkungen hrsg. v. Wolfgang Bartuschat, Hamburg 2017, S. 129 [Fragment 2].

2 Siehe meinen Beitrag »An Era of Pandemics? What Is Global and What Is Planetary about COVID-19!, in: *In the Moment* (blog), *Critical Inquiry,* 16. Oktober 2020, ⟨https://critinq.wordpress.com/2020/10/16/an-era-of-pandemics-what-is-global-and-what-is-planetary-about-covid-19⟩.

3 Ken Ruthven (Hg.), *Beyond the Disciplines. The New Humanities,* Canberra 1992.

4 Was zwei anregende neuere Diskussionen zu diesem Thema anbelangt, siehe Sebastian Conrad, *What is Global History?,* Princeton 2016, und Sumathi Ramaswamy, *Terrestrial Lessons. The Conquest of the World as Globe,* Chicago 2017.

5 Jan Zalasiewicz u.a., »A General Introduction to the Anthropocene«, in: ders., Colin Neil Waters, Mark Williams, Colin Summerhayes (Hg.), *The Anthropocene as a Geological Time Unit. A Guide to the Scientific Evidence and Current Debate,* Cambridge 2019, S. 2-11. Vier weitere wichtige Einführungen in das Problem des Anthropozäns aus Sicht der Geistes- und Sozialwissenschaften sind Simon Lewis, Mark Maslin, *The Human Planet. How We Created the Anthropocene,* London 2018; Jeremy Davies, *The Birth of the Anthropocene,* Berkeley 2018; Eva Horn, Hannes Bergthaller, *Anthropozän zur Einführung,* Hamburg 2019; und Carolyn Merchant, *The Anthropocene and the Humanities. From Climate Change to a New Age of Sustainability,* New Haven 2020.

6 Einige dieser Debatten schildere ich in meinem Aufsatz »The Human Significance of the Anthropocene«, in: Bruno Latour (Hg.), *Modernity Reset!,* Cambridge, Mass., 2016, S. 189-199.

7 In Zalasiewicz u.a. (Hg.), *The Anthropocene as a Geological Time Unit,* S. 31-40 finden sich Argumente, warum die formale Anerkennung dieses Begriffs von Nutzen wäre.

8 Zitiert in Andrew S. Goudie, Heather A. Viles, *Geomorphology in the Anthropocene,* Cambridge 2016, S. 28. Siehe auch die ausführlichere Er-

örterung in J. R. McNeill, Peter Engelke, *The Great Acceleration. An Environmental History of the Anthropocene since 1945*, Cambridge, Mass., 2014.

9 Peter Haff, »Technology as a Geological Phenomenon. Implications for Human Well-Being«, in: C. N. Waters u. a. (Hg.), *A Stratigraphical Basis for the Anthropocene*, Sondernummer der *Geological Society of London* 395 (2014), S. 301-309, hier 301 f., ⟨https://sp.lyellcollection.org/content/395/1/301⟩.

10 Haff, »Technology as a Geological Phenomenon«, S. 302.

11 Was eine Kritik von Haffs Begriff der Technosphäre anbelangt, siehe Jonathan F. Donges u. a., »The Technosphere in Earth System Analysis. A Coevolutionary Perspective«, in: *Anthropocene Review* 4, Nr. 1 (2017), S. 23-33.

12 Carl Schmitt, »Gespräch über den Neuen Raum« (1955/1958), in: ders., *Staat, Großraum, Nomos. Arbeiten aus den Jahren 1916-1969*, Berlin 1995, S. 552-572, hier 563 ff.

13 Peter Haff, »The Technosphere and Its Relations to the Anthropocene«, in: Zalasiewicz u. a. (Hg.), *The Anthropocene as a Geological Time Unit*, S. 143.

14 Jan Zalasiewicz u. a., »Scale and Diversity of the Physical Technosphere. A Geological Perspective«, in: *Anthropocene Review* 4, Nr. 1 (2017), S. 9-22, hier 10.

15 University of Leicester, »Earth's ›Technosphere‹ Now Weighs 30 Trillion Tons, Research Finds«, in: *Phys.org*, 30. November 2016, ⟨https://phys.org/news/2016-11-earth-technosphere-trillion-tons.html⟩. Was diesen Berechnungen zugrunde liegt, wird dargelegt in Zalasiewicz u. a., »Scale and Diversity of the Physical Technosphere«.

16 Zalasiewicz u. a. (Hg.), *The Anthropocene as a Geological Time Unit*, S. 105.

17 Goudie, Viles, *Geomorphology in the Anthropocene*, S. 33.

18 Zalasiewicz u. a. (Hg.), *The Anthropocene as a Geological Time Unit*, S. 71.

19 Ich stimme grundsätzlich mit Jeremy Davies' Argument überein, dass die Aufnahme der Diskussion über Klimawandel und Anthropozän in den Geisteswissenschaften mit der Frage verknüpft ist, wie man – in der menschlichen Geschichtsschreibung oder in der Politik – mit der Tiefenzeit verfahren soll. Davies, *The Birth of the Anthropocene*.

20 Naomi Oreskes, »Scaling Up Our Vision«, in: *Isis* 105 (2014), S. 388. Die Frage der Massensterben und warum sie für menschliches Leben ein Problem darstellen, erörtert Peter F. Sale, *Our Dying Planet. An Ecologist's View on the Crisis We Face*, Berkeley 2011, S. 102, 148 f., 203-211 und 233. Siehe auch Elizabeth Kolbert, *Das sechste Sterben. Wie der*

Mensch Naturgeschichte schreibt. Aus dem amerikanischen Englisch von Ulrike Bischoff, Berlin 2016 [2014].

21 Frédéric Worms, *Pour un humanisme vital. Lettres sur la vie, la mort, le moment présent*, Paris 2019.

22 An dieser Stelle gebe ich – mit Respekt und Bewunderung – eine kleine begriffliche Uneinigkeit mit einigen Vorschlägen zu Protokoll, die Daniel Lord Smail in seinem nachdenklich stimmenden Buch *On Deep History and the Brain* (Berkeley 2008) gemacht hat. Das Buch beginnt mit der Behauptung: »Wenn die Menschheit der eigentliche Gegenstand der Geschichte ist, wie Carl von Linné wahrscheinlich empfohlen hätte, dann liegt es nahe, auch das Paläolithikum, jenen sich lang hinziehenden Teil der Steinzeit vor der landwirtschaftlichen Wende, in unsere Geschichte einzubeziehen« (2). Dem stimme ich zu. Doch dann sagt Smail über die Gene, die ein »beträchtliches Alter« hätten und »verantwortlich für die Ausbildung des autonomen Nervensystems« seien, dass »diese Geschichte zugleich Weltgeschichte ist, da alle Menschen dieselben Anlagen haben, auch wenn diese in den verschiedenen Kulturen auf unterschiedliche Weisen ausgebildet, verarbeitet und optimiert werden« (201). Das mag stimmen, aber das physische Merkmal eines autonomen Nervensystems teilen die Menschen mit vielen anderen Tieren, sodass diese Weltgeschichte nicht aus Menschen allein bestehen kann. Vielleicht sollten wir anfangen, diese Art von Geschichtsschreibung zwischen verschiedenen Arten aufzuteilen, aber das wäre eine gesonderte Diskussion. Die auf der Geschichte des menschlichen Gehirns und seiner Plastizität beruhenden Vermutungen der Philosophin Catherine Malabou sind indes höchst einschlägig und könnten, wenn die zukünftige Entwicklung sie bestätigt, durchaus einige meiner Behauptungen in Frage stellen. Catherine Malabou, »The Brain of History, or The Mentality of the Anthropocene«, in: *South Atlantic Quarterly* 116, Nr. 1 (Januar 2017), S. 39-53. Siehe auch ihr Buch *Was tun mit unserem Gehirn?* Aus dem Französischen von Ronald Voullié, Zürich, Berlin 2006 [2004].

23 Fruchtbare Gedanken darüber, wie das Anthropozän Einfluss auf unser herkömmliches Verständnis von Politik und politischem Denken nimmt, finden sich bei Duncan Kelly, *Politics and the Anthropocene*, Cambridge 2019.

24 Siehe Patchen Markells vorzüglichen Aufsatz »Arendt's Work. On the Architecture of *The Human Condition*«, in: *College Literature* 38, Nr. 1 (Winter 2011), S. 15-44, hier 36 und 37 (Anm. 3), in dem er zur »Interdependenz« von Herstellen und Handeln Stellung nimmt. Vgl. auch Miguel Vatters folgenden Kommentar: »Handeln und Natalität [...] stehen zueinander in einem Verhältnis, das man ›mimetisch‹ nennen kann:

Handeln kann nur eine Steigerung von Natalität sein, niemals ihre Einschränkung, Steuerung oder Beherrschung.« Miguel Vatter, »Natality and Biopolitics in Hannah Arendt«, in: *Revista de ciencia politica* 26, Nr. 2 (2006), S. 137-159, hier 155.

25 Hannah Arendt, *Vita activa oder Vom tätigen Leben*, Stuttgart: Kohlhammer 1960 [1958], S. 14, vgl. auch S. 164.

26 Ebd., S. 15f. Denselben Punkt macht Arendt in *Vom Leben des Geistes*: »hätte Kant die Augustinische Philosophie des Geborenwerdens gekannt, so hätte er vielleicht zugestanden, daß die Freiheit einer *relativ* absoluten Spontaneität für die menschliche Vernunft nicht anstößiger sei als die Tatsache, daß die Menschen *geboren werden* – jeder ist wieder Neuankömmling *in einer Welt, die zeitlich vorausging* [m. Herv.].« Hannah Arendt, *Vom Leben des Geistes*, Bd. II: *Das Wollen*, München, Zürich 1979 [1978], S. 107. In »Natality« erörtert Vatter die Genese von Arendts Kategorie der »Natalität« bzw. des Geborenwerdens und wie sie in der Literatur über Arendt behandelt wird, auf eindringliche Weise. Vermutlich betonte Arendt die Natalität, um ihr Denken von der Heideggerianischen Tradition abzugrenzen, die vom Horizont der Sterblichkeit und Endlichkeit her denkt. Zu einer ausführlichen Auseinandersetzung mit dem Punkt, ob Natalität Heideggers Hervorhebung von Endlichkeit und Sterblichkeit entgegensteht oder sich von Heideggers Betrachtungen zur Geburt herleitet, siehe Vatter, S. 138f. Vatter betont die unabhängige Herkunft dieses Begriffs und macht einige sehr interessante Beobachtungen über die Verbindungen zwischen Walter Benjamin und Arendt in Bezug auf die Frage der Natalität. Dana Villas Buch *Arendt and Heidegger. The Fate of the Political*, Princeton 1995, enthält hilfreiche Ausführungen, wie Arendt sich Heidegger für die Zwecke ihrer eigenen Philosophie zu Eigen macht.

27 Arendt, *Vita activa*, S. 16.

28 Arendt, *Vom Leben des Geistes*, Bd. II, S. 107. Siehe außerdem Hannah Arendt, »Die Lüge in der Politik« (1972), in: dies., *Wahrheit und Lüge in der Politik. Zwei Essays*, München 1987, S. 7-43, hier 8: »Ein Wesenszug menschlichen Handelns ist, daß es immer etwas Neues anfängt; das bedeutet jedoch nicht, daß es ihm jemals möglich ist, *ab ovo* anzufangen oder *ex nihilo* etwas zu erschaffen.«

29 Hannah Arendt, *Was ist Politik? Fragmente aus dem Nachlaß*. Hrsg. v. Ursula Ludz, München, Zürich 1993, S. 11. Zitiert in Vatter, »Natality«, S. 142.

30 Siehe zum Beispiel Sheldon S. Wolin, Hannah Arendt. Democracy and the Political«, in: *Salmagundi* 60 (Frühjahr/Sommer 1983), S. 3-19; Hannah Fenichel Pitkin, »Justice. On Relating Private and Public«, in: *Political Theory* 9, Nr. 3 (August 1981), S. 327-352; Keith Breen, »Violence

and Power. A Critique of Hannah Arendt on ›The Political‹«, in: *Philosophy and Social Criticism* 33, Nr. 3 (2007), S. 343-372; Jacques Rancière, *Zehn Thesen zur Politik.* Aus dem Französischen von Richard Steurer-Boulard, Wien 2018 [2001].

31 Siehe besonders Markell, »Arendt's Work«. Siehe auch Steven Klein, »›Fit to Enter the World‹. Hannah Arendt on Politics, Economics, and the Welfare State«, in: *American Political Science Review* 108, Nr. 4 (November 2014), S. 856-869.

32 Die Schwierigkeiten, die diese Unterscheidungen den Interpret:innen bereiteten, fasst Markell in »Arendt's Work« zusammen. Siehe besonders die Darlegungen auf den Seiten 15-17. Außerdem zieht Markell einige interessante Verbindungslinien zwischen Arendts Deutung des Totalitarismus als eines Systems, das juristische Personen auf »reine Naturwesen« reduzierte, von 1951, und ihrer späteren Ausarbeitung der Unterscheidung zwischen »Arbeiten« und »Herstellen« (siehe S. 19).

33 Arendt, *Vita activa,* S. 14. »Das Herstellen [...] durchbricht den Kreislauf der Arbeitszeit: Durch diese Tätigkeit bringen Menschen eine Welt *dauerhafter* Gegenstände hervor«, Markell, »Arendt's Work«, S. 22, m. Herv. Siehe auch seine Kommentare auf den Seiten 27 und 32. Wie mir scheint, muss sich die Dauerhaftigkeit über die Gegenwart hinaus und über Generationen hinweg erstrecken, damit das »Herstellen« die Beschaffenheit behält, die Arendt ihm zugewiesen hat.

34 Arendt, *Vita activa,* S. 125. Zum Zusammenhang von Herstellen und Handeln siehe Markell, »Arendt's Work«, S. 20. Arendts Gedanke der Natalität muss nicht unbedingt als Argument für geburtsbedingte Identität gelesen werden. Siehe Vatter, »Natality«, S. 151 und 152: »In Wirklichkeit geht Natalität der gemeinsamen Welt voran.« Eine ziemlich ähnliche Interpretation der Natalität in Arendts Schriften legt Peg Birmingham in ihrem Buch *Hannah Arendt and Human Rights. The Predicament of Common Responsibility* (Bloomington 2006) auf S. 76 vor: »Sie [Arendt] beschäftigt sich ständig mit dem doppelten Wunder des Ereignisses, geboren zu werden: sowohl mit dem Wunder des Gegebenen als auch mit dem Wunder des Anfangens.«

35 Arendt, *Vita activa,* S. 163.

36 Arendts Erörterung (ebd., S. 154-163) bewegt sich auf eine Betrachtung des Verhältnisses von Herstellen und Kunst zu. In »Arendt's Work« nimmt Markell eindrucksvoll zu den Komplikationen Stellung, die mit diesem Schritt verbunden sind.

37 Eine starke, wenn auch pessimistische Betrachtung des Problems generationenübergreifender Ethik und Verantwortung im Zusammenhang mit dem Klimawandel ist Stephen Gardiners *A Perfect Moral Storm. The Ethical Tragedy of Climate Change*, New York 2011.

38 In indischen Zeitungsberichten heißt es, dass »in den letzten 50 Jahren« im Aravalligebirge im Bundesstaat Rajasthan 31 von 128 Hügeln »durch massiven, illegalen Abbau verschwunden« sind. Amit Anand Choudhary, »A Fourth of Aravali Hills in Rajasthan Gone Forever«, in: *Times of India*, 23. Oktober 2018, ⟨https://timesofindia.indiatimes.com/india/31-hills-in-aravali-region-in-rajasthan-disappeared-sc-directs-state-to-stop-illegal-mining-in-48-hours/articleshow/66336416.cms⟩.

39 Zur Debatte über Geoengineering, siehe Clive Hamilton, *Earthmasters. The Dawn of the Age of Climate Engineering*, New Haven 2013; David Keith, *A Case for Climate Engineering*, Cambridge, Mass., 2013; und Holly Jean Buck, *After Geoengineering. Climate Tragedy, Repair, and Restoration*, London 2019. Was Warnungen vor einer möglichen Rebarbarisierung der Welt anbelangt, siehe Bruno Latour, *Das terrestrische Manifest*. Aus dem Französischen von Bernd Schwibs, Berlin 2018 [2017].

40 Kelly, *Politics and the Anthropocene;* Geoff Mann, Joel Wainwright, *Climate Leviathan. A Political Theory of Our Planetary Future*, London 2018. Das hier beschriebene zeitliche Problem hat außerdem den Gedanken einer »Endzeit« zur Folge, der sehr umsichtig behandelt wird in François Hartog, *Chronos. L'Occident aux prises avec le Temps*, Paris 2020.

41 Carl Schmitt, *Der Begriff des Politischen*. Text von 1932 mit einem Vorwort und drei Corrolarien, Berlin: Duncker und Humblot, 3. Aufl. 1991 [1963], S. 54. In dieser Hinsicht bleibe ich skeptisch, was die Umsetzbarkeit von Vorschlägen anbelangt, welche die Lösung für den unersättlichen Akkumulationstrieb des Kapitals in so etwas wie einem einzigen rationalen Prinzip entdecken, dem alle Menschen freiwillig oder unfreiwillig zustimmen werden. Siehe John Bellamy Foster, Brett Clark, Richard York, *Der ökologische Bruch. Der Krieg des Kapitals gegen den Planeten*. Aus dem US-amerikanischen Englisch von Klaus E. Lehmann, Hamburg 2011 [2010], S. 395f. und 414. Warum eine solche Sachlage, selbst wenn sie durch irgendeine Revolution erreicht worden ist, nicht von einer Handvoll Menschen für ihre beschränkten Interessen missbraucht werden sollte, ist mir nie klar geworden. Wie mir scheint, müssen Menschen ihre konfligierenden Interessen, Wünsche, Macht und Vorstellungskraft real durcharbeiten.

42 Siehe die Einleitung meines Buches *Provincializing Europe. Postcolonial Thought and Historial Difference*, Princeton 2008 [2000].

43 Zalasiewicz u. a. (Hg.), *The Anthropocene as a Geological Time Unit*, S. 11.

44 Bernard Williams, *Wahrheit und Wahrhaftigkeit*. Übersetzt von Joachim Schulte, Frankfurt/M. 2003 [2002], S. 13. Williams' Äußerung zielt direkt auf Bruno Latour, was meines Erachtens Latour gegenüber unfair

ist. Ganz unrecht hat Williams aber leider nicht. Ich bin auf kritische wissenschaftsgeschichtliche Schriften gestoßen, die allem Anschein nach mit der Annahme arbeiten, die Williams kritisiert.

45 Denn wenn Wissenschaft nichts anderes ist als (wie auch immer verstandene) Politik, welchen kognitiven Status hat dann diese Behauptung selbst? Ist sie zuverlässiger als Wissenschaft oder Politik?

46 Dass in vielen Teilen der Welt eine politisch-praktische Notwendigkeit besteht, die abstrakte Wissenschaft von Klimawandel und Anthropozän in lokal verständliche Auflagen und Anliegen zu übersetzen, ist von vielen Anthropologen belegt worden. Siehe zum Beispiel die Ausführungen von Sara de Wit in »To See or Not to See. On the ›Absence‹ of Climate Change (Discourse) in Maasailand, Northern Tanzania«, und von Vimbai Kwashirai in »Perspectives on Climate Change in Makonde District, Zimbabwe since 2000«, in: Ingo Haltermann, Julia Tischler (Hg.), *Environmental Change and African Societies*, Leiden 2019, S. 23-47 und S. 48-70.

47 Siehe meinen Aufsatz »Postcolonial Studies and the Challenge of Climate Change«, in meinem Buch *The Crises of Civilization. Exploring Global and Planetary Histories*, Neu-Delhi 2018, S. 223-243.

48 Siehe C. B. Macpherson, *Die politische Theorie des Besitzindividualismus. Von Hobbes bis Locke.* Übersetzt von Arno Wittekind, Frankfurt/M. ^{3}1990 [1962].

49 Die Archäologin Kathleen D. Morrison behauptet, dass die »Kodifizierung von Erzeugnissen der Bewässerungswirtschaft in mehreren Küchen der Elite« sich »in Südindien seit dem ersten Jahrtausend u. Z.« belegen lässt. Siehe ihr Papier im Auftrag des Nehru Memorial Museum and Library »The Human Face of the Land. Why the Past Matters for India's Environmental Future«, History and Society, New Series, Nr. 27, Neu-Delhi 2013, S. 16.

50 Robert Emmett, Thomas Lekan (Hg.), »Whose Anthropocene? Revisiting Dipesh Chakrabarty's ›Four Theses‹«, Sonderausgabe der Online-Zeitschrift *RCC Perspectives: Transformations in Environment and Society*, Nr. 2 (2016), und mein Aufsatz »The Politics of Climate Is More Than the Politics of Capitalism«, in: *Theory, Culture & Society* 34, Nr. 2/3 (2017), S. 1-13. Relevante feministische Kritikpunkte an meiner Position in der ursprünglichen Fassung von »The Climate of History« finden sich in Richard Grusin (Hg.), *Anthropocene Feminism*, Minneapolis 2017 – insbesondere in Grusins Einleitung und in den Aufsätzen von Claire Colebrook und Stacy Alaimo. Siehe auch Tom Cohen, Claire Colebrook, »Vortices. On ›Critical Climate Change‹ as a Project«, in: *South Atlantic Quarterly* 116, Nr. 1 (2017), S. 129-143. Was eine neuere Kritik an meiner Position anbelangt, sieht Dan Boscov-Ellen,

»Whose Universal? Dipesh Chakrabarty and the Anthropocene«, in: *Capitalism, Nature, Socialism* 31, Nr. 1 (2020), S. 70-83, online veröffentlicht am 23. August 2018, ⟨https://www.tandfonline.com/doi/abs/10.1080/10455752.2018.1514060?journalCode=rcns20⟩. Die bislang nachhaltigste, großzügige und doch entschiedene Kritik an meinen Arbeiten zum Klimawandel findet sich in Ian Baucoms Buch *History 4° Celsius. Search for a Method in the Age of the Anthropocene*, Durham 2020.

51 »In seinem [...] Aufsatz »Climate of History« von 2009«, schreibt Wood, »hat Dipesh Chakrabarty behauptet, der geologische Maßstab des Klimawandels verändere die Ausgangsbedingungen von Kritik. [...] In der Annahme, dass der Klimawandel eine Kategorie menschlicher Handlungsmacht auf Gattungsebene und eine ›tiefenzeitliche‹ Durchdringung der Weltgeschichte erforderlich macht, drängt Chakrabarty im Weiteren sowohl auf feinkörnige historische Differenzierung *als auch* auf ein planetarisches, tiefenzeitliches Bewusstsein, aber seine Kritiker [...] haben seine Argumentation als binäre Gegenüberstellung karikiert, die zu einer Nullsummenentscheidung zwischen ›Kritik‹ und ›Wissenschaft‹ führe.« Gillen D'Arcy Wood, »Climate Delusion. Hurricane Sandy, Sea Level Rise, and 1840s Catastrophism«, in: *Humanities* 8, Nr. 131 (2019), S. 3f.

52 ⟨https://www.sealevel.info/1988_Hansen_Senate_Testimony.html⟩.

53 Edward Said, *Orientalismus.* Aus dem Englischen von Hans Günter Holl, Frankfurt/M. 2009 [1978].

54 Was eine ältere Beschreibung der Rolle der Geisteswissenschaften im akademischen Milieu der USA anbelangt, siehe Irving Babbit, *Literature and the American College. In Defense of the Humanities*, Boston 1908. Siehe außerdem meinen Aufsatz »An Anti-Colonial History of Postcolonial Thought. A Tribute to Greg Dening« in meinem Band *Crises of Civilization*, S. 28-53, und einige andere Aufsätze in diesem Buch, die ein Gefühl für den Wandel vermitteln sollen, den die Geisteswissenschaften in der zweiten Hälfte des 20. Jahrhunderts durchlaufen haben.

55 James C. Scott, *Weapons of the Weak. Everyday Forms of Peasant Resistance*, New Haven 1985.

56 Der erste, von Ranajit Guha herausgegebene Band *Subaltern Studies. Writings on Indian History and Society* erschien 1982 in Neu-Delhi.

57 Die Geschichte und Wirkung dieses Essays wird geschildert in Rosalind C. Morris (Hg.), *Reflections on the History of an Idea. Can the Subaltern Speak?*, New York 2010.

58 Alan Reed (Hg.), *The Fact of Blackness. Frantz Fanon and Visual Representation*, London, Seattle 1996.

59 Homi K. Bhabha, *Die Verortung der Kultur.* Übersetzt von Michael Schiffmann und Jürgen Freudl, Tübingen 2000 [1994].

60 Dennis Meadows u.a., *Die Grenzen des Wachstums. Bericht des Club of Rome zur Lage der Menschheit.* Aus dem Amerikanischen von Hans-Dieter Heck, Stuttgart 16. Aufl. 1994 [1972].

61 Der klassische Text ist Anil Agarwal, Sunita Narain, *Globale Erwärmung in einer ungleichen Welt. Ein Fall von Öko-Kolonialismus.* Aus dem Englischen von Birgitt Krumböck und Elisabeth Kreuz, Herrsching 1992 [1991]. Rob Nixons Buch *Slow Violence and the Environmentalism of the Poor*, Cambridge, Mass., 2011, wird zu Recht als ein postkolonialer geisteswissenschaftlicher Text gefeiert, der die Sorge um menschliche Ungleichheiten mit der Sorge um die durch die Geschäfte kapitalistischer Unternehmen verursachte, zunehmende Schädigung der Umwelt zusammenbringt.

62 Sverre Raffnsøe, *Philosophy of the Anthropocene*, Houndmills 2016, S. 53 (Anm. 1).

63 Immanuel Kant, *Logik* (Jäsche, 1800), in: *Kant's gesammelte Schriften.* Hrsg. v.d. Königlich Preußischen Akademie der Wissenschaften, Bd, IX: *Logik, Physische Geographie, Pädagogik*, Berlin, Leipzig 1923, S. 1-150, hier 25 (Einl., Abschn. III: »Begriff von der Philosophie überhaupt«). Diese Fragen haben Kant lange beschäftigt, siehe seine *Kritik der reinen Vernunft* (1781), A 805, B 833 und A806, B 834.

Kapitel 1
Vier Thesen

1 Alan Weisman, *Die Welt ohne uns. Reise über eine unbevölkerte Erde.* Aus dem Amerikanischen von Hainer Kober, München, Zürich 2007 [2007], S. 13f.

2 Siehe Christopher A. Bayly, *Die Geburt der modernen Welt. Eine Globalgeschichte 1780-1914.* Aus dem Englischen von Thomas Bertram und Martin Klaus, Frankfurt/M., New York 2006 [2004].

3 Dass die Vorgeschichte der Erforschung der globalen Erwärmung auf europäische Wissenschaftler des 19. Jahrhunderts wie Joseph Fourier, Louis Agassiz und Arrhenius zurückgeht, wird in vielen populärwissenschaftlichen Büchern geschildert. Siehe zum Beispiel das Buch des Vorsitzenden des Intergovernmental Panel on Climate Change der Vereinten Nationen von 1988 bis 1997, Bert Bolin, *A History of the Science and Politics of Climate Change. The Role of the Intergovernmental Panel on Climate Change*, Cambridge 2007, Teil 1. Siehe außerdem David Archer, Raymond Pierrehumbert (Hg.), *The Warming Papers. The Scientific Foundation for the Climate Change Forecast*, Oxford 2011.

4 Zitiert in Mark Bowen, *Censoring Science. Inside the Political Attack on*

Dr. James Hansen and the Truth of Global Warming, New York 2008, S. 1.

5 Zitiert ebd., S. 228. Siehe außerdem »Too Hot to Handle. Recent Efforts to Censor Jim Hansen«, in: *Boston Globe*, 5. Februar 2006, S. E1.

6 Siehe zum Beispiel Walter K. Dodds, *Humanity's Footprint. Momentum, Impact, and Our Global Environment*, New York 2008, S. 11-62.

7 Als sie publik wurde, machte diese Äußerung verständlicherweise viele meiner marxistischen Freunde wütend, in Wirklichkeit war sie aber der Beginn meines Weges hin zur Ausarbeitung der Unterscheidung von Globus und Planet, die für die Gesamtargumentation dieses Buches so zentral ist.

8 Giovanni Arrighi, *The Long Twentieth Century. Money, Power, and the Origins of Our Times*, London 2006 [1994], S. 356; ders., *Adam Smith in Beijing. Die Genealogie des 21. Jahrhunderts.* Aus dem Amerikanischen von Britta Dutke; Hamburg 2008 [2007], S. 479-482.

9 Ein Indikator für die wachsende Popularität des Themas ist die Anzahl der Bücher, die in letzter Zeit zur Unterrichtung des allgemeinen Lesepublikums über das Wesen der Krise erschienen sind. Zu den Veröffentlichungen, die diesem Kapitel ursprünglich zugrunde lagen, gehören: Mark Maslin, *Global Warming. A Very Short Introduction*, Oxford 2004; Tim Flannery, *Wir Wettermacher. Wie die Menschen das Klima verändern und was das für unser Leben auf der Erde bedeutet.* Aus dem Englischen von Hartmut Schickert, Frankfurt/M. 2006 [2005]; David Archer, *Global Warming. Understanding the Forecast*, Malden 2007; Kelly Knauer (Hg.), *Global Warming*, New York 2007; Mark Lynas, *Six Degrees. Our Future on a Hotter Planet*, Washington 2008; William H. Calvin, *Global Fever. How to Treat Climate Change*, Chicago 2008; James Hansen, »Climate Catastrophe«, in: *New Scientist*, 28. Juli-3. August 2007, S. 30-34; ders. u.a., »Dangerous Human-Made Interference with Climate. A GISS ModelE Study«, in: *Atmospheric Chemistry and Physics* 7, Nr. 9 (2007), S. 2287-2312; sowie ders. u.a., »Climate Change and Trace Gases«, in: *Philosophical Transactions of the Royal Society*, 15. Juli 2007, S. 1925-1954. Siehe außerdem Nicholas Stern, *The Economics of Climate Change. The »Stern Review«*, Cambridge 2007. Angaben über neuere wissenschaftliche und andere Literatur finden sich über das ganze Buch verteilt.

10 Naomi Oreskes, »The Scientific Consensus on Climate Change. How Do We Know We're Not Wrong?«, in: Joseph F.C. Dimento, Pamela Doughman (Hg.), *Climate Change. What It Means for Us, Our Children, and Our Grandchildren*, Cambridge, Mass., 2007, S. 65-100, hier 73 und 74.

11 Die Behauptung, dass die derzeitige Phase der planetarischen Erwär-

mung anthropogenen Ursprungs ist, hat sogar noch mehr Zustimmung erfahren, seit ich diesen Abschnitt geschrieben habe. Mittlerweile wird die Wissenschaft nur selten so sehr in Frage gestellt wie noch vor sechs oder sieben Jahren. Bezeichnenderweise, sollte ich hinzufügen, stammen die meisten, wenn nicht alle Wissenschaftler:innen, die es bisher auf sich genommen haben, der allgemeinen Leserschaft das Problem des planetarischen Klimawandels zu erklären, aus dem sogenannten Westen. Am IPCC sind zwar Wissenschaftler:innen aus der ganzen Welt beteiligt, aber die meisten von ihnen liefern Fachbeiträge. Die Wissenschaftler:innen, auf die ich mich hier stütze, sind alle aus dem, was wir im Allgemeinen als Westen betrachten. Dies könnte durchaus etwas über das historische Vermögen des einstmals imperialen Westens aussagen, »Universalien« hervorzubringen und in ihrem Namen zu sprechen. Daran zeigt sich auch die Uneinheitlichkeit des öffentlichen Raums in Bezug auf Diskussionen über globale Erwärmung. Diesem Problem gehe ich hier nicht nach, aber es lässt sich nicht leugnen, dass dieses Buch einem um die Frage der globalen Erwärmung kreisenden öffentlichen Raum entspringt, den der westliche Universitätsbetrieb geschaffen hat.

12 Unabhängig von dem, was ich über Vico sage, gab es eindeutig bis weit ins 18. Jahrhundert noch eine weitere geistige Tendenz: die biblischen Geschichten über die Welt, die Naturgeschichte und Menschengeschichte als Teile derselben Schöpfungsgeschichte betrachteten. Die tatsächliche Trennung der beiden erfolgte im 19. Jahrhundert mit dem Aufstieg der modernen Sozialwissenschaften. Siehe Jean-Baptiste Fressoz, Fabien Locher, »Modernity's Frail Climate. A Climate History of Environmental Reflexivity«, in: *Critical Inquiry* 38, Nr. 3 (2012), S. 579-598.

13 Historisch weit zurückverfolgt wird diese Unterscheidung in Paolo Rossi, *The Dark Abyss of Time. The History of the Earth and the History of Nations from Hooke to Vico*. Übers. v. Lydia G. Cochrane, Chicago 1984 [1979].

14 Benedetto Croce, *Die Philosophie Giambattista Vicos*. Übers. v. Erich Auerbach und Theodor Lücke, Tübingen 1927 [1911], S. 4. Carlo Ginzburg hat mich darauf hingewiesen, dass die englische Übersetzung von R. G. Collingwood problematische Stellen hat.

15 Siehe die Ausführungen in Perez Zagorin, »Vico's Theory of Knowledge. A Critique«, in: *Philosophical Quarterly* 34 (Januar 1984), S. 15-30.

16 Karl Marx, *Der achtzehnte Brumaire des Louis Bonaparte* (1852), Berlin 1932, S. 17. Siehe V. Gordon Childe, *Der Mensch schafft sich selbst.* Aus dem Englischen von Wolfgang Martini, Dresden 1959 [1941]. In der Tat war Althussers Aufbegehren gegen Marx' Humanismus in den 1960er Jahren zum Teil ein heiliger Krieg gegen Überbleibsel von Vico

in den Texten des Gelehrten (Étienne Balibar, persönliche Mitteilung an den Autor, 1. Dezember 2007). Ich bin Étienne Balibar und dem vor kurzem verstorbenen Ian Bedford dankbar, mich auf die komplexen Verbindungen zwischen Marx und Vico aufmerksam gemacht zu haben.

17 David Roberts beschreibt Collingwood als »den einsamen Oxforder Historiker [...], der in wichtigen Hinsichten ein Anhänger Croces ist«. David D. Roberts, *Benedetto Croce and the Uses of Historicism*, Berkeley 1987, S. 325.

18 Zu Croces Fehldeutung von Vico siehe die allgemeinen Ausführungen in Cecilia Miller, *Giambattista Vico. Imagination and Historical Knowledge*, Basingstoke 1993, sowie James C. Morrison, »Vico's Principles of Verum is Factum and the Problem of Historicsm«, in: *Journal of the History of Ideas* 39 (Oktober-Dezember 1978), S. 579-595.

19 Robin G. Collingwood, *Philosophie der Geschichte*. Aus dem Englischen von Gertrud Herding, Stuttgart 1955 [1946], S. 223f. und 227.

20 Ebd., S. 204.

21 Roberts, *Benedetto Croce and the Uses of Historicsm*, S. 59-62.

22 Josef Stalin, *Über Dialektischen und Historischen Materialismus* (1938). Vollständiger Text und kritischer Kommentar von Iring Fetscher, Frankfurt/M., Berlin, Bonn 1957, S. 99.

23 Fernand Braudel, »Vorwort zur ersten Auflage«, in: ders., *Das Mittelmeer und die mediterrane Welt in der Epoche Philipps II.* Übersetzt von Grete Osterwald, Frankfurt/M. 1990 [1949], Bd. 1, S. 20. Siehe außerdem Peter Burke, *Offene Geschichte. Die Schule der »Annales«*. Aus dem Englischen von Matthias Fienbork, Berlin 1991 [1990], S. 37-68.

24 Siehe Hans-Georg Gadamer, *Wahrheit und Methode. Grundzüge einer philosophischen Hermeneutik*, Tübingen 1972 [1960], S. 199-205. Siehe außerdem Bonnie G. Smith, »Gender and the Practices of Scientific History. The Seminar and Archival Research in the Nineteenth Century«, in: *American Historical Review* 100 (Oktober 1995), S. 1150-1176.

25 Braudel, »Vorwort zur ersten Auflage«, S. 20.

26 Alfred W. Crosby Jr., *The Columbian Exchange. Biological and Cultural Consequences of 1492*, London 2003 [1972], S. xxv.

27 Siehe Smail, *On Deep History and the Brain*, S. 74-189.

28 Oreskes, »The Scientific Consensus«, S. 93.

29 Alfred W. Crosby Jr., »The Past and Present of Environmental History«, in: *American Historical Review* 100 (Oktober 1995), S. 1185.

30 Vor kurzem hat Jeremy Davies mich zu Recht zur Rede gestellt, weil ich die Unterscheidung zwischen biologischer und geologischer Handlungsmacht in der ursprünglichen Fassung dieses Kapitels übertrieben habe. Siehe Jeremy Davies, »Noah's Dove. The Anthropocene, the Earth System and Genesis 8, 8-12«, in: *Green Letters. Studies in Ecocriti-*

cism 23, Nr. 4 (2019), S. 337-349, ⟨https://doi.org/10.1080/14688417.2019.1706611⟩. Dies habe ich denn auch in einer späteren Veröffentlichung eingeräumt: »Man kann die biologische Handlungsmacht von Menschen nicht auf die Weise von ihrer geologischen Handlungsmacht trennen, wie ich es anscheinend in meinem Aufsatz ›The Climate of History‹ getan habe.« Dipesh Chakrabarty, »Whose Anthropocene? A Response«, in: Emmett, Lekan (Hg.), *Whose Anthropocene*?, S. 104. Dass das Leben selbst als geologische Kraft fungiert, ist schon vor langer Zeit erkannt worden. Siehe Peter Westbroek, *Life as a Geological Force. Dynamics of the Earth*, New York 1991. Die Unterscheidung von Globus und Planet, um die dieses Buch kreist, ersetzt die von mir ursprünglich postulierte Unterscheidung von biologischer und geologischer Handlungsmacht.

31 Will Steffen, Direktor des Centre for Resource and Environmental Studies an der Australian National University, wird mit diesen Worten zitiert in dem Artikel »Humans Creating New ›Geological Age‹«, in: *Australian*, 31. März 2008. Steffen bezieht sich auf den Millennium Ökosystem-Sachstandsbericht von 2005. Siehe außerdem Neil Shubin, »The Disappearance of Species«, in: *Bulletin of the American Academy of Arts and Sciences* 61 (Frühjahr 2008), S. 17-19.

32 Bill McKibben hat argumentiert, das »Ende der Natur« bedeute das Ende unserer »Vorstellung von der Natur als etwas Ewigem und von uns Unabhängigem«. Bill McKibben, *Das Ende der Natur*. Aus dem Amerikanischen von Udo Rennert, München 1990 [1989], S. 20.

33 In seinem Buch *Das Parlament der Dinge. Für eine politische Ökologie*. Aus dem Französischen von Gustav Roßler, Frankfurt/M. 2001 [1999], das vor der Zuspitzung der Debatte über die globale Erwärmung geschrieben wurde, hat Bruno Latour die gesamte Tradition in Frage gestellt, die Idee der Politik um die Annahme herum zu organisieren, dass die Natur ein separater Raum sei, und auf die Probleme hingewiesen, vor die diese Annahme zeitgenössische Fragen der Demokratie stelle.

34 Gadamer, *Wahrheit und Methode*, S. 193. Der Historiker »weiß: Alles hätte auch anders kommen können, jedes handelnde Individuum hätte auch anders handeln können«.

35 Paul J. Crutzen, Eugene F. Stoermer, »The Anthropocene«, in: *IGBP Newsletter* 41 (Mai 2000), S. 17.

36 Paul J. Crutzen, »Geology of Mankind«, in: *Nature* 415, Nr. 23 (3. Januar 2002), S. 23. Die deutsche Fassung »Die Geologie der Menschheit« ist in der Übersetzung von Heinrich Geiselberger erschienen in: ders. u. a., *Das Raumschiff Erde hat keinen Notausgang. Energie und Politik im Anthropozän*, Berlin 2011, S. 7-10, hier 7.

37 Mike Davis, »Living on the Ice Shelf. Humanity's Meltdown«, *TomDispatch.com*, 26. Juni 2008, ⟨https://www.tomdispatch.com/post/174949⟩. Ich danke Lauren Berlant, dass sie mich auf diesen Aufsatz aufmerksam gemacht hat.

38 Crutzen, Stoermer, »The Anthropocene«, S. 17

39 Ebd.

40 Siehe William F. Ruddiman, »The Anthropogenic Greenhouse Era Began Thousands of Years Ago«, in: *Climate Change* 61, Nr. 3 (2003), S. 261-293; Paul J. Crutzen, Will Steffen, »How Long Have We Been in the Anthropocene Era?«, in: *Climate Change* 61, Nr. 3 (2003), S. 251-257; sowie Jan Zalasiewicz u. a., »Are We Now Living in the Anthropocene?«, in: *GSA Today* 18 (Februar 2008), S. 4-8.

41 Zalasiewicz u. a., »Are We Now Living in the Anthropocene?«, S. 7. Davis zufolge ist die 1807 gegründete Londoner Gesellschaft der »älteste geowissenschaftliche Verband der Welt«. Davis, »Living on the Ice Shelf«.

42 Libby Robin, Will Steffen, »History of the Anthropocene«, in: *History Compass* 5, Nr. 5 (2007), S. 1694-1719, und Jeffrey D. Sachs, »Das Anthropozän«, in: ders., *Wohlstand für viele. Globale Wirtschaftspolitik in Zeiten der ökologischen und sozialen Krise.* Aus dem Amerikanischen von Helmut Dierlamm, München 2008 [2008], S. 77-107, sind frühe Beispielfälle für die Übernahme des Begriffs in den Humanwissenschaften.

43 Edward O. Wilson, *Die Zukunft des Lebens.* Aus dem Amerikanischen von Doris Gerstner, Berlin 2002 [2002], S. 129.

44 Dabei macht das Buch *The Shock of the Anthropocene.* Übers. v. David Fernbach, London 2016 [2013], von Christophe Bonneuil und Jean-Baptiste Fressoz das Narrativ auf hilfreiche Weise komplexer.

45 Wie James Hansen in seinen Ausführungen auf der COP 25 (Madrid) hervorhob, »hat der Leiter der Forschungs- und Technikabteilung von Exxon die Klimabedrohung 1982 korrekt beschrieben: Das Klimasystem sei durch verzögerte Reaktionen und verstärkte Rückkopplungen gekennzeichnet. Zusammengenommen ließen diese auf die Dringlichkeit von Vorsorgemaßnahmen schließen. Die offensichtliche, dringend erforderliche Maßnahme sei die Entwicklung von kohlenstofffreier Energie. Stattdessen habe Exxon sich entschieden, in ›Fracking‹ zu investieren und die Angewiesenheit auf Brennstoffe mit immer ausgeprägterem klimatischen Fußabdruck fortgesetzt. Ergänzt wurde dies durch eine Desinformationskampagne, zu der auch die Vorspiegelung gehörte, dass sie hart an sauberer Kohle und erneuerbaren Energien arbeiten würden, [...] obwohl sie sehr genau wussten, dass die weltweiten Emissionen von fossilen Brennstoffen weiter ansteigen würden.« James Hansen, »Wheels of Justice«, 26. Dezember 2019, ⟨http://www.columbia.

edu/~jehi/mailings/2019/20191226_WheelsOfJustice.pdf⟩. Siehe außerdem Geoffrey Supran, Naomi Oreskes, »Assessing Exxon Mobil's Climate Change Communications (1977-2014)«, in: *Environmental Research Letters* 12 (2017), ⟨https://iopscience.iop.org/article/10.1088/1748-9326/aa815f⟩.

46 Wilson, *Die Zukunft des Lebens*, S. 129.

47 Crutzen, Stoermer, »The Anthropocene«, S. 18.

48 Davis, »Living on the Ice Shelf«.

49 Siehe Latour, *Das Parlament der Dinge.*

50 Wilson, *Die Zukunft des Lebens*, S. 129.

51 Flannery, *Wir Wettermacher*, S. 14 und 328.

52 Maslin, *Global Warming*, S. 147. Was eine Erörterung der Frage anbelangt, wie fossile Brennstoffe sowohl die Möglichkeiten als auch die Grenzen der Demokratien im 20. Jahrhundert geschaffen haben, siehe Timothy Mitchell, *Carbon Democracy. Political Power in the Age of Oil*, London 2011.

53 Davis, »Living on the Ice Shelf«.

54 Edward O. Wilson, *Darwins Würfel.* Aus dem Englischen von Thorsten Schmidt, München 2000 [1996], S. 8. A.d.Ü.: Übersetzung leicht modifiziert.

55 Siehe Smail, *On Deep History and the Brain.*

56 Wilson, *Darwins Würfel*, S. 8.

57 Michael Geyer, Charles Bright, »World History in a Global Age«, in: *American Historical Review* 100 (Oktober 1995), S. 1058f.

58 Ebd., S. 1059.

59 Siehe Smail, *On Deep History and the Brain*, S. 124.

60 Ebd., S. 124f.

61 Jacques Derrida, »Cogito und die Geschichte des Wahnsinns«, in: ders., *Die Schrift und die Differenz.* Aus dem Französischen von Rodolphe Gasché und Ulrich Köppen, Frankfurt/M. 1972 [1967], S. 53-101, hier 58.

62 Sachs, *Wohlstand für viele*, S. 77-107.

63 Edward Wilson, »Vorwort«, in: Sachs, *Wohlstand für viele*, S. 9-12, hier 10. Marxkenner:innen mag dies daran erinnern, wie der junge Marx die Kategorie »Gattungswesen« verwendet hat.

64 Siehe Kenneth Pomeranz, *The Great Divergence. Europe, China, and the Making of the Modern World Economy*, Princeton 2000; E.A. Wrigley, *Energy and the English Industrial Revolution*, Cambridge 2010; Fredrik Albritton Jonsson, »The Coal Question before Jevons«, in: *Historical Journal* 63, Nr. 1 (2020), S. 107-126; Andreas Malm, *Fossil Capital. The Rise of Steam Power and the Roots of Global Warming*, London 2016.

65 Siehe Mitchell, *Carbon Democracy.* Siehe außerdem Edwin Black, *Inter-*

nal Combustion. How Corporations and Governments Addicted the World to Oil and Derailed the Alternatives, New York 2006.

66 Arrighis *The Long Twentieth Century* gibt einen guten Einblick in diese Schwankungen der Geschicke des Kapitalismus.

67 Lawrence Guy Straus, »The World at the End of the Last Ice Age«, in: ders. u. a. (Hg.), *Humans at the End of the Ice Age. The Archaeology of the Pleistocene-Holocene-Transition*, New York 1996, S. 5.

68 Flannery, *Wir Wettermacher*, S. 86 und 87.

69 Seit ich diesen Satz vor einem Jahrzehnt schrieb, haben Wissenschaftler den Gedanken von »planetarischen Grenzen« in die Debatte eingebracht, die von Menschen nicht verletzt werden sollten. Siehe Johan Rockström u. a., »Planetary Boundaries. Exploring the Safe Operating Space for Humanity«, in: *Ecology and Society* 14, Nr. 2 (2009), ⟨http://www.ecologyandsociety.org/vol14/iss2/art32/⟩.

70 Ashish Kothari, »The Reality of Climate Injustice«, in: *Hindu*, 18. November 2007.

71 Den Gedanken einer »retrospektiven« und einer »prospektiven« Schuld habe ich einer von Peter Singer während des Chicago Humanities Festivals im November 2007 am Franke Institute for the Humanities geleiteten Diskussion entlehnt.

72 Crutzen, Stoermer, »The Anthropocene«, S. 17.

73 Siehe Colin Tudge, *Neanderthals, Bandits, and Farmers. How Agriculture Really Began*, New Haven 1999, S. 35f.

74 Wilson, *Darwins Würfel*, S. 230.

75 Gadamer, *Wahrheit und Methode*, S. 219ff. Siehe außerdem Wilhelm Dilthey, *Texte zur Kritik der historischen Vernunft*. Hrsg. v. Hans-Ulrich Lessing, Göttingen 1983, S. 288-301.

76 Siehe E. P. Thompson, *Die Entstehung der englischen Arbeiterklasse*. Aus dem Englischen von Lotte Eidenbenz, Frankfurt/M. 1987 [1963].

77 Louis Althusser, Étienne Balibar, Roger Establet, Pierre Macherey, Jacques Rancière, *Das Kapital lesen*. Aus dem Französischen von Frieder Otto Wolf und Eva Pfaffenberger, Münster 2015 [1965], S. 308. Offenkundig gehörte dies zu Althussers bevorzugten Redewendungen. Er wiederholte sie in seiner Autobiografie *Die Zukunft hat Zeit. Die Tatsachen. Zwei autobiographische Texte*. Aus dem Französischen von Hans-Horst Henschen, Frankfurt/M. 1993 [1992], S. 250. Die ursprüngliche Äußerung scheint in Spinozas *Ethik*, übers. v. Otto Bensch, Hamburg 1976 [1677], I. Buch, Lehrsatz 17, Folgesatz 2, Anmerkung, S. 23, zu stehen: »Denn der Verstand und der Wille, die Gottes Wesenheit ausmachen würden, müßten von *unserem* Verstand und *unserem* Willen himmelweit verschieden sein und könnten höchstens im Namen damit übereinstimmen, so wie das Sternbild Hund [Sirius] und das bellende Tier Hund miteinander übereinstimmten.«

78 Ursula Heise, *Imagining Extinction. The Cultural Meanings of Endangered Species*, Chicago 2016, S. 224.

79 Jacques Derrida, *Das Tier, das ich also bin*. Aus dem Französischen von Marcus Sedlaczek, Wien 2010 [2006]. Das letzte Kapitel von Heises Buch *Imagining Extinction* ist ebenfalls ziemlich lehrreich im Hinblick auf diese Frage.

80 Was einen wohlüberlegten und bemerkenswerten Versuch anbelangt, eine im Kontext des modernen Japans und der Vereinigten Staaten angesiedelte »neomaterialistische« und koevolutionäre Geschichte zu schreiben, siehe Timothy J. LeCain, *The Matter of History. How Things Create the Past*, Cambridge 2017.

81 Ich nehme an, Heise würde dem nicht widersprechen, da sie schreibt: »es gibt prinzipiell keinen Grund, warum sie [die Spezies] sich nicht mittels ihrer eigenen rhetorischen, symbolischen, rechtlichen, sozialen und institutionellen Strukturen in das Reich der Wahrnehmung, Erfahrung und kollektiven Selbstbestimmung übersetzen lassen soll«. *Imagining Extinction*, S. 225.

82 Geyer, Bright, »World History in a Global Age«, S. 1060.

83 Michel Foucault, *Die Ordnung der Dinge. Eine Archäologie der Humanwissenschaften*. Aus dem Französischen von Ulrich Koeppen, Frankfurt/M. 1971 [1966], S. 441.

84 Geyer, Bright, »World History in a Global Age«, S. 1060.

85 Siehe Weisman, *Die Welt ohne uns*, S. 35-39.

86 Meine Verwendung der Metapher vom »Rettungsboot« hat den moralischen Zorn vieler linksgerichteter Kritiker:innen auf sich gezogen, die einwenden wollten, dass die Reichen, komme was wolle, immer etwas zur Hand haben werden, das dem »Rettungsboot« entspricht. Dass die Reichen in welcher Krisensituation auch immer *per definitionem* über mehr Mittel verfügen werden als die Armen, will ich gar nicht leugnen. Doch der Leser wird feststellen, dass ich mit meiner Rettungsboot-Metapher im obigen Absatz auf den Unterschied zwischen den gewöhnlichen Boom-Bust-Zyklen, denen der Kapitalismus ausgesetzt ist – und die von den Reichen ausgesessen werden können – und der Klimakrise hinauswollte, die je nach ihrer Schwere sogar die Teile des Planeten unbewohnbar machen könnte, in denen die Reichen gerne residieren. Mein Verweis auf die Feuer in Kalifornien und Australien sollte diesen Punkt unterstreichen. Mit Wortklaubereien über eine buchstabengetreue Auslegung der Rettungsboot-Metapher ist nicht viel gewonnen.

87 Siehe David N. Stamos, *The Species Problem. Biological Species, Ontology, and the Metaphysics of Biology*, Lanham 2003, und Jody Hey, *Genes, Categories, and Species. The Evolutionary and Cognitive Causes of the Species Problem*, New York 2001.

88 Siehe Theodor W. Adorno, *Zur Lehre von der Geschichte und von der Freiheit* (1964/65). *Nachgelassene Schriften*, Abteilung IV, Vorlesungen, Bd. 13. Hrsg. v. Rolf Tiedemann, Frankfurt/M. 2001. Ursprünglich hat Antonio Y. Vasquez-Arroyos Aufsatz »Universal History Disavowed. On Critical Theory and Postcolonialism«, in: *Postcolonial Studies* 11, Nr. 4 (Dezember 2008), S. 451-473, meine Überlegungen angestoßen. Siehe auch die luziden Ausführungen von Harriet Johnson, »The Anthropocene as a Negative Universal History«, in: *Adorno Studies* 3, Nr. 1 (Juli 2019), S. 47-63.

89 Heise, *Imagining Extinction*, S. 224.

90 Jason Moore, *Kapitalismus im Lebensnetz. Ökologie und die Akkumulation des Kapitals*. Aus dem Englischen von Dirk Höfer, Berlin 2020 [2015], S. 468.

91 Foster, Clark, York, *Der ökologische Bruch*, S. 375f.

92 Adorno, *Zur Lehre von der Geschichte und von der Freiheit*, S. 141f.

93 Johnson, »Anthropocene as a Negative Universal History«, S. 60f.

94 Dies ist genau das Problem, mit dem Latour sich in einem Großteil seiner Arbeiten befasst.

95 Zu all diesen Fragen, siehe Philippe Descola, *Jenseits von Natur und Kultur*. Aus dem Französischen von Eva Moldenhauer, Berlin 2011 [2005]; Eduardo Viveiros de Castro, *Kannibalische Metaphysiken. Elemente einer post-strukturalen Anthropologie*. Aus dem Portugiesischen von Theresa Mentrup, Berlin 2019 [2015]. Deborah Bird Rose, *Dingo Makes Us Human. Life and Land in an Australian Aboriginal Culture*, Cambridge 2000.

96 Siehe das letzte Kapitel dieses Buches.

Kapitel 2
Miteinander verbundene Geschichten

1 Bryan Lovell, *Challenged by Carbon. The Oil Industry and Climate Change*, New York 2010, S. 75.

2 Siehe Intergovernmental Panel on Climate Change, *Climate Change 2007. The Physical Science Basis*. Hrsg. v. Susan Solomon u.a., Cambridge 2008 [2007], S. 446 (Kasten 6.2).

3 Lovell, *Challenged by Carbon*, S. xi.

4 David Archer, *The Long Thaw. How Humans Are Changing the Next 100 000 Years of Earth's Climate*, Princeton 2009, S. 6.

5 Ebd., S. 11.

6 Siehe Curt Stager, *Deep Future. The Next 100 000 Years of Life on Earth*, New York 2011, Kap. 2.

7 David Archer, *The Global Carbon Cycle*, Princeton 2010, S. 21.

8 Mit *Risk and Reason. Safety, Law, and the Environment*, New York 2002, hat Cass R. Sunstein eine Reihe von nachdenklichen Aufsätzen vorgelegt, die eine Verbindung zwischen der öffentlichen Wahrnehmung von Risiken und deren Management durch statistische Analysen sowie politische und rechtliche Regulierungen herstellen.

9 Charles S. Pearson, *Economics and the Challenge of Global Warming*, New York 2011, S. 25 (Anm. 6).

10 Ein klassischer Text zu diesem Thema ist Frank H. Knight, *Risk, Uncertainty, and Profit*, London 2012 [1921]. Knight hätte meiner Verwendung des Wortes *Kunst* bezüglich des Faches Ökonomie widersprochen, denn in seinen Augen war es Teil der Naturwissenschaften. Sein Buch beginnt mit dem Satz: »Die Ökonomie, genauer gesagt, die theoretische Ökonomie ist die einzige Sozialwissenschaft, die nach der Distinktion einer exakten Wissenschaft gestrebt hat«, und er preist die Physik, weil sie »unsere gegenwärtige, fabelhafte Beherrschung der Naturkräfte« sicherstelle (S. 3 und 5). Zur Frage der Rolle der Ungewissheit in verschiedenen Hinsichten des modernen Lebens insgesamt, siehe Helga Nowotny, *The Cunning of Uncertainty*, Cambridge 2016.

11 Siehe zum Beispiel die Tabelle, die Nicholas Stern und Michael Jacobs auf S. 200 von *The Economics of Climate Change* wiedergeben. Siehe außerdem Eric A. Posner, David Weisbach, *Climate Change Justice*, Princeton 2010, Kap. 2.

12 In einer Reihe von Aufsätzen hat der verstorbene Martin Weitzman hervorgehoben, in welchem Maße die üblichen Kosten-Nutzen-Analysen von *Wohlfahrtseinbußen* durch den Klimawandel von eher geringen Temperaturerhöhungen ausgehen; die Ungewissheiten einer Berechnung der *Schadensfunktion* infolge eines katastrophalen Anstiegs der durchschnittlichen Erdoberflächentemperatur um 10-20 °C werfen alle ökonomischen Berechnungen über den Haufen. Weitzman merkt an: »Schon wenn man offener zugeben würde, wie unglaublich groß die tiefenstrukturellen Ungewissheiten sind, [...] die bei der Analyse des Klimawandels eine Rolle spielen – und wenn man den politischen Entscheidungsträgern besser erklären würde, dass die künstliche Klarheit, die von konventionellen, auf integrierten Beurteilungsmodellen beruhenden Kosten-Nutzen-Analysen ausgeht, [...] im Vergleich zu alltäglicheren, nicht auf den Klimawandel bezogenen Anlässen für Kosten-Nutzen-Analysen besonders und ungewöhnlich irreführend ist –, würde dies das Niveau des öffentlichen Diskurses darüber erhöhen, was man gegen die globale Erwärmung unternehmen kann.« Martin L. Weitzman, »Some Basic Economics of Extreme Climate Change«, Diskussionsvorlage 09-10 im Umweltökonomie-Programm der Harvard Uni-

versity, 19. Februar 2009, S. 26, 〈https://scholar.harvard.edu/files/weitzman/files/heep_discussion_10.pdf〉. Siehe außerdem ders., »GHG Targets as Insurance against Catastrophic Climate Damages«, in: *Journal of Public Economic Theory* 14 (März 2012), S. 221-244.

13 Archer, *Global Carbon Cycle*, S. 22. Lovelock selbst verteidigt den Gaia-Begriff zumindest als Metapher; siehe James Lovelock, *The Vanishing Face of Gaia*, New York 2009, S. 13. Im Rahmen ihrer jüngsten Zusammenarbeit über Gaia gehen Bruno Latour und Tim Lenton ausführlicher auf diesen vitalistischen Aspekt des Problems ein und entwickeln ihn weiter. Aus diesem Grund treffen sie die wesentliche Unterscheidung zwischen Gaia und der Erdsystemwissenschaft. Siehe Bruno Latour, Timothy N. Lenton, »Extending the Domain of Freedom, or Why Gaia Is So Difficult to Understand«, in: *Critical Inquiry* 45, Nr. 3 (Frühjahr 2019), S. 659-680. Siehe außerdem Timothy Lenton, Sébastien Dutreuil, Bruno Latour, »Life on Earth Is Hard to Spot«, in: *Anthropocene Review* 7, Nr. 3 (2020), S. 248-272.

14 Archer, *Global Carbon Cycle*, S. 1.

15 Wallace S. Broecker, Robert Kunzig, *Fixing Climate. What Past Climate Changes Reveal about the Current Threat – and How to Counter It*, New York 2008, S. 100.

16 James Hansen, *Storms of My Grandchildren. The Truth about the Coming Climate Catastrophe and Our Last Chance to Save Humanity*, New York 2009, S. 71.

17 Archer, *The Long Thaw*, S. 95.

18 John Broome, *Climate Matters. Ethics in a Warming World*, New York 2012, S. 128 und 129.

19 Paul N. Edwards, *A Vast Machine. Computer Models, Climate Data, and the Politics of Global Warming*, Cambridge, Mass., 2010, S. 438 f., m. Herv.

20 Ebd., S. 431.

21 Ebd., S. 439.

22 Pearson, *Economics and the Challenge of Global Warming*, S. 26 und 31.

23 Ebd., S. 30.

24 Sunstein, *Risk and Reason*, S. 103.

25 Hansen, *Storms of My Grandchildren*, S. 176.

26 Sunstein, *Risk and Reason*, S. 129 (Anm. 40).

27 Siehe Pearson, *Economics and the Challenge of Global Warming*. Sunstein räumt ein, dass »das Worst-Case-Szenario in Sachen globale Erwärmung« die Anwendung des Maximinprinzips verlange, empfiehlt aber trotzdem den »Handel mit Emissionszertifikaten« – der von einem allmählichen Umsteigen auf erneuerbare Energien ausgeht –, da dieser, »unter anderem weil er so viel preiswerter ist als die Alternativen, am

vielversprechendsten erscheint«. Sunstein, *Risk and Reason*, S. 129. Dies läuft auf eine Ersetzung des Maximinprinzips durch das Vorsichtsprinzip hinaus. Es lässt lediglich Rückschlüsse darauf zu, wie wenig die Gelehrten, die davon ausgehen, dass die üblichen Risikomanagement-Strategien eine adäquate Reaktion auf das Problem darstellen, von der Herausforderung durch die »Ungewissheit« im Zusammenhang mit der globalen Erwärmung verstanden haben.

28 Siehe Stephen M. Gardiner, »Cost-Benefit Paralysis«, in: ders., *A Perfect Moral Storm. The Ethical Tragedy of Climate Change*, New York 2011, Kap. 8.

29 Peter Newell, Matthew Paterson, *Climate Capitalism. Global Warming and the Transformation of the Global Economy*, New York 2010, S. 7, m. Herv.

30 Sunita Narain in ihrem Empfehlungstext für Newell, Paterson, *Climate Capitalism*, auf der Rückseite des Buches.

31 Foster, Clark, York, *Der ökologische Bruch*, S. 50.

32 Siehe Sha Zukang, »Overview«, in: Vereinte Nationen, Hauptabteilung für wirtschaftliche und soziale Angelegenheiten, *Promoting Development, Saving the Planet*, New York 2009, ⟨https://www.un.org/en/development/desa/policy/wess/wess_archive/2009wess.pdf⟩.

33 Ebd., S. viii.

34 Ebd., S. xviii.

35 Ebd., S. 3.

36 Siehe Anil Agarwal, Sunita Narain, *Globale Erwärmung in einer ungleichen Welt. Ein Fall von Öko-Kolonialismus.* Aus dem Englischen von Birgitt Krumböck und Elisabeth Kreuz, Herrsching 1992 [1991].

37 »Bericht der Konferenz der Vereinten Nationen für Umwelt und Entwicklung (Rio de Janeiro, 3.-14. Juni 1992), Anhang I, Rio-Erklärung über Umwelt und Entwicklung«, Grundsatz 7, 12. August 1992 [Überarb. der dt. Übers. v. 2003], ⟨https://www.un.org/depts/german/conf/agenda21/rio.pdf⟩, sowie »Das Protokoll von Kyoto zum Rahmenübereinkommen der Vereinten Nationen über Klimaänderungen«, Artikel 10, 10. Dezember 1997, ⟨https://unfccc.int/resource/docs/convkp/kpger.pdf⟩.

38 Agarwal, Narain, *Globale Erwärmung in einer ungleichen Welt*, S. 20-32, hier 29.

39 Eine produktive Geschichte der Frage der »globalen Population« hat Alison Bashford, *Global Population. History, Geopolitics, and Life on Earth*, New York 2014, vorgelegt.

40 Jairam Ramesh u.a., »Climate Change and Parliament«, in: Navroz K. Dubash (Hg.), *Handbook of Climate Change and India. Development, Politics, and Governance*, New York 2012, S. 238. D. Raghunandan be-

hauptet, dass diese von Indien auf vielen internationalen Foren über den Klimawandel vertretene Position zur »Klimagerechtigkeit« eher auf »geopolitischen Erwägungen« beruhe als auf »tiefem wissenschaftlichen Verständnis«. D. Raghunandan, »India's Official Position. A Critical View Based on Science«, in: Dubash (Hg.), *Handbook of Climate Change and India*, S. 172 und 173.

41 Zitiert in Y.P. Anand, Mark Lindley, »Gandhi on Providence and Greed«, S. 1, ⟨https://www.academia.edu/303042/Gandhi_on_providence_and_greed⟩ [dt.: ⟨http://www.poeteus.de/zitat/Die-Welt-hat-genug-fuer-jedermanns-Beduerfnisse-aber-nicht-fuer-jedermanns-Gier/101⟩]. Angeblich hat Gandhi diese Worte 1947 auf Hindi zu seinem Sekretär Pyarelal Nayyar gesagt, wie dieser in seinem Buch *Mahatma Gandhi. The Last Phase*, Ahmedabad 1958, Bd. 2, S. 552, berichtet. Anand und Lindley meinen, Gandhi sei von J.C. Kumarappas Werk beeinflusst gewesen, bei dem es sich wiederum um einen ghandianischen Ökonomen handelt, zu dessen Buch *Economy of Permanence* (1945) Gandhi ein Vorwort beigesteuert hat. Interessanterweise wird Gandhis Diktum in Indiens *National Action Plan on Climate Change* fälschlicherweise folgendermaßen paraphrasiert: »Die Erde hat genügend Ressourcen, um die Bedürfnisse der Menschen zu befriedigen, wird aber niemals genug für die Gier der Menschen haben«, wodurch das Gewicht, das Gandhi normalerweise auf das moralische Verantwortungsgefühl des Einzelnen legte, verlorengeht. Indische Regierung, *National Action Plan on Climate Change*, S. 1, ⟨http://moef.gov.in/wp-content/uploads/2018/04/NAP_E.pdf⟩.

42 Peter Galuszka, »With China and India Ravenous for Energy, Coal's Future Seems Assured«, in: *New York Times*, 12. November 2012, ⟨https://www.nytimes.com/2012/11/13/business/energy-environment/china-leads-the-way-as-demand-for-coal-surges-worldwide.html?_r=0⟩.

43 Ebd.

44 Amitav Ghosh, *Die große Verblendung. Der Klimawandel als das Undenkbare.* Aus dem Englischen von Yvonne Badal, München 2017 [2016], Teil III über »Politik«.

45 P.W. Anderson, »More is Different. Broken Symmetry and the Nature of the Hierarchical Structure of Science«, in: *Science* 177, Nr. 4047, 4. August 1972, S. 393-396. Ich danke Sabyasachi Bhattacharya für den Hinweis auf diesen enorm aufschlussreichen Aufsatz und dafür, dessen Implikationen mit mir erörtert zu haben.

46 Siehe Vaclav Smil, *Harvesting the Biosphere. What We Have Taken from Nature*, Cambridge, Mass., 2013, S. 221, sowie Tom Butler, Daniel Lerch, George Wuerthner, »Introduction: Energy Literacy«, in: dies.

(Hg.), *The Energy Reader. Overdevelopment and the Delusion of Endless Growth*, Sausalito 2012, S. 11f.

47 Zum Teil wird die Komplexität dieses Problems gut eingefangen in dem Kapitel »Outsider Monkey, Insider Monkey« in Radhika Govindrajan, *Animal Intimacies. Interspecies Relatedness in India's Central Himalayas*, Chicago 2018, Kap, 4. Ich danke Sneha Annavarapu, dass sie mich auf diese bahnbrechende Studie aufmerksam gemacht hat.

48 Hansen, *Storms of My Grandchildren*.

49 Curt Stager, *Deep Future*, S. 62-66. Siehe außerdem die Ausführungen in Hansen, *Storms of My Grandchildren*, S. 145f.

50 Siehe Michael Denny, Lisa Matisoo-Smith, »Rethinking Polynesian Origins. Human Settlement of the Pacific«, LENScience, Senior Biology Seminar Series, ⟨http://www.hokulea.com/wp-content/uploads/2015/03/Rethinking-Polynesian-origins.pdf⟩.

51 Burton Richter, *Beyond Smoke and Mirrors. Climate Change and Energy in the Twenty-First Century*, New York 2010, S. 2. Die lange Geschichte der Anpassung des Menschen an verschiedenartige Klimata seit den Anfängen des *Homo sapiens* wird meisterlich erzählt in John L. Brooke, *Climate Change and the Course of Global History. A Rough Journey*, Cambridge 2014.

52 Siehe Haff, »Technology as a Geological Phenomenon«.

53 Siehe Will Steffen, Paul J. Crutzen, John R. McNeill, »The Anthropocene. Are Humans Now Overwhelming the Great Forces of Nature?«, in: *Ambio* 36 (Dezember 2007), S. 614-621.

54 Ein australisches Beispiel dafür findet sich in Lesley Johnson, *The Modern Girl. Girlhood and Growing Up*, St. Leonards 1993.

55 Siehe Assa Doron, Robin Jeffrey, *The Great Indian Phone Book. How the Cheap Cell Phone Changes Business, Politics, and Daily Life*, Cambridge, Mass., 2013.

56 Jan Zalasiewicz, »The Human Touch«, in: *Paleontology Newsletter* 82 (März 2013), S. 24, ⟨https://www.palass.org/sites/default/files/media/publications/newsletters/number_82/number82.pdf⟩. Obwohl Zalasiewicz' Zusammenfassung der Forschungsergebnisse von Smil extrem hilfreich ist, darf man nicht vergessen, dass ein Großteil von Smils Bemühungen sich darauf richtet, den Leser an die methodologischen Herausforderungen zu erinnern, die mit dem Messen der hier geschilderten Veränderungen einhergehen, und wie ungenau und vorläufig die einschlägigen Zahlen sind. Zalasiewicz' Zahlen stützen sich auf Smil, »Harvesting the Biosphere. The Human Impact«, in: *Population and Development Review* 37 (Dezember 2011), S. 613-636.

57 Smil, *Harvesting the Biosphere*, S. 252.

58 John Broome, *Climate Matters. Ethics in a Warming World*, New York 2012, S. 112f.

59 Archer, *The Long Thaw*, S. 2.

60 Emile Durkheim, *Die elementaren Formen des religiösen Lebens* (1915). Übersetzt von Ludwig Schmidts, Frankfurt/M. 1981 [1968], S. 186 und 193.

61 Fazlur Rahman, *Major Themes of the Qur'an*, Chicago 2009, S. 12f. Das Bibelzitat stammt aus 1. Mose 1, 26 und 28.

62 Rahman, *Major Themes of the Qur'an*, S. 13.

63 Ein interessanter Text, in dem – aus einer halb hinduistischen und halb buddhistischen Perspektive – eine besondere Beziehung zwischen Mensch und Gott behauptet wird, sind Rabindranath Tagores Oxforder Hibbert-Vorlesungen aus dem Jahr 1930, die 1931 unter dem Titel »The Religion of Man« erschienen sind und in denen Tagore zeigte, dass er sich der theologischen Position des Hinduismus, die sich Gott als gleichgültig gegenüber menschlichen Angelegenheiten vorstellte, durchaus bewusst war, sie aber zugunsten eines buddhistischen Verständnisses von Unendlichkeit verwarf, die »nicht die Idee eines Geistes unbegrenzter kosmischer Tätigkeit war, sondern das Unendliche, dessen Bedeutung im positiven Ideal der Güte und Liebe liegt, die nicht anders als menschlich sein können«. Rabindranath Tagore, *Die Religion des Menschen*. Übersetzt von Emil Engelhardt, Freiburg 1962 [1956], S. 48.

64 Ernest Partridge, »Nature als a Moral Resource«, in: *Environmental Ethics* 6 (Sommer 1984), S. 103.

65 Siehe zum Beispiel Lawrence Buell, »The Misery of Beasts and Humans. Nonanthropocentric Ethics versus Environmental Justice«, in: ders., *Writing for an Endangered World. Literature, Culture, and Environment in the U. S. and Beyond*, Cambridge, Mass., 2001, S. 224-242.

66 Feng Han, »The Chinese View of Nature. Tourism in China's Scenic and Historic Interest Areas« (Dissertation, Queensland University of Technology, 2008), S. 22f. ⟨https://eprints.qut.edu.au/16480/1/Feng_Han_Thesis.pdf⟩. Ich danke Ken Taylor, mich auf diese Dissertation aufmerksam gemacht zu haben. Natürlich klingt bei Han Eugene Hargrove wieder an; siehe Eugene C. Hargrove, »Weak Anthropocentric Instrinsic Value«, in: *Monist* 75 (April 1992), S. 183-207, sowie Karyn Lai, »Environmental Concern. Can Humans Avoid Being Partial? Epistemological Awareness in the Zhuangzi«, in: Carmen Meinert (Hg.), *Nature, Environment, and Culture in East Asia. The Challenge of Climate Change*, Leiden 2013, S. 79.

67 Siehe zum Beispiel Bryan G. Norton, »Environmental Ethics and Weak Anthropocentrism«, in: *Environmental Ethics* 6 (Sommer 1984), S. 131-148. Norton hat als Erster die Idee eines schwachen Anthropozentrismus vorgeschlagen, die seither von vielen aufgegriffen worden ist.

68 James Lovelock, *The Vanishing Face of Gaia*, S. 35f.

69 Ebd., S. 36.

70 Slavoj Žižek, *Living in the End Times*, New York 2010, S. 332 und 333f. Siehe auch Kapitel 1 oben.

71 Ursula Heise, *Imagining Extinction*, S. 223.

72 Siehe Stager, *Deep Future*, Kap. 2.

73 Gayatri Chakravorty Spivak, *An Aesthetic Education in the Era of Globalization*, Cambridge, Mass., 2012, S. 338.

74 Siehe Raymond T. Pierrehumbert, *Principles of Planetary Climate*, Cambridge, New York 2010.

75 Ich spreche deshalb von einer wachsenden Divergenz zwischen dem Planetarischen und dem Globalen, weil es traditionell durchaus gängig ist, beide Wörter für dasselbe zu verwenden. Siehe zum Beispiel Carl Schmitt, *Der Nomos der Erde im Völkerrecht des Jus Publicum Europaeum*, Köln 1950, S. 54f. und 144. Siehe außerdem Carl Schmitt, »Der neue Nomos der Erde« (1955), in: ders., *Staat, Großraum, Nomos. Arbeiten aus den Jahren 1916-1969*, Berlin 1995, S. 518-522, hier 518, sowie Kapitel 3 unten.

Kapitel 3
Der Planet als humanistische Kategorie

1 Das Schlagwort »Geschichtlichkeitsregime« gibt meine Schuld gegenüber François Hartog zu erkennen, dessen Arbeiten ich diesen Gedanken entnehme. Im Wort *Regime* deutet sich so etwas wie Geordnetheit an, die Geordnetheit historischer Zeit. »Warum eher ›Regime‹ als ›Form‹?«, fragt Hartog. In seiner Antwort auf diese Frage verweist er darauf, dass das Wort im Französischen assoziiert wird mit »der Vorstellung von graduellen Abstufungen [...,] von Mischungen und Zusammensetzungen und mit einem stets vorläufigen oder instabilen Gleichgewicht«, das heißt mit einem vorläufigen Ordnungszustand. François Hartog, *Regimes of Historicity. Presentism and Experience of Time.* Übers. v. Saskia Brown, New York 2015 [2003], S. xv.

2 Martin Heidegger, »Der Ursprung des Kunstwerks« (1935/36), in: ders., *Gesamtausgabe*, Bd. 5: *Holzwege*, Frankfurt/M. 1977, S. 1-74, hier 28. Ich sollte klarstellen, dass ich das großgeschriebene Wort *Erde* verwende (es sei denn es ist Teil eines Zitats), um eine abstrakte und *bildlich nicht darstellbare* Entität zu bezeichnen, die praktizierende Erdsystemwissenschaftler:innen ausgearbeitet haben. In allen anderen Fällen, zu denen auch die Vorstellung der Erde als Globus – wie etwa im Bild der Blauen Murmel von 1972 – gehört, schreibe ich das Wort *Erde* klein.

A.d.Ü.: Soweit möglich, wird dieser auf Deutsch so nicht nachvollziehbare Unterschied durch das Setzen von Anführungszeichen im ersten Fall der »Erde« als Gegenstand der Erdsystemwissenschaft markiert.

3 Ebd., S. 31f.

4 Martin Heidegger, »Bauen Wohnen Denken (1951)«, in: ders., *Gesamtausgabe*, Bd. 7: *Vorträge und Aufsätze*, Frankfurt/M. 2000, S. 145-164, hier 151.

5 Ebd., S. 152.

6 Heidegger, »Der Ursprung des Kunstwerks«, S. 34. Ich sollte keinen Zweifel daran lassen, dass meine Verwendung von Heideggerianischen Ausdrücken wie *Erde* oder *Welt* begrifflich und nicht philologisch ist. Ich gehe mit anderen Worten davon aus, dass unsere Fähigkeit, Heideggers Begriffe zu verstehen, nicht unwiderruflich durch die Tatsache unterlaufen wird, dass womöglich nicht alle Sprachen über Wörter verfügen, die genau denen entsprechen, die Heidegger aufbot.

7 Hans-Georg Gadamer, »Die Wahrheit der Kunst« (1960), in: ders., *Gesammelte Werke*, Bd. 3: *Neuere Philosophie I. Hegel, Husserl, Heidegger*, Tübingen 1987, S. 249-261, hier 252.

8 Hans-Georg Gadamer, »Martin Heidegger – 85 Jahre« (1974), in: ders., *Gesammelte Werke*, Bd. 3, S. 262-270, hier 267.

9 Goudie, Viles, *Geomorphology in the Anthropocene*, S. 7.

10 Heidegger, »Der Ursprung des Kunstwerks«, S. 32.

11 Heidegger schreibt: »Wir stellen uns einem Baum gegenüber, vor ihn, und der Baum stellt sich uns vor. Wer stellt hier eigentlich vor? Der Baum oder wir? Oder beide? Oder keiner von beiden? Wir stellen uns, so wie wir sind, nicht bloß mit dem Kopf oder mit dem Bewußtsein, dem blühenden Baum gegenüber, und der Baum stellt sich uns vor, als der, der er *ist*.« Martin Heidegger, »Was heißt Denken?« (1951/52), in: ders., *Gesamtausgabe*, Bd. 8: *Was heißt Denken?*, Frankfurt/M. 2002 [1954], S. 3-113, hier 44.

12 Heidegger postuliert eine dyadische Wechselbeziehung zwischen Welt und Mensch (allerdings erst, nachdem dieser zur Sprache gekommen ist; Menschen ohne Sprache unterschieden sich vermutlich nicht von den anderen Tieren), wodurch die Sprache, wie Heidegger es formuliert, zum »Haus des Seins« wird und den Menschen das Anwesen des Seins gewährt wird. Das Wesen des Seins – das heißt die Frage des Seins – ist also an den Menschen gebunden, »weil sein Wesen ist, der Wartende zu sein, der des Wesens des Seins wartet, indem er es deutend hütet.« Martin Heidegger, »Die Kehre« (1949), in: ders., *Die Technik und die Kehre*, Pfullingen [4]1978 [1962], S. 37-47, hier 41. Die Krise dieser vermeintlichen Wechselbeziehung werde ich ausführlicher in Kapitel 8 erörtern.

13 Poetisch und politisch verleiht Latour Gaia eine Persona und ein Gesicht, damit die Menschen ihr ins Gesicht sehen, sich ihr zuwenden können. Siehe Bruno Latour, *Kampf um Gaia. Acht Vorträge über das neue Klimaregime.* Aus dem Französischen von Achim Russer und Bernd Schwibs, Berlin 2017, S. 407-413.

14 In dieser Hinsicht sind Kants Aufsätze über Erdbeben von 1756 faszinierend. Immanuel Kant, »Von den Ursachen der Erderschütterungen«, »Geschichte und Naturbeschreibung des Erdbebens, welches 1755 einen Teil der Erde erschüttert hat« und »Fortgesetzte Betrachtung der Erderschütterungen«, in: ders., *Geographische und andere naturwissenschaftliche Schriften*, Hamburg 1985, S. 33-42, 43-79 und 81-89. Siehe außerdem Edgar S. Brightman, »The Lisbon Earthquake. A Study in Religious Valuation«, in: *American Journal of Theology* 23 (Oktober 1919), S. 500-518; José Oscar de Almeida Marques, »The Paths of Providence. Voltaire and Rousseau on the Lisbon Earthquake«, in: *Cadernos de Cadernos de História e Filosofia da Ciência* 15, Nr. 1 (2005), S. 33-57; und Dipesh Chakrabarty, »The Power of Superstition in Public Life in India«, in: *Economic and Political Weekly*, 17. Mai 2008, S. 16-19.

15 Siehe Andrea Westermann, »Disciplining the Earth. Earthquake Observation in Switzerland and Germany at the Turn of the Nineteenth Century«, und Frank Oberholzner, »From an Act of God to an Insurable Risk. The Change in the Perception of Hailstorms and Thunderstorms since the Early Modern Period«, in: *Environment and History* 17 (Februar 2011), S. 53-77 und 133-152.

16 Siehe Carl Schmitt, »Gespräch über den Neuen Raum«. Ich danke Bruno Latour, dass er mich auf diesen Text aufmerksam gemacht hat.

17 Näher führt Spivak ihre Überlegungen zur Planetarität in ihrem Buch *Death of A Discipline*, New York 2003, aus. Mehr über Spivaks Einsichten in die Planetarität findet sich bei Elizabeth M. DeLoughrey, »Planetarity. Militarized Radiations«, in: dies., *Allegories of the Anthropocene*, Durham 2019, S. 63-97; siehe außerdem Benjamin Morgan, »Fin du Globe. On Decadent Planets«, in: *Victorian Studies* 58, Nr. 4 (Sommer 2016), S. 609-635. Was weitere anregende Gedanken über Planetarität anbelangt, siehe auch Eugene Thacker, *Im Staub dieses Planeten.* Aus dem Englischen von Frank Born, Berlin 2020 [2011].

18 Der folgende Abschnitt erweitert und arbeitet einen Vorschlag weiter aus, den ich zum ersten Mal gemacht habe in »Planetary Crises and the Difficulty of Being Modern«, in: *Millenium. Journal of International Studies* 46, Nr. 3 (2018), S. 259-282.

19 Für diese Formulierung bin ich Catherine Malabou zu Dank verpflichtet. Siehe Dipesh Chakrabarty, »Afterword«, in: *South Atlantic Quarterly* 116 (Januar 2017), S. 166.

20 Siehe Joyce E. Chaplin, *Round about the Earth. Circumnavigation from Magellan to Orbit*, New York 2013.
21 Thomas Hobbes, *Leviathan*. Übersetzt von Walter Euchner, Frankfurt/M. 1984 [1972], S. 96.
22 Arendt, *Vita activa*, S. 245f.
23 Schmitt, *Der Nomos der Erde*.
24 Siehe auch die Ausführungen in Schmitt, »Gespräch über den Neuen Raum«.
25 Carl Schmitt, »Nehmen/Teilen/Weiden« (1953), in: ders., *Verfassungsrechtliche Aufsätze aus den Jahren 1924-1954*, Berlin [3]1985 [1958], S. 489-504, hier 491f.
26 Ebd., S. 493.
27 Carl Schmitt, »Der neue Nomos der Erde«, S. 519.
28 Schmitt, *Der Nomos der Erde*, S. 55.
29 Ebd., S. 56.
30 Ebd., S. 144.
31 Schmitt, »Der neue Nomos der Erde«, S. 518.
32 Carl Schmitt, *Land und Meer. Eine weltgeschichtliche Betrachtung*, Stuttgart 1954, S. 23ff.
33 Siehe Benjamin Lazier, »Earthrise, or The Globalization of the World Picture«, in: *American Historical Review* 116 (Juni 2011), S. 602-630, sowie Kelly Oliver, »The Earth's Refusal. Heidegger«, in: dies., *Earth and World. Philosophy after the Apollo Missions*, New York 2015, S. 111-162.
34 Martin Heidegger, »Die Zeit des Weltbildes« (1938) und »Zusätze«, in: ders., *Gesamtausgabe*, Bd. 5: *Holzwege*, S. 75-113, hier 111.
35 Martin Heidegger, »Platons Lehre von der Wahrheit« (1931/32, 1940), in: ders., *Gesamtausgabe*, Bd. 9: *Wegmarken*, Frankfurt/M. [2]1996 [1976], S. 203-238, hier 237.
36 Heidegger, »Die Zeit des Weltbildes«, S. 89ff. Was Heideggers Randbemerkung zur »Anthropologie« anbelangt, siehe Zusatz 10 zu diesem Aufsatz (S. 111). Eine ausführlichere Erörterung von Heideggers Verwendungsweise der Wörter *Erde*, *Welt* und *Planet* findet sich in Oliver, »The Earth's Refusal«. Siehe außerdem Dana R. Villa, »The Critique of Modernity«, in: ders., *Arendt and Heidegger*, S. 171-208.
37 Siehe McNeil, Engelke, *The Great Accelaration*.
38 Siehe Pierrehumbert, *Principles of Planetary Climate*. So weisen Kolleg:innen aus der Geologie darauf hin, dass es universitäre Fachbereiche gibt, die sich der Erforschung der »Earth and Planetary Sciences« widmen, um die an die erdwissenschaftlichen (nicht an die astronomischen) Methoden anknüpfenden Arbeiten über andere Planeten einzubeziehen.
39 Hansen, *Storms of My Grandchildren*, S. xivf.
40 Siehe Spencer R. Weart, *The Discovery of Global Warming*, Cambridge,

Mass., 2008; Joshua P. Howe, *Behind the Curve. Science and the Politics of Global Warming*, Seattle 2014; Clive Hamilton, *Defiant Earth. The Fate of Humans in the Anthropocene*, Malden 2017; sowie Ian Angus, *Im Angesicht des Anthropozäns. Klima und Gesellschaft in der Krise.* Aus dem Englischen von Christof Mackinger, Münster 2020 [2016]. Siehe außerdem Joseph Masco, »Bad Weather. On Planetary Crisis«, in: *Social Studies of Science* 40 (Februar 2020), S. 7-40; De Loughrey, »Planetarity. Militarized Radiations«, und Perrin Selcer, *The Postwar Origins of the Global Environment. How the United Nations Built Spaceship Earth*, New York 2018.

41 Siehe Weart, *The Discovery of Global Warming*, S. 144f.

42 Tim Lenton, *Earth System Science. A Very Short Introduction*, New York 2016, S. 1.

43 The International Geosphere-Biosphere Programme, »Earth System Definitions«, ⟨http://www.igbp.net/globalchange/earthsystemdefinitions.4.d8b4c3c12bf3be638a80001040.html⟩.

44 Zitiert in Angus, *Im Angesicht des Anthropozäns*, S. 33.

45 Siehe Bruno Latours faszinierende Ausführungen zu diesem Problem in: Bruno Latour, »Dritter Vortrag: Gaia eine (endlich profane) Gestalt der Natur«, in: ders., *Kampf um Gaia*, S. 133-192. Siehe außerdem Latour, Lenton, »Extending the Domain of Freedom«.

46 Timothy M. Lenton, Andrew Watson, *Revolutions That Made the Earth*, New York 2011, S. vii.

47 Lenton, *Earth System Science*, S. 17. »Wir sollten einräumen, dass Gaia überhaupt kein Globus ist, sondern ein dünner Biofilm, eine Oberfläche, eine nur wenige Kilometer dicke Haut oder Hülle, die nicht besonders weit in die Atmosphäre hinauf- und auch nicht besonders tief ins Erdinnere hinunterreicht, wie lange man die Geschichte der Lebensformen auch betrachten mag. Deshalb ist es so wichtig, sich vom globalen Blick auf Gaia auf das zu verlegen, was manche Wissenschaftler:innen mittlerweile ›kritische Zone‹ nennen.« Latour, Lenton, »Extending the Domain of Freedom«, S. 676.

48 Lee R. Kump, James F. Kasting, Robert G. Crane, *The Earth System*, Upper Saddle Rivert 2004, S. 3 und xi, m. Herv. Jan Zalasiewicz schreibt (am 6. Oktober 2018 in einer E-Mail an den Autor): »Es stimmt zwar, dass auf der Erdoberfläche die unmittelbarsten und (für uns heute) bedeutendsten Prozesse stattfinden, aber die meisten grundlegenden chemischen Kreisläufe gehen mit kürzeren und längeren Abstechern zur und Modifikationen der Erdoberfläche einher, die in einigen Fällen mit Sicherheit tief in den Erdmantel und vielleicht noch weiter hinabreichen. Der überwiegende Teil des Wassers auf der Erde könnte aus dem Erdmantel stammen (und ein Großteil unserer Ozeane scheint sich

langsam wieder dorthin zurückzuziehen, wenn auch sehr langsam, in einem Zeitraum von einer Milliarde Jahren). Flachere Zonen in der Kruste/Lithosphäre sind in kürzeren, aber weiterhin geologischen Zeiträumen aktiv.«

49 Siehe Zalasiewicz, E-Mail an den Autor, 6. Oktober 2018. Nach Ansicht von Zalasiewicz sind die tiefer gelegenen Teilstücke der Welt definitiv Teil des Erdsystems.

50 Zitiert in Erle C. Ellis, *Anthropozän. Das Zeitalter des Menschen – eine Einführung.* Aus dem Englischen von Gabriele Gockel, München 2020 [2018], S. 48 und 49.

51 Lovelock selbst schreibt: »Die Idee zu einer Erdsystemwissenschaft […] kam mir im September 1965 im kalifornischen Jet Propulsion Laboratory. Der erste Text, in dem sie erwähnt wird, erschien 1968 in den *Proceedings of the American Astronautical Society.*[…] Die Gaia-Hypothese entstand in der Zeit, bevor sie ihren Namen erhielt.« Lovelock, *The Vanishing Face of Gaia*, S. 159. Den Namen dieser Wissenschaft hielt er jedoch für »blutleer«, denn er betrachtete das Verhältnis von Erdsystemwissenschaft und Gaia-Theorie zwar als »freundschaftlich«, meinte aber, dass »für das Verständnis von Gaia«, »eine *instinktive* Vertrautheit mit der Handlungsdynamik von Systemen erforderlich« sei, die »normalerweise nicht Teil der Erd- oder Lebenswissenschaft ist«, S. 161 und 167, m. Herv. Siehe auch James Lovelock, »Wer oder was ist Gaia?«, in: ders., *Gaias Rache. Warum die Erde sich wehrt.* Aus dem Englischen von Hartmut Schickert, Berlin 2008 [2007], S. 29-61.

52 James Lovelock, *Unsere Erde wird überleben. Gaia – eine optimistische Ökologie.* Aus dem Englischen von Constanze Ifantis-Hemm, München, Zürich 1982 [1979], S. 23, m. Herv.

53 Ayesha Ramachandran, *The Worldmakers. Global Imagining in Early Modern Europe*, Chicago 2015, S. 24.

54 Ebd., S. 56. Außerdem danke ich Davis Orsbon, der mich freundlicherweise seine unveröffentlichte Dissertation »The Person of Natura« (2017) hat lesen lassen. Sverre Raffnsøe hat mich allerdings am 9. Juli 2019 in einer E-Mail darauf aufmerksam gemacht, dass »die ursprüngliche stoische Vorstellung von *kataskopos* zwar sicherlich als ›Blick von oben‹ beschrieben werden kann«, dass er aber nicht der Ansicht sei, »man könne diese bereits in der Antike als Blick ›von außen‹ bezeichnen. Bei Cicero blicke Scipio Aemilianus in ›Scipios Traum‹ ›lediglich‹ vom höchsten Ort der Welt auf das zwergenhafte Kathargo und Rom herunter. Erst später könne der christianisierte Betrachter wirklich anstreben, ein ›von außen Zuschauender‹ zu werden.«

55 Siehe die Ausführungen in Ronald Weber, *Seeing Earth. Literary Responses to Space Exploration.* Athens, Ohio 1985.

56 Lenton, Watson, *Revolutions*, S. 301.
57 Lovelock, *Unsere Erde wird überleben*, S. 23.
58 Siehe Timothy Morton, *Hyperobjects. Philosophy and Ecology after the End of the World*, Minneapolis 2013.
59 Delf Rothe, »Global Security in A Posthuman Age? IR and the Anthropocene Challenge«, in: Clara Eroukhmanoff, Matt Harker (Hg.), *Reflections on the Posthuman in International Relations. The Anthropocene, Security and Ecology*, Bristol 2017, S. 92. Timothy Mortons jüngste Anmerkung zu Heideggers Wort *entzogen* ist an dieser Stelle hilfreich: »›Entzogen‹ heißt nicht empirisch zurückgeschreckt oder hinter etwas zurückgezogen zu sein; es bedeutet [...] *so vor einem zu stehen, dass man es nicht sehen kann.*« Timothy Morton, *Humankind. Solidarity with Nonhuman People*, London 2019, S. 37, Herv. i.O.
60 Lenton, Watson, *Revolutions*, S. viif. Siehe Latour, Lenton, »Extending the Domain of Freedom« sowie mein Gespräch mit Latour, das am Ende dieses Buches abgedruckt ist.
61 Arendt, *Vita activa*, S. 258.
62 Siehe Lazier, »Earthrise«, sowie Dipesh Chakrabarty, »The Human Condition in the Anthropocene, in: Mark Matheson (Hg.), *The Tanner Lectures on Human Values*, Bd. 35, Salt Lake City 2016, S. 137-188.
63 James Lovelock, *Gaia. A New Look at Life on Earth*, New York 1995 [1979], S. xiv. A. d. Ü.: In der deutschen Ausgabe ist dieses Vorwort nicht enthalten.
64 John Milton, *Das verlorene Paradies* (1667). Engl.-Dt. Aus dem Englischen von Bernhard Schuhmann, Frankfurt/M. 2008, S. 58-59 (Erstes Buch, Vers 687).
65 Siehe Mary R. Albert, Geoffrey Hargreaves, »Drilling through Ice and into the Past«, in: *Oilfield Review* 25 (Winter 2013/2014), S. 4-15; P. G. Talalay, »Perspectives for Development of Ice-Core Drilling Technology. A Discussion«, in: *Annals of Glaciology* 55, Nr. 68 (2014), S. 339-350; sowie Richard B. Alley, »Going to Greenland«, in: ders., *The Two-Mile Time Machine. Ice Cores, Abrupt Climate Change, and Our Future*, Princeton 2000, S. 17-30.
66 Siehe die Ausführungen in Paul Warde, »The Invention of Sustainability«, in: *Modern Intellectual History* 8, Nr. 1 (2011), S. 153-170. Seine faszinierende Argumentation hat Warde später weiter ausgeführt in *The Invention of Sustainability. Nature and Destiny, c. 1500-1870*, New York 2018.
67 Volker Hauff (Hg.), *Unsere gemeinsame Zukunft. Der Brundtland-Bericht der Weltkommission für Umwelt und Entwicklung*. Aus dem Englischen von Barbara von Bechtolsheim, Greven 1987, S. 46. Zitiert in Stephen Morse, *Sustainability. A Biological Perspective*, New York 2010, S. 6. In »Maintaining (Environmental) Capital Intact«, in: *Modern Intellectual*

History 8, Nr. 1 (2011), S. 193-212, stellt Emma Rothschild interessante Verbindungen zwischen der Nachhaltigkeitsdiskussion der modernen Ökonomen und ihrer Debatte über die Kapitaltheorie in den 1920er und 1930er Jahren her. Deanna K. Kreisel zitiert aus dem *Oxford English Dictionary*, wenn sie schreibt, dass »der Begriff ›nachhaltig‹ bis 1976 nicht im Sinne einer Verringerung der Umweltbelastung verwendet wurde und bis 1924 nicht ›das Vermögen, etwas auf einem bestimmten Niveau zu halten‹, bedeutete«. Deanna K. Kreisel, »›Form against Force‹. Sustainability and Organicism in the Work of John Ruskin«, in: Nathan K. Hensley, Philip Steer (Hg.), *Ecological Form. System and Aesthetics in the Age of Empire*, New York 2019, S. 105.

68 Warde, »The Invention of Sustainability«, S. 153.

69 Ebd., S. 168 und 170. Karl Marx' tiefes Interesse an von Liebigs Arbeit wird erwähnt in Paul Burkett, »Introduction to the Haymarket Edition«, in: ders. *Marx and Nature. A Red and Green Perspective*, Chicago 2014, S. xix, und ausführlich erörtert in John Bellamy Foster, *Marx's Ecology. Materialism and Nature*, New York 2000.

70 Donald Worster, *Shrinking the Earth. The Rise and Decline of Natural Abundance*, New York 2016, S. 140 und 141, m. Herv. Mehr zu Vogt steht bei Selcer, *Postwar Origins of the Global Environment*, S. 68-70.

71 Fairfield Osborn, *Unsere ausgeplünderte Erde.* Aus dem Englischen von Fritz Levi, Zürich 1950 [1948], S. 18 und 154. Zitiert in Worster, *Shrinking the Earth*, S. 140. Zur Geistes- und Institutionsgeschichte der Idee der *Umwelt*, siehe Paul Warde, Libby Robin, Sverker Sörlin, *The Environment. A History of the Idea*, Baltimore 2018, sowie Selcer, *Postwar Origins of the Global Environment.*

72 Was eine nachhaltige Kritik der neoliberalen Übernahme des Gedankens bzw. Slogans der Nachhaltigkeit anbelangt, siehe Ruth Irwin, *Heidegger, Politics and Climate Change. Risking It All*, New York 2008.

73 P.A. Larkin, »An Epitaph for the Concept of Maximum Sustainable Yield«, in: *Transactions of the American Fisheries Society* 106 (Januar 1977), S. 1f. Ein ausgezeichneter Aufsatz, der den übertrieben politischen und ökonomischen Charakter des in Europa und Nordamerika im Fischereimanagement geltenden Biologiebegriffs belegt, ist Jennifer Hubbard, »In the Wake of Politics. The Political and Economic Construction of Fisheries Biology, 1860-1970«, in: *Isis* 105 (Juni 2014), S. 364-378. Was eine kurze biografische Notiz über Larkin anbelangt, siehe den Eintrag über ihn auf Social Networks and Archival Context, ⟨https://snaccooperative.org/ark:/99166/w6fj6xxx⟩.

74 Morse, *Sustainability*, S. 5f.

75 Jeffrey T. Nealon, *Plant Theory. Biopower and Vegetable Life*, Stanford 2016, S. 53f.

76 Charles H. Langmuir, Wally Broecker, *How to Build a Habitable Planet. The Story of the Earth from the Big Bang to Humankind*, Princeton 2012, S. 537.

77 »Es sind Modelle entwickelt worden, dass er – möglicherweise im Karbon um etwa 30 Prozent – über diesen Pegel hinausgegangen ist oder ihn (während der vermeintlichen ›Sauerstoffkrise‹ an der Perm-Trias-Grenze) unterschritten hat« (Zalasiewicz, E-Mail an den Verfasser, 6. Oktober 2018).

78 Langmuir, Broecker, *How to Build a Habitable Planet*, S. 458.

79 Kump, Kasting, Crane, *The Earth System*, S. 225.

80 Lenton, *Earth System Science*, S. 44.

81 Siehe ebd., S. 44-46; Lovelock, *Unsere Erde wird überleben*, S. 20 und 97-121; Langmuir, Broecker, *How to Build a Habitable Planet*, S. 458-463; sowie Kump, Kasting, Crane, *The Earth System*, S. 159 und 225-229.

82 Siehe Anthony D. Barnowsky u.a., »Has the Earth's Sixth Mass Extinction Already Arrived?«, in: *Nature* 471, Nr. 7336 (3. März 2011), S. 51-57. Dabei ist zu beachten, dass bei der Berechnung des Artensterbens in diesem Aufsatz der Faktor Klimawandel nicht berücksichtigt wurde.

83 Langmuir, Broecker, *How to Build a Habitable Planet*, S. 589-595.

84 Siehe William E. Connolly, *Facing the Planetary. Entangled Humanism and the Politics of Swarming*, Durham 2017.

85 Langmuir, Broecker, *How to Build a Habitable Planet*, S. 593. Unter Verweis auf die Bedeutung der Biodiversität für die Landwirtschaft heben Kump, Kasting und Crane hervor, dass es hier eigentlich um die Frage der Biodiversität ginge und nicht bloß darum, ob die Welt sieben, neun oder zwölf Milliarden Menschen ernähren könne: »das potenzielle Problem der modernen Landwirtschaft besteht nicht darin, dass sie nicht produktiv genug ist, sondern in ihrer *Einförmigkeit*.« Kump, Kasting, Crane, *The Earth System*, S. 374.

86 Connolly, *Facing the Planet*, S. 4.

87 Langmuir, Broecker, *How to Build a Habitable Planet*, S. 580.

88 Die Unterscheidung, die ich hier vornehmen möchte, *leitet sich nicht vollständig* aus Heideggers Auseinandersetzung mit Platon *her*, die sich besonders auf das berühmte, in der *Politeia* erörterte Höhlengleichnis bezieht, ist aber von ihr inspiriert; siehe Heidegger, »Platons Lehre von der Wahrheit«.

89 Siehe Geoff Mann, Joel Wainwright, »Planetary Sovereignty«, in: dies., *Climate Leviathan*, S. 129-156. »Planetarische Souveränität« verweist hier auf eine Art Weltregierung oder Weltordnung, die die globale Erwärmung bewältigt. Siehe auch Kelly, *Politics and the Anthropocene*.

90 Quentin Meillassoux, *Nach der Endlichkeit. Versuch über die Notwendigkeit der Kontingenz.* Aus dem Französischen von Roland Frommel, Zürich, Berlin 2008 [2006], S. 24.
91 Schmitt, »Gespräch über den Neuen Raum«, S. 564f.
92 Ellis, *Anthropozän*, S. 203.
93 Ebd., S. 220f.
94 Lenton, *Earth System Science*, S. 107 und 117.
95 Langmuir, Broecker, *How to Build a Habitable Planet*, S. 645.
96 Ebd., S. 650, Herv. i.O.
97 Ebd., S. 599f.
98 Ebd., S. 668.
99 Timothy M. Lenton, Bruno Latour, »Gaia 2.0. Could Humans Add Some Level of Self-Awareness to Earth's Self-Regulation?«, in: *Science*, 14. September 2018, S. 1068, m. Herv., ⟨https://science.sciencemag.org/content/sci/361/6407/1066.full.pdf⟩.
100 »Die politische Welt ist ein Pluriversum, kein Universum.« Schmitt, *Der Begriff des Politischen*, S. 54.
101 Zu alldem siehe Mark Williams u. a., »The Anthropocene Biosphere«, in: *Anthropocene Review* 2, Nr. 3 (2015), S. 196-219. Es sei daran erinnert, dass sogar das lasche internationale Pariser Abkommen von 2015 *einfach annimmt*, dass die Menschen gegen Ende dieses Jahrhunderts über die Technologie verfügen werden, der Atmosphäre CO_2 zu entziehen – das heißt »negative« Emissionen vorzuweisen. Siehe Johan Rockström u. a. »The World's Biggest Gamble«, in: *Earth's Future* 4 (2016), S. 465-470, und Oliver Geden, »The Paris Agreement and the Inherent Inconsistency of Climate Policy Making«, in: *WIREs Climate Change* 7 (November/Dezember 2016), S. 790-797.
102 Félix Guattari, *Die drei Ökologien.* Aus dem Französischen von Alec A. Schaerer, Wien 1994 [1985], S. 71f. Prophetisch war Guattari dagegen im Hinblick auf den Aufstieg von »Leuten wie Donald Trump« in der von ihm analysierten Welt (S. 36).
103 Natürlich muss an dieser Stelle Latours Name fallen, denn er ist einer der Wegbereiter dieser Argumentation. Was die Erörterung von Guattaris Ansichten anbelangt, siehe Jane Bennett, *Lebhafte Materie. Eine politische Ökologie der Dinge.* Aus dem amerikanischen Englisch von Max Henninger, Berlin 2020, S. 191.
104 Diesen Punkt verdanke ich Diskussionen mit Norman Wirzba, dem ich dafür dankbar bin, dass er mir seinen unveröffentlichten Aufsatz »Rethinking the Human in an Anthropocene World« zur Verfügung gestellt hat. In dem, was ich hier sage, klingen auch einige der jüngsten Äußerungen von Joyce Chaplin an: »Der Begriff Anthropozän [...] macht die Menschheit gleichzeitig Groß und Klein. [...] Unsere

kollektiven Taten bewirken eine Große Beschleunigung. […] Umso besser für uns? Nicht wirklich. Netto ist dabei ein dickes Mahnschreiben herausgekommen, dass wir bloß eine Spezies von vielen sind, […] deren Gedeihen von natürlichen Ressourcen abhängt und die verletzlich ist, wenn diese […] knapp werden.« Joyce Chaplin, »Can the Nonhuman Speak? Breaking the Chain of Being in the Anthropocene«, in: *Journal of the History of Ideas* 78 (Oktober 2017), S. 512.

105 Siehe Kapitel 5, unten.

106 Holly Robertson, »Snipers to cull up to 10,000 camels in drought-stricken Australia«, in: *Phys.Org*, 8. Januar 2020, ⟨https://phys.org/news/2020-01-snipers-cull-camels-drought-stricken-australia.html⟩.

107 Einige seiner Überlegungen zu dieser Frage führt Latour näher aus in Bruno Latour, *Das terrestrische Manifest*. Aus dem Französischen von Bernd Schwibs, Berlin 2018 [2017].

108 Bennett, *Lebhafte Materie*, S. 197.

109 Ebd., S. 44f. Im Geiste ziemlich ähnlich ist Kelly Olivers Versuch, aus Heideggers Philosophie eine Ethik der Erde zu entwickeln. Siehe Oliver, »The Earth's Refusal«.

110 Jan Zalasiewicz, *Die Erde nach uns. Der Mensch als Fossil der fernen Zukunft*. Aus dem Englischen von Thomas Schalipp, Heidelberg 2009 [2008], S. 1f.

111 »Nun wandte ich mich zu mir selbst und sprach zu mir: Wer bist denn du?« Aurelius Augustinus, *Bekenntnisse*. Übertragen von Wilhelm Thimme, München 1982, S. 252 (Buch 10, Kap. 6).

Kapitel 4
Die Schwierigkeit, modern zu sein

1 Michael B. Gerrard, Gregory E. Wannier (Hg.), *Threatened Island Nations. Legal Implications of Rising Seas and a Changing Climate*, Cambridge 2013, S. xvii, zitiert in Edvard Hviding, »Climate Change, Oceanic Sovereignties and Maritime Economies in the Pacific« (Vortrag im Rahmen der Oceanic Anthropology-Vorlesungsreihe im Pacific Islands Development Program am Center für Pacific Islands Studies und East-West Center der University of Hawai'i in Manoa am 13. Februar 2017). Ich danke Professor Hviding, dass er mir den Vortrag zugänglich gemacht hat.

2 Agarwal, Narain, *Globale Erwärmung in einer ungleichen Welt*, S. 49f. (Anm. 1).

3 Ebd., S. 5.

4 Hartog, *Regimes of Historicity*. Hartog erzählt eine europäische Ge-

schichte über ein modernes »Geschichtlichkeitsregime« (offene Zukunftsaussichten), das sich in Europa über das 18. und 19 Jahrhundert erstreckte, mit den zwei Weltkriegen endete und Ende des 20. Jahrhunderts einem »Präsentismus« – als dem Zusammenfallen von Zukunft und Gegenwart – erlag. Es ließe sich die These vertreten, dass ein ähnliches modernes Geschichtlichkeitsregime außerhalb von Europa in den 1950er Jahren seinen Anfang nahm, als sich dekolonialisierende neue Nationen dem Zauber von Modernisierungstheorien verfielen, der während des Kalten Krieges sowohl von der Sowjetunion als auch von den Vereinigten Staaten ausging.

5 Agarwal, Narain, *Globale Erwärmung in einer ungleichen Welt*, S. 6f.

6 Ellen Barry, Carol Davenport, »Emerging Climate Accord Could Push A/C out of Sweltering India's Reach«, in: *New York Times*, 12. Oktober 2016, ⟨https://www.nytimes.com/2016/10/13/world/asia/india-air-conditioning.html⟩.

7 Michael Greenstone, »India's Air-Conditioning and Climate Change Quandary«, in: *New York Times*, 26. Oktober 2016, ⟨https://www.nytimes.com/2016/10/27/upshot/indias-air-conditioning-and-climate-change-quandary.html?_r=0⟩.

8 Barry, Davenport, »Emerging Climate Accord«.

9 Siehe Ranajit Guha, »The Small Voice of History«, in: ders., *The Small Voice of History. Collected Essays*, Neu-Delhi 2009.

10 Anthony D. Barnosky, Elizabeth A. Hadly, *End Game. Tipping Points for Planet Earth*, London 2015, S. 41.

11 Ebd., S. 50f.

12 Ebd., S. 43. Siehe auch die Statistiken, die Robin Jeffrey und Assa Doron vorlegen in *The Waste of a Nation*, Cambridge, Mass., 2018, S. 47-54.

13 Barry, Davenport, »Emerging Climate Accord«.

14 Arjun Appadurai, *The Future as a Cultural Fact. Essays on the Global Condition*, London 2013, S. 187.

15 Barry, Davenport, »Emerging Climate Accord«.

16 Greenstone, »India's Air-Conditioning and Climate Change Quandary«.

17 Elizabeth A. Povinelli, *Geontologien. Ein Requiem auf den Spätliberalismus*. Aus dem Englischen von Axel Walter, Leipzig 2021 [2016]; Déborah Danowski, Eduardo Viveiros de Castro, *In welcher Welt leben? Ein Versuch über die Angst vor dem Ende*. Aus dem brasilianischen Portugiesisch von Clemens und Ulrich van Loyen, Berlin 2019 [2014]; Connolly, *Facing the Planetary*; Michael S. Northcott, *A Political Theology of Climate Change*, Grand Rapids 2013.

18 Bennett, *Lebhafte Materie*, S. 180 f. A. d. Ü.: Übersetzung leicht modifiziert.

19 Siehe das Gedicht »Kabi« (Der Dichter), in: *Premendra Mitra Rachanabali* [Die gesammelten Werke von Premendra Mitra], Kalkutta 1976, S. 7. Möglicherweise wurde das Gedicht in den 1920er Jahren erstmals veröffentlicht und dann in Mitras erster Gedichtsammlung *Prathama* (1932) wiederabgedruckt. Die damalige Beliebtheit dieser Zeilen attestiert die bewundernde Bezugnahme auf sie in den berühmten Gesprächen des bekannten bengalischen polyglotten Intellektuellen Benoykumar Sarkar am 5. April 1944. Siehe *Benoy Sarkarer Baithoke (Bingsho shotabdir bongo sanskriti)* [auf Bengalisch], Bd. 2, Gespräche mit Haridas Mukhopadhyay, Shibchandra Datta, Hemendrabijoy Sen, Kshiti Mukhopadhyay, Subodhkrishna Ghoshal und Manmathanath Sarkar, Kalkutta 2003, S. 584. In den 1960er Jahren stand das Gedicht auch an meiner Highschool auf dem Lehrplan.

20 Siehe zum Beispiel Malm, *Fossil Capital.*

21 Bruno Latour, »*Onus orbis terrarum*. About a Possible Shift in the Definition of Sovereignty«, in: *Millennium. Journal of International Studies* 44, Nr. 3 (2016), S. 318. Philippe Descola spricht der Entgegensetzung von Natur und Kultur ähnliche »Vorteile« zu: »Ich bin durchaus bereit einzuräumen, daß diese Art Gefängnis [die Entgegensetzung von Natur und Kultur] seine Vorteile hat. Der Dualismus ist kein Übel an sich, und es zeugt von Naivität, ihn nach Art der ökozentrischen Umweltphilosophien aus rein moralischen Gründen brandmarken zu wollen oder ihm die Verantwortung für alle Übel der modernen Ära anzulasten, von der kolonialen Ausbeutung bis hin zur Zerstörung der nicht erneuerbaren Ressourcen, über die Verdinglichung der sexuellen Identitäten oder der Klassenunterschiede. Zumindest verdanken wir dem Dualismus mit der Wette, daß die Natur eigenen Gesetzen unterliegt, einen großartigen Ansporn zur Entwicklung der Wissenschaften. Auch schulden wir ihm den Glauben, daß die Menschheit sich nach und nach zivilisiert, indem sie die Natur immer mehr kontrolliert und ihre Instinkte immer besser diszipliniert, einige der *Vorteile*, insbesondere politische, die das Streben nach Fortschritt hervorbrachte.« Descola, *Jenseits von Natur und Kultur*, S. 132.

22 Zalasiewicz u.a. (Hg.), *The Anthropocene as a Geological Time Unit*, S. 44.

23 Ebd. Was eine ausführlichere Betrachtung der Hybridität des Materials anbelangt, das das »moderne« Leben prägt, siehe Kylie Ann Crane, »Concrete and Plastic. Thinking through Materiality« (Habilitationsschrift, Universität Potsdam, 2019). Ich danke Dr. Crane, dass sie mir ihre Habilitationsschrift zur Verfügung gestellt hat.

24 Zalasiewicz u.a. (Hg.), *The Anthropocene as a Geological Time Unit*, S. 43.

25 Amartya Sen, *Ökonomie für den Menschen. Wege zu Gerechtigkeit und Solidarität in der Marktwirtschaft.* Aus dem Englischen von Christiana Goldmann, München, Wien 2000 [englisches Original: *Development as Freedom*, 2000], und ders., *On Ethics and Economics*, New York 1987.

26 Bruno Latour, *Wir sind nie modern gewesen. Versuch einer symmetrischen Anthropologie.* Aus dem Französischen von Gustav Roßler, Frankfurt/M. 2008 [1991]. Prägnant zusammengefasst wird Latours Argumentation in Philippe Descolas brillantem und gedankenreichem Buch *Jenseits von Natur und Kultur*, S. 141.

27 Bruno Latour, *Existenzweisen. Eine Anthropologie der Modernen.* Aus dem Französischen von Gustav Roßler, Berlin 2014 [2012].

28 Bruno Latour, *The Pasteurization of France.* Übers. v. Catherine Porter, Cambridge, Mass., 1988 [1984]; ders., *Das Parlament der Dinge. Für eine politische Ökologie.* Aus dem Französischen von Gustav Roßler, Frankfurt/M. 2001 [1999]. Siehe auch die Ausführungen in Kapitel 6, unten.

29 Latour, *Kampf um Gaia.*

30 Descola, *Jenseits von Natur und Kultur*, S. 141.

31 Latour, *Wir sind nie modern gewesen*, S. 17, sowie ders., *Krieg der Welten – wie wäre es mit Frieden?* Aus dem Französischen von Gustav Roßler, Berlin 2004 [2002], S. 44f. Siehe außerdem Descola, *Jenseits von Natur und Kultur*, Kap. 1.

32 Bruno Latour, Gifford-Lectures, Vorlesung 6, »Gaia's Estate«, Privatverteiler, S. 126.

33 Aimé Césaire, »Rede über den Kolonialismus« (1950/55), in: ders., *Rede über den Kolonialismus und andere Texte.* Übersetzt von Heribert Becker, Berlin 2010, S. 77-122, hier 91.

34 Diese polemische Formulierung verdanke ich Dr. Maira Hayat, die über die Wasserverbrauchspolitik im heutigen Pakistan forscht.

35 Was die Geschichte der globalen Sorge um Ernährungssicherheit für eine wachsende Zahl von Menschen in den 1930er und 1940er Jahren anbelangt, siehe Alison Bashford, *Global Population.*

36 Jawaharlal Nehru, Öffentliche Ansprache »auf Hindustanisch«, Kalkutta, 14. Juli 1949, in: *Selected Works of Jawaharlal Nehru*, 2. Rhe., Bd. 12, hrsg. v. S. Gopal u.a., Neu-Delhi 1991, S. 241.

37 Jawaharlal Nehru, Rede auf der Konferenz des produzierenden Gewerbes, 18. Dezember 1947, in: *Independence and After. A Collection of the More Important Speeches of Jawaharlal Nehru from September 1946 to May 1949*, Neu-Delhi 1949, S. 155.

38 Jawaharlal Nehru, *Weltgeschichtliche Betrachtungen. Briefe an Indira.* Autorisierte Übertragung ins Deutsche von Else Sticken, Düsseldorf 1957 [1934]; ders., *Entdeckung Indiens*, Berlin 1959 [1946].

39 Mehr dazu in Kapitel 7, unten.

40 Jawaharlal Nehru, Rede auf der 19. Jahrestagung des Central Board of Irrigation, 5. Dezember 1948, in: *Independence and After*, S. 386. Siehe auch Nehrus Ansprache in der Aula der Roorkee University, 25. November 1949 (Radioaufzeichnung von All India, Auszüge im Nehru Memorial Museum and Library), in der die Himalaya-Passage und der Punkt wiederholt wird, wie durch verschiedene Pläne im Zusammenhang mit den Bergen und ihren Flüssen »Energie sowie Wasser und Kanäle und Bewässerung und mehr Nahrungsmittel« produziert werden würden: Nehru, *Selected Works*, Bd. 14, Teil 1, S. 227.

41 Baldev Singh (Hg.), *Jawaharlal Nehru on Science and Society. A Collection of His Writings and Speeches*, Neu-Delhi 1988, S. 94f.

42 Nehru, *Independence and After*, S. 152.

43 Ansprache bei der Eröffnungszeremonie des Central Salt Research Institute, Bhavnagar (Saurashtra), 10. April 1954, in: Singh (Hg.), *Jawaharlal Nehru on Science and Society*, S. 120.

44 Nehru, *Independence and After*, S. 385f.

45 Jawaharlal Nehru, Eröffnungsrede auf der 29. Jahrestagung des Central Board of Irrigation and Power, Neu-Delhi, 17. November 1958, in: Singh (Hg.), *Jawaharlal Nehru on Science and Society*, S. 173.

46 Jawaharlal Nehru, Rede auf der 19. Jahrestagung des Central Board of Irrigation, Neu-Delhi, 5. Dezember 1948, in: ders., *Independence and After*, S. 391.

47 Jawaharlal Nehru, Eröffnungsrede auf der 23. Jahrestagung zur Feier des Silberjubiläums des Central Board of Irrigation and Power, Neu-Delhi, 17. November 1952, in: Singh (Hg.), *Jawaharlal Nehru on Science and Society*, S. 94f.

48 Ebd., S. 99.

49 Narendra Modi, *Convenient Action. Gujarat's Response to Challenges of Climate Change*, Neu-Delhi 2011.

50 Siehe Steve Howard in seinem Vorwort zu Modi, *Convenient Action*. Howard ist Geschäftsführer von *The Climate Group*, London.

51 Siehe die beiden Kapitel »Powergudas of Gujarat (Small Is Beautiful)« und »Big Is Also Beautiful (Sardar Sarovar Project)« in: Modi, *Convenient Action*, S. 43-64 und 66-82.

52 Ebd., S. 13.

53 Siehe Partha Chatterjee, *Nationalist Thought and the Colonial World. A Derivative Discourse?*, London 1986; Homi K. Bhabha, *Die Verortung der Kultur*. Aus dem Englischen von Michael Schiffmann und Jürgen Freudl, Tübingen 2010 [1994].

54 Latour, *»Onus orbis terrarum«*.

55 Ansprache auf der 20. Jahrestagung des indischen Ingenieursverbandes,

Neu-Delhi, 28. Dezember 1962, in: Singh (Hg.), *Jawaharlal Nehru on Science and Society*, S. 241.

56 Siehe Arjun Appadurai, »The Capacity to Aspire. Culture and the Terms of Recognition«, in: ders., *The Future as a Cultural Fact*, S. 179-195.

57 A.C. Pigou, *The Economics of Welfare*, London [3]1929, S. vii. Es besteht so etwas wie ein legitimer Zusammenhang zwischen dieser und der folgenden Äußerung über die Frage des Sorgens für »die Massen«, die aus der Feder eines herausragenden Ökonomen unserer Zeit stammt: »In vielen entscheidenden Hinsichten sind die Fähigkeiten der chinesischen Massen mittlerweile den Fähigkeiten der indischen Massen immens überlegen. Sie leben beträchtlich länger, ihre Kindheit und Jugend ist viel sicherer, sie kommen besser mit Krankheit und Leiden zurecht, die meisten können lesen und schreiben und so weiter.« Amartya Sen, *Commodities and Capabilities*, Neu-Delhi 2003 [1985], App. A., S. 50.

58 Siehe Theodore W. Schultz, »Investment in Man. An Economist's View«, in: *Social Service Review* 33, Nr. 2 (1959), S. 109-117; Amartya Sen, »Freiheit und die Grundlagen von Gerechtigkeit«, in: ders., *Ökonomie für den Menschen*, S. 71-109, hier 94. Siehe außerdem Elizabeth Chatterjee, »The Asian Anthropocene. Electricity and Fossil Developmentalism«, in: *Journal of Asian Studies* 79, Nr. 1 (Februar 2020), S. 1-22.

Kapitel 5
Planetarische Bestrebungen – Deutung eines Selbstmords in Indien

1 Vemulas Abschiedsbrief, wie die *Times of India* ihn am 19. Januar 2016 abgedruckt hat.

2 Vemulas Post auf Facebook vom 10. November 2016. Die Facebook-Seite »In Erinnerung an Rohith Vemula« ist zugänglich unter ⟨https://www.facebook.com/rohith352?ref=br_rs⟩.

3 Raffnsøe, *Philosophy of the Anthropocene*, S. 10.

4 Immanuel Kant, *Kritik der praktischen Vernunft* (1788), Hamburg 1985, S. 186f. (S. 289f. der Originalausgabe, S. 162f. der Akademie-Ausgabe).

5 Martha C. Nussbaum, *Hiding from Humanity. Disgust, Shame, and the Law*, Princeton 2004.

6 Ebd., S. 14. Siehe außerdem S. 72, 83, 89, 91-93, 94f. und 116.

7 Ebd., S. 17.

8 Ebd., S. 23f. und 50.

9 Ebd., S. 61.

10 Paul G. Falkowski, *Life's Engine. How Microbes Made Earth Habitable*, Princeton 2015; Martin J. Blaser, *Antibiotika-Overkill. So entstehen die*

modernen Seuchen. Aus dem Englischen von Ulrich Magin, Freiburg, Basel, Wien 2017 [2014]; Eugene G. Grosch, Robert M. Hazen, »Microbes, Mineral Evolution, and the Rise of Microcontinents. Origin and Coevolution of Life with Early Earth«, in: *Astrobiology* 15, Nr. 10 (2015), ⟨https://www.liebertpub.com/doi/10.1089/ast.2015.1302#⟩.

11 Zu diesen Fragen siehe zum Beispiel Danowski, Viveiros de Castro, *In welcher Welt leben?*

12 Sundar Sarukkai, »Phenomenology of Untouchability«, in: Gopal Guru, Sundar Sarukkai (Hg.), *The Cracked Mirror. An Indian Debate on Experience and Theory*, Neu-Delhi 2014, S. 157-199.

13 Siehe Ranajit Guha, *Elementary Aspects of Peasant Insurgency in Colonial India*, Neu-Delhi 1983, Kap. 2. Siehe außerdem Kancha Ilaiah, »Productive Labour, Consciousness and History. The Dalitbahujan Alternative«, in: Shahid Amin, Dipesh Chakrabarty (Hg.), *Subaltern Studies. Writings on South Asian History and Society*, Delhi 1996, S. 165-200. Die ersten beiden Sätze von Ilaiahs Aufsatz lauteten: »Die Mainstream-Historiographie hat keinen Finger gerührt, um die dalitbahujanische Perspektive in die indische Geschichtsschreibung einzubeziehen. Die *Subaltern Studies* sind da keine Ausnahme.«

14 Der verstorbene Professor M. N. Srinivas fungierte als Wegbereiter, insofern er einige der in dieser Literatur benutzten grundlegenden begrifflichen Werkzeuge – wie etwa »Sanskritisierung« – bereitstellte. Andre Beteille ist natürlich ein weiterer intellektueller Gewährsmann für diese Zeit.

15 Siehe CIBA-Foundation Symposium, *Caste and Race. Comparative Approaches*, hrsg. v. Anthony de Reuck und Julie Knight, Boston 1967.

16 John Stratton Hawley, *A Storm of Songs. India and the Ideal of the Bhakti Movement*, Cambridge, Mass., 2015, S. 24.

17 Gadamer, *Wahrheit und Methode*, S. 254 f.

18 Auf der ersten Seite der ersten Ausgabe des von Gandhi zur Bewältigung des Problems der »Unberührbarkeit« herausgebrachten *Harijan*-Magazins stand eine Übersetzung dieses Gedichts von Rabindranath Tagore. Siehe *Harijan* (Poona) 1, Nr. 1 (11. Februar 1933), S. 1, ⟨https://www.gandhiheritageportal.org/journals-by-gandhiji/harijan⟩.

19 Oliver Mendelsohn, Marika Vicziany, *The Untouchables. Subordination, Poverty and the State in Modern India*, Cambridge 1998, S. 6.

20 A. Shukra, »Caste. A Personal Perspective«, in: Mary Searle-Chatterjee, Ursula Sharma (Hg.), *Contextualising Caste. Post-Dumontian Approaches*, Oxford 1994, S. 171.

21 Frantz Fanon, *Schwarze Haut, weiße Masken.* Aus dem Französischen von Eva Moldenhauer, Frankfurt/M. 1980 [1952], S. 72. Siehe auch die Ausführungen in David Macey, »Adieu foulard, Adieu madras«, in: Max

Silverman (Hg.), *Frantz Fanon's »Black Skin, White Masks«. New Interdisciplinary Essays*, Manchester 2005, S. 22.

22 Louis Dumont, *Gesellschaft in Indien. Die Soziologie des Kastenwesens*. Aus dem Französischen von Margarete Venjakob, Wien 1976 [1966], S. 72f.

23 Gopal Guru, »Experience, Space, and Justice«, in: Guru, Sarukkai (Hg.), *The Cracked Mirror*, S. 84-87.

24 Gyan Prakash, *Bonded Histories. Genealogies of Labor Servitude in Colonial India*, Cambridge 2003.

25 Was einen Überblick über die Literatur zu diesem Thema anbelangt, siehe *Applied Microbiology. Open Access* 3, Nr. 2 (2017), ⟨https://www.longdom.org/open-access/role-of-microbes-in-human-health-2471-9315-1000131.pdf⟩. Siehe außerdem Julia Adeney Thomas, »History and Biology in the Anthropocene. Problems of Scale, Problems of Value«, in: *American Historical Review* 119, Nr. 5 (Dezember 2014), S. 1587-1607.

26 Neil Shubin, *Das Universum in Dir. Eine etwas andere Naturgeschichte*. Aus dem Amerikanischen von Sebastian Vogel, Frankfurt/M. 2014 [2013], S. 50, m. Herv.

27 Steve Vanderheiden, *Atmospheric Justice. A Political Theory of Climate Change*, Oxford 2008, S. 6, m. Herv. Siehe außerdem die Ausführungen auf S. 79.

28 Ebd., S. 7, meine Herv.

29 Ebd., S. 264 (Anm. 8).

30 Ebd., S. 79 und 104.

31 Ebd., S. 251f.

32 Philip Pettit, *Republicanism. A Theory of Freedom and Government*, Oxford 1999, S. 137, m. Herv.

33 Siehe zum Beispiel Eduardo Kohn, *How Forests Think. Toward an Anthropology beyond the Human*, Berkeley 2013. Kohns Arbeit knüpft unter anderem an die Arbeiten von Eduardo Vivieros de Castro und Philippe Descola an.

34 Was einen beherzten Versuch anbelangt, beides zusammenzubringen, siehe Samantha Frost, *Biocultural Creatures. Toward a New Theory of the Human*, Durham 2016.

35 Der auf den 29. Februar 1912 datierte Brief wurde wiederabgedruckt, in: Rabindranath Tagore, *Chithipotro* [Briefe], hrsg. v. Bhabatosh Datta, Kalkutta 1995, Bd. 15, S. 71-73. Die editorische Anmerkung von Bhabatosh Datta auf S. 220 legt fälschlicherweise nahe, dass der Brief an den Begründer einer der ältesten öffentlichen Bibliotheken Kalkuttas, der Chaitanya Library (1889), Gourhari Sen, gerichtet war. Den Hintergrund dieses Briefwechsels kann man nachlesen in Prasantakumar

Pal, *Robijiboni* [Robis Leben], Kalkutta 1993, Bd. 6, S. 247f. Ich danke Sanjib Mukhopadhyay, dass er mich auf diesen Brief aufmerksam gemacht und seinen historischen Kontext mit mir diskutiert hat.

36 Der Originalbrief wurde abgedruckt in Tagores *Chinnapatrabali*, in: Rabindranath Thakur [Tagore], *Rabindrarachanabali* [Gesammelte Werke von Rabindranath], Kalkutta 1961, Bd. 11, S. 74.

37 Tagore, *Chithipotro*, Bd. 15, S. 72.

Kapitel 6

Bruchstücke einer anhaltenden Fabel

1 Tim Lenton, »2°C or not 2°C? That Is the Climate Question«, in: *Nature* 437, Nr. 7 (5. Mai 2011), S. 7, ⟨https://www.nature.com/news/2011/110504/pdf/473007a.pdf⟩. Was den genauen Wortlaut der Formulierung anbelangt, siehe Artikel 2 des *Rahmenabkommens der Vereinten Nationen über Klimaveränderungen* (New York 1992), S. 4, ⟨https://unfccc.int/resource/docs/convkp/convger.pdf⟩.

2 Eric Holtaus, »When Will the World Really Be 2 Degrees Hotter Than It Used to Be?«, in: *FiveThirtyEight*, 23. März 2016, ⟨https://fivethirtyeight.com/features/when-will-the-world-really-be-2-degrees-hotter-than-it-used-to-be/⟩. Ich danke James Chandler, dass er meine Aufmerksamkeit auf diesen Aufsatz gelenkt hat.

3 Jan Zalasiewicz, Mark Williams, *The Goldilocks Planet. The Four Billion Year Story of Earth's Climate*, Oxford 2012.

4 Thomas, »History and Biology in the Anthropocene«, S. 1588.

5 Flannery, *Wir Wettermacher*, Kap. 22: »Zivilisation: Mit einem Wimmern vorbei?«.

6 Chakrabarty, *The Crises of Civilization*.

7 Peter Singer, »Climate Change. Our Greatest Ethical Challenge«, Vortrag an der University of Chicago, 23. Oktober 2015.

8 Mehr dazu in meinem Aufsatz »The Future of the Human Sciences in the Age of Humans. A Note«, in: *European Journal of Social Thought* 20, Nr. 1 (2017), S. 39-43.

9 Martha C. Nussbaum, *Nicht für den Profit. Warum Demokratie Bildung braucht.* Aus dem Englischen von Ilse Utz, Überlingen 2012 [2012], S. 21.

10 Sue Donaldson, Will Kymlicka, *Zoopolis. Eine politische Theorie der Tierrechte.* Aus dem Englischen von Joachim Schulte, Berlin 2013 [2011]. S. 41ff. und Kap. 2 im Allgemeinen; Robert Garner, *The Political Theory of Animal Rights*, Manchester 2005, S. 14f. und 125-128; ders., *A Theory of Justice for Animals. Animal Rights in a Nonideal World*, New

York 2013, S. 3 und 133. Was eine anregende Erörterung der philosophisch-moralischen Dilemmata und Probleme anbelangt, auf die man in diesem Forschungsgebiet stößt, siehe Cary Wolfe, *Before the Law. Humans and Other Animals in a Biopolitical Frame*, Chicago 2013.

11 In den nächsten Absätzen stütze ich mich auf meine »Antwort«, in: Emmett, Lekan (Hg.), *Whose Anthropocene?*.

12 Hans Jonas, *Das Prinzip Verantwortung. Versuch einer Ethik für die technologische Zivilisation* (1979), Berlin 2020, S. 56.

13 Siehe zum Beispiel Vanderheiden, *Atmospheric Justice*.

14 Siehe die Kapitel 1 und 2, oben.

15 Brooke, *Climate Change and the Course of Global History*.

16 Chakrabarty, »The Human Significance of the Anthropocene«. Ich habe von Diskussionen mit Henning Trüper über diesen Punkt profitiert.

17 Smail, *Deep History and the Brain*.

18 Yuval Noah Harari, *Eine kurze Geschichte der Menschheit*. Aus dem Englischen von Jürgen Neubauer, Stuttgart 2013 [2011], S. 20f.

19 Ebd., S. 21.

20 Ebd. Die in der gekürzten deutschen Fassung fehlenden Passagen wurden hier und im Folgenden in der Übersetzung von Christine Pries aus dem englischen Original ergänzt (*Sapiens. A Brief History of Humankind*, New York 2015, S. 11f.). Einen ähnlichen Punkt spricht Hans Jonas an, als er die Geschwindigkeit der menschlich-technologischen Veränderungen mit der Geschwindigkeit der Veränderungen vergleicht, die die natürliche Evolution mit sich bringt: »Mit kleinen Dingen arbeitet die Evolution, die nie aufs Ganze geht und sich deshalb unzählige ›Irrtümer‹ leisten kann, aus denen ihr geduldiges, langsames Verfahren die wenigen, ebenfalls kleinen ›Treffer‹ ausliest. Das Großunternehmen der modernen Technologie, weder geduldig noch langsam, drängt [...] die vielen winzigen Schritte natürlicher Entwicklung in wenige kolossale zusammen und begibt sich damit des lebenssichernden Vorteils der tastenden Natur.« Jonas, *Das Prinzip Verantwortung*, S. 71f. Siehe auch den Abschnitt über die »Störung des symbiotischen Gleichgewichts durch die Menschen«, S. 141f.

21 Harari, *Sapiens*, S. 11f.

22 Die letzte große Hungernot erlebte Indien zum Beispiel 1943, obwohl viele im Land weiterhin an Hunger und Unterernährung sterben.

23 William R. Catton Jr., *Overshoot. The Ecological Basis of Revolutionary Change*, Chicago 1980, S. 95f.; D. Cocks, *Global Overshoot. Contemplating the World's Converging Problems*, New York 2013.

24 Siehe Lewis Regenstein, »Überleben der Menschen«, in: Peter Singer (Hg.), *Verteidigt die Tiere. Überlegungen für eine neue Menschlichkeit*. Aus dem Englischen von Kurt Simon, Berlin 1988 [1987], S. 179-203; Peter

Singer, »Down on the Factory Farm«, in: Tom Regan, Peter Singer (Hg.), *Animal Rights and Human Obligations*, Englewood Cliffs 1989, S. 159-168.

25 Siehe Jessica C. Stanton u. a., »Warning Times for Species Extinction due to Climate Change«, in: *Global Change Biology* 21 (2015), S. 1066-1077; Rodolfo Dirzo u. a., »Defaunation in the Anthropocene«, in: *Science* 345, Nr. 6195 (2014), S. 401-406; Celine Bellard u. a., »Impacts of Climate Change on the Future of Biodiversity«, in: *Ecology Letters* 15, Nr. 4 (April 2012), S. 365-377; Gerardo Ceballos u. a., »Accelerated Modern Human-Induced Species Losses. Entering the Sixth Mass Extinction«, in: *Science Advances*, 19. Juni 2015, S. 1-5.

26 Will Steffen, Wendy Broadgate, Lisa Deutsch, Owen Gaffney, Cornelia Ludwig, »The Trajectory of the Anthropocene. The Great Acceleration«, in: *Anthropocene Review* 2, Nr. 1 (2015), S. 1-18.

27 Ebd.

28 Rockström u. a., »Planetary Boundaries«, S. 32.

29 Richard E. Zeebe u. a., »Anthropogenic Carbon Release Rate Unprecedented during the Past 66 Million Years«, in: *Nature Geoscience* 9 (21. März 2016), S. 325-329, ⟨https://www.nature.com/articles/ngeo2681⟩.

30 »Wenn es in einem der nächsten Jahrhunderte zu globaler Erwärmung und einem sechsten Massensterben kommt, scheint ›Epoche‹ auf der Stufenleiter [der geologischen Zeittafel] eine nicht weit genug gehende Kategorie zu sein.« Jan Zalasiewicz am 30. September 2015 in einer persönlichen Mitteilung an den Autor.

31 Gary Tomlinson, »Two Deep-Historical Models of Climate Crisis«, in: *South Atlantic Quarterly* 116, Nr. 1 (Januar 2017), S. 19-31.

32 Jan Zalasiewicz, »The Geology behind the Anthropocene« (unveröffentlichtes Manuskript, 2015), S. 12. Ich bin Zalasiewicz dankbar, dass er mir diesen Text zur Verfügung gestellt hat.

33 Siehe die ausführliche und hervorragende Erörterung in Frank P. Incropera, *Climate Change. A Wicked Problem – Complexity and Uncertainty at the Intersection of Science, Economics, Politics, and Human Behavior*, New York 2016.

34 Die Trennung wurde im 19. Jahrhundert formal besiegelt, als die modernen Sozialwissenschaften als eigenständiges multidisziplinäres Feld entstanden. Siehe Locher, Fressoz, »Modernity's Frail Climate«.

35 Die Geschichte dieses Intellektuellenkrieges rekapituliert Eric W. Gander in *On Our Minds. How Evolutionary Psychology Is Reshaping the Nature-versus-Nurture Debate*, Baltimore 2003, Kap. 3.

36 Was eine andere, anregende und kritische Deutung dieses Aufsatzes anbelangt, siehe Bonnie Honig, *Political Theory and the Displacement of Politics*, Ithaca 1993, S. 19-24.

37 Immanuel Kant, »Mutmaßlicher Anfang der Menschengeschichte« (1786), in: ders., *Ausgewählte kleine Schriften*, Hamburg 1969, S. 71-88, hier 79.

38 Ebd., S. 80. Was die synonyme Verwendung von *tierisch*, *natürlich* und *physisch* anbelangt, siehe die Anmerkung auf derselben Seite.

39 Siehe die in den Kapiteln 1 und 2 von Daniel P. Sheilds, »Aquinas and the Kantian Principle of Treating Persons as Ends in Themselves« (Diss., Catholic University of America, 2012), erörterte Literatur und die Schlüsse, die er daraus zieht.

40 Ich stimme Honigs Bemerkung ohne Einschränkungen zu, dass »die Geschichten, die Fabeln über die Begründung einer Lebensform erzählen, ausnahmslos als wirkmächtige Illustrationen der mittlerweile subtileren und gesetzteren, aber nicht weniger aktiven Prozesse und Praktiken dienen, die unseren gegenwärtigen Alltag ausmachen und aufrechterhalten«. Honig, *Political Theory and the Displacement of Politics*, S. 19.

41 Kant, »Mutmaßlicher Anfang der Menschengeschichte«, S. 71, m. Herv.

42 Ebd., S. 72f.

43 Ebd., S. 74.

44 Ebd., S. 75.

45 Ebd., S. 75f.

46 Ebd., S. 76f.

47 Siehe abermals Honigs ergiebige und komplexe Deutung dieser Kantischen Verfahrensweise in *Political Theory and the Displacement of Politics*, S. 27-34.

48 Kant, »Mutmaßlicher Anfang der Menschengeschichte«, S. 78.

49 Ebd., S. 78f.

50 Ebd., S. 83f.

51 Ebd., S. 84.

52 Ebd., S. 79.

53 Ebd., S. 85.

54 Ebd., S. 85ff.

55 Ebd., S. 88.

56 Immanuel Kant, *Kritik der Urteilskraft* (1790, ^{2}1793), Hamburg 1974, Zweiter Teil: Kritik der teleologischen Urteilskraft, § 83, S. 299f. (B 389f.).

57 Kant, »Mutmaßlicher Anfang der Menschengeschichte«, S. 80f. (Anm.).

58 Ebd., S. 75.

59 Was eine kritische Erörterung einiger der Fragen anbelangt, um die es hier geht, siehe David Baumeisters kritische, aber großzügige Lesart des Aufsatzes, auf dem dieses Kapitel beruht. David Baumeister, »Kant, Chakrabarty, and the Crisis of the Anthropocene«, in: *Environmental*

Ethics 41, Nr. 1 (2019), S. 53-67. Ich stimme seinem Punkt zu, dass meine Kritik die mögliche Rolle der Vernunft in der derzeitigen Krise nicht ausschöpft. In diesem Zusammenhang siehe außerdem Clive Hamilton, »The Delusion of the ›Good Anthropocene‹. Reply to Andrew Revkin«, 17. Juni 2014, ⟨http://clivehamilton.com/the-delusion-of-the-good-anthropocene-reply-to-andrew-revkin/⟩.

60 Papst Franziskus, *Die Enzyklika »Laudato Si«. Über die Sorge um das gemeinsame Haus*, Freiburg 2015, S. 53, 80, 81, 125 und 133.

61 Ebd., S. 126f.

62 Ebd., S. 78 und 79f.

63 Amartya Sen, »Energy, Environment, and Freedom. Why We Must Think about More Than Climate Change«, in: *The New Republic*, 25. August 2014, S. 39.

64 Peter F. Sale, *Our Dying Planet. An Ecologist's View of the Crisis We Face*, Berkeley 2011, S. 223. In ihrem Buch *The Great Acceleration* halten McNeill und Engelke auf S. 87 fest, dass die meisten der 250 000 Arten, die im 20. Jahrhundert ausgestorben sind, »verschwanden, bevor sie wissenschaftlich beschrieben werden konnten«. Diese Geschöpfe waren »der Biologie nicht bekannt«.

65 Martin J. Blaser, *Antibiotika-Overkill. So entstehen die modernen Seuchen.* Aus dem Englischen von Ulrich Magin, Freiburg 2017 [2014], S. 27. Siehe auch S. 26, 30 und 31f.

66 Ebd., Kap. 9 (»Eine vergessene Welt«, S. 142-165).

67 Luis P. Villareal, »Can Viruses Make Us Human?«, in: *Proceedings of the American Philosophical Society* 148, Nr. 3 (September 2004), S. 296-323; Linda M. van Blerkom, »Role of Viruses in Human Evolution«, in: *Yearbook of Physical Anthropology* 46 (2003,) S. 14-46.

68 Siehe die Ausführungen in Kap. 2, oben.

69 Siehe besonders Latour, *Wir sind nie modern gewesen*; ders., *Das Parlament der Dinge*; sowie ders., *Existenzweisen.*

70 Latour, *Pasteuriziation of France*, S. 193; sowie ders., *Das Parlament der Dinge*, und ders., *Existenzweisen.*

71 Ebd., S. 32 und 33.

72 Ebd., S. 35.

73 Ebd., S. 33f.

74 Ebd., S. 39 und 43.

75 Ebd., S. 149f.

76 Ebd., S. 150.

77 Blaser, *Antibiotika-Overkill*, S. 25f.

78 Latour, *Pasteuriziation of France*, S. 193.

79 Ebd.

80 Ebd., S. 192-194. In einem Aufsatz über Derrida im Kontext einer Er-

örterung des Anthropozäns hat Claire Colebrook eine Frage gestellt, die in einem großen Teil des posthumanistischen Denkens nachhallt: »Ist es nicht gerade die Vorstellung, dass die Erde *unser Zuhause* ist, die uns blind für die Verwüstungen gemacht hat, die unsere Lebensweise nach sich zieht?« Claire Colebrook, »Not Symbiosis, Not Now. Why Anthropogenic Change Is Not Really Human«, in: *Oxford Literary Review* 34, Nr. 2 (2012), S. 189.

Kapitel 7
Die Zeit des Anthropozäns

1 Jan Zalasiewicz, »The Extraordinary Strata of the Anthropocene«, in: S. Oppermann, S. Iovino (Hg.), *Environmental Humanities. Voices from the Anthropocene*, London 2017, S. 124. Ich danke Jan Zalasiewicz, dass er mir diesen Aufsatz zur Verfügung gestellt hat. Meine Argumente hier setzen in keiner Weise voraus oder müssten zwingend voraussetzen, dass der Vorschlag, das Anthropozän formal anzuerkennen, Zustimmung findet. Auch die von mir in diesem Kapitel verwendeten Argumente von Zalasiewicz machen diese Voraussetzung meines Erachtens nicht.

2 Zalasiewicz, »The Extraordinary Strata of the Anthropocene«, S. 9.

3 John Bellamy Foster, »Vorwort« zu Ian Angus, *Facing the Anthropocene. Fossil Capitalism and the Crisis of the Earth System*, New York 2016, S. 11 [A.d.Ü.: In der bereits zitierten deutschen Fassung von Angus' Buch, *Im Angesicht des Anthropozäns*, ist dieses Vorwort nicht enthalten].

4 Ebd. Vgl. auch Vladmir I. Vernadskij, *Der Mensch in der Biosphäre. Zur Naturgeschichte der Vernunft.* Übers. v. Felix Eder und Peter Krüger, Frankfurt/M. u.a. 1997 [1937/1938], S. 49ff.

5 Will Steffen, Kommentar zu Paul J. Crutzen und Eugene F. Stoermer, »The Anthropocene«, in: Libby Robin, Sverker Sörlin, Paul Warde (Hg.), *The Future of Nature. Documents of Global Change*, New Haven 2013, S. 486.

6 Crutzen, Stoermer, »The Anthropocene«, S. 17.

7 Archer, *The Long Thaw*, S. 64.

8 Ebd., S. 6.

9 Will Steffen, Jacques Grinevald, Paul Crutzen, John McNeill, »The Anthropocene. Conceptual and Historical Perspectives«, in: *Philosophical Transactions of the Royal Society* A 369, Nr. 1938 (2011), S. 843.

10 John R. McNeill, *Something New Under the Sun. An Environmental History of the Twentieth-Century World*, New York 2000, S. 3.

11 Roger Revelle, Hans E. Suess, »Carbon Dioxide Exchange between At-

mosphere and Ocean and the Question of an Increase of Atmospheric CO_2 during the Past Decades«, in: *Tellus* 9, Nr. 1 (1957), S. 18-27, wiederabgedruckt in: Archer, Pierrehumbert (Hg.), *The Warming Papers*, S. 277.

12 Sheila Jasanoff, »A New Climate for Society«, in: *Theory, Culture & Society* 27, Nr. 2/3 (2010), S. 236.

13 Die herausragendste, originellste und gelehrteste philologische Untersuchung des Begriffs *Anthropozän* hat meines Wissens Robert Stockhammer in seinem Aufsatz »Philology of the Anthropocene« vorgelegt, in: Sarah Fekadu, Hanna Straß-Senol, Tobias Döring (Hg.), *Meteorologies of Modernity. Weather and Climate Discourses in the Anthropocene* (Yearbook of Research in English and American Literature 33), Tübingen 2017, S. 43-64.

14 Natürlich werden »Kraft« und »Macht« manchmal auch locker als Bezeichnung für dasselbe verwendet, um einer klaren Darstellung willen werde ich sie aber als jeweils zur »Natur-« und zur »Sozial«geschichte gehörig behandeln. Dies ist keine willkürliche Unterscheidung. Der historisch-existentielle Charakter der Kategorie »Macht« erlaubt Foucault in *Sexualität und Wahrheit* (Bd. 1: *Der Wille zum Wissen*. Übersetzt von Ulrich Raulf und Walter Seitter, Frankfurt/M. 1983 [1976], Teil IV, Kap. 2 (»Methode«), S. 113-119) eine nominalistische Beschreibung des Wesens der Macht.

15 J.T. Houghton, G.J. Jenkins, J.J. Ephraums (Hg.), *Climate Change. The IPCC Scientific Assessment*, Cambridge 1991, »Policymakers Summary«, S. xiii.

16 Agarwal, Narain, *Globale Erwärmung in einer ungleichen Welt*, S. 5 und 49f. (Anm. 1).

17 Ebd., S. 5.

18 Hartog, *Regimes of Historicity*. Hartog erzählt, wie gesagt, eine europäische – wenn auch nicht eurozentrische – Geschichte über ein modernes »Geschichtlichkeitsregime« (offene Zukunftsaussichten), das sich in Europa über das 18. und 19. Jahrhundert erstreckte, mit den zwei Weltkriegen endete und Ende des 20. Jahrhunderts einem »Präsentismus« – als dem Zusammenfallen von Zukunft und Gegenwart – erlag. Übrigens beschreibt Ursula Heise das Anthropozän eben gerade auf eine Weise, die an Herzogs Beschreibung des »Präsentismus« erinnert, nämlich »als Zukunft, die bereits eingetreten ist«. Heise, *Imagining Extinction*, S. 203 und 219f. Was eine andere Auseinandersetzung mit dem Verhältnis von Geschichte und Zukunft – zumindest in der westlichen Vorstellungswelt – anbelangt, siehe Zoltán Boldizsár Simon, *History in Times of Unprecedented Change. A Theory for the 21st Century*, London 2019.

19 Agarwal, Narain, *Globale Erwärmung in einer ungleichen Welt*, S. 6.

20 Andreas Malm, Alf Hornborg, »The Geology of Mankind? A Critique of the Anthropocene Narrative«, in: *Anthropocene Review* 1, Nr. 1 (2014), S. 66. In »There Is No Anthropocene. Climate Change, Species-Talk, and Political Economy«, in: *Telos* 172 (Herbst 2015), S. 103-124, verfolgt Matthew Lepori einen ähnlichen Punkt.

21 Malm, Hornborg, »The Geology of Mankind?«, S. 64 und 66.

22 Ebd., S. 62, m. Herv.

23 Ebd., S. 67.

24 Moore, *Kapitalismus im Lebensnetz.* Donna Haraway schreibt, »Einer persönlichen Mail-Kommunikation mit Jason Moore und Alf Hornborg [Ende 2014] zufolge, hat Malm, der damals noch Doktorand war, den Begriff Kapitalozän in einem Seminar in Lund, Schweden, 2009 vorgeschlagen. Ich habe den Begriff unabhängig davon seit 2012 in Vorträgen verwendet.« Donna Haraway, »Sich verwandt machen. Anthropozän, Kapitalozän, Chthuluzän«, in: dies., *Unruhig bleiben. Die Verwandtschaft der Arten im Chthuluzän.* Aus dem Englischen von Karin Harrasser, Frankfurt/M. 2018 [2016], S. 137-142, hier 280 (Anm. 6). In *The Anthropocene. The Human Era and How It Shapes Our Planet.* Übers. v. Lucy Renner Jones, Santa Fe, London 2014, S. 65 (Anm. 132), nennt Christian Schwägerl allerdings einen anderen Ursprung des Begriffs: »Der Begriff ›Kapitalozän‹ wurde von Prof. Elmar Altvater von der Freien Universität Berlin während einer Diskussionsveranstaltung der Deutschen Gesellschaft für Auswärtige Politik geprägt« [A.d.Ü.: Im deutschen Original des Buches *Menschenzeit. Zerstören oder gestalten? Die entscheidende Epoche unseres Planeten*, München 2010, ist dieser Hinweis von Schwägerl nicht enthalten].

25 Moore, *Kapitalismus im Lebensnetz*, S. 267 (Anm. 13).

26 Ebd., S. 261-265, m. Herv.

27 Angus, *Facing the Anthropocene*, S. 131f., wo er das Kapitalozän als »Kategorienfehler« bezeichnet: »Kapitalismus ist ein 600 Jahre altes Gesellschafts- und Wirtschaftssystem, während es sich beim Anthropozän um ein 60 Jahre altes Erdsystemzeitalter handelt. [...] Das neue Zeitalter wird noch lange weitergehen, nachdem die Erinnerung an den Kapitalismus bereits verblasst ist.« [A.d.Ü.: In der bereits zitierten deutschen Fassung von Angus' Buch, *Im Angesicht des Anthropozäns*, ist die betreffende Stelle nicht enthalten.]

28 Angus, *Facing the Anthropocene*, S. 109f. Der von Malm, Hornborg, Moore, Angus und anderen vollzogene Schritt, den anthropogenen Klimawandel anhand von Ungleichheiten zwischen den Menschen und folglich unter Berufung auf die theoretische Erschließung von »Kultur und Macht« zu analysieren, kommt nicht überraschend. Auf diese Wei-

se haben sich schon früher viele Analysen der Weltgeschichte mit globalen Umweltproblemen und ihrer Geschichte auseinandergesetzt; sie richteten ihr Augenmerk auf die Art und Weise ihrer Vermittlung durch menschliche Ungleichheiten, das Entstehen von »entwicklungsbezogenen Projekten« und staatliche Macht in einigen Weltteilen zwischen 1500 und 1800 sowie sich wandelnde Deutungen der Natur durch den Menschen unter Bedingungen der Moderne. Siehe zum Beispiel William Cronon (Hg.), *Uncommon Ground. Rethinking the Human Place in Nature*, New York 1996; Alf Hornborg, J.R. McNeill, Joan Martinez-Alier (Hg.), *Rethinking Environmental History. World-System History and Global Environmental Change*, Lanham 2007; Edmund Burke, Kenneth Pomeranz (Hg.), *The Environment and World History*, Berkeley 2009. Der Ausdruck »entwicklungsbezogene Projekte« stammt von Kenneth Pomeranz. Siehe seine Einleitung in den von ihm und Burke herausgegebenen Band.

29 Jan Zalasiewicz, Will Steffen, Reinhold Leinfelder, Mark Williams, Colin Waters, »Petrifying Earth Process. The Stratigraphic Imprint of Key Earth System Parameters in the Anthropocene«, in: *Theory, Culture & Society* 34, Nr. 2/3 (2017), S. 98.

30 Archer, *The Long Thaw*, S. 10.

31 Zalasiewicz, Steffen, Leinfelder, Williams, Waters, »Petrifying Earth Process«, S. 16, m. Herv.

32 David Grinspoon, *Earth in Human Hands. Shaping Our Planet's Future*, New York 2016, S. 242f.

33 Daniel Schrag, »Geobiology of the Anthropocene«, in: Andrew H. Knoll, Donald E. Canfield, Kurt O. Kornhauser (Hg.), *Fundamentals of Geobiology*, Oxford 2012, S. 434.

34 Clive Hamilton, *Defiant Earth. The Fate of Humans in the Anthropocene*, Cambridge 2017, S. 41, m. Herv.

35 William H. McNeill, »The Changing Shape of World History«, in: Philip Pomper, Richard A. Elphick, Richard T. Vann (Hg.), *World History. Ideologies, Structures, and Identities*, Malden 1998, S. 39f. Diese Sichtweise unterscheidet sich erheblich von dem, was ein anderer Pionier der Weltgeschichtsschreibung, McNeills Kollege an der University of Chicago, Marshall Hodgson, über sehr großformatige Geschichten der Menschheit dachte: »Falls Weltgeschichte philosophisch möglich ist, wird sie in jedem Fall zwei wichtigen Einschränkungen unterliegen. Sie wird sich vermutlich nicht mit allen oder zumindest den meisten Ereignissen befassen können, die der Menschheit immer schon Sorgen bereitet haben, und außerdem wird sie wahrscheinlich für den Menschen nicht dieselbe Art von Bedeutung besitzen, die eine sich in eine bestimmte kleine Gemeinschaft einfühlende Geschichtsschreibung ha-

ben kann.« Marshall Hodgson, »The Objectivity of Large-Scale Historical Inquiry. Its Peculiar Limits and Requirements«, in: Edmund Burke III (Hg.), *Rethinking World History. Essays on Europe, Islam, and World History*, Cambridge 1993, S. 258. Was eine faszinierende Schilderung von Hodgsons intellektuellem Hintergrund und seinen Austausch mit McNeill an der University of Chicago anbelangt, siehe Michael Geyer, »The Invention of World History from the Spirit of Nonviolent Resistance«, in: Edmund Burke, Robert J. Mankin (Hg), *Islam and World History. The Ventures of Marshall Hodgson*, Chicago 2018. Von Professor Geyer habe ich erfahren, dass der an der University of Chicago archivierte Nachlass von Hodgson »ziemlich viel Wissenschaftliches und einige sehr intensive und ausgesprochen kritische Ausführungen über Teilhard de Chardin (unter anderem über den Irrtum des Anthropozentrismus)« enthält. Persönliche Mitteilung an den Autor, 11. Februar 2017.

36 William H. McNeill, »Passing Strange. The Convergence of Evolutionary Science with Scientific History«, in: *History and Theory* 40, Nr. 1 (2001), S. 5.

37 Ebd., S. 15.

38 William H. McNeill, »At the End of an Age?«, in: *History and Theory* 42, Nr. 2 (2003), S. 251 und 252.

39 Brooke, *Climate Change and the Course of Global History*, S. 578f., m. Herv.

40 Reinhart Koselleck, »›Erfahrungsraum‹ und ›Erwartungshorizont‹. Zwei historische Kategorien«, in: ders., *Vergangene Zukunft. Zur Semantik geschichtlicher Zeiten*, Frankfurt/M. 1979, S. 349-375, hier 352.

41 Augustinus, *Bekenntnisse*, S. 318 (Buch 11, Kap. 20).

42 Lucian Hölscher, »Time Gardens. Historical Concepts in Modern Historiography«, in: *History and Theory* 53, Nr. 4 (2014), S. 591.

43 Reinhart Koselleck, »Vorwort«, in: ders., Vergangene Zukunft, S. 9-14, hier 10 und 11. Siehe auch Kosellecks Aufsatz »Moderne Sozialgeschichte und historische Zeiten«, in: ders., *Zeitgeschichten. Studien zur Historik*, Frankfurt/M. 2000, S. 317-335, sowie John Zammitos ausführliche Besprechung der englischen Übersetzung von Kosellecks gesammelten Aufsätzen, *The Practice of Conceptual History*, Stanford 2002: »Koselleck's Philosophy of Historical Time(s) and the Practice of History«, in: *History and Theory* 45, Nr. 1 (2004), S. 124-135.

44 Koselleck, »›Erfahrungsraum‹ und ›Erwartungshorizont‹«, S. 354f.

45 Ebd., S. 358, 359 und 366.

46 Ebd., S. 358.

47 Ebd., S. 357. In seinem Kommentar zu Koselleck hat Christophe Bouton darauf hingewiesen, dass »[Kosellecks] […] Kategorien der ›Fähigkeit zu sterben und der Fähigkeit zu töten‹ […] die transzendentale

Grundstruktur von Geschichte seien, da Koselleck zufolge die Gefahr eines gewaltsamen Todes den Hintergrund aller Geschichtsschreibung von den Jägern und Sammlern bis ins Atomzeitalter bilde. Ohne das Vermögen, einander zu töten, ›gäbe es nicht die Geschichten, die wir alle kennen‹.« Christophe Bouton, »The Critical Theory of History. Rethinking the Philosophy of History in the Light of Koselleck's Work«, in: *History and Theory* 55, Nr. 2 (2016), S. 178.

48 Andrew Light, »Climate Diplomacy«, in: Stephen Gardiner, Allen Thompson (Hg.), *The Oxford Handbook of Environmental Ethics*, Oxford 2017.

49 Siehe W.J.T. Mitchell, *The Last Dinosaur Book. The Life and Times of a Cultural Icon*, Chicago 1998; Bernd Scherer, »Die Monster«, in: Jürgen Renn, Bernd Scherer (Hg.), *Das Anthropozän. Zum Stand der Dinge*, Berlin 2016, S. 226-241; Wolfgang Behringer, *Tambora und das Jahr ohne Sommer. Wie ein Vulkan die Welt in die Krise stürzte*, München 2016.

50 Siehe meinen Aufsatz »The Human Significance of the Anthropocene«, in: Latour (Hg.), *Modernity Reset!*.

51 Zalasiewicz, »The Extraordinary Strata of the Anthropocene«, S. 1.

52 Ebd., S. 3. Die Geschichte von William Smith, »einem englischen Geometer, der als Erster erkannt hat, dass Fossilien die Informationen über das Gestein ergänzen, in dem sie gefunden werden«, veranschaulicht Zalasiewicz' Punkt. Siehe David N. Reznick, *The »Origin« Then and Now. An Interpretive Guide to the »Origin of Species«*, Princeton 2010, S. 268. Siehe außerdem »The Carboniferous Period«, University of California Museum of Paleontology, ⟨http://www.ucmp.berkeley.edu/carboniferous/carboniferous.php⟩.

53 Kathleen D. Morrison, »Provincializing the Anthropocene«, in: *Seminar* 673 (September 2015), S. 75.

54 Ebd., S. 79.

55 Simon L. Lewis, Mark A. Maslin, »Defininig the Anthropocene«, in: *Nature* 519, Nr. 7542 (2015), S. 171.

56 Ebd., S. 175 und 176.

57 Ebd., S. 177. Der in eckigen Klammern zitierte Text stammt von S. 176.

58 Ebd., S. 175.

59 Siehe Clive Hamilton, »Getting the Anthropocene So Wrong«, in: *Anthropocene Review* 2, Nr. 1 (2015), S. 1-6; Jan Zalasiewicz u.a., »Colonization of the Americas, ›Little Ice Age‹ Climate, and Bomb-Produced Carbon. Their Role in Defining the Anthropocene«, in: *Anthropocene Review* 2, Nr. 2 (2015), S. 117-127; Simon L. Lewis, Mark A. Maslin, »A Transparent Framework for Defining the Anthropocene Epoch«, in: *Anthropocene Review* 2, Nr. 2 (2015), S. 128-146.

60 Zalasiewicz, »The Extraordinary Strata of the Anthropocene«, S. 3.

61 Ebd., S. 4.

62 Eine neuere Stellungnahme findet sich in Zalasiewicz u. a., »Petrifying Earth Process«.

63 Die Namen von geologischen Zeitaltern haben in der Regel wenig mit den Faktoren zu tun, die sie ins Leben gerufen haben könnten. So geht die englische Bezeichnung *Cretaceous* »auf das lateinische Wort für Kreide zurück«, das Jura-Zeitalter wurde »nach dem Juragebirge an der französisch-schweizerischen Grenze benannt«, die *Trias* hieß so, »weil sie in einem Großteil Zentraleuropas dreiteilig war: zwei Sandsteinformationen, die [...] ausgeprägter Kalkstein trennte«, *Silur* leitet sich aus »dem Namen eines alten britischen Stammes« ab, *Kambrium* »vom römischen Namen für Wales«, *Devon* wurde »nach der englischen Grafschaft Devonshire« benannt und so weiter. Warum soll dieses Prinzip nicht für das »stratigraphische Anthropozän« gelten? Siehe Martin J. S. Rudwick, *Earth's Deep History. How It Was Discovered and Why It Matters*, Chicago 2014, S. 142f.

64 Zalasiewicz, »The Extraordinary Strata of the Anthropocene«, S. 11.

65 Ebd., S. 9, m. Herv.

66 Archer, *The Global Carbon Cycle*, S. 21.

67 Langmuir, Broecker, *How to Build a Habitable Planet*, S. 591.

68 Jan Zalasiewicz, persönliche Mitteilung an den Autor, 27. Februar 2017. Siehe außerdem Jan Zalasiewicz u. a., »Chronostratigraphy and Geochronology. A Proposed Realignment«, in: *GSA Today* 23, Nr. 3 (2013), S. 4-8; sowie Jan Zalasiewicz, Mark Williams, Colin Waters, »Can an Anthropocene Series Be Defined and Recognized?«, in: *Geological Society, London, Special Publications* 395 (März 2014), S. 39-53. In Bronislaw Szerszynski, »The Anthropocene Monument. On Relating Geological and Human Time«, in: *European Journal of Social Theory* 20, Nr. 1 (2017), S. 111-131, wird dieser Punkt auf erhellende Weise erörtert.

69 Für Diskussionen über diesen Punkt danke ich Fredrik Albritton Jonsson.

70 Aurelius Augustinus, *Vom Gottesstaat (De civitate Dei)*. Vollständige Ausgabe in einem Band. Aus dem Latenischen von Wilhelm Thimme, München 2007, S. 78 (12. Buch, Kapitel 13); Buffon, zitiert in Rossi, *The Dark Abyss of Time*, S. 108; Darwin, zitiert in Pascal Richet, *A Natural History of Time.* Aus dem Französischen von John Venerella, Chicago 2007 [1999], S. 212; Martin J. S. Rudwick, *Worlds before Adam. The Reconstruction of Geohistory in the Age of Reform*, Chicago 2008, S. 564. Was Darwins Reaktion auf die Unermesslichkeit der fernen Vergangenheit anbelangt, siehe Joe D. Burchfield, »Darwin and the Dilemma of Geological Time«, in: *Isis* 65, Nr. 3 (1974), S. 300-321.

71 Die Beziehung zwischen der (modernen) Zeit der menschlichen Ge-

schichte und der Zeit der geologischen Vergangenheit wird von Szerszynski in dem Aufsatz »The Anthropocene Monument« auf anregende Weise erörtert, in dem er zeigt, wie die Geologie sich im 18. und frühen 19. Jahrhundert »auf gelehrsame und altertümliche Geschichtsschreibungspraktiken stützte, [...] um eine *Geschichte der Erde* [hervorzubringen]« (115). In Bezug auf die Konstruktionsmethoden von historischer und geologischer Zeit blieben allerdings Unterschiede bestehen: »Historiker:innen der menschlichen Kultur verfügen über moderne Beispiele für Revolutionen oder Massenhysterie, die sie zur vergleichenden Untersuchung mit Belegen aus der Vergangenheit heranziehen können. Doch [...] angesichts der Komplexität der geologischen Ereignisse, unserer Erfahrungslosigkeit im Hinblick auf alle Arten von geologischen Umwelten und geologischen Zeitspannen und unseres Interesses an der Einzigartigkeit jedes Ereignisses sind Geolog:innen schlicht und einfach außerstande, die Gegenwart in die Vergangenheit zu projizieren.« Robert Frodeman, »Geological Reasoning. Geology as an Interpretive and Historical Science«, in: *GSA Bulletin* 107, Nr. 8 (1995), S. 965.

72 Siehe Kapitel 2, oben.

73 Langmuir, Broecker, *How to Build a Habitable Planet*, S. 16f.

74 Ebd., S. xv.

75 Siehe zum Beispiel die erste Seite von Langmuir, Broecker, *How to Build a Habitable Planet.*

76 Ebd, S. 650.

77 Siehe Adam Frank, Woodruff Sullivan, »Sustainability and the Astrobiological Perspective. Framing Human Futures in a Planetary Context«, in: *Anthropocene* 5 (März 2014), S. 32-41.

78 Langmuir, Broecker, *How to Build a Habitable Planet*, S. 668.

79 Ebd., S. 645f. und 668.

80 Zalasiewicz, »The Extraordinary Strata of the Anthropocene«, S. 5.

81 Haff, »Technology as a Geological Phenomenon«, S. 302. Diese Argumentation trifft eine sehr interessante Unterscheidung zwischen Intelligenz und Subjektivität/Bewusstsein. Auch wenn man Intelligenz für eine Problem lösende Eigenschaft verschiedener Lebensformen hält, ist sie in Lebensformen anzutreffen, die sozusagen nicht über »Subjektivität« verfügen; Bewusstsein kann man als Folge der Entwicklung des Gehirns betrachten. Beim Bau eines Hügels müssen Termiten teilweise dieselben Konstruktionsprobleme lösen, mit denen die Erbauer eines Wolkenkratzers sich befassen. Siehe die Überlegungen in Andrew Y. Glikson, Colin Groves, *Climate, Fire and Human Evolution. The Deep Time Dimensions of the Anthropocene*, Cham (Schweiz) 2016, S. 185-187.

82 Langmuir, Broecker, *How to Build a Habitable Planet*, S. 645f.

83 Glikson, Groves, *Climate, Fire and Human Evolution*, S. 193 und 194f.

84 Ebd., S. 194. Wenn die menschlichen Aktivitäten irgendwann zu einem sechsten großen Artensterben führen, wird das für den Planeten eine »Premiere« sein. Niemals zuvor hat eine Spezies ein Massensterben ausgelöst. Sie wurden alle durch »eine wirksame Kombination aus Asteroideneinschlägen, gehäuften Vulkanausbrüchen, Eiszeiten und/oder Anzeichen für umfassende Änderungen der Meereschemie« hervorgerufen. Reznick, *The »Origin« Then and Now*, S. 310. Siehe auch Andrew Glikson, Emily Spence, »Planet Eaters. Chain Reactions, Black Holes, and Climate Change«, Anhang D von Andrew Glikson, *The Event Horizon. Imagining the Real*, Canberra im Selbstverlag 2016, S. 92-95. Außerdem sollte ich an dieser Stelle erwähnen, dass Glikson es vorzieht, den Begriff nicht zu formalisieren und von frühem, mittlerem und spätem Anthropozän zu sprechen, den Begriff also eher als Ausdruck des menschlichen Einwirkens auf den Planeten verwendet denn als Verweis auf eine spezifische stratigraphische Serie.

85 Bonneuil, Fressoz, *The Shock of the Anthropocene*, S. 80.

86 Ebd., S. 94.

87 Mark Lynas, *The God Species*, Washington, DC, 2011.

88 Immanuel Kant, »Erneuerte Frage: Ob das menschliche Geschlecht im beständigen Fortschreiten zum Besseren sei«, in: ders., *Streit der Fakultäten* (1798), Hamburg 1975, S. 77-94, hier 94 (*Akademie-Ausgabe*, Bd. VII, S. 93).

89 Ebd., S. 88 und 93 (*Akademie-Ausgabe*, ebd.).

90 Bonneuil, Fressoz, *The Shock of the Anthropocene*, S. 80, m. Herv.

91 Kant, »Erneuerte Frage«, S. 88 (*Akademie-Ausgabe*, ebd.).

92 Jacques Lacan, »Vom Netz der Signifikanten«, in: ders., *Die vier Grundbegriffe der Psychoanalyse. Das Seminar, Buch XI.* Aus dem Französischen von Norbert Haas, Olten 1978 [1964], S. 48-58, hier 51.

93 Bonneuil, Fressoz, *The Shock of the Anthropocene*, S. 94 und 95.

94 Jacques Lacan, »Linie und Licht«, in: ders., *Die vier Grundbegriffe der Psychoanalyse*, S. 97-109, hier 109.

95 Nigel Clark, »Geo-Politics and the Disaster of the Anthropocene«, in: *Sociological Review* 62, Nr. S 1 (2014), S. 27f. Siehe außerdem Nigel Clark, »Politics of Strata«, in: »Geosocial Formations and the Anthropocene«, Sondernummer von *Theory, Culture & Society* 34, Nr. 2/3 (2017), S. 1-21.

96 Sheila Jasanoff, »A New Climate for Society«, S. 237.

97 Für den Anfang siehe Nigel Clark, Yasmin Gunaratnam, »Earthing the *Anthropos*? From ›Socializing the Anthropocene‹ to Geologizing the Social«, in: *European Journal of Social Theory* 20, Nr. 1 (2017), S. 146-163, sowie Szerszynski, »The Anthropocene Monument«.

98 Reznick, *The »Origin« Then and Now*, S. 311.

99 Für Diskussionen über diesen Punkt danke ich Timothy Morton.

100 Edmund Husserl, *Gesammelte Werke (Husserliana)*, Bd. VI: *Die Krisis der europäischen Wissenschaften und die transzendentale Phänomenologie* (1936), Den Haag ²1962 [1953], S. 145.

101 Edmund Husserl, »Die Frage nach dem Ursprung der Geometrie als intentionalhistorisches Problem« (1936), Beilage III zu *Die Krisis der europäischen Wissenschaften und die transzendentale Phänomenologie*, S. 365-386.

102 Jacques Derrida, *Husserls Weg in die Geschichte am Leitfaden der Geometrie. Ein Kommentar zur Beilage III der »Krisis«*. Aus dem Französischen von Rüdiger Hentschel und Andreas Knop, München 1987 [1962], S. 111f. [A.d.Ü.: Die Formulierung vom »Erfahrungsboden für alle Körper in der Erfahrungsgenesis unserer Weltvorstellung« fehlt in der deutschen Übersetzung von Derrida und wurde direkt aus Husserls Fragment übernommen: Edmund Husserl, »Grundlegende Untersuchungen zum phänomenologischen Ursprung der räumlichen Natur« (1934), in: Marvin Faber (Hg.), *Philosophical Essays in Memory of Edmund Husserl*, New York 1968, S. 307-325, hier 308.]

103 Zalasiewicz, William, *The Goldilocks Planet*.

104 Nigel Clark, *Inhuman Nature. Sociable Life on a Dynamic Planet*, London 2011, S. 5. Ich schulde Clark Dank dafür, dass er mich auf den Text von Husserl aufmerksam gemacht hat, den ich hier erörtere.

105 Ludwig Wittgenstein, *Über Gewißheit*, in: ders., *Werkausgabe*, Bd. 8, Frankfurt/M. 1989, S. 113-257, hier 136 (Nr. 85).

Kapitel 8

Auf eine anthropologische Lichtung zu

1 *Oxford English Dictionary*, 3. Aufl., unter dem Stichwort »*Mutual*«, ⟨https://www.oed.com/view/Entry/124381⟩.

2 Kant, *Kritik der Urteilskraft*, S. 21 (B XXXIV f.).

3 Douglas Burnham, *An Introduction to Kant's »Critique of Judgement«*, Edinburgh 2000, S. 31.

4 Heidegger, »Der Ursprung des Kunstwerks«, S. 34.

5 Walter Benjamin, »Über den Begriff der Geschichte« (1955), in: ders., *Kritische Gesamtausgabe*, Bd. 19: *Werke und Nachlaß*. Hrsg. v. Gérard Raulet, Berlin 2010, S. 85 (Fragment VI).

6 Genauso wie *Tod* ist und bleibt *Leben* ein kniffliges, undefinierbares Wort. Eugene Thacker hat das so formuliert: »Leben ist das, was das Lebendige verständlich macht, aber an sich nicht gedacht werden kann, es existiert nicht, ist selber nicht lebendig.« Zitiert in Wolfe, *Before the*

Law, S. 57. In seinem Buch *Am Anfang war … Neues vom Urknall und der Evolution des Kosmos* (Aus dem Englischen von Hilmar W. Duerbeck, Basel, Boston, Berlin 1995 [1994]) merkt der Wissenschaftsautor und ausgebildete Astrophysiker John Gribbin in einem Kapitel mit dem Titel »Das Leben« an: »Der Begriff ›Leben‹ ist so schwer zu definieren wie der Begriff ›Zeit‹. Wir wissen alle, was Zeit ist, bis zu dem Augenblick, wo uns jemand bittet, sie zu erklären. Mit dem Leben ist es genauso« (S. 61). Der Chemiker Addy Pross hat ein Buch über das Thema geschrieben, dessen Untertitel als Antwort auf die Frage fungiert, die sein Titel aufwirft: *What Is Life? How Chemistry Becomes Biology*, Oxford 2014. Siehe auch die Ausführungen auf S. 3 und über Abiogenese und biologische Evolution in Kap. 8. Über die Undenkbarkeit des Lebens hat der analytische Philosoph Michael Thompson Betrachtungen angestellt in seinem Buch *Leben und Handeln. Grundstrukturen der Praxis und des praktischen Denkens*. Aus dem Amerikanischen von Matthias Haase, Berlin 2011, Kap. 2: »Ist der Begriff des Lebens definierbar?«.

7 Ich habe von der Erörterung vieler dieser Punkte mit Frédéric Worms profitiert. Siehe sein Buch *Pour un humanisme vital.*

8 Annie Cohen-Solal, *Sartre, 1905-1980*. Aus dem Französischen von Eva Groepler, Reinbek bei Hamburg 1988 [1985], S. 166-169, 170 und 181.

9 Die einzige Ausnahme von dieser Feststellung, die ich kenne, ist der Aufsatz, in dem meine Kollegin Martha Nussbaum Tagores Überlegungen mit denen von Auguste Comte und John Stuart Mill vergleicht. Siehe Martha Nussbaum, »Reinventing Civil Religion. Comte, Mill, Tagore«, in: Victorian Studies 54, Nr. 1 (Herbst 2011), S. 7-34; vgl. auch dies., *Politische Emotionen. Warum Liebe für Gerechtigkeit wichtig ist.* Aus dem Amerikanischen von Ilse Utz, Berlin 2014 [2013], S. 90-169. Ein wichtiger Unterschied zwischen Comte und Tagore dürfte meines Erachtens darin bestehen, dass Tagore sich nie über eine Formalisierung von Religion Gedanken gemacht hat, nicht einmal im zivilen Sinne.

10 Trotz all ihrer theoretischen Verflechtungen und internen Differenzen ist diese Literatur vom Motiv der »Besonderheit des Menschen« durchdrungen, wobei die meisten Argumentationen mit den Voraussetzungen der zeitgenössischen Biologie beginnen und dann einen »konstrastiven Vergleich« zwischen Menschen und Tieren vornehmen, der für ihre weitere Entwicklung zentral ist. Siehe die hervorragenden Ausführungen in Joachim Fischer, »Der Identitätskern der philosophischen Anthropologie (Scheler, Plessner, Gehlen)«, in: Hans-Peter Krüger, Gesa Lindemann (Hg.), *Philosophische Anthropologie im 21. Jahrhundert*, Berlin 2006, S. 63-82, hier 70. Fischer schreibt: »Schelers Schlüsselbegriffe für die ›Stellung des Menschen im Kosmos‹ sind ›*Neinsagenkönner*‹,

›*Weltoffenheit*‹ und die Möglichkeit, dass etwas für dieses Lebewesen ein ›*Gegenstand-Sein*‹ hat« (ebd., S. 71). Man beachte die umfassenden Ähnlichkeiten mit Tagores Argumentation. Diesen Literaturhinweis verdanke ich Hannes Bajohr.

11 Tagore, *Die Religion des Menschen*, S. 71.

12 Ebd., S. 13-50.

13 Ebd., S. 13f.

14 Ebd., S. 15.

15 Robin Dunbar, *Human Evolution. Our Brains and Behavior*, New York 2016, S. 115. Siehe außerdem, S. 98: »[...] spätestens vor etwa vier Millionen Jahren gab es eine eigene Abstammungslinie von zweifüßigen Affen in Afrika, deren Konzentration auf Ost- und Südafrika gut belegt ist.« Siehe auch die Ausführungen in dem Abschnitt mit dem Titel »Two legs are good«, in Lewis, Maslin, *The Human Planet*, S. 82-88.

16 Tagore, *Die Religion des Menschen*, S. 36.

17 Ebd. A. d. Ü.: Übersetzung leicht modifiziert.

18 Ebd., S. 36f.

19 Ebd., S. 37.

20 Ebd., S. 69, m. Herv.

21 Ebd., S. 63.

22 Ebd., S. 16.

23 Ebd., S. 37.

24 Rabindranath Tagore, »Lecture 1, Man«, in: *The English Writings of Rabindranath Tagore*, Bd. 3: *Miscellany*, hrgs. v. Sisir Kumar Das, Neu-Delhi 1999, S. 194.

25 Rabindranath Thakur [Tagore], »Amar jagat« [Meine Welt], in: ders., *Sanchay*, Bd. 12 von *Rabindra rachanabali* [Die gesammelten Werke von Rabindranath], Jubliäumsedition zum 100. Geburtstag, Kalkutta 1961, S. 565.

26 Tagore, *Die Religion des Menschen*, S. 14.

27 Martin Hägglund, *This Life. Secular Faith and Spiritual Freedom*, New York 2019, S. 173, m. Herv.

28 Ebd.

29 William James, *Die Vielfalt religiöser Erfahrung. Eine Studie über die menschliche Natur.* Aus dem Englischen von Eilert Herms und Christian Stahlhut, Frankfurt/M., Leipzig 1997 [1902], S. 63f.

30 Martin Buber, *Ich und Du* (1923), Stuttgart 2013.

31 Bede Griffiths, *The Golden String*, London 1979, S. 9, zitiert in Charles Taylor, *Ein säkulares Zeitalter.* Aus dem Englischen von Joachim Schulte, Frankfurt/M. 2009 [2007], S. 19.

32 Søren Kierkegaard, *Die Tagebücher. Eine Auswahl.* Hrsg. u. übersetzt von Hayo Gerdes, Düsseldorf, Köln 1980, S. 36f., m. Herv.

33 Emmanuel Levinas, *Jenseits des Seins oder anders als Sein geschieht*. Aus dem Französischen von Thomas Wiemer, Freiburg [3]2011 [1974].

34 Siehe die Ausführungen im vorigen Kapitel.

35 Edward Burtynsky, Jennifer Baichwal, Nick de Pencier, *Anthropocene*, Göttingen 2018, S. 21.

36 Siehe ⟨https://ia800207.us.archive.org/20/items/OnBeingTheRightSize-J.B.S.Haldane/rightsize.pdf⟩. [A.d.Ü.: In der von Albin Heßler übersetzten deutschen Fassung »Über die richtige Größe der Lebewesen«, in: *Mathematiklehrer* 2 (1981), S. 8-10, weicht lediglich der Schlussabsatz vom englischen Original ab.]

37 [Georges-Louis Leclerc de Buffon,] *Epochen der Natur*. Übersetzt aus dem Französischen des Herrn Grafen von Buffon, Zweyter Band, St. Petersburg 1781, S. 135. Eugene Thacker zeigt, wie vielfältig, umfassend und komplex die theologische Literatur über Geschöpflichkeit im Mittelalter ist. Ich verwende das Wort im minimalistischen Sinne und lasse die theologische Frage nach der Beziehung zwischen dem Geschöpf und seinem Schöpfer außer Acht. »Das Geschöpf ist einzigartig«, schreibt Thacker, »weil sich zwar der übernatürliche Ursprung seines Wesens darlegen lässt, seine Existenz sich aber im Bereich der Natur vollzieht. Und diese Existenz kann man nur als ›Leben‹ bezeichnen.« Eugene Thacker, *After Life*, Chicago 2010, S. 106.

38 Thacker, *After Life*, S. xv.

39 Siehe die Ausführungen in Marcia Bjornerud, *Zeitbewusstheit. Geologisches Denken und wie es helfen könnte, die Welt zu retten*. Aus dem Amerikanischen von Dirk Höfer, Berlin 2020 [2018], S. 23f.

40 Keith, *A Case for Climate Engineering*.

41 Ebd., S. xvi f.

42 Edward O. Wilson, *Des Lebens ganze Fülle. Eine Liebeserklärung an die Wunder der Natur*. Aus dem Englischen von Thorsten Schmidt, München 2001 [1994], S. 380f.

43 Wolfe, *Before the Law*, S. 59f.

44 Glikson, Groves, Climate, *Fire and Human Evolution*, S. 194, m. Herv. Zur Frage der Ehrfurcht vor der Terra als Mutterfigur in der europäischen Geschichte, siehe die Ausführungen in Philip John Usher, *Exterranean. Extraction in the Humanist Anthropocene*, New York 2019, Kap. 1.

45 Bjornerud, *Zeitbewusstheit*, S. 183, 185 und 186, m. Herv.

46 Broecker, Kunzig, *Fixing Climate*, S. 100.

47 Edward O. Wilson, *Die Hälfte der Erde. Ein Planet kämpft um sein Leben*. Aus dem Englischen von Elsbeth Ranke, München 2016 [2016], S. 100 und 210.

48 Heidegger, »Bauen Wohnen Denken«, S. 150f.

49 Dunbar, *Human Evolution*, S. 125f.

50 Was die Dingo-Geschichte anbelangt, siehe Rose, *Dingo Makes Us Human*.

51 Was ich als Denken aus einer Minderheitsposition heraus beschrieben habe, ist zum Beispiel von Faisal Devji in *The Impossible Indian. Gandhi and the Temptation of Violence*, Cambridge, Mass., 2012, ausgearbeitet worden.

52 Karl Jaspers, *Die geistige Situation der Zeit*, Berlin [4]1932 [1931], S. 5. Dabei kommen einem Paul Valérys berühmte zwei Briefe über *Die Krise des Geistes* (*La crise de l'esprit*) von 1919 in den Sinn. Siehe Edward J. Hundert, »Oswald Spengler. History and Metaphor – The Decline and the West«, in: *Mosaic. An Interdisciplinary Critical Journal* 1, Nr. 1 (Oktober 1967), S. 103-107.

53 Jaspers, *Die geistige Situation der Zeit*, S. 6.

54 Ebd., S. 7f.

55 Ebd., S. 8.

56 Ebd., S. 9.

57 Ebd., S. 9-13.

58 Ein Paradebeispiel dafür ist Jaspers' eigenes Buch *Die Atombombe und die Zukunft des Menschen. Politisches Bewußtsein in unserer Zeit*, München 1958.

59 Jaspers, *Die Atombombe und die Zukunft des Menschen*, S. 32.

60 Ebd., S. 307.

61 Glikson, Groves, *Climate, Fire and Human Evolution*, S. 194, m. Herv.

62 *Oxford English Dictionary*, 3. Aufl., unter dem Stichwort »reverence«, ⟨https://www.oed.com/view/Entry/164755#eid25518919⟩; *Etymological Dictionary of Latin*, hrsg. v. Michiel de Vann, Leiden 2010, unter dem Stichwort »*vereor*«, ⟨https://dictionaries.brillonline.com/search#dictionary=latin&id=la1800⟩.

63 Siehe die Ausführungen in Rudolf Otto, *Das Heilige. Über das Irrationale in der Idee des Göttlichen und sein Verhältnis zum Rationalen* (1917), München 2004, Kap. 4 und 5 sowie S. 22f. und 28. Ich danke David Lamberth und Charles Hallisey, dass sie mich ermuntert haben, Otto zu lesen. Otto übersetzt »tremendum mysterium« mit »schauervolles Geheimnis« (S. 29).

64 John Locke, *Über die Regierung (The Second Treatise of Government*, 1690). Aus dem Englischen von Dorothee Tidow, Stuttgart 1974, S. 26 (Kap. V, »Das Eigentum«, Abschn. 33).

65 Hugo Grotius, *Von der Freiheit des Meeres* (1609). Übersetzt von Richard Boschan, Leipzig 1919, S. 72. Siehe auch die Ausführungen von Davor Vides, »Meere im Anthropozän – und die Regeln des Holozäns«. Übers. v. Susanne Darabas, in: Nina Möllers, Christian Schwägerl, Hel-

muth Trischler (Hg.), *Willkommen im Anthropozän. Unsere Verantwortung für die Zukunft der Erde*, München 2015, S. 56-59.

66 Carl von Linné, *Vollständiges Natursystem*. Nach der 12. lat. Ausgabe übersetzt von Philipp Müller, 1. Theil: *Von den säugenden Tieren*, Nürnberg 1773, S. 57 und 61. Siehe auch Jeffrey H. Schwartz, »What Constitutes *Homo sapiens*? Morphology versus Received Wisdom«, in: *Journal of Anthropological Sciences* 94 (2016), S. 1-16; Bernard Wood, Mark Collard, »The Meaning of Homo«, in: *Ludus vitalis* 9, Nr. 15 (2001), S. 63-74.

67 Siehe den Verweis auf Kant in Kapitel 6 und Kant, »Mutmaßlicher Anfang der Menschengeschichte«, S. 77. Über die Ursprünge des Gedankens von der »überreichlichen Fülle« in Europa, siehe Fredrik Albritton Jonsson, »The Origins of Cornucopianism. A Preliminary Genealogy«, in: *Critical Historical Studies* 1, Nr. 1 (2014), S. 1-18.

68 Siehe die Ausführungen zum »Multinaturalismus« in de Castro, *Cannibal Metaphysics*, S. 65-75, sowie das Kapitel »Der wiederhergestellte Animismus« in Descola, *Jenseits von Natur und Kultur*, S. 197-218.

69 Max Horkheimer, Theodor W. Adorno, *Dialektik der Aufklärung. Philosophische Fragmente* (1944), Frankfurt/M. 1969, S. 7.

70 Annu Jalais, *Forest of Tigers. People, Politics, and the Environment in the Sundarbans*, Neu-Delhi 2010, sowie Vijaya Raghavan, *Feeding a Thousand Souls. Women, Ritual, and Ecology in India – An Exploration of the Kōlam*, New York 2019, Kap. 9 und 10. Zu beachten ist, dass die Furcht vor wilden Tieren ironischerweise heute in bestimmten Teilen der indischen Großstädte zurückkehrt, in die es die durch die Umweltkrise und die sich ausweitenden menschlichen Ansiedlungen ihrer Lebensräume beraubten Affen, Leoparden, Elefanten, ja sogar Nashörner auf der Suche nach Nahrung und Wasser drängt.

71 In Bezug auf die Unterscheidung von Wildem und Domestiziertem merkt Descola an, es sei »zweifelhaft, daß d[ies]er Gegensatz [...] in der Periode vor dem neolithischen Übergang einen Sinn haben konnte, das heißt während des größten Teils der Geschichte der Menschheit.« Descola, *Jenseits von Natur und Kultur*, S. 64f.

72 Thomas Hobbes, *Vom Bürger. Dritte Abteilung der Elemente der Philosophie* (1642, 2. Aufl. 1647). Übersetzt von Lothar R. Waas, Hamburg 2017, S. 144f.

73 Ebd., S. 145.

74 Hobbes, *Leviathan*, S. 37f.

75 Ebd., S. 38.

76 Ebd., S. 37.

77 Ebd., S. 22.

78 In einer überzeugenden neueren Erörterung von Gandhis Ethik hat

Ajay Skaria erklärt, was Gandhi mit »Furchtlosigkeit« gemeint hat, als er den Kampf seines Volkes um Befreiung aus der Kolonialherrschaft anführte. »Das gujaratische Wort *abhay*, das er [Gandhi] sowohl mit Mut als auch mit Furchtlosigkeit übersetzte, ist ein entscheidender Begriff in Gandhis Vokabular«, schreibt Skaria. Er diente nicht zur Begründung einer von Menschen dominierten Ordnung: »Er bezeichnete eine andere Art von Mut – keinen physischen, sondern moralischen Mut. Moralischer Mut heißt in erster Linie, sich selbst zu hinterfragen und darüber nachzudenken, ob das eigene Handeln richtig oder falsch ist. [...] In sich gepalten zu sein, bedeutet ein Bewusstsein zu entwickeln, fähig zu werden, mit sich selbst ein unendliches Gespräch über das Richtige und das Falsche zu führen, angefangen mit der Richtigkeit oder Falschheit des eigenen Handelns.« Ajay Skaria, »Gandhi and the Cowardice of Hindutva«, in: *Wire* (India), 2. Oktober 2019, ⟨https://thewire.in/history/gandhi-and-the-cowardice-of-hindutva⟩.

79 Diese Position wird nicht nur von Befürworter:innenn der Geoengineering-Option vertreten. Sie hat weitere Kreise gezogen. Man begegnet ihr zum Beispiel in Texten über Tierrechte und Tierwohl, die geschrieben wurden, bevor die globale Erwärmung als maßgebliche und unvermeidbare Frage galt. Siehe Nussbaums – auf Artistoteles' Theorie des Staunens gründende – Erörterung von Gerechtigkeitsfragen in Bezug auf Tiere in Martha C. Nussbaum, *Die Grenzen der Gerechtigkeit. Behinderung, Nationalität und Spezieszugehörigkeit.* Aus dem Amerikanischen von Robin Celikates und Eva Engels, Berlin 2010 [2006], S. 471-478.

80 Roy Scranton, *Learning to Die in the Anthropocene. Reflections on the End of a Civilization*, San Francisco 2015.

Postskriptum
Im Globalen offenbart sich das Planetarische
Ein Gespräch mit Bruno Latour

1 Karl Marx, Friedrich Engels, *Werke*, Bd. 23: *Das Kapital*, Bd. 1, Erstes Buch, Vierter Abschnitt, Dreizehntes Kapitel: »Maschinerie und große Industrie«, Berlin 1971 [1867], S. 391-530.

2 Schmitt, »Gespräch über den neuen Raum«.

3 Bill McGuire, *Waking the Giant. How a Changing Climate Triggers Earthquakes, Tsunamis, and Volcanos*, New York 2012.

4 Rachel Carson, *Der stumme Frühling*. Aus dem Englischen von Margaret Auer, München 2019 [1962]; Meadows u. a., *Die Grenzen des Wachstums.*

5 Fernand Braudel, *Schriften zur Geschichte 1: Gesellschaften und Zeitstrukturen*. Aus dem Französischen von Gerda Kurz und Siglinde Summerer, Stuttgart 1992 [1969], S. 29f.

6 Horkheimer, Adorno, *Dialektik der Aufklärung*.

Namenregister